부동산
경매공매
상식사전

부동산 경매공매 상식사전
Common Sense Dictionary of Real Estate Auctions & Public Sales

초판 1쇄 발행 2023년 5월 10일
1차 개정 1쇄 발행 2025년 11월 19일

지은이 백영록
발행인 이종원
발행처 (주)도서출판 길벗
출판사 등록일 1990년 12월 24일
주소 서울시 마포구 월드컵로 10길 56(서교동)
대표전화 02)332-0931 | **팩스** 02)322-0586
홈페이지 www.gilbut.co.kr | **이메일** gilbut@gilbut.co.kr

기획 및 책임편집 이다현(dahlia@gilbut.co.kr) | **표지·본문 디자인** 박상희
제작 이준호, 손일순, 이진혁 | **마케팅** 정경원, 김진영, 박민주, 류효정 | **유통혁신** 한준희
영업관리 김명자, 심선숙, 정경화 | **독자지원** 윤정아

편집진행 김동화 | **전산편집** 예다움 | **CTP 출력 및 인쇄** 예림인쇄 | **제본** 예림인쇄

▶ 이 책은 저작권법의 보호를 받는 저작물로 이 책에 실린 모든 내용, 디자인, 이미지, 편집 구성은 허락 없이 복제하거나 다른 매체에 옮겨 실을 수 없습니다.
▶ 인공지능(AI) 기술 또는 시스템을 훈련하기 위해 이 책의 전체 내용은 물론 일부 문장도 사용하는 것을 금지합니다.
▶ 잘못 만든 책은 구입한 서점에서 바꿔 드립니다.

ⓒ 백영록, 2025
ISBN 979-11-407-1671-5 (13320)
(길벗도서번호 070565)

정가 23,000원

독자의 1초를 아껴주는 정성 **길벗출판사**

(주)도서출판 길벗 IT단행본&교재, 성인어학, 교과서, 수험서, 경제경영, 교양, 자녀교육, 취미실용 www.gilbut.co.kr
길벗스쿨 국어학습, 수학학습, 주니어어학, 어린이단행본, 학습단행본 www.gilbutschool.co.kr

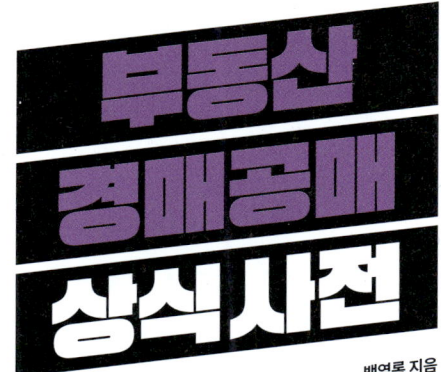

부동산 경매공매 상식사전

백영록 지음

길벗

> 프롤로그

경매와 공매를 함께 공략하는 투자 고수의 길

경매와 공매, 상호 보완의 시너지: 왜 두 시장을 함께 공략해야 하는가

부동산 투자의 세계에서 '경매'와 '공매'는 종종 별개의 시장으로 취급되곤 합니다. 그러나 진정한 부동산 전문가는 이 두 시장을 분리하여 접근하지 않습니다

투자 기회의 절대적 확장(Expansion of Opportunity)

부동산 시장은 거시 경제와 정책에 따라 특정 자산군이 번갈아 시장에 나옵니다. 경매와 공매 모두를 모니터링하는 투자자는 경매 아파트의 경쟁률이 치솟으면, 미련 없이 경쟁률이 낮은 공매의 압류 상가로 전환하여 포트폴리오를 다각화할 수 있습니다.

동일 물건에 대한 입체적 접근(Multi-Dimensional Approach)

간혹 하나의 물건이 채권자의 경매 신청과 세무서의 공매 신청이 중복되는 경우가 있습니다. 이때 투자자는 두 절차를 모두 추적하며 어느 쪽이 더 유리한지(가격, 일정, 명도 용이성 등) 전략적으로 판단할 수 있습니다.

경매와 공매 어느 한쪽의 전문가로 남는 건 스스로 투자 기회를 제한하고 리스크 분석의 사각지대를 만드는 것입니다. 두 시장의 법적·절차적 차이를 명확히 이해하고 상호 보완적으로 활용할 때, 비로소 시장 전체를 조망하는 전문가의 시야를 갖추게 될 것입니다.

투자를 넘어 철학으로: 진정한 경매 마스터가 되는 길

진정한 경매·공매 마스터는 단순히 몇 번의 성공적인 낙찰 경험으로 만들어지지 않습니다. 시장을 꿰뚫는 깊은 통찰력, 어떤 상황에서도 흔들리지 않는 투자 원칙이 필요합니다.

꾸준한 학습과 경험의 중요성

부동산 시장과 관련 법규는 계속해서 변합니다. 어제의 성공 공식이 오늘은 통하지 않을 수 있습니다. 따라서 매일 신문 기사를 읽고, 새로운 정책을 공부하며, 변화하는 시장 트렌드를 놓치지 않으려는 꾸준한 학습 자세가 필요합니다. 또한 소액이라도 직접 입찰하고 명도하며 부딪히는 '실전 경험'만큼 좋은 스승은 없습니다. 실패를 두려워하지 않고 작은 성공을 쌓아 나가는 과정이 있어야 진정한 전문가로 성장할 수 있습니다.

자신만의 투자 원칙 수립

수많은 정보와 유혹 속에서 흔들리지 않으려면 자신만의 명확한 투자 원칙이 있어야 합니다. '나는 시세보다 최소 20% 저렴하게 낙찰받는다', '나는 대항력 있는 임차인 물건은 피한다'와 같이 자신만의 구체적이고 측정 가능한 원칙을 세우고, 이를 철저히 지켜야 합니다.

긍정적인 영향과 보람

진정한 고수는 돈만 좇지 않습니다. 투자를 통해 주변에 긍정적인 영향을 미치고, 그 과정에서 보람을 느낍니다. 경매·공매로 집을 잃은 채무자나 임차인의 어려운 사정을 이해하고, 법의 잣대만 들이대기보다는 인간적인 배려를 통해 원만하게 명도를 진행하는 자세가 필요합니다. 낡고 버려진 공간을 낙찰받아 수리하고 개발해 유용한 공간으로 재탄생시키는 것은 단순한 수익 창출을 넘어 가치 있는 활동입니다. 투자를 통해 얻은 수익에 대해 정당한 세금을 성실하게 납부하는 것 또한 투자자로서 당연한 책임입니다.

마지막으로 이 책이 나오기까지 많이 수고해주신 박윤경 팀장님과 경제경영팀원분들께 깊은 감사의 말씀을 드립니다.

저자
백영록

경매·공매 투자 프로세스 한눈에 보기

1. 자금 준비
- 대출 가능 금액 확인
- 부동산 정책 확인

▼

2. 물건 분석
- 법원경매정보/온비드 확인
- 주택/상가/토지 등 종목 검색
- 배당분석, 권리분석, 임차인 분석

▼

3. 현장 답사
- 공부서류상 내용 확인
- 매매/전월세 시세 확인

▼

4. 입찰
- 예상 수익률 계산
- 사건 기록 열람
- 입찰보증금 준비

▼

5. 명도
- 잔금 치르기
- 소유권이전등기 신청
- 점유자 내보내기(인도명령/명도소송)

▼

6. 수익 실현
- 취득세 납부
- 등기비용 납부
- 출구전략(세 놓기/매도) 결정하기

투자 성향 테스트: 경매 vs. 공매 선호도 진단

다음 10가지 질문에 '예' 또는 '아니오'를 선택하여 독자님의 투자 성향에 더 적합한 방식을 알아보세요.

No.	질문	예	아니오
Q1	나는 법원에 직접 방문하는 대신, 집에서 편하게 온라인(전자입찰)으로 입찰하는 방식을 선호합니다.	☐	☐
Q2	나는 낙찰 후 점유자 퇴거 시, 명도소송 대신 법원의 인도명령을 통해 신속하고 간편하게 명도를 완료하고 싶습니다.	☐	☐
Q3	나는 물건의 종류나 수량이 풍부하여 투자 선택의 폭이 넓은 시장을 선호합니다.	☐	☐
Q4	나는 유찰 시 가격이 직전 회차 대비 20~30%씩 크게 낮아지는 저감 기회를 노리고 싶습니다.	☐	☐
Q5	나는 낙찰 대금을 한 번에 일시불로 납부하는 방식보다, 분할하여 납부할 수 있는 유연한 옵션이 있는 것을 선호합니다.	☐	☐
Q6	나는 사적 채권 회수를 위한 「민사집행법」에 근거한 절차가 「국세징수법」 등 공법에 근거한 절차보다 익숙하고 편합니다.	☐	☐
Q7	나는 상세하고 투명하게 공개된 물건 정보를 통해, 권리분석의 부담을 줄이고 싶습니다.	☐	☐
Q8	나는 경쟁이 덜하여 낙찰가율이 상대적으로 낮을 수 있는 시장에서 기회를 찾고 싶습니다.	☐	☐
Q9	나는 명도 문제를 피하기 위해 임차인이 거주할 가능성이 낮은 공실 위주로 물건을 선택하고 싶습니다.	☐	☐
Q10	나는 유찰 후 다음 기일을 기다리는 대신, 수의계약(협의 매각)을 통해 물건을 신속하게 취득할 수 있는 것을 선호합니다.	☐	☐

결과 분석 및 해설

총 10문항 중 경매 선호 점수와 공매 선호 점수를 각각 계산하여 독자님의 투자 성향을 진단합니다.

1. 경매 선호 점수 획득 기준 (총 10점 만점)

다음 항목들을 선택하면 경매 선호 점수 1점을 획득할 수 있습니다.

질문 번호	선택	경매 선호 이유 (자료 근거)
Q1	아니오	경매는 입찰 기일에 법원에 직접 방문해 입찰에 참여해야 함.
Q2	예	낙찰자가 법원에 인도명령을 신청할 수 있어 명도가 간편함.
Q3	예	경매는 공매보다 물건 종류나 수량이 풍부하여 선택지가 넓음.
Q4	예	경매는 유찰될 때마다 20~30%씩 매각 가격이 내려감.
Q5	아니오	경매는 낙찰 대금을 통상 한 번에 전액 납부해야 함(일시불 선호).
Q6	예	경매는 민사집행법에 근거한 사법 절차로 안정성이 높음.
Q7	예	경매는 법원 주관으로 감정평가서, 현황조사서 등 물건 정보가 투명하게 공개됨.
Q8	아니오	경매는 공매보다 많은 사람이 참여하여 경쟁이 치열한 편임.
Q9	아니오	공실 물건은 공매에서 더 흔하며, 경매 물건은 임차인이 거주 중인 경우가 많음.
Q10	아니오	경매는 유찰되더라도 수의계약이 불가능하며 다음 기일을 기다려야 함.

2. 공매 선호 점수 획득 기준 (총 10점 만점)

다음 항목들을 선택하면 공매 선호 점수 1점을 획득할 수 있습니다.

질문 번호	선택	공매 선호 이유 (자료 근거)
Q1	예	공매는 온비드(OnBid) 온라인 시스템으로 입찰이 가능해 편리함.
Q2	아니오	공매는 인도명령 제도가 없어 명도소송이 필수임(인도명령을 원치 않음).
Q3	아니오	공매는 경매에 비해 물건 종류나 총량이 상대적으로 적음.
Q4	아니오	공매는 유찰 시 매회 직전 회차 가격에서 10%씩 가격이 낮아짐.
Q5	예	공매는 매각 조건에 따라 낙찰 대금 분할 납부 옵션이 제공될 수 있음.
Q6	아니오	공매는 「국세징수법」 등 공법에 근거한 공적 채권 회수 절차임.
Q7	아니오	공매는 감정평가서 등의 제공이 제한적이므로 직접 조사가 필요할 수 있음.
Q8	예	공매는 입찰 경쟁률이 낮아 상대적으로 저렴한 낙찰가율을 기대할 수 있음.
Q9	예	공매 물건은 세금 체납 등으로 압류된 경우가 많아 공실인 경우가 많음.
Q10	예	공매는 입찰 유찰 후 수의계약(협의 매각)을 통해 취득할 가능성이 있음.

최종 진단 및 설명

당신은 몇 점 이상일 때 경매를 선호하는 사람이고, 몇 점 이상일 때 공매를 선호하는 사람인가요?(총 10점 만점)

- 경매 선호 점수가 6점 이상이라면 → 경매에 도전하시는 것이 좋습니다.
- 공매 선호 점수가 6점 이상이라면 → 공매에 도전하시는 것이 좋습니다.
- 5:5 동점이라면 → 두 제도의 장점을 모두 추구하는 균형 잡힌 성향입니

다. 하지만 자료에 따르면 경매는 인도명령이라는 명도 안전장치와 절차적 안정성이 있어 초보자에게 유리합니다. 따라서 5:5 동점인 경우, 리스크 관리가 용이한 경매부터 시작하는 것을 권장합니다.

경매와 공매의 차이

경매는 법원이 「민사집행법」에 따라 진행하는 사적 채권 회수 절차로, 절차적 안정성이 가장 높습니다. 물건 정보(감정평가서 등)가 상세히 공개되어 권리분석이 예측 가능합니다. 물건 종류가 풍부하며, 유찰 시 가격이 20~30%씩 크게 저감됩니다. 가장 큰 장점은 인도명령 제도가 있어 점유자를 신속하게 퇴거시킬 수 있다는 점이며, 이는 공매와의 결정적인 차이점입니다. 매각대금은 보통 일시불로 납부해야 합니다.

공매는 캠코 등 공공기관이 「국세징수법」 등에 따라 공적 채권을 회수합니다. 온비드 온라인 시스템을 통해 입찰 가능하여 접근성이 매우 높으며, 일부 물건은 분할 납부가 가능합니다. 공매는 경매보다 경쟁이 덜해 낮은 낙찰가율을 기대할 수 있습니다. 그러나 인도명령 제도가 없어 점유자 퇴거 시 명도소송이 필수이며, 유찰 후 수의계약이 가능할 수 있습니다.

차례

프롤로그   004

준비마당 — 성공 투자의 단단한 초석 다지기

001	법원 경매 vs. 국가 공매 – 내 집 마련의 첫걸음	018
002	현장 경매 vs. 온라인 공매 – 당신의 투자 스타일은?	022
(토막상식)	매각불허가결정이란? / 매각결정기일이란?	027
(토막상식)	유입재산과 수탁재산 / 경락잔금대출이란?	028
003	경매·공매 투자 마라톤 완주 가이드 – 공고부터 명도까지	029
004	초보 투자자를 실패로 이끄는 세 가지 심리적 함정	034
005	모래 속 진주 찾기 – 돈 되는 물건 가려내는 필터링 기술	038
006	낙찰의 기쁨 그리고 책임의 무게 – 당신이 떠안아야 할 권리들	044
백선생의 비밀과외	농지취득자격증명서 이해하기	050

첫째마당 — 돈을 잃지 않는 기술, 권리분석 완전 정복

007	부동산의 건강검진기록부 – 등기사항전부증명서 완벽 해부	054
백선생의 비밀과외	대지권, 아파트 소유의 숨은 권리	066
008	권리분석의 나침반 – 말소기준권리 5분 만에 찾아내기	067
백선생의 비밀과외	소액임차인 최우선변제란?	076
009	잘못 받으면 패가망신! – 낙찰자가 떠안는 숨겨진 권리들	078
010	권리분석의 80% – 진짜 임차인과 가짜 임차인 구별법	088
백선생의 비밀과외	임차인 전세권이란?	096

백선생의 비밀과외	전입신고와 확정일자 사례로 알아보는 대항력과 우선변제권	098
011	내 돈을 지키는 최종 시뮬레이션 – 배당표 완벽 분석법	100
012	소유권을 통째로 잃을 수도? – 특수물건 속 위험한 권리들	109

둘째 마당. 발로 뛰는 만큼 수익은 커진다, 현장 조사의 기술

013	보물 지도 활용법 – 법원경매정보와 온비드 200% 활용 전략	118
014	시간을 돈으로 사는 기술 – 유료 경매 정보 사이트 활용법	127
015	법원이 떠먹여주는 위험 요약 보고서 – 매각물건명세서와 공매재산명세서	134
백선생의 비밀과외	주목받는 신탁공매란?	145
016	프로필 분석과 데이트 신청 – 현황조사서와 현장 조사 계획	147
017	수익률은 발끝에서 나온다! – 실패 없는 현장 조사의 모든 것	154

셋째 마당. 부동산의 숨겨진 얼굴 읽기, 공적 장부 분석

018	불법건축물 폭탄 피하기 – 건축물대장 10분 만에 완전 정복	172
019	땅의 신분증, 토지대장으로 숨은 가치 읽어내기	178
토막상식	임야는 토지대장에 등록된 '토임'이 좋다!	181
020	맹지와 쓸모없는 땅, 지적도 한 장으로 걸러내는 법	182
토막상식	정밀한 토지 경계 확인을 위한 '경계점좌표등록부'	186
021	내 땅에 무엇을 지을 수 있을까? – 토지이용계획확인서 완벽 해부	187

| 022 | 숨겨진 비용 '보유세' 예측하기 – 공시가격 확인과 활용법 | 195 |
| 백선생의 비밀과외 | 공시가격은 '비용 계산용', 입찰가는 '시세' 기준! | 201 |

넷째 마당  아파트부터 오피스텔까지, 주거용 건물 공략법

023	왜 아파트는 경매 시장의 최고 인기 상품일까?	204
024	1인 가구 시대의 실속 투자 – 도시형생활주택 공략법	214
025	소액으로 건물주 되기 – 다세대주택 투자의 모든 것	223
026	'땅'의 가능성에 투자하라! – 단독주택 리모델링과 신축 전략	231
027	월세 부자 vs. 명도 전쟁 – 다가구주택 투자의 두 얼굴	238
028	주거와 월세를 한 번에! – 상가주택 투자의 A to Z	246
029	월급처럼 따박따박 – 오피스텔 월세 수익률 극대화 전략	255
(토|막|상|식)	생활형 숙박시설(레지던스)이란?	261

다섯째 마당  남들이 피하는 곳에 기회가 있다, 특수물건 공략법

030	망하지 않는 상권의 비밀 – 근린상가 투자 완벽 가이드	264
031	월세 받으며 기다리는 토지 투자 – 공장·창고 경매의 모든 것	277
032	땅의 운명을 결정하는 용도지역 – 돈 되는 땅 고르는 법	288
033	농사꾼이 아니라도 괜찮아! – 농지 투자의 숨겨진 기회	304
034	전원생활의 꿈과 현실 – 임야(산) 투자 실패하지 않는 법	314
035	새 아파트 싸게 사는 마법 – 재개발·재건축 투자 전략	322
036	소액으로 시작하는 고수익 투자 – 지분 경매의 모든 것	333

여섯째 마당 · 이론을 수익으로 입찰과 명도 실전, 출구전략까지

037	8,000만 원짜리 실수 막는 법 – 경매 입찰표 작성과 실전 전략	346
038	진짜 시작은 지금부터! – 낙찰 후 소유권 이전까지 완벽 가이드	359
039	경매의 마지막 관문 명도! – 협상과 법 절차 완벽 마스터	366
040	가장 흔한 케이스, 대항력 없는 임차인 30일 안에 내보내기	377
041	가장 어려운 숙제, 대항력 있는 임차인과의 명도 전쟁	383
042	특수물건의 끝판왕 – 유치권과 법정지상권 완전 정복	391
043	투자의 완성은 출구전략! – 드디어 넘겨받은 내 집, 어떻게 할까?	403

일곱째 마당 · 아는 만큼 아낀다! 경매·공매 절세 전략

044	수익률을 지키는 첫 관문 – 취득세 절세의 모든 것	412
045	매년 날아오는 세금 폭탄 피하기 – 보유세 절세 전략	419
046	진정한 수익은 세후 수익 – 양도소득세 절세 전략	427
047	부를 지키고 물려주는 지혜 – 상속·증여세 절세 전략	436
백선생의 비밀과외	전문가 활용 가이드	451

특별부록 | 부동산 정책 변화에 따른 필승 전략

부록 1	이재명 정부 부동산 정책	456
부록 2	부동산 정책 8년, 경매 시장이 말해주는 것들	459
부록 3	이재명 정부의 강력한 규제, 경매 투자자에게 '기회의 문'이 되는 이유	463

준비마당

Common Sense Dictionary
of Real Estate Auctions & Public Sales

성공 투자의
단단한 초석
다지기

투자의 세계는 낯선 정글과 같습니다. 특히 법원과 국가가 주도하는 경매와 공매 시장은 더욱 그렇습니다. 이 정글에서 길을 잃지 않으려면 튼튼한 나침반과 지도가 필요합니다. 준비마당에서는 본격적인 탐험에 앞서 가장 기본적인 생존 도구를 챙기도록 하겠습니다. 두 시장의 근본적인 차이점부터 전체 절차의 흐름 그리고 성공적인 투자를 위한 마음가짐까지 하나하나 알아봅시다. 당신을 유능한 탐험가로 만들어줄 단단한 기초를 다지게 될 것입니다.

001 법원 경매 vs. 국가 공매
내 집 마련의 첫걸음

부동산을 시세보다 저렴하게 취득할 수 있는 기회의 장(場)이 있습니다. 바로 경매와 공매의 세계입니다. 성공적인 투자의 첫걸음은 경매와 공매의 기본 개념을 명확히 아는 것에서부터 시작됩니다.

이번 장에서는 경매와 공매의 흥미로운 세계에 대해 알아보겠습니다.

경매: 개인 간의 빚을 해결하는 법원의 강제 매각 절차

경매(Auction)는 법원이 채무자의 빚을 갚기 위해 채무자 소유의 부동산을 강제로 매각하는 절차를 말합니다. 쉽게 말해, 돈을 빌려주고 돌려받지 못한 채권자가 법원에 신청해 채무자의 부동산을 팔아 그 돈으로 빌려준 돈을 회수하는 과정입니다. 이 모든 과정은 「민사집행법」에 근거하며, 법원의 엄격한 감독하에 진행됩니다. 경매는 주로 개인 간의 채무 불이행으로 인해 발생합니다.

> **시나리오 1** 아파트 담보 대출금을 갚지 못했을 때 → 경매
>
> 김○○은 아파트를 담보로 은행에서 사업 자금 3억 원을 대출받았습니다. 하지만 사업이 어려워져 몇 달째 대출이자를 갚지 못했습니다. 결국 돈을 빌려준 은행(채권자)은 빌려준 돈(채권)을 회수하기 위해 법원에 김○○의 아파트를 강제로 팔아달라고 요청합니다. 이것이 바로 우리가 가장 흔하게 접하는 경매의 시작입니다. 법원은 이 아파트를 가장 높은 가격에 사겠다고 한 사람에게 팔고, 그 돈으로 은행의 빚을 갚아줍니다.

공매: 국가가 세금을 징수하는 행정 절차

공매(Public Sale)는 국가나 공공기관이 체납된 세금이나 공과금 등을 징수할 목적으로 체납자 소유의 재산을 강제로 매각하는 절차를 말합니다. 주로 한국자산관리공사(KAMCO)가 이 절차를 대행하며, 「국세징수법」 등과 같은 법률에 따라 진행됩니다. 경매와 마찬가지로 강제 매각의 성격을 띠지만, 돈을 받으려는 주체가 개인이 아닌 국가나 공공기관이라는 점에서 근본적인 차이가 있습니다.

> **시나리오 2** 부동산 세금을 오랫동안 내지 못했을 때 → 공매
>
> 이○○는 상가 건물을 소유하고 있지만, 사정이 좋지 않아 건물에 부과된 재산세를 몇 년째 내지 못했습니다. 세금이 계속 쌓이자 관할 구청(국가기관)은 세금을 징수하기 위해 이○○의 상가 건물을 압류합니다. 그리고 한국자산관리공사(KAMCO)에 이 건물을 강제로 팔아달라고 요청합니다. 이것이 바로 공매의 대표적인 사례입니다. 공매를 통해 상가가 팔리면 그 대금으로 밀린 세금을 가장 먼저 충당하게 됩니다.

경매와 공매의 대상은 아파트와 상가만이 아닙니다. 경매에는 부동산 외에도 동산, 채권 등 다양한 자산이 매물로 나옵니다. 공매에는 세금 체납으로 나온 물건 외에도 국가가 소유한 토지나 건물(국유재산), 금융기관이 부실 채권을 정리하기 위해 내놓은 부동산 등 경매보다 훨씬 다양한 자산이 나옵니다.

경매의 기원: '공정한 채권 회수 장치'로서의 역사

'경매'라는 단어는 '점점 올린다'라는 의미를 가진 라틴어 'auctio'에서 유래했습니다. 그 이름처럼, 가격을 계속 높여 가장 높은 금액을 부른 사람에게 물건을 파는 방식은 아주 오래전부터 인류와 함께했습니다. 고대 바빌론에서는 결혼 상대를 정할 때 이 방식을 사용하기도 했으며, 로마 제국의 광장에서는 전쟁에서 승리해 얻은 포로나 노예, 파산한 귀족의 재산 등을 공개적으로 매각하는 절차가 있었습니다.

이후 중세와 근대 유럽 사회가 복잡해지면서, 개인 간의 채무 관계를 해결할 공정하고 투명한 방법이 필요해졌습니다. 이때 경매는 민사 절차의 일부로 제도화되어 채권 회수와 부동산 처분을 위한 신뢰성 있는 수단으로 자리 잡았습니다. 특히 영국에서는 법원이 직접 주도하는 경매 제도가 체계적으로 발전하며 현대 부동산 경매의 기초를 마련했습니다.

대한민국에서는 근대 민법이 도입되는 과정에서 '민사 집행 절차'가 체계화되면서 지금의 법원 경매 제도로 발전했습니다. 이처럼 경매의 역사는 단순히 물건을 파는 것을 넘어 개인 간의 금전 문제를 해결하고, 채권자가 자신의 권리를 되찾을 수 있도록 돕는 '공정한 채권 회수 장치'로 발전해왔습니다.

공매의 기원: 근대 국가의 등장과 세금 징수의 수단

공매는 경매에 비해 역사적으로 훨씬 뒤에 등장한 개념입니다. 공매의 탄생 배경을 이해하는 핵심은 채권자가 개인이 아닌 '국가'나 '공공기관'이라는 점입니다.

18세기 이후 유럽에서 근대적인 행정 국가가 확립되면서, 국가는 군대와 행정 조직을 유지하기 위해 안정적인 세금 수입이 필요했습니다. 이때 국가는 체계적인 조세 제도를 정비함과 동시에, 세금이 체납된 국민의 재산을 국가가 직접 강제로 환수할 필요성을 느끼게 되었고, 그로 인해 공매 제도가 탄생했습니다.

우리나라에서는 일제강점기 시절, 조선총독부가 식민 통치 재원을 확보하기 위해 세금을 강제로 징수하는 수단으로 공매 개념을 처음 도입했습니다. 공매는 해방 이후 「국세징수법」이 제정되면서 국가 재정을 위한 제도적 장치로 정착했습니다. 이처럼 공매의 주된 목적은 세금 체납자의 재산을 정리하거나 비효율적인 국가 자산을 매각해 국고 수입을 늘리는 것입니다.

002 현장 경매 vs. 온라인 공매
당신의 투자 스타일은?

경매와 공매는 '경쟁 입찰로 부동산을 싸게 판다'라는 공통의 유전자를 가졌지만, 실제로는 전혀 다른 성격과 규칙을 가진 별개의 제도입니다. 두 제도의 공통점을 아는 건 투자의 출발선에 서는 것이고, 차이점을 파악하고 활용하는 건 결승선을 통과하는 전략이 됩니다.

이번 장에서는 두 제도의 공통 분모를 살펴본 뒤 법적 근거부터 실전 명도 방식에 이르기까지 투자자가 반드시 알아야 할 결정적인 차이점들을 자세히 비교 분석해보겠습니다.

겉은 다르지만 뼈대는 같다: 경매와 공매의 공통점

경매와 공매는 언뜻 복잡해 보이지만 몇 가지 중요한 공통 뼈대를 가지고 있습니다. 우선, 두 제도 모두 명확한 법적 근거에 따라 정해진 절차와 규정을 엄격히 준수하며 진행됩니다. 이는 투명성과 공정성을 확보하기 위한 최소한의 안전장치입니다. 낙찰자를 결정하는 방식 또한 입찰자 중 가장 높은 가격을 써낸 사람에게 매각하는 '최고가 입찰 방식'으로 동일합니다.

전체적인 절차의 흐름 역시 '공고 → 입찰 → 낙찰 → 매각허가/결정 →

잔금 납부 → 소유권 이전'으로 이어지는 큰 틀을 공유합니다. 어떤 절차를 통하든 낙찰자는 등기사항전부증명서, 감정평가서 등을 통해 부동산의 법적·물리적 상태를 직접 확인하고 권리분석, 임차인 분석, 명도 등 다양한 리스크를 스스로 관리해야 한다는 공통의 책임을 집니다. 성공적인 투자는 결국 투자자의 정보력과 철저한 준비에 달려 있습니다.

특히 부동산을 인도받는 '명도'의 책임은 온전히 낙찰자에게 주어집니다. 매각 대금을 완납해 소유권을 취득하더라도 기존 점유자가 집을 비워주지 않는다면, 낙찰자가 직접 문제를 해결해야 합니다.

마지막으로, 두 제도 모두 낙찰 대금의 일부를 경락잔금대출 등을 통해 조달할 수 있어 레버리지 투자가 가능하다는 공통점이 있습니다.

투자자 관점에서 본 핵심 차이점과 활용 전략

경매와 공매의 차이점은 단순히 지식으로 아는 것을 넘어 '나의 투자 전략을 어떻게 세울 것인가'와 직결됩니다. 특히 다음 세 가지 차이점은 투자자 입장에서 반드시 이해하고 활용해야 할 핵심 포인트입니다.

1 | 입찰 방식: 현장의 긴장감 vs. 온라인의 편리함

경매는 지정된 날짜와 시간에 법원에 직접 방문해 서류를 제출하는 '기일입찰' 방식이 대부분입니다. 현장 분위기를 직접 느끼며 다른 입찰자들의 동태를 살필 수 있다는 장점이 있지만, 하루 안에 모든 것을 결정해야 하는 시간적·공간적 제약이 따릅니다. 반면 공매는 며칠의 기간 동안 온라인 시스템인 온비드(www.onbid.co.kr)를 통해 입찰하는 '기간입찰' 방식입니다. 장소

제약 없이 집이나 사무실에서 편리하게 참여할 수 있지만, 마감 시간에 임박해 경쟁이 치열해지거나 시스템 오류가 발생할 위험도 고려해야 합니다.

2 | 가격 하락 방식: 한 방의 큰 할인 vs. 꾸준한 계단식 할인

입찰자가 없어 유찰될 경우, 가격이 떨어지는 방식에도 큰 차이가 있습니다. 경매는 보통 한 번 유찰될 때마다 최저 매각 가격이 20~30%씩 큰 폭으로 떨어집니다. 투자자 입장에서는 원하는 가격대로 떨어질 때까지 기다려야 하는 인내심이 필요하지만, 일단 유찰되면 확실한 가격적 메리트를 기대할 수 있습니다. 반면 공매는 보통 10%씩 계단식으로 가격이 차감됩니다. 또한 가격 하락 폭은 작지만, 다음 매각기일이 바로 다음 주에 잡히는 등 진행 속도가 빨라 더 자주 입찰 기회를 가질 수 있다는 장점이 있습니다. 참고로 경매는 유찰되면 다음 매각기일이 4~6주 후에 잡힙니다.

3 | 명도 절차: '인도명령'이라는 강력한 무기의 유무

낙찰 후 명도 과정에서 가장 결정적인 차이가 발생합니다. 경매는 점유자를 내보내기 위해 '인도명령'과 '명도소송' 두 가지 법적 절차를 활용할 수 있습니다. 인도명령은 정식 소송 없이 신속하게 법원의 강제집행 결정을 받을 수 있는 매우 강력하고 효율적인 제도입니다. 하지만 공매에는 인도명령 제도가 없어 오직 명도소송을 통해서만 점유자를 내보낼 수 있습니다. 소송은 보통 수개월의 시간과 적지 않은 비용이 소요되므로, 공매는 경매에 비해 명도에 대한 부담이 더 클 수 있다는 점을 반드시 인지하고 입찰 전략을 세워야 합니다.

경매와 공매의 차이점에 대해 좀 더 살펴보도록 합시다.

경매는 「민사집행법」에 따라 운영되며, 개인 간의 금전 문제를 해결하기 위한 사법 절차입니다. 반면 공매는 「국세징수법」, 「국유재산법」 등에 따라 세금 체납이나 공공재산 처분을 위해 국가 또는 공공기관이 주체가 되는 행정 절차입니다.

진행 기관도 다릅니다. 경매는 법원이 담당하고, 공매는 공공기관이나 한국자산관리공사(KAMCO)가 담당합니다.

입찰 시 납부해야 하는 입찰보증금도 다릅니다. 경매는 최저 매각 가격의 10%를 법원에 납부해야 하지만, 공매는 공매예정가격의 10%를 온비드에서 발급된 가상계좌로 입금해야 합니다.

낙찰 이후 절차와 유연성도 다릅니다. 경매는 잔금 전액을 납부해야 하지만, 공매는 분납이 가능합니다.

입찰 대상 물건의 종류도 다릅니다. 경매는 매매용 부동산에만 입찰할 수 있지만, 공매는 매매용 부동산만이 아니라 임대(대부) 부동산에도 입찰할 수 있습니다.

농지취득자격증명서를 제출하지 않았을 때 받을 수 있는 불이익도 다릅니다. 경매는 농지를 낙찰받으면 매각허가결정기일 전까지 농지취득자격증명서를 법원에 제출해야 합니다. 이때까지 제출하지 못하면 매각 불허가 결정이 내려집니다. 그리고 입찰자가 납부한 입찰보증금은 몰수됩니다. 공매는 농지를 낙찰받으면 매각결정기일 전까지 농지취득자격증명서를 한국자산관리공사(KAMCO)에 제출해야 합니다(매각결정기일로부터 10일 이내, 1회 연기 가능). 이때까지 제출하지 못하면 매각 불허가 결정이 내려집니다. 그러나 경매와 달리 입찰보증금은 몰수되지 않고 매수신청인에게 반환됩니다.

경매는 잔금을 완납하기 전까지는 제3자 명의 이전이 불가능하나 공매는 유입재산이나 수탁재산의 경우 예외적으로 제3자가 명의를 이어받을 수 있습니다(공매 공고에서 명의 변경 또는 계약 당사자 변경이 허용된다고 명시된 경우에 한함).

그 외에도 경매는 법원에서 매각물건명세서 등을 통해 권리분석 정보를 제공하지만, 조세 체납 내역 등은 공개하지 않아 입찰자가 직접 확인하기 어렵습니다. 반면 공매(압류재산의 경우)는 '압류재산 정보'를 통해 체납된 세금 및 공과금 정보를 확인할 수 있습니다.

경매와 공매의 공통점

진행 방식	각각의 명확한 법적 근거에 따름(경매: 「민사진행법」, 공매: 「국세징수법」)
낙찰자 결정 방식	최고가 입찰 방식
절차 흐름	공고 → 입찰 → 낙찰 → 매각허가/결정 → 잔금 납부 → 소유권 이전
낙찰자의 책임 (투자 시 유의점)	등기사항전부증명서, 감정평가서 등을 통해 부동산의 법적·물리적 상태를 직접 확인하고 권리분석, 임차인 분석, 명도 등 다양한 리스크를 스스로 관리해야 함.
명도의 책임 및 이행	온전히 낙찰자에게 주어짐(기존 점유자의 비협조 시, 낙찰자가 직접 문제 해결).
투자 시 특징	낙찰 대금의 일부를 경락잔금대출 등을 통해 조달 가능(레버리지 투자 가능)

경매와 공매의 차이점

구분	경매	공매
법적 근거	「민사집행법」	「국세징수법」, 「국유재산법」 등
주체	법원	공공기관, 한국자산관리공사
입찰 플랫폼	법원경매정보 (www.courtauction.go.kr)	온비드(www.onbid.co.kr)
입찰 방식	기일입찰(법원 방문, 지정일)	기간입찰(온라인, 며칠간)
입찰보증금	최저 매각 가격의 10% (현금, 수표, 보증서)	공매예정가격의 10%(온라인 이체)
유찰 시 가격 저감	보통 20~30%씩 저감 (법원마다 다름)	보통 10%씩 저감
잔금 납부	일시불	최대 5년 분할 납부 가능

명도 방법	인도명령 + 명도소송	명도소송만 가능
입찰 대상	매매용 부동산	매매+임대(대부) 부동산
농지취득자격증명	매각허가결정기일 전까지 (미제출 시 입찰보증금 몰수)	매각결정기일 전까지 (미제출 시 입찰보증금 반환)
제3자 명의 이전	불가능	가능(예외적으로 가능)

경매와 공매는 투자자 입장에서 반드시 함께 공부해야 할 제도입니다. 경매는 제도적 안정성과 정보량이 많아 접근성이 높고, 공매는 상대적으로 경쟁률이 낮고, 실무에서 유리한 조건이 많습니다. 그러므로 경매와 공매 중 하나만 고집할 필요는 없습니다. 두 제도의 장단점을 잘 조합하면 보다 유연하고 폭넓은 투자 전략을 세울 수 있습니다.

토막상식

매각불허가결정이란?

경매와 공매 모두 최고가 입찰자의 낙찰을 취소하는 '매각불허가결정' 또는 이에 준하는 제도를 두고 있습니다. 법원 경매의 매각불허가결정은 「민사집행법」에 따라 절차상 중대 하자, 낙찰자의 자격 미비 등 법적 사유가 있을 때 법원이 직권으로 내리는 결정입니다. 반면, 한국자산관리공사(KAMCO)가 주관하는 공매에서는 체납자가 매수대금 완납 전에 세금을 모두 납부하거나, 공매 통지 누락 등 절차상 하자가 발견되면 매각 결정을 취소할 수 있습니다.

매각결정기일이란?

경매의 매각결정기일은 법원이 입찰일로부터 통상 일주일 후에 최고가 매수신고인(낙찰자)에 대한 허가 여부를 결정하는 날입니다. 반면 공매는 온비드를 통해 입찰 마감 후 바로 다음 날 개찰해 매각 여부를 결정하는 개찰일이 사실상 매각결정기일의 역할을 합니다. 경매는 법원의 심사를 거쳐 결정이 내려지는 반면, 공매는 정해진 절차에 따라 신속하게 진행된다는 차이가 있습니다. 따라서 경매는 법정기일이 명확히 지정되지만, 공매는 입찰 마감 및 개찰 일정에 따라 유동적으로 결정됩니다.

토막상식

유입재산과 수탁재산

유입재산은 금융기관 부실채권 정리 과정 등에서 자산관리공사(KAMCO)가 직접 소유권을 취득한 자산을 의미합니다. 즉, KAMCO가 직접 판매의 주체가 되어 자신의 소유물을 매각하는 것입니다.

수탁재산은 금융기관이나 기업 등이 보유한 비업무용 자산을 KAMCO에 매각해달라고 위임한 재산입니다. 이 경우 자산관리공사는 소유자를 대신하는 판매 대리인의 역할을 수행할 뿐, 자산의 소유권은 원래 기관에 있습니다.

경락잔금대출이란?

경매로 낙찰받은 부동산을 담보로 하여 낙찰 잔금을 납부하기 위해 받는 대출을 말합니다. 일반 주택자금대출과 유사하지만, 경매라는 특수성 때문에 담보 기준이나 대출 시점, 전입 의무 등에 차이가 있습니다.

003 경매·공매 투자 마라톤 완주 가이드
공고부터 명도까지

마음에 드는 물건을 찾았다면, 이제는 그 보물을 내 것으로 만들기 위한 여정을 떠날 시간입니다. 경매와 공매 투자는 단순히 입찰 한 번으로 끝나는 단거리 경주가 아니라, 정보 수집부터 최종 명도까지 정해진 길을 따라 완주해야 하는 마라톤과 같습니다.

이번 장에서는 각 단계마다 반드시 짚고 넘어가야 할 핵심 포인트를 살펴보겠습니다.

경매·공매 절차

구분	경매	공매
매각 신청	채권자가 법원에 신청	국가나 공공기관이 한국자산관리공사(KAMCO)에 의뢰
공고	법원에서 매각기일 공고	온비드에 입찰 공고 게시
입찰	기일입찰(법원 방문)	기간입찰(온라인)
낙찰	최고가 매수신고인 결정	최고가 응찰자 낙찰 결정
매각허가/결정	법원 매각 허가 결정 후 7일 내 확정	매각 결정 즉시 확정(압류재산)
잔금 납부	지정 기한 내 전액 납부	최장 5년까지 분할 납부 가능
소유권 이전	낙찰자가 등기 신청	낙찰자가 등기 신청(압류재산은 KAMCO가 신청)
명도 및 점유	인도명령 또는 명도소송 가능	명도소송만 가능

투자의 여정, 단계별 핵심 포인트를 짚어보자

모든 투자의 시작, 공고 확인과 정보 수집

경매 물건은 대법원이 운영하는 법원경매정보(www.courtauction.go.kr)에서 그 여정을 시작합니다. 이곳에서는 모든 경매 물건을 무료로 검색할 수 있으며, 투자의 성패를 가를 핵심 서류인 매각물건명세서, 감정평가서, 현황조사서, 등기사항전부증명서 등 상세 정보를 통합적으로 제공합니다.

▲ 법원경매정보 홈페이지

공매 물건은 한국자산관리공사(KAMCO)가 운영하는 온비드(www.onbid.co.kr)에서 찾아볼 수 있습니다. 공매는 세금 체납으로 인한 압류재산 외에도 국유재산, 수탁재산 등 다양한 종류의 부동산이 나오므로, 각 자산의 특성에 따라 조건과 절차가 달라질 수 있습니다. 따라서 입찰 전에 반드시 공고

문을 꼼꼼하게 확인해 물건의 성격을 파악해야 합니다.

▲ 온비드 홈페이지

서류 속 진실을 확인하는 시간, 현장 조사

현장에는 서류만으로는 절대 알 수 없는 정보들이 숨어 있습니다. 반드시 현장을 직접 방문해 건물의 실제 상태, 누수와 균열 여부, 주변 환경의 소음과 일조량, 시세 등을 두 눈으로 확인해야 합니다. 발로 뛰는 만큼 투자의 위험은 줄어들고 확신은 커집니다.

최종 결전의 순간, 입찰 준비

경매는 법원이 정한 입찰기일 당일에 직접 법원에 방문해 입찰서를 종이로 제출하는 것이 일반적입니다. 입찰 전날까지 권리분석을 마치고, 입찰 보증금은 최저 매각 가격의 10%를 현금이나 수표로 준비해야 합니다.

공매는 대부분 온비드를 통한 온라인 입찰로 진행됩니다. 정해진 기간 내에 온라인으로 입찰서를 등록하고, 입찰보증금을 가상계좌 등으로 납부합니다. 이때 보증금은 경매와 달리 내가 써내는 공매예정가격의 10%라는 점을 유의해야 합니다.

낙찰의 기쁨과 책임의 시작, 잔금 납부

경매와 공매 모두 낙찰 뒤 정해진 기간 내에 잔금을 납부하지 못하면 힘들게 얻은 낙찰의 기회는 무효가 되고, 소중한 입찰보증금은 몰수됩니다.

경매는 지정된 기한 내에 잔금 전액을 일시불로 납부해야 합니다. 공매는 경우에 따라 할부 납부가 가능해 자금 운용에 있어 좀 더 유연한 계획을 세울 수 있습니다. 다만, 이자가 부과될 수 있고 공매 유형에 따라 조건이 다르므로 공고문을 반드시 확인해야 합니다.

법적으로 완전한 내 것으로, 소유권 이전

경매는 매각 대금 납부가 완료되면 법원에서 필요한 서류를 받아 낙찰자가 등기소에 소유권이전등기를 합니다.

공매는 자산의 종류에 따라 절차가 다릅니다. 압류재산은 한국자산관리공사(KAMCO)가 등기 촉탁을 도와주지만, 그 외 국유재산, 수탁재산 등은 낙찰자가 직접 필요 서류를 챙겨 등기소에 방문해 이전 신청을 해야 합니다. 이때 취득세 등 각종 세금 납부도 함께 이루어져야 합니다.

투자의 마지막 관문, 명도 및 점유 확보

경매의 가장 큰 장점 중 하나는 바로 인도명령 제도입니다. 점유자가 부동산을 비워주지 않을 경우, 복잡한 소송 없이 신속하게 법원의 강제집행 결정을 받을 수 있어 명도 과정이 비교적 수월합니다.

공매에는 인도명령 제도가 없습니다. 만약 점유자가 퇴거를 거부하면, 수개월의 시간과 비용이 드는 명도소송을 제기해 판결문을 받아야만 강제집행이 가능합니다. 이 점 때문에 공매는 명도 시 시간과 비용 부담이 더 클 수 있습니다.

경매와 공매 모두 전체적인 절차는 비슷해 보이지만, 각 단계의 세부적인 진행 방식, 위험 요소, 법적 권한이 모두 다릅니다. 따라서 단순히 가격이나 입지 조건만 보고 투자 결정을 내려서는 안 됩니다.

004 초보 투자자를 실패로 이끄는 세 가지 심리적 함정

경매·공매의 기술을 배우기 전에는 반드시 마음을 먼저 다스려야 합니다. 수많은 초보 투자자가 실패하는 이유는 권리분석을 제대로 하지 못해서가 아니라, 조급함과 탐욕이라는 감정에 휘둘려 잘못된 판단을 내리기 때문입니다.

이번 장에서는 성공적인 투자자가 반드시 갖춰야 할 투자 철학과 마인드셋을 정립하고, 경쟁 무대 위에 등장하는 핵심 관계자들의 속마음을 이해해야 하는 이유를 알아보겠습니다.

경매·공매 투자의 본질: 우리는 무엇을 사는 것인가?

경매·공매로 나온 부동산에는 저마다의 사연이 있습니다. 우리는 단순히 집이나 땅을 사는 것이 아니라, 그 안에 얽힌 누군가의 시간과 리스크, 아픈 이야기까지 함께 사는 것입니다. 법원이 시세보다 저렴한 가격을 제시하는 이유는 낙찰자가 이 모든 복잡한 사연을 책임지고 해결하는 것에 대한 '보상'을 제공하는 것과 같습니다. 이 본질을 이해하면 눈앞의 가격표에 흔들리지 않고 물건의 진짜 가치를 볼 수 있습니다.

초보 투자자가 가장 많이 빠지는 세 가지 심리적 함정

1 | 조급함: 이번이 아니면 안 된다는 생각

몇 번의 패찰(입찰에서 떨어짐)을 경험하면 '이번에는 무조건 낙찰받아야 한다'라는 조급함에 휩싸이기 쉽습니다. 이런 감정은 결국 시세에 가까운, 심지어 시세보다 높은 가격을 써내는 '승자의 저주'로 이어집니다. 좋은 물건은 언제나 다시 나온다는 사실을 명심해야 합니다. 투자는 단거리 경주가 아닌 마라톤입니다.

2 | 탐욕: 수익률 200%의 유혹

유치권이 신고되었거나 선순위 가등기가 있는 등 심각한 하자가 있는 물건은 수차례 유찰되어 가격이 파격적으로 저렴해 보입니다. 초보자는 '이것만 해결하면 대박이야'라는 탐욕에 빠져 해결할 능력도 없으면서 섣불리 입찰하는 경우가 있습니다. 비정상적으로 가격이 싸다면 반드시 이유가 있습니다. 자신이 감당할 수 없는 리스크는 수익이 아닌 손실로 이어질 가능성이 큽니다.

3 | 공포: 실수에 대한 두려움

실패가 두려워 몇 달, 몇 년을 공부만 하고 정작 입찰 한 번 해보지 못하는 '분석 마비' 상태에 빠지는 사람이 꽤 많습니다. 첫 투자의 목표는 거창한 수익이 아닙니다. 소액의 물건이라도 입찰부터 낙찰, 명도, 매도(또는 임대)까지 하나의 사이클을 온전히 경험하는 것 자체가 가장 큰 수익입니다. 작은 성공의 경험이 두려움을 없애는 유일한 약입니다.

경매라는 드라마의 등장인물: 핵심 관계자 완벽 이해

경매·공매 물건을 분석할 때는 서류 뒤에 있는 '사람'을 이해해야 합니다. 각자의 입장에서 그들이 무엇을 원하는지, 무엇을 두려워하는지 등을 파악하면 권리분석과 명도 협상의 실마리가 보입니다.

경매라는 드라마의 인물별 입장과 특성

등장인물	역할 (누구인가?)	속마음 (무엇을 원하는가?)	투자자에게 미치는 영향
채권자	돈을 받아야 하는 사람(주로 은행, 개인)	'최대한 빨리, 최대한 많이 회수하고 싶다'	은행이 채권자라면 절차가 깔끔하지만, 개인 채권자가 많으면 배당이 복잡해지거나 경매가 취하될 변수가 있음.
채무자, 소유자	돈을 갚아야 하는 사람(집주인)	'경매를 최대한 늦추고 싶다' '억울하다' '조금이라도 보상받고 싶다'	명도의 직접적인 상대방. 그의 감정적 상태가 명도 난이도를 결정함. 원만한 협상이 필요한 가장 중요한 인물
임차인	살고 있는 사람(임차인)	'내 재산을 지키고 싶다' '이사는 언제 해야 하는 거지?'	입찰자의 가장 큰 리스크(선순위 임차인) 또는 가장 든든한 조력자(배당받는 임차인)가 될 수 있음.
법원, 한국자산관리공사	절차를 진행하는 기관(심판)	'법과 원칙에 따라 공정하고 신속하게 절차를 마무리하고 싶다'	투자자 편이 아님. 모든 정보는 제공하지만, 최종 판단과 책임은 100% 투자자 본인의 몫임을 명심해야 함.

성공하는 투자자의 네 가지 마인드셋

1 | 뜨거운 열정, 차가운 판단

현장을 뛸 때는 뜨거운 열정이 중요하지만, 입찰가를 쓸 때는 모든 감정을 배제하고 사전에 계산한 데이터에만 근거해 차갑게 판단해야 합니다.

2 | 기다림의 미학

내가 정한 기준에 맞는 물건이 나타날 때까지 기다릴 수 있는 인내심이 수익률을 결정합니다. 조급함은 언제나 돈을 잃게 만듭니다.

3 | '출구전략'을 먼저

'어떻게 살 것인가?'를 고민하기 전에, '어떻게 팔거나 임대할 것인가?'를 먼저 생각해야 합니다. 출구가 보이지 않는 투자는 시작조차 하지 말아야 합니다.

4 | 겸손한 학습 자세

시장은 살아 있는 생물과 같습니다. 항상 배우고 복기하며, 실패의 경험에서 교훈을 얻는 겸손한 투자자만이 시장에서 오래 살아남을 수 있습니다.

005 모래 속 진주 찾기
돈 되는 물건 가려내는 필터링 기술

성공적인 투자자는 예리한 탐정과 같습니다. 겉에 보이는 가격표가 아닌, 그 뒤에 숨겨진 진짜 가치를 찾아내야 하기 때문입니다.

이번 장에서는 탐정의 두 가지 핵심 기술을 익혀봅시다. 첫 번째는 '시세 조사'입니다. 흩어진 가격 정보 속에서 진실을 꿰뚫어 보고 '적정 입찰가'까지 산출하는 기술을 익혀봅시다. 두 번째는 '물건 필터링'입니다. 수많은 후보 중에서 진짜 수익을 안겨줄 보석을 가려내는 전략적 선별 기술을 익혀봅시다.

부동산의 진짜 가치를 꿰뚫는 세 가지 눈

1 | 과거의 객관적 사실, 실거래가 조사

국토교통부 실거래가 공개 시스템(rt.molit.go.kr) 등을 통해 최근 거래된 실제 가격을 확인하는 것은 시세 조사의 기준점을 잡는 가장 중요한 과정입니다. 해당 물건의 과거 시세 흐름과 실제 거래 추이를 파악하는 가장 객관적인 지표이기 때문입니다. 다만, 실거래가는 과거의 기록이므로 현재 시장 상황을 100% 반영하지는 못한다는 사실을 유의해야 합니다.

2 | 현재 시장의 기대 심리, 호가 조사

'네이버페이 부동산'과 같은 플랫폼이나 인근 공인중개사무소에 방문해 현재 시장에 나와 있는 매물의 가격(호가)을 확인합니다. 호가는 매도인의 희망 가격이 반영된 것으로, 현재 시장의 분위기와 매도인들의 기대 심리를 파악하는 데 유용합니다. 여러 곳에 방문해 급매물 시세 등 다양한 정보를 교차 확인하는 것이 좋습니다.

3 | 세금과 공적 가치의 기준, 공시가격 조사

부동산공시가격 알리미(www.realtyprice.kr) 등에서 확인하는 공시가격은 재산세, 종합부동산세 등 세금 산정의 기준이 되므로, 낙찰 후 발생할 보유세 부담을 예측하는 데 도움이 됩니다. 시세보다는 낮게 책정되는 경향이 있으므로 직접적인 시장 가치를 판단하는 기준보다는, 장기적인 투자 계획을 세우는 보조 지표로 활용해야 합니다.

데이터를 돈으로 바꾸는 기술: 적정 입찰가 산출하기

성공적인 입찰을 위해서는 앞서 설명한 세 가지 가격 지표를 종합적으로 분석해 적정 입찰가를 도출해야 합니다. 그 과정은 다음과 같습니다.

- **상한선 설정**: 실거래가와 호가를 종합해 해당 물건이 시장에서 팔릴 수 있는 '최대 매도 가능 가격'을 보수적으로 설정합니다.
- **총비용 계산**: 낙찰가 외에 발생할 취득세, 등기 비용, 명도 비용, 수리비,

체납관리비 등 모든 부대 비용을 빠짐없이 계산합니다.
- **목표 수익 설정**: 해당 투자를 통해 얻고 싶은 최소한의 목표 수익률 또는 수익 금액을 정합니다.
- **최대 입찰가 산출**: '최대 매도 가능 가격 – 예상 총 부대 비용 – 최소 목표 수익 금액 = 최대 입찰가' 공식을 활용해 입찰가의 마지노선을 정합니다.
- **최종 가격 조정**: 현장 조사(임장)를 통해 데이터 분석만으로는 알 수 없는 물건의 실제 상태, 주변 환경 등을 최종적으로 확인하고 입찰가를 미세 조정하는 과정을 거칩니다.

사례로 배우는 입찰가 산출 과정

투자자 강○○이 시세 약 3억 원의 빌라에 입찰한다고 가정해보겠습니다.
- **상한선 설정(최대 매도 가능 가격)**: 강○○은 실거래가와 호가를 종합 분석한 결과, 해당 빌라를 수리한 뒤 다시 매도할 때 받을 수 있는 최대 가격을 보수적으로 3억 원으로 설정합니다.
- **총비용 계산(예상 총 부대 비용)**: 낙찰가 외에 들어갈 비용을 꼼꼼히 계산합니다. 취득세 및 등기 비용 약 400만 원, 명도를 위한 이사비 약 200만 원, 도배, 장판 등 수리비 약 400만 원을 합산해 총 1,000만 원의 추가 비용을 예상합니다.
- **목표 수익 설정(최소 목표 수익 금액)**: 강○○은 이 투자를 통해 최소 2,000만 원의 세전 수익을 목표로 설정합니다.
- **최대 입찰가 산출**: 3억 원 – 1,000만 원 – 2,000만 원 = 2억 7,000만 원.

이 계산을 통해 강ㅇㅇ은 어떤 경쟁 상황에서도 절대 넘지 말아야 할 입찰가 마지노선을 2억 7,000만 원으로 정합니다.
- **최종 가격 조정**: 마지막으로, 현장 조사를 통해 발견한 누수 흔적 등 서류에 없던 단점을 고려해 최종 입찰가를 미세하게 조정합니다.

수많은 물건 속에서 나만의 '보석'을 찾는 물건 필터링 전략

1 | 초보자를 위한 '안전제일' 필터링

첫 투자는 수익률보다 리스크 관리에 집중해야 합니다.
- **인수 권리 없는 물건부터 공략**: 권리분석이 복잡하지 않고, 낙찰자가 인수할 보증금이 없는 물건(소유자 거주 또는 대항력 없는 임차인)을 최우선으로 고려해야 합니다.
- **아파트, 빌라 등 단순한 물건부터 시작**: 처음에는 소액 투자가 가능한 아파트, 오피스텔, 빌라 등 권리관계가 비교적 단순하고 명도가 어렵지 않은 물건으로 경험을 쌓는 것이 좋습니다. 상가, 토지, 공장 등은 충분히 학습한 뒤에 도전하는 것이 바람직합니다.
- **위험 신호가 명확한 물건은 일단 제외**: 도로에 접하지 않은 토지(맹지)는 건축 허가가 어려워 활용 가치가 현저히 떨어지므로 피해야 합니다. 또한 권리분석 시 대항력 있는 선순위 임차인이 있는 물건은 낙찰자가 보증금을 전부 인수해야 할 위험이 있으므로 초보자는 가급적이면 피하는 것이 명도 리스크를 줄이는 길입니다.

2 | 경쟁을 피하고 기회를 잡는 '역발상' 필터링

남들이 모두 주목하는 물건은 낙찰가가 높아져 수익을 내기 어렵습니다. 관점을 조금만 바꾸면 좋은 기회를 찾을 수 있습니다.

- **인기 조건에서 한발 벗어나기**: '신축' 대신 관리가 잘된 '구축'을, '역세권' 대신 향후 교통 개선 가능성이 있는 '비역세권'을, '아파트' 대신 저평가된 '빌라'를 눈여겨보면 의외의 기회를 잡을 수 있습니다.
- **유찰의 진짜 이유 파악하기**: 가격이 많이 떨어졌다고 섣불리 달려들어서는 안 됩니다. 권리상 하자로 여러 번 유찰된 물건은 피하되, 단순히 소유자가 거주하고 있거나 사람들의 관심이 덜해 유찰된 건강한 물건은 시세보다 저렴하게 살 절호의 기회가 될 수도 있습니다.
- **경쟁 없이 선점하기**: 경매 예정 물건(매각기일 전)을 미리 파악하여 채무자와 직접 협상해 급매로 매수하는 전략을 활용하면, 치열한 입찰 경쟁을 피할 수 있습니다.

3 | 성공률을 높이는 '나만의 필드' 필터링

투자 성공률을 높이는 가장 좋은 방법은 내가 가장 잘 아는 분야에서 시작하는 것입니다.

- **익숙한 지역에 집중하기**: 내가 잘 아는 동네는 시세나 주변 환경 파악이 쉽고, 개발 호재 같은 비공식 정보도 얻기 수월해 투자 성공률을 높일 수 있습니다.
- **자신 있는 특정 부동산 유형 공략하기**: 만약 오피스텔 임대 시장을 잘 알고 있다면 역세권 여부, 관리비, 주차 시설, 공실 위험 등 자신만의 명확한 기준으로 물건을 필터링해 성공 확률을 높일 수 있습니다. 다가구

주택에 관심이 많다면 불법 증축 여부나 임차인 현황 등을 집중적으로 파고들어 남들이 보지 못하는 가치를 찾아낼 수 있습니다.
- **건물 관리 상태로 옥석 가리기**: 오래된 건물이라도 관리가 잘되어 있고, 리모델링 계획이 있다면 좋은 투자처가 될 수 있습니다. 현장 조사를 통해 건물의 외관, 공용 공간, 관리비 연체 여부 등을 꼼꼼하게 확인하는 습관을 기르는 것이 좋습니다.

경매·공매는 단순히 남들보다 높은 금액을 써내는 게임이 아닙니다. 정확한 가치 평가와 전략적인 물건 선별을 통해 '될성부른 떡잎'을 알아보는 안목을 길러야 비로소 성공적인 투자의 문이 열릴 것입니다.

006 낙찰의 기쁨 그리고 책임의 무게
당신이 떠안아야 할 권리들

'낙찰'이라는 짜릿한 순간이 지나면, 새로운 부동산의 열쇠를 손에 쥔 예비 소유자가 됩니다. 하지만 그 열쇠 꾸러미에는 소유권이라는 빛나는 권리뿐 아니라, 묵직한 책임이라는 숨겨진 무게가 함께 달려 있습니다.

이번 장에서는 낙찰 후 법적으로 완전한 소유권을 취득하기까지의 구체적인 절차를 살펴보고, 새로운 주인이 반드시 짊어져야 할 책임과 그 문제를 해결할 수 있는 강력한 권리에는 무엇이 있는지 상세히 알아보겠습니다.

낙찰과 동시에 바뀌는 권력의 저울: 낙찰자와 채무자의 법적 지위

경매·공매에서 '채무자'는 부동산의 기존 소유자이고, '낙찰자'는 해당 부동산의 새로운 소유자가 될 사람입니다. 소유권 이전은 단계별로 이루어집니다.

경매의 소유권 취득 절차

경매로 부동산을 낙찰받은 뒤 소유권을 이전하는 과정은 다음과 같이 진행됩니다.
- **낙찰 직후**: 낙찰자는 아직 소유자가 아닌 '매수 예정자'의 지위를 갖습니다.
- **매각허가결정 확정 후**: 법원이 낙찰을 공식적으로 인정했지만, 여전히 소유권은 이전되지 않은 상태입니다.
- **잔금 납부 완료 시**: 바로 이 순간, 등기사항전부증명서에 이름이 올라가지 않았더라도 법적으로 완전한 소유권을 취득합니다. 채무자의 소유권은 완전히 소멸되며, 이때부터 해당 부동산에 대한 점유권, 사용권, 처분권 모두를 갖춘 '진짜 주인'이 되는 것입니다. 소유권이전등기는 이 권리관계를 공식적으로 기록하는 형식적인 절차일 뿐입니다.

공매의 소유권 이전 절차(압류재산 기준)

공매로 부동산을 낙찰받은 뒤 소유권을 이전하는 과정은 다음과 같이 진행됩니다.
- **매각결정통지서 수령**: 입찰 후 최고가 입찰자로 선정되면, 온비드(나의 온비드→입찰관리→입찰결과내역) 또는 한국자산관리공사(KAMCO)의 관할 지점을 직접 방문해 매각결정통지서를 받습니다. 이는 낙찰 사실을 공식적으로 확인하는 서류입니다.
- **잔금 납부**: 매각결정통지서에 명시된 기한 내에 지정된 계좌로 입찰보증금을 제외한 나머지 잔금을 납부합니다.
- **소유권 이전을 위한 서류 준비**: 잔금을 납부한 뒤 소유권 이전에 필요한 각종 서류를 준비합니다.
- **관할 시·군·구청**: 토지(임야)대장, 건축물대장 등을 발급받고, 매각결

정통지서를 근거로 취득세 및 등록면허세를 납부한 뒤 영수증을 받습니다.
- **등기소**: 이전받을 부동산의 등기사항전부증명서를 발급받습니다.
- **온비드, 한국자산관리공사**: 등기에 필요한 등기청구서 등의 양식을 다운받아 작성합니다.
- **소유권이전등기 신청**: 준비된 모든 서류를 한국자산관리공사(KAMCO)의 해당 지점에 제출해 소유권이전등기를 신청합니다.
- **등기필증 수령**: 등기소의 이전등기 절차가 완료되면, 최종적으로 소유권을 증명하는 등기필증(집문서)을 수령하게 됩니다.

만약 채무자가 자진해 집을 비워주지 않는다면, 새로운 소유자가 된 낙찰자는 명도소송을 통해 합법적으로 부동산을 인도받아야 합니다.

달콤한 승리의 무게: 낙찰자가 반드시 인수해야 할 책임들

많은 초보 투자자가 낙찰을 받은 뒤 당황하는 이유는 무엇을 책임져야 하는지 정확히 모르기 때문입니다. 낙찰자가 인수하게 되는 주요 책임은 다음과 같습니다.

숨겨진 권리 인수

- **법정지상권**: 내 땅 위에 다른 사람의 건물이 계속 존재해야 하는 상황을 받아들여야 할 수도 있습니다. 이 경우 토지 사용료(지료)만 청구할 수 있습니다.

- **유치권**: 건물을 비워주지 않는 점유자에게 공사 대금 등 거액을 물어줘야 할 수도 있습니다. 다만, 실제 경매에서는 허위 유치권 주장도 많아 법적 다툼이 필요한 경우가 많습니다.
- **분묘기지권**: 낙찰받은 땅에 있는 묘지를 함부로 옮길 수 없습니다. 무단으로 철거하면 민형사상 책임을 질 수 있습니다.

기존 계약 및 법적 의무 승계
- **선순위 임차인 권리**: 대항력을 갖춘 선순위 임차인이 배당을 받고도 돌려받지 못한 보증금이 있다면, 그 금액은 온전히 낙찰자의 책임이 됩니다.
- **체납관리비**: 아파트 등의 체납관리비 중 계단, 복도 등 공용 부분에 해당하는 관리비는 낙찰자가 대신 납부해야 할 수도 있으므로 입찰 전에 반드시 확인해야 합니다.
- **원상복구 의무(불법건축물)**: 낙찰받은 건물에 무단 증축이나 불법 개조된 부분이 있다면, 낙찰자가 자신의 비용으로 원상복구하거나 이행강제금(벌금)을 계속 내야 할 수도 있습니다.

각종 인허가 취득 및 자격 확인 의무
- **농지취득자격증명서 제출 기한**: 농지(지목이 전, 답, 과수원 등)를 취득할 경우 농지취득자격증명서를 발급받아 정해진 기한 내에 제출해야 소유권을 취득할 수 있습니다. 경매는 낙찰일로부터 통상 7일 이내인 매각허가결정기일 전까지 농지취득자격증명서를 발급받아 해당 경매 법원에 제출해야 합니다. 공매는 경매와 유사하게 매각결정기일(통상 개찰일로부터 7일

이내) 전까지 제출해야 합니다. 정해진 기한까지 제출하지 않으면 경매나 공매 모두 매각 불허가 결정이 내려집니다. 이때 경매는 입찰보증금을 몰수당하는 반면, 공매는 입찰보증금을 몰수당하지 않습니다.

- **재개발·재건축 조합원 자격 확인**: 재개발·재건축 구역 내 물건을 낙찰받았다면, 조합원 지위를 문제없이 승계받을 수 있는지 확인해야 할 책임이 있습니다. 자격이 충족되지 못하면 새 아파트를 받지 못하고 현금청산될 수 있습니다.

실무적 비용 부담

- **명도 지연으로 인한 추가 비용**: 점유자가 쉽게 집을 비워주지 않아 명도소송 등 법적 절차가 길어지면, 그 기간 동안의 대출이자와 재산세는 물론이고 변호사 비용, 강제집행 비용 등 예상치 못한 추가 비용이 계속 발생할 수 있습니다.

새로운 주인의 강력한 권리 : 정당한 소유권을 실현하는 법적 도구들

물론 낙찰자에게 책임만 있는 것은 아닙니다. 법은 새로운 소유자가 자신의 권리를 실현할 수 있도록 다음과 같은 강력한 법적 도구들을 부여합니다.

소유권 확보 및 자금 조달

- **소유권이전청구권**: 잔금을 납부하는 즉시 법적으로 완전한 소유자가 됩니다.

- **경락잔금대출 신청 권리**: 낙찰받은 부동산을 담보로 한 대출을 통해 잔금의 상당 부분을 조달할 수 있습니다.

점유 회복 및 보호
- **인도명령**: 경매 절차에서 낙찰자가 활용할 수 있는 가장 빠르고 강력한 무기입니다. 대항력 없는 점유자를 상대로 별도의 소송 없이 법원의 명령을 받아 신속하게 부동산을 인도받을 수 있습니다(단, 공매에는 인도명령 제도 없음).
- **점유이전금지가처분**: 인도명령이나 명도소송 진행 중에 기존 점유자가 다른 사람에게 점유를 넘겨 법 집행을 방해할 우려가 있을 때, 이를 미리 막기 위해 법원에 신청하는 보전 처분입니다.

금전적 및 법적 권리 행사
- **지료 청구**: 법정지상권이 성립한 건물의 소유자나, 집을 비워주지 않는 무단 점유자에게 토지 또는 건물 사용료(부당이득)를 청구할 수 있습니다.
- **공과금 정산 요구**: 잔금 납부 전까지 발생한 전기요금, 수도요금 등 각종 공과금에 대해 기존 소유자나 임차인에게 정산을 요구할 수 있습니다.
- **공유물 분할 청구권**(지분 경매): 부동산의 일부 지분만 낙찰받았을 경우, 다른 공유자들을 상대로 해당 부동산 전체를 분할해달라고 법원에 청구할 권리가 있습니다. 협의가 되지 않으면 법원은 부동산 전체를 경매에 부쳐 그 대금을 지분대로 나누어 줍니다.

낙찰은 단순히 투자의 끝이 아니라, 법적 책임과 권리의 시작점입니다.

농지취득자격증명서 이해하기

백선생의 비밀과외

농지를 낙찰받았다면 필수!

농지취득자격증명은 농지를 취득하려는 사람이 실제로 영농할 의사와 능력이 있는지를 확인·관리하기 위한 제도입니다.

지목이 전, 답, 과수원인 농지는 농지취득자격증명을 발급받아야만 소유권 이전이 가능합니다. 또한 임야라 하더라도 실제로 농작물이나 다년생 식물을 계속해서 3년 이상 재배 중이라면 「농지법」상 '농지'로 간주되어 자격증명이 필요합니다.

농지취득자격증명을 발급받으려면 취득 대상 농지의 면적, 농업 경영에 필요한 노동력 및 농기계·장비 확보 방안, 소유 농지의 이용 실태(농지를 이미 소유한 경우) 등이 포함된 농업경영계획서를 작성해 해당 농지 소재지를 관할하는 시장·구청장·군수 또는 읍·면장에게 신청해야 합니다(「농지법」 제8조 제2항).

다만, 지목이 농지라 해도 도시계획구역 내 주거지역·상업지역·공업지역 또는 도시계획시설 예정지로 지정된 농지 또는 녹지지역·개발제한구역·도시개발예정지구 내 농지 중 토지형질변경 허가를 받은 경우에는 농지취득자격증명이 필요하지 않습니다.

공매의 경우는 어떨까?

공매에서도 농지를 낙찰받았다면 매각결정기일 전까지 반드시 농지취득자격증명서를 한국자산관리공사(KAMCO)에 제출해야 합니다.

제출 기한은 매각결정기일 전까지이며, 특별한 사유가 있을 시 매각결정기일로부터 10일 이내에 1회 연기가 가능합니다.

만약 이때까지 농지취득자격증명서를 제출하지 못하면 매각 불허가 결정이 내려집니다. 이때 경매와 달리, 입찰보증금이 몰수되지 않고 매수신청인에게 반환됩니다.

M·E·M·O

첫째마당

Common Sense Dictionary
of Real Estate Auctions & Public Sales

돈을 잃지 않는 기술, 권리분석 완전 정복

경매 부동산에는 저마다의 사연과 함께 숨겨진 빚이라는 지뢰가 묻혀 있을 수 있습니다. 그 지뢰를 밟는 순간, 당신의 수익은 손실로 바뀝니다. 첫째마당은 당신에게 최첨단 지뢰 탐지기를 쥐여주는 과정입니다. 부동산의 모든 이력이 담긴 등기사항전부증명서를 해독하고, 모든 권리의 운명을 가르는 '말소기준권'을 찾아내며, 낙찰자가 떠안아야 할 치명적인 인수 권리들을 완벽하게 가려내는 기술을 연마해봅시다. 이곳에서의 훈련이 당신의 투자금을 안전하게 지켜줄 것입니다.

007 부동산의 건강검진기록부
등기사항전부증명서 완벽 해부

부동산 경매나 공매에 입찰하기 전에 서류를 단 하나 볼 수 있다면 무엇을 선택해야 할까요? 바로 '등기사항전부증명서'입니다. 이 서류는 사람으로 치면 '주민등록증'이자, 숨겨진 병력까지 기록된 '건강검진기록부'와 같습니다. 부동산의 주소와 면적 같은 기본 정보부터 소유자가 누구였고 어떻게 바뀌었는지, 얼마의 빚을 지고 있는지 등의 모든 과거와 현재가 고스란히 담겨 있습니다.

이번 장에서는 등기사항전부증명서의 세 가지 핵심 구성 요소인 표제부, 갑구, 을구를 완벽하게 해부해보겠습니다. 그리고 이를 통해 투자자들이 가장 많이 빠지는 함정을 피하고, 안전한 투자의 첫걸음을 뗄 수 있는 실전 노하우를 알아보겠습니다.

표제부 1: 부동산의 물리적 현황을 담다

표제부는 부동산 자체의 물리적인 현황을 기록하는 부분입니다. 집합건물(아파트, 연립주택, 다세대주택 등)의 경우, '1동의 건물의 표시'와 '전유 부분의 건물의 표시'로 나뉘어 더욱 상세한 정보를 제공합니다. 특히 대지권의 면적과 비율은 재개발이나 재건축 시 가치 평가에 중요한 요소이므로 꼼꼼히 확인해야 합니다. 같은 값이면 대지권 면적이 큰 물건을 선택하는 것이 유리합니다.

❶ 표시번호	❷ 접 수	❸ 소재지번,건물명칭 및 번호	❹ 건 물 내 역	❺ 등기원인 및 기타사항
1	2018년10월25일	경상북도 포항시 남구 대잠동 1036 포항자이아파트 제111동 [도로명주소] 경상북도 포항시 남구 상도남로 11	철근콘크리트구조 (철근)콘크리트지붕 34층 공동주택(아파트) 1층 110.494㎡ 2층 525.4601㎡ 3층 525.4601㎡	
❻ (대지권의 목적인 토지의 표시)				
표시번호	소 재 지 번	지 목	면 적	등기원인 및 기타사항
1	1. 경상북도 포항시 남구 대잠동 1036	대	67091.9㎡	2018년10월25일 등기

▲ 등기사항전부증명서의 표제부 1

❶ **표시번호**: 등기소에서 등기된 순서를 표시합니다. 이 순서가 경매나 공매 투자자에게 직접적인 영향을 미치지는 않지만, 등기의 시간적 순서를 파악하는 참고 자료로 활용할 수 있습니다. 등기 순서가 많으면 과거 거래, 소유 변경이 잦았던 물건일 수 있습니다.

❷ **접수**: 등기 신청이 접수된 날짜입니다. 오래된 날짜일수록 오래된 건물일 가능성이 크므로 건물의 노후도 판단의 참고 자료가 됩니다. 재개발·재건축 가능성을 검토할 때도 참고합니다.

❸ **소재지번, 건물명칭 및 번호**: 해당 부동산의 정확한 주소를 알려줍니다. 경매 또는 공매 정보 사이트의 주소와 일치하는지 교차 확인이 필수입니다. 건축물대장 및 토지대장과도 반드시 대조해 주소, 번지, 호수 등이 일치하는지 확인합니다. 주소가 일치하지 않으면 향후 권리주장, 명도 등에서 분쟁이 발생할 수도 있습니다.

❹ **건물내역**: 건물의 건축 구조, 총 층수, 각 층의 면적 등을 확인할 수 있습니다.

❺ **등기원인 및 기타사항**: 등기의 발생 사유가 기록됩니다. 신축, 분할, 변경 등 건물 형성 과정을 파악할 수 있습니다.

❻ **대지권의 목적인 토지의 표시**: 집합건물(아파트, 다세대 등)의 소재지, 집합건물이 건축된 대지의 지목과 면적을 확인할 수 있습니다. 대지면적이 넓을수록 재건축 시 많은 세대를 건축할 수 있습니다.

표제부 2: 전유 부분의 건물의 표시

【 표 제 부 】 (전유부분의 건물의 표시)			
표시번호	접 수	❶건 물 번 호 / ❷건 물 내 역	등기원인 및 기타사항
1	2018년10월25일	제6층 제602호 / 철근콘크리트구조 98.1682㎡	
(대지권의 표시)			
표시번호	대지권종류	❸대지권비율	❹등기원인 및 기타사항
1	1 소유권대지권	67091.9분의 46.5681	2018년10월16일 대지권 2018년10월25일 등기

▲ 등기사항전부증명서의 표제부 2

❶ **건물번호**: 특정 호수와 층수를 나타냅니다. 경매물건번호와 일치하는지 반드시 확인합니다. 일치하지 않으면 입찰 물건이 다른 호수일 가능성도 있으므로 건축물대장과 비교 대조가 필수입니다. 건축물대장의 층수와 호수가 기준입니다.

❷ **건물내역**: 해당 호실의 전용면적 확인이 가능합니다. 면적은 관리비, 임

대 수익, 공시가격 등 다양한 산정의 기초가 됩니다.

❸ **대지권 비율**: 집합건물의 경우, 소유자가 해당 건물의 대지에 대해 가지는 권리(대지사용권)의 종류(소유권, 지상권, 전세권, 임차권 등)와 그 비율을 명시합니다.

❹ **등기원인 및 기타사항**: 대지권 설정일을 확인할 수 있습니다.

대지권 관련 3대 특수 등기: 초보자가 가장 많이 빠지는 함정

집합건물 등기부 표제부의 '대지권의 표시'란에 다음과 같은 문구가 있다면 각별한 주의가 필요합니다.

대지권 미등기

건물은 등기되었으나, 그 건물이 서 있는 땅에 대한 권리(대지권)가 아직 등기사항전부증명서에 정리되지 않은 상태입니다. 주로 신축 건물에서 분양 대금이 완납되지 않았거나, 토지 정리가 끝나지 않았을 때 발생합니다.

- **위험성**: 낙찰 후 대지권을 취득하기 위해 추가 비용이 발생할 수 있으며, 최악의 경우 토지 소유자로부터 건물철거소송을 당할 위험도 있습니다.
- **대응 전략**: 감정평가서에서 '대지권 가격 포함' 여부를 반드시 확인해야 합니다. 포함되어 있다면 큰 문제가 없을 가능성이 높지만, 포함되지 않았다면 입찰을 재고해야 합니다.

대지권 없음

말 그대로 해당 건물에 부여된 대지권이 아예 없는 경우입니다. 토지 소유자와 건물 소유자가 다른 상태에서 토지 사용 계약 없이 건물이 지어졌을 가능성이 높습니다.

- **위험성**: 절대 입찰해서는 안 됩니다. 토지 소유자의 권리 행사에 무방비로 노출되며, 재산 가치가 현저히 낮습니다.

토지별도등기 있음

건물 등기부와 별개로, 토지에만 별도의 등기(예: 근저당권, 가압류 등)가 존재한다는 의미입니다.

- **위험성**: 낙찰자가 건물 소유권을 취득하더라도, 토지에 설정된 권리가 말소되지 않고 따라올 수 있습니다. 이 경우 토지에 대한 경매가 별도로 진행되어 토지와 건물의 소유자가 달라지는 비극이 발생할 수도 있습니다.
- **대응 전략**: 반드시 해당 주소지의 '토지 등기사항전부증명서'를 별도로 발급받아 어떤 권리가 설정되어 있는지 확인하고, 그 권리가 말소기준 권리보다 앞서는지 분석해야 합니다.

갑구: 소유권의 역사를 기록하다

갑구는 해당 부동산의 소유권에 관한 사항을 기록하는 부분입니다. 소유권의 보존, 이전, 변경, 제한, 소멸 등 소유권과 관련된 모든 이력을 순위번호에 따라 확인할 수 있습니다. 만약 '소유권이전청구가등기', '소유권이전금지가처분', '환매등기' 등이 있으면 입찰하지 않는 것이 좋습니다. 나중에 이러한 권리를 주장하는 사람에게 부동산을 빼앗길 수도 있기 때문입니다.

【 갑 구 】 (소유권에 관한 사항)					
❶순위번호	❷등 기 목 적	❸접 수	❹등 기 원 인	❺권리자 및 기타사항	
5	소유권이전	2007년11월22일 제76172호	2007년11월10일 매매	소유자 백영록 720719-******* 서울특별시 광진구 중곡동 62-59 파인빌 402호 거래가액 금160,000,000원	

▲등기사항전부증명서의 갑구

- ❶ **순위번호**: 권리의 순위를 표시합니다. 가장 중요한 것은 말소기준권리보다 '선순위'냐 '후순위'냐입니다. (권리분석 핵심)
- ❷ **등기목적**: 소유권 이전, 가등기, 가처분, 환매권 등 권리 내용을 확인합니다. 소유권이전청구가등기, 소유권이전금지가처분 등이 있으면 입찰을 피하는 것이 원칙입니다. 해당 권리가 낙찰 후에도 유효하게 주장될 가능성이 있기 때문입니다.
- **소유권보존등기**: 건물이 새로 건축되어 등기사항전부증명서가 처음 만들어졌음을 알리는 최초의 등기입니다. 이는 건물의 '출생신고'와 같습니다.
- **소유권이전등기**: 소유권이 변동된 내역을 보여줍니다. 매매, 상속, 증여 등 소유권이 이전된 원인을 확인할 수 있습니다.
- **가압류, 압류**: 채무자의 재산 처분을 임시로 막는 '가압류'나 국가기관이 강제로 재산 처분을 제한하는 '압류' 등 소유권에 대한 제한 사항이 표시

됩니다. 이들은 금전 채권을 목적으로 하므로 경매 또는 공매 절차에서 대개 소멸됩니다.
- **경매개시결정등기**: 해당 부동산에 대한 경매 절차가 시작되었음을 알리는 등기입니다.
❸ **접수**: 갑구와 을구 모두 접수번호가 중요합니다. 권리 순위가 접수 순서로 결정되기 때문입니다.
❹ **등기원인**: 소유권이 어떻게 이전되었는지를 확인합니다. 매매, 상속, 증여 등이 주요 원인입니다.
❺ **권리자 및 기타사항**: 현재 소유자의 이름, 주민등록번호, 매매 대금 등을 확인할 수 있습니다. 이전 매매가는 감정가 산정, 투자 판단의 참고 자료입니다.

갑구에서 소유권 분쟁의 씨앗 찾아내기

갑구는 소유권의 안정성을 판단하는 핵심 구역입니다. 특히 다음 등기는 초보자에게 치명적일 수도 있습니다.

신탁등기: 숨어 있는 진짜 소유자를 찾아라
- **의미**: 부동산의 소유권을 신탁 회사에 이전해, 그에 따른 수익을 받는 형태의 등기입니다. 이때 법적인 소유자는 개인이 아닌 신탁 회사가 됩니다.
- **위험성**: 신탁등기 이후에 원래 소유자(위탁자)와 체결한 임대차 계약은 낙찰자에게 대항할 수 없는 경우가 대부분입니다. 임차인은 보증금을 보호받지 못하고, 낙찰자는 예상치 못한 명도 저항에 부딪힐 수 있습니다.

- **대응 전략**: 갑구에 '신탁' 또는 '소유권 이전'의 원인으로 신탁이 기재되어 있다면, 반드시 신탁원부를 발급받아 신탁 계약의 상세 내용을 확인해야 합니다.
- **공매 필독**: 신탁 회사가 직접 진행하는 신탁 공매의 경우, 임차인의 권리 관계가 경매와 다르게 적용될 수 있습니다(예: 소액임차인 최우선변제권 불인정).

복잡한 소유권 이전 내역

단기간에 매매, 증여, 상속 등으로 소유자가 여러 번 바뀌었다면, 그 배경을 의심해볼 필요가 있습니다. 특히 사해행위취소소송 등으로 이어질 가능성이 있는 거래는 아닌지 주의 깊게 살펴야 합니다.

을구: 소유권 이외의 권리를 담다

을구는 소유권 이외의 권리에 관한 사항을 기록하는 부분입니다. 주로 담보물권이나 용익물권 등 금전적인 채무 관계나 사용 수익에 대한 권리가 표시됩니다. 특히 근저당권 설정 내역을 통해 해당 부동산에 빚이 얼마나 있는지 알 수 있습니다.

【 을 구 】		(소유권 이외의 권리에 관한 사항)		
순위번호	❶ 등 기 목 적	접 수	등 기 원 인	❷ 권리자 및 기타사항

1	근저당권설정	2019년1월22일
		제4539호
			2019년1월18일
			설정계약
				채권최고액 금120,000,000원
				채무자 ███
				  경상북도 포항시 북구 장량주택로14번길
				  11, ███ (양덕동)
				근저당권자 주식회사신한은행 110111-0012809
				  서울특별시 중구 세종대로9길 20
				  (태평로2가)
				  (포항지점)

▲ 등기사항전부증명서의 을구

- ❶ **등기목적**: 근저당권, 전세권, 지상권, 임차권 등이 기재됩니다. 채무 상태 파악의 핵심입니다.
- **근저당권**: 부동산을 담보로 돈을 빌리고 설정하는 가장 흔한 담보물권입니다. '채권최고액'으로 표시되며, 실제 빚의 120% 또는 130% 정도로 설정되는 경우가 많습니다. 이는 경매 시 배당 순위 판단에 가장 중요한 요소입니다.
- **전세권설정등기**: 전세금을 지급하고 부동산을 사용·수익할 수 있는 권리를 등기한 것입니다. 임차인이 자신의 보증금을 보호받기 위해 설정합니다.
- **임차권설정등기/임차권등기명령**: 임차인이 보증금을 보호받기 위해 설정하는 등기입니다. 특히 '임차권등기명령'은 임대차 계약 종료 후 보증금을 돌려받지 못했을 때 이사를 가더라도 대항력을 유지하기 위해 신청합니다. 단, 이사를 나가기 전에 반드시 등기사항전부증명서에서 임차권등기가 실제로 기재되어 있는지를 확인해야 합니다. 그래야만 이사 후에도 임차권등기의 효력을 인정받고, 안전하게 보증금 반환청구를 할 수 있습니다.
- ❷ **권리자 및 기타사항**: 채권최고액이 표시됩니다. 근저당 채권최고액을 보면 소유자의 채무 상황, 자금 사정 등을 유추할 수 있습니다. 을구 근저당권이 많고 채권최고액이 높은 경우 다수의 채무가 중복되어 있을 수 있고, 후순위 임차인의 보증금 반환 가능성도 줄어듭니다. 낙찰 후 인수 여부 판단의 핵심 자료입니다. 또한 경매 진행의 배경을 파악할 수 있습니다.

을구에서 채무자의 자금 사정 추리하기

을구는 채무자의 재정 상태를 보여주는 거울입니다. 이를 통해 명도 난이도와 추가 비용 발생 가능성을 예측할 수 있습니다.

'채권최고액의 총합'을 계산하라

- **의미**: 근저당권의 채권최고액은 실제 빌린 원금이 아닌, 연체이자까지 감안한 최대 금액(보통 원금의 120~130%)입니다.
- **실전 활용**: 을구에 설정된 근저당권들의 채권최고액 총합이 부동산 시세에 육박하거나 초과한다면 후순위 임차인이 보증금을 배당받을 확률이 매우 낮아 명도 저항이 극심할 수 있음을 암시합니다. 또한 채무자가 빚을 갚고 경매를 취하할 가능성이 희박하므로, 낙찰까지 이어질 확률이 높다고 판단할 수 있습니다.

'임차권등기명령'은 위험 신호

- **의미**: 임대차 계약 종료 후 보증금을 돌려받지 못한 임차인이 이사를 가더라도 대항력을 유지하기 위해 신청하는 등기입니다.
- **실전 활용**: 이 등기가 있다는 것 자체가 임대인이 보증금을 제때 돌려주지 못했다는 명백한 증거입니다. 해당 부동산의 재정 상태가 좋지 않음을 보여주는 강력한 신호로 해석해야 합니다.

전자등기사항증명서

대법원 인터넷등기소 앱을 이용하면 언제 어디서든 스마트폰으로 등기사항전부증명서를 발급받을 수 있습니다. 실전 권리분석 전에 마지막 점검으로 반드시 최신 등기사항전부증명서를 재발급해야 합니다. '부동산정보요약'을 활용하면 등기상 권리 외에도 부동산 관리비, 관리 규약, 체납 내역 등을 일부 확인할 수 있습니다.

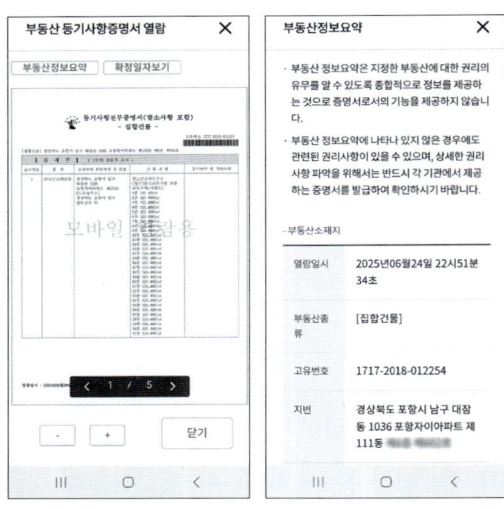

▲ 인터넷등기소 화면

권리 순위와 권리 변동 흐름 파악: 시간의 중요성

등기사항전부증명서에서는 각 권리의 접수일이 매우 중요합니다. 모든 권리는 접수일을 기준으로 순위가 정해지며, 이 순위는 경매 또는 공매 시 배당 순서와 낙찰자의 인수 여부를 결정하는 핵심적인 기준이 됩니다.

- **접수일의 중요성**: 갑구와 을구에 등기된 모든 권리는 접수일이 빠른 순서대로 효력을 가집니다. 경매에서는 '말소기준권리'가 이 순위를 판단하는 데 결정적인 역할을 합니다.
- **권리 변동의 이해**: 소유권 이전, 근저당권 말소 등 등기사항전부증명서에 기록된 모든 변동 내역은 부동산의 과거와 현재를 보여줍니다. 이러한 흐름을 파악함으로써 숨겨진 위험 요소를 발견하거나, 투자 가치를 높일 수 있는 기회를 포착할 수 있습니다. 예를 들어 오랜 기간 변동이 없던 부동산에 갑자기 여러 권리가 설정되었다면, 채무자의 자금 사정에 문제가 생겼을 가능성을 추정해볼 수 있습니다.

등기사항전부증명서는 경매와 공매 투자의 가장 기본적인 서류이자, 가장 중요한 정보원입니다. 이 서류를 꼼꼼하게 분석하고 이해하는 능력은 성공적인 부동산 투자의 필수적인 토대가 됩니다. 초보자에게는 다소 복잡하고 어렵게 느껴질 수도 있지만, 꾸준히 학습하고 다양한 사례를 접하면 그 중요성을 체감하게 될 것입니다.

백선생의 비밀과외

대지권,
아파트 소유의 숨은 권리

아파트나 빌라 같은 공동주택을 소유한다는 건 단순히 벽과 천장으로 둘러싸인 '내 집' 공간을 갖는 것만을 의미하지 않습니다. 그 건물이 굳건히 서 있는 땅에 대한 권리, 즉 대지권을 함께 소유하는 것입니다. 대지권이란, 아파트와 같은 집합건물의 각 소유자들이 건물 전체가 차지하고 있는 토지를 공동으로 나눠 가진 권리를 말합니다. 즉, 아파트를 매입하면 건물 전유 부분에 대한 소유권과 함께 단지 전체 토지 면적 중 일부를 지분 형태로 자동 취득하게 되는데, 이 토지 지분이 바로 대지권입니다.

그렇다면 내가 가진 땅의 몫은 얼마나 될까요? 이를 나타내는 것이 바로 대지권 비율입니다. 이는 단지 전체 토지 면적 대비 내 소유 세대가 얼마만큼의 지분을 차지하는지를 보여주는 수치입니다. 예를 들어 아파트 단지 전체 대지 면적이 1,000㎡이고 우리 집의 토지 지분이 50㎡라면, 대지권 비율은 5%가 됩니다. 이 비율은 부동산의 공식 신분증이라 할 수 있는 등기사항전부증명서에 명확히 기재되어 있어 누구나 확인할 수 있습니다.

그렇다면 대지권과 그 비율이 중요한 이유는 무엇일까요? 크게 세 가지 측면에서 살펴볼 수 있습니다. 첫째, 소유권의 안정성을 보장합니다. 대지권은 건물 소유권과 하나로 묶여 있어 분리해서 처분할 수 없습니다. 이는 누군가가 건물 밑의 땅만 따로 사들여 문제를 일으키는 상황을 원천적으로 차단하며, 내 재산을 온전히 지킬 수 있는 법적 안전장치 역할을 합니다.

둘째, 부동산의 가치를 평가하는 핵심 기준이 됩니다. 특히 건물이 낡아 재건축이나 재개발을 추진할 때 대지권 비율의 중요성은 더욱 커집니다. 대지권 비율이 높다는 것은 내가 가진 땅의 지분이 크다는 의미이므로, 향후 개발 이익을 분배하거나 새로운 아파트를 배정받을 때 훨씬 유리한 위치를 차지하게 됩니다.

셋째, 현명한 투자의 척도가 됩니다. 오래된 다세대 주택이나 연립주택에 투자할 때는 반드시 대지권 비율을 확인해야 합니다. 만약 건물 상태에 비해 대지권 비율이 현저히 낮다면, 미래 가치가 떨어지거나 권리관계가 복잡해질 수 있으므로 신중히 접근할 필요가 있습니다.

따라서 대지권은 단순한 법률 용어를 넘어 내 소유권의 안정성과 미래 가치를 결정하는 매우 중요한 요소라 할 수 있습니다.

008 권리분석의 나침반
말소기준권리 5분 만에 찾아내기

권리분석이라는 복잡한 미로를 헤쳐 나갈 단 하나의 나침반이 있다면, 그것은 바로 '말소기준권리'입니다. 이 권리는 부동산에 얽힌 복잡한 권리들의 운명을 가르는 분수령과 같습니다.

이번 장에서는 권리분석의 심장이라 할 수 있는 말소기준권리를 완벽히 정복해봅시다. 말소기준권리의 종류부터 이것이 임차인의 운명을 어떻게 결정하는지까지 권리분석에 대한 모든 것을 알아보겠습니다.

말소기준권리란 무엇인가?

말소기준권리란, 경매 또는 공매가 진행되는 부동산에 설정된 여러 권리 중에서 낙찰로 인해 소멸될 권리와 인수될 권리를 구분하는 기준선을 말합니다. 이 기준권리보다 먼저 등기된 권리(선순위 권리)는 낙찰자가 보장해야 해 그 부담을 떠안아야 하며, 기준권리를 포함해 그 이후에 등기된 권리(후순위 권리)는 원칙적으로 모두 소멸해 낙찰자에게 부담이 없습니다. 말소기준권리는 법률에 명시된 정식 용어는 아니지만, 경매·공매 시장에서 가장 중요한 핵심 용어로 통용됩니다.

왜 이런 기준이 필요할까?

법원 경매는 채권자들이 돈을 회수할 목적으로 부동산을 매각하는 절차입니다. 이때 복잡하게 얽힌 권리들을 깨끗하게 정리해주어야 많은 사람이 경매에 참여하고, 낙찰가가 높아져 채권자들에게도 유리해집니다. 즉, 부동산에 얽힌 복잡한 권리관계를 정리해 새로운 주인에게 깨끗한 상태로 넘겨주기 위한 법적 장치인 셈입니다.

말소기준권리의 종류

말소기준권리가 될 수 있는 권리들은 모두 '돈을 받기 위한 목적(금전채권 확보)'을 가진 권리라는 공통점이 있습니다. 배당 절차가 끝나면 그 목적을 달성했으므로 설령 돈을 다 받지 못했더라도 소멸되는 것이 원칙입니다.

여섯 가지 말소기준권리 후보

종류	설명	초보자 실전 팁 및 주의 사항
(근)저당권	돈을 빌려주고 부동산을 담보로 잡을 때 설정하는 가장 흔한 권리	가장 깨끗하고 명확한 말소기준권리. 등기사항전부증명서 을구의 첫 번째 권리가 은행의 근저당권이라면 초보자가 분석하기에 가장 안전한 물건일 확률이 높음.
(가)압류	압류: 주로 세금 체납으로 국가기관이 재산을 묶어두는 등기 가압류: 개인 채권자가 향후 강제집행을 위해 재산을 임시로 묶어두는 등기	압류가 말소기준권리인 경우, 등기사항전부증명서에 보이지 않는 '당해세'가 존재할 가능성이 있음. 당해세는 배당 순서에 영향을 미쳐 후순위 임차인의 배당액을 줄일 수 있음.
담보가등기	소유권 이전을 목적으로 하는 것이 아닌, 채권 담보를 목적으로 설정된 가등기	가장 주의해야 할 권리. 등기사항전부증명서만으로는 담보가등기인지 소유권이전청구권가등기인지 구분이 모호할 때가 있음. 매각물건명세서에서 법원이 담보가등기로 인정해 최선순위 설정으로 기재했는지 반드시 확인해야 함.

경매개시결정등기	법원이 경매 절차의 시작을 알리는 등기	이 등기보다 앞서 설정된 다른 말소기준권리 후보가 없을 때만 말소기준권리가 됨.
전세권(조건부)	사용·수익을 위한 권리지만, 예외적으로 말소기준권리가 될 수 있음.	다음 세 가지 조건을 모두 충족해야 말소기준권리가 됨. 하나라도 빠지면 인수 대상이 될 수 있어 매우 위험함. 1. 말소기준권리보다 앞서는 선순위 전세권일 것 2. 전세권자가 배당을 요구하거나 직접 경매를 신청했을 것 3. 부동산 전체에 대한 전세권일 것 (방 한 칸 등 일부에만 설정된 전세권은 말소기준권리가 될 수 없음)
강제경매개시결정등기	집행권원(판결문 등)에 따라 경매 개시를 결정하고 기입하는 등기	경매개시결정등기와 동일하게 다른 후보군이 없을 때 기준이 됨.

등기사항전부증명서에서 말소기준권리 판단 방법

경매·공매 물건의 권리분석을 시작할 때는 무조건 등기사항전부증명서를 열람해 말소기준권리부터 찾아내야 합니다.

- **등기사항전부증명서 발급**: 대한민국 법원 인터넷등기소(www.iros.go.kr)에서 해당 부동산의 등기사항전부증명서(말소 사항 포함)를 발급받습니다.
- **말소기준권리 후보군 찾기**: 등기사항전부증명서의 '갑구'와 '을구' 전체를 훑으며 앞서 설명한 여섯 가지 말소기준권리 후보군을 모두 찾아 동그라미를 칩니다.
- **접수일자 비교**: 후보군들의 '접수일자'를 비교해 날짜가 가장 빠른 권리를 찾습니다. 접수일자가 같다면 '접수번호'가 빠른 것이 우선입니다.
- **최종 확정**: 가장 빠른 날짜와 번호를 가진 권리가 해당 물건의 말소기준권리가 됩니다.

- **공매 필독**: 공매 물건을 분석할 때는 등기사항전부증명서를 확인하기 전에 해당 자산의 종류를 먼저 파악하는 것이 중요합니다. 세금 체납 등으로 나온 압류재산은 경매와 같이 복잡한 권리관계가 얽혀 있어 말소기준권리분석이 필수입니다. 반면 압류재산 외 수탁재산, 국유재산, 유입자산 등은 권리관계가 깨끗한 경우가 많아 권리분석이 비교적 쉬울 수 있습니다. 따라서 공매 물건이라면 해당 자산이 압류재산인지 다른 종류의 자산인지 파악할 필요가 있습니다.

다음 사례를 통해 직접 확인해봅시다.

사례 다가구주택 2층에 전세권이 설정되어 있다면?

· 2022.2.5. 임차인 박○○ 전세권 설정(2층), 보증금 1억 원
· 2023.5.10. W은행 근저당권 설정(건물 전체), 채권최고액 3억 원

권리분석

임차인 박○○의 전세권이 시간상으로는 가장 빠르지만 그리고 배당을 요구했지만, '건물 일부'에만 설정되었으므로 말소기준권리가 될 수 없습니다. 따라서 말소기준권리는 2023년 5월 10일에 설정된 W은행의 근저당권이 됩니다.

결론

경매가 끝나면 말소기준권리인 근저당권을 포함해 그 이후의 모든 권리는 소멸합니다. 하지만 그보다 앞선 박○○의 전세권(보증금 1억 원)은 소멸하지 않고 낙찰자에게 그대로 인수됩니다. 등기사항전부증명서에서 최선순위 권리가 '전세권'일 경우, 반드시 해당 전세권이 '건물 전부'에 설정된 것인지 확인할 필요가 있습니다. 전세권의 범위에 '일부'라는 단어가 보이면 말소기준권리가 될 수 없으며, 낙찰자가 인수할 가능성이 매우 높다고 판단해야 합니다.

말소기준권리와 임차인: 권리분석의 80%

말소기준권리분석에서 가장 중요하고 초보자들이 실수하기 쉬운 부분이 바로 임차인과의 관계입니다. 임차인의 운명은 말소기준권리를 기준으로 갈립니다.

대항력 있는 선순위 임차인

임차인이 말소기준권리 설정일보다 먼저 전입신고를 마쳤다면, 그 임차인은 대항력을 갖춘 선순위 임차인이 됩니다. 대항력 있는 임차인은 보증금 전액을 돌려받을 때까지 집을 비워주지 않을 권리가 있습니다. 만약 경매 배당 절차에서 보증금을 전액 돌려받지 못한다면, 나머지 금액은 고스란히 낙찰자가 인수해 물어줘야 합니다. 이는 낙찰 대금 외에 추가로 거액을 지불해야 함을 의미하므로 입찰 전에 철저한 계산이 필요합니다.

대항력 없는 후순위 임차인

임차인의 전입신고일이 말소기준권리 설정일보다 늦다면, 그 임차인은 대항력 없는 임차인이 됩니다. 이 경우 임차인이 보증금을 배당받든 받지 않든 낙찰자는 임차인의 보증금을 인수할 책임이 전혀 없습니다. 대항력 없는 임차인은 명도 대상이지만, 경매와 공매는 절차에 차이가 있습니다. 경매에서는 법원에 인도명령을 신청해 비교적 신속하게 명도를 진행할 수 있습니다. 하지만 공매에는 인도명령 제도가 없으므로, 낙찰자가 직접 명도협상을 하거나 명도소송을 진행해야 합니다.

소액임차인 최우선변제

임차인이 법에서 정한 소액임차인에 해당한다면, 말소기준권리나 자신의 배당 순위와 상관없이 보증금 중 일정액을 가장 먼저 배당받을 수 있는 '최우선변제권'이라는 막강한 권리를 가집니다. 이는 임차인의 최소한의 주거 안정을 보장하기 위한 사회보장적 제도입니다. 소액임차인에 해당하는지 여부(보증금 액수)는 해당 부동산에 설정된 최초의 담보물권(예: 근저당권) 설정일을 기준으로 판단합니다. 현재 기준이 아닌 과거 기준으로 판단해야 하므로 주의가 필요합니다.

말소기준권리인 줄 알았던 등기가 무효라면?

만약 등기사항전부증명서상 최선순위였던 근저당권이 사실은 빚을 모두 갚아 효력이 없는 무효의 등기였다는 사실이 나중에 밝혀지면 어떻게 될까요? 이 경우 무효인 근저당권은 말소기준권리의 자격을 잃게 되고, 그다음 순서의 권리(예: 가압류)가 새로운 말소기준권리가 됩니다. 이렇게 되면 그 근저당권 뒤에 있었던 임차인이 졸지에 선순위 임차인으로 바뀌어 낙찰자가 보증금을 인수해야 하는 최악의 상황이 발생할 수도 있습니다. 물론 실무상 흔한 일은 아니지만, 이런 일이 발생할 수도 있다는 사실을 알아두는 것이 좋습니다.

매각물건명세서와 공매재산명세서의 중요성

등기사항전부증명서를 통해 말소기준권리를 찾는 연습을 했다면, 반드시 법원이나 공매기관이 제공하는 정답지와 비교해야 합니다. 그 정답지는 바로 '매각물건명세서'(경매)와 '공매재산명세서'(공매)입니다.

- **법원의 공식 답변**: 매각물건명세서에 기재된 최선순위 설정일자가 법원이 판단한 말소기준권리의 접수일자입니다. 자신이 찾은 날짜와 이 날짜가 일치하는지 반드시 확인해야 합니다.
- **인수 권리 명시**: 매각물건명세서의 '등기된 부동산에 관한 권리 또는 가처분으로 매각으로 그 효력이 소멸되지 아니하는 것' 항목에 무언가가 적혀 있다면, 그것이 바로 낙찰자가 인수해야 할 권리입니다. 이 칸이 비어 있다면 등기사항전부증명서상 인수할 권리는 없다는 뜻이므로 안전한 물건으로 볼 수 있습니다.
- **법원의 책임**: 만약 매각물건명세서에 중대한 오류가 있어 낙찰자가 손해를 본다면, '매각불허가신청'을 통해 보증금을 돌려받을 수 있습니다. 그만큼 믿을 수 있는 서류입니다.
- **공매 필독**: 압류재산 공매에서는 온비드의 '공매재산명세서'가 경매의

매각물건명세서와 같은 역할을 합니다. 여기서 임차인 현황, 권리관계, 배분 요구 현황 등을 최종적으로 확인해야 합니다. 다만, 공매는 담당 기관 및 담당자에 따라 정보의 상세 수준이 다를 수 있으므로 유선 확인을 병행하는 것이 안전합니다.

초보자를 위한 안전한 투자 전략

1순위 근저당권을 찾아라

등기사항전부증명서를 열람했을 때, 첫 번째 권리가 은행의 근저당권인 물건은 권리관계가 명확하고 깨끗할 확률이 90% 이상입니다. 초보자는 이런 물건 위주로 시작하는 것이 안전합니다.

매각물건명세서를 맹신하되, 확인하라

매각물건명세서의 '소멸되지 아니하는 것'란이 비어 있는 물건을 최우선으로 고려해야 합니다. 법원이 안전하다고 보증해준 것과 같습니다.

헷갈리면 피하라

권리관계가 복잡하고, 자신이 찾은 말소기준권리가 법원의 판단과 다르거나 무언가 찜찜한 구석이 있다면 과감히 포기하는 것이 좋습니다. 좋은 물건은 계속 나옵니다.

말소기준권리를 정확하게 찾고 그 선후 관계를 판단하는 것은 경매 권리분석의 가장 중요한 출발점입니다. 등기사항전부증명서에 익숙해지고, 다양한 사례를 통해 말소기준권리를 찾는 연습을 꾸준히 한다면, 안전하고 성공적인 경매 투자를 위한 탄탄한 기반을 다질 수 있을 것입니다.

소액임차인 최우선변제란?

소액임차인 최우선변제란 「주택임대차보호법」에 따라 임차인이 거주하는 주택이 경매나 공매로 넘어갔을 때, 보증금 중 일정 금액을 다른 담보물권자(예: 은행의 근저당권)보다 우선하여 변제받을 수 있도록 보장하는 제도입니다. 이 제도는 임대차계약일이 아닌 '최선순위 담보물권 설정일'을 기준으로 하므로, 이 점을 반드시 유의해야 합니다.

서울특별시 「주택임대차보호법」상 최우선변제 기준표

기준 시점	임차인보증금 범위	보증금 중 일정액의 범위
1990. 2. 19.~	2,000만 원 이하	700만 원
1995. 10. 19.~	3,000만 원 이하	1,200만 원
2001. 9. 15.~	4,000만 원 이하	1,600만 원
2008. 8. 21.~	6,000만 원 이하	2,000만 원
2010. 7. 26.~	7,500만 원 이하	2,500만 원
2014. 1. 1.~	9,500만 원 이하	3,200만 원
2016. 3. 31.~	1억 원 이하	3,400만 원
2018. 9. 18.~	1억 1,000만 원 이하	3,700만 원
2021. 5. 11.~	1억 5,000만 원 이하	5,000만 원
2023. 2. 21.~	1억 6,500만 원 이하	5,500만 원

기준표 보는 방법 및 적용 순서

1. 등기사항전부증명서 확인: 최선순위 담보물권 설정일 찾기
가장 먼저 해당 주택의 등기사항전부증명서를 확인하여 근저당, 가압류 등 담보물권 중 가장 먼저 설정된 권리의 '접수일'을 찾습니다. 이것이 최우선변제 기준 시점이 됩니다. 임대차계약일이나 경매개시일이 아님을 명심해야 합니다.

2. 기준표에서 해당 기간 찾기
앞의 기준표 '최선순위 담보물권 설정일'이 포함되는 기간의 행을 찾습니다. 예를 들어 2022년에 설정된 근저당이 있는 서울 소재 빌라라면 '2021.5.11. ~ 2023.2.20.' 기간의 기준을 봐야 합니다.

3. 내 보증금 비교: 소액임차인 해당 여부 판단
찾아낸 기준의 '소액임차인 범위' 금액과 본인의 실제 보증금을 비교합니다. 보증금이 기준 금액 이하일 경우에만 소액임차인으로 보호받을 수 있습니다.

4. 최우선변제금 확인
소액임차인에 해당한다면, 해당 기준의 '최우선변제금' 만큼을 경매 배당 절차에서 가장 먼저 변제받을 권리가 생깁니다. 단, 최우선변제금의 총합은 주택가액(대지 포함)의 2분의 1을 초과할 수 없습니다.

※ **중요**: 최우선변제를 받기 위해서는 대항 요건(주택 인도 + 전입신고)을 갖추어야 하고, 경매개시결정등기 전까지는 이 요건을 유지해야 합니다. 또한 법원의 배당요구종기일까지 반드시 배당을 요구해야만 변제받을 수 있습니다.

009 잘못 받으면 패가망신!
낙찰자가 떠안는 숨겨진 권리들

부동산 경매의 핵심 원리 중 하나는 '소제주의(소멸주의)'입니다. 그러나 모든 권리가 소멸하는 것은 아니며, 예외적으로 낙찰자가 그 부담을 떠안아야 하는 '인수주의'가 적용되는 권리들이 존재합니다.

이번 장에서는 낙찰 후에 예상치 못한 손실을 일으키는 '숨겨진 폭탄'과도 같은 인수 권리에 대해 알아보겠습니다.

인수 권리의 개념 및 발생 원인

인수 권리란, 경매 절차가 완료되어 낙찰자가 매각 대금을 납부하더라도 소멸되지 않고, 낙찰자가 그 권리의 부담을 그대로 승계하는 것을 의미합니다.

소멸주의와 인수주의 비교하기

구분	소멸주의(원칙)	인수주의(예외)
대상	말소기준권리를 포함한 모든 후순위 권리	말소기준권리보다 앞선 권리, 법률상 특별히 보호되는 권리

결과	낙찰과 동시에 모든 권리 소멸	낙찰 후에도 권리가 소멸하지 않고, 낙찰자에게 승계
예시	후순위 근저당권, 후순위 가압류, 후순위 임차권 등	선순위 전세권, 선순위 임차권, 유치권, 법정지상권 등

대표적인 인수 권리 유형(위험도순)

경매에서 낙찰자에게 인수되는 대표적인 권리 유형은 다음과 같습니다. 이러한 권리들은 경매 물건의 위험도를 판단하는 중요한 기준이 됩니다.

선순위 가등기(소유권이전청구권 보전)

- **위험성**: 낙찰자의 소유권을 통째로 빼앗을 수 있는 가장 치명적인 권리입니다. 말소기준권리보다 앞선 소유권이전청구권가등기는 낙찰자에게 인수되며, 가등기권자가 나중에 본등기를 실행하면 낙찰자는 소유권을 즉시 상실합니다.
- **대응 전략**: 등기사항전부증명서 갑구에 말소기준권리보다 앞선 소유권이전청구권가등기가 있다면 초보자는 무조건 피해야 합니다.

선순위 임차인의 대항력

- **위험성**: 낙찰 대금 외에 수억 원의 보증금을 추가로 물어줘야 하는 권리입니다. 말소기준권리보다 전입신고가 빠른 임차인이 보증금을 전액 배당받지 못하면, 그 미배당 보증금 전액을 낙찰자가 인수해야 합니다.
- **대응 전략**: 임차인의 전입일자와 말소기준권리 설정일자 비교가 권리분석의 기본입니다. 매각물건명세서의 임차인 현황을 반드시 확인해야 합니다.

선순위 전세권(배당을 요구하지 않은 경우)

- **위험성**: 등기된 권리로서 임차권보다 더 강력하게 보호받을 수 있습니다. 선순위 전세권자가 배당을 요구하지 않으면, 해당 전세권은 소멸하지 않고 낙찰자가 그대로 인수합니다.
- **대응 전략**: 선순위 전세권은 전세권자에게 '배당받고 나갈 것인가(소멸)', '계속 살다가 새 주인에게 보증금을 받을 것인가(인수)'라는 두 가지 선택권이 있습니다. 매각물건명세서에서 배당요구 여부를 확인하는 것이 절대적으로 중요합니다.

선순위 처분금지가처분

- **위험성**: 소유권 자체를 잃거나, 건물을 철거해야 할 수도 있는 권리입니다. 소유권 분쟁과 관련된 가처분은 소송 결과에 따라 낙찰자의 소유권을 무효화시킬 수 있습니다. 토지 소유자가 건물을 상대로 제기한 철거소송 관련 가처분은 순위와 상관없이 인수되어 낙찰자가 건물을 철거해야 할 수 있습니다.
- **대응 전략**: 갑구에 선순위 가처분이 있다면 소송 내용을 파악해야 하며, 초보자는 입찰을 피하는 것이 상책입니다.

환매등기

- **위험성**: 이전 소유자가 약속된 기간 내에 돈을 지불하고 부동산을 되찾아갈 수 있는 권리입니다. 말소기준권리보다 앞선 환매등기는 소멸되지 않고 낙찰자에게 인수되며, 환매권이 행사되면 낙찰자는 소유권을 잃게 됩니다.

- **성립 요건 및 확인 사항**: 매매 계약과 '동시에' 환매 특약을 맺고, 소유권 이전등기와 '동시에' 환매등기를 해야 제3자(낙찰자)에게 효력이 있습니다. 부동산의 경우 5년을 넘지 못합니다. 등기사항전부증명서에서 환매기간이 만료되었는지 반드시 확인해야 합니다. 기간이 지났다면 효력을 잃은 등기입니다. 환매 시 지불할 금액이 등기되어 있습니다.

법정지상권

- **위험성**: 토지를 낙찰받았는데 내 마음대로 사용하지 못하고, 남의 건물을 위해 영원히 땅을 빌려줘야 하는 권리입니다. 건물 철거가 불가능하고 토지 사용료(지료)만 청구할 수 있어 토지의 가치가 급격히 하락합니다.
- **핵심 성립 요건**: 저당권 설정 당시에 토지 위에 건물이 존재해야 하며, 토지와 건물의 소유자가 동일해야 합니다. 등기사항전부증명서로 과거 이력을 추적해 확인할 필요가 있으며, 경매 등을 통해 토지와 건물의 소유자가 달라져야 합니다.
- **지료 청구**: 법정지상권이 설정된 토지 소유자는 건물 소유자에게 지료를 청구할 수 있습니다. 그러나 지료 청구는 자동으로 되는 것이 아닙니다. 낙찰자가 별도의 '지료청구소송'을 제기해 법원으로부터 지료를 결정받아야 합니다. 이 과정은 시간과 비용이 소요되며, 건물주와의 법적 분쟁으로 이어질 수 있습니다.

유치권

- **위험성**: 등기사항전부증명서에 나타나지 않는 '숨은 암초'입니다. 유치

권자가 공사 대금을 받지 못했다고 주장하며 건물을 점유하는 권리로, 진정한 유치권이라면 낙찰자가 해당 공사 대금을 물어줘야 점유를 넘겨받을 수 있습니다.

- **4대 성립 요건**: 첫째, 유치권자가 해당 건물을 불법으로 점유하지 않았어야 하며, 경매개시결정등기 이후에 점유를 시작하면 낙찰자에게 대항할 수 없습니다. 둘째, 공사 대금 등을 받을 날짜가 이미 지났어야 합니다. 셋째, 해당 건물 공사 대금처럼 그 물건 자체로부터 발생한 채권이어야 합니다(개인적으로 빌린 돈 등은 해당 없음). 넷째, 건물 계약 당시 '유치권을 행사하지 않는다'라는 특약이 없었어야 합니다.
- **허위 유치권과의 전쟁**: 실제로 공사를 진행하지 않고 서류만 꾸며 유치권을 주장하는 '허위 유치권'이 매우 많습니다. 이를 가려내려면 법원의 현황조사서에 기록된 최초 방문 시점에 유치권자가 점유하고 있었는지를 확인해야 합니다. 공사계약서, 세금계산서, 자재 구매 영수증, 인부들 노임대장 등 공사 진행 사실을 증명할 객관적인 자료를 유치권자에게 요구해야 합니다. 주변 이웃이나 건물 관리인에게 언제부터 공사 현수막이 걸려 있었는지, 실제 공사를 했는지 등을 조사해 증거를 확보해야 합니다.

분묘기지권

- **위험성**: 토지를 낙찰받았어도 다른 사람의 묘를 함부로 이장할 수 없는 권리입니다. 특히 조상 숭배 문화가 강한 우리나라에서는 분쟁이 격화되기 쉽습니다.
- **셋 중 하나만 충족해도 분묘기지권 성립**: 첫째, 토지 소유자의 승낙을 얻어 분묘를 설치했어야 합니다. 둘째, 자기 소유 토지에 분묘를 설치한 뒤

분묘 이전에 대한 특약 없이 토지만 매각했어야 합니다. 셋째, 2001년 1월 13일 이전에 설치된 분묘를 20년간 평온·공연하게 점유했어야 합니다.
- **판례 동향**: 과거에는 지료 없이 사용하는 경우도 많았으나, 최근 대법원 판례는 분묘기지권이 성립하더라도 토지 소유자가 지료를 청구하면 분묘 설치자는 지료를 지급할 의무가 있다는 방향으로 바뀌고 있습니다. 이를 통해 토지 소유자의 재산권을 일부 보호하고 있습니다.

인수 권리는 아니지만, 그에 준하는 위험 요소들

다음 항목들은 법적으로 인수되는 권리는 아니지만, 낙찰자에게 추가적인 비용이나 법적 분쟁을 야기하는 큰 위험 요소들입니다.

낙찰자가 주의해야 할 위험 요소들

위험 요소	핵심 내용 및 위험성	초보자 대응 전략
공동지분(지분 경매)	부동산의 일부 지분만 낙찰받는 것으로, 다른 공유자와의 협의 없이는 재산권 행사가 어려움. 공유자우선매수 신고로 낙찰받은 물건을 빼앗길 수도 있음.	다른 공유자와의 협상 전략이 없다면 접근 금물. 소송으로 이어질 가능성이 높음.
대지권 미등기/없음	대지권이 없으면 건물 철거 위험이 있고, 미등기 상태면 대지권 확보를 위한 추가 비용이 발생할 수 있음.	감정평가서를 통해 대지권 가격 포함 여부를 반드시 확인해야 함. '대지권 없음'은 절대 입찰하면 안 됨.
불법건축물	원상복구 시까지 매년 이행강제금이 부과되며, 이는 낙찰자에게 승계됨.	건축물대장을 발급받아 '위반건축물' 표기 여부를 확인해야 함. 예상 이행강제금과 철거 비용을 계산하고 입찰가를 산정해야 함.

맹지(도로 없는 땅)	건축 허가가 나지 않아 토지의 가치가 현저히 낮음. 도로를 내기 위한 비용과 노력이 많이 필요함.	지적도를 통해 도로에 2m 이상 접하는지 확인해야 함. 초보자는 개발 계획이 없는 맹지는 피해야 함.
산업 폐기물/토양 오염	토지에 불법 매립된 산업 폐기물이나 오염된 흙의 처리 비용이 토지 가격을 초과할 수 있음.	공장, 주유소, 축사 부지 등 오염 가능성이 있는 토지는 입찰 시 신중해야 함. 환경부가 운영하는 '국가지하수정보센터(www.gims.go.kr)'를 참고하거나, 의심되면 입찰을 포기해야 함.

인수 권리들은 경매 물건의 가치를 크게 좌우하며, 낙찰자에게 예상치 못한 부담을 지울 수 있습니다. 초보자라면 초기에는 위험 권리가 없는 깨끗한 물건 위주로 투자하며 경험과 지식을 쌓아 나가는 것이 현명한 투자 전략입니다.

낙찰받은 부동산에 설정된 권리를 인수한 사례들

1위: 선순위 임차인의 보증금 인수(가장 흔하고 치명적인 사례)

시세 4억 원의 아파트를 3억 원에 낙찰받아 기뻐하고 있었는데, 이 집에 사는 임차인 공○○이 찾아옵니다. 공○○은 5년 전, 은행이 근저당을 설정하기 훨씬 이전에 전입신고를 하고 들어와 살고 있었고, 보증금은 1억 5,000만 원입니다. 공○○은 경매절차에서 배당요구를 하지 않았습니다. 그러나 배당 신청을 했더라도 다른 선순위 채권 때문에 보증금을 한 푼도 받지 못했을 것입니다. 공○○은 "보증금 1억 5,000만 원을 주기 전에는 절대 나갈 수 없다"라고 주장합니다.

- **왜 인수하게 되나요?** 임차인이 말소기준권리(이 경우 은행의 근저당권)보다 먼저 전입신고(대항 요건)를 하면 '임차인 대항력'이 생깁니다. 이 대항력은 집주인이 바뀌더라도(경매로 낙찰받더라도) 새로운 집주인에게 자신의 임차권을 주장할 수 있는 강력한 힘입니다. 따라서 낙찰자는 임차인의 보증금 전액을 돌려줘야 할 법적 의무를 지게 됩니다.
- **초보자가 빠지는 함정**: 단순히 낙찰 가격(3억 원)만 보고 자신의 총 투자금을 계산하는 실수를 저지릅니다. 실제로는 '총 매입가 = 낙찰가(3억 원) + 인수보증금(1억 5,000만 원) = 4억 5,000만 원'이 되어 시세보다 비싸게 사는 결과가 초래됩니다.
- **핵심 대응 전략**: 입찰 전에 매각물건명세서의 '임차인 현황'과 '최선순위 설정일자'를 반드시 비교해야 합니다. 임차인의 전입일자가 최선순위 설정일자보다 빠르다면, 그 임차인의 보증금은 내가 인수해야 할 금액이라고 생각하고 입찰가를 산정해야 합니다.

2위: 체납관리비(공용 부분) 인수(가장 흔한 숨겨진 비용)

공용 부분 체납관리비는 권리보다는 '채무'의 인수지만, 너무나 빈번하게 발생해 사실상 인수 권리처럼 취급됩니다.

아파트를 낙찰받고 잔금을 치른 뒤 관리사무소에 방문하니 전 주인이 300만 원의 관리비를 체납했다며 낙찰자에게 납부를 요구합니다.

- **왜 인수하게 되나요?** 대법원 판례는 일관되게 체납관리비 중 '공용 부분'에 해당하는 금액은 다음 소유자(낙찰자)가 승계해야 한다고 보고 있습니다. 엘리베이터, 복도, 계단, 주차장 등 모든 입주민이 함께 사용하는 공간의 유지 보수 비용은 특정 개인의 채무가 아닌, 해당 부동산 자체에

부과된 채무로 보기 때문입니다(전유 부분 관리비나 연체료는 승계되지 않습니다).
- **초보자가 빠지는 함정**: '경매로 모든 빚은 깨끗하게 사라진다'라고 생각하고 관리비 체납 여부를 확인하지 않는 것입니다. 상가의 경우 수천만 원에 이르는 관리비는 예상치 못한 큰 지출이 될 수 있습니다.
- **핵심 대응 전략**: 입찰 전에 반드시 해당 부동산의 관리사무소에 전화하거나 방문해 체납관리비와 공용 부분 체납액을 확인해야 합니다. 그리고 그 금액을 추가 비용으로 고려해 입찰가를 결정해야 합니다.

3위: 유치권 신고에 따른 분쟁 및 비용 발생

상가, 다가구주택, 공장, 토지 등에서 매우 빈번하게 나타나며, 실제 권리 성립 여부와 상관없이 낙찰자를 가장 골치 아프게 만드는 사례입니다.

리모델링 중에 경매에 나온 상가 건물을 낙찰받았는데, 갑자기 공사업체 사람들이 나타나 "공사 대금 2억 원을 받기 전까지는 건물을 넘겨줄 수 없다"라고 유치권을 주장하며 건물을 점유합니다.

- **왜 인수(분쟁)하게 되나요?** 유치권은 등기사항전부증명서에 나오지 않으며, '물건을 점유'함으로써 권리를 주장합니다. 만약 법적으로 유효한 '진성 유치권'이라면 낙찰자는 해당 채무를 변제해야만 부동산을 인도받을 수 있습니다.
- **초보자가 빠지는 함정**: 유치권 신고가 되어 있다는 이유만으로 섣불리 입찰을 포기하거나, 반대로 '대부분 가짜겠지'라고 안일하게 생각하고 입찰하는 것입니다. 허위 유치권(가장 유치권)이라도 이를 법적으로 해결하기 위해서는 결국 명도소송 등 법적 절차를 거쳐야 하며, 이 과정에서 수개월의 시간과 수백만 원의 소송 비용이 발생합니다.

- **핵심 대응 전략**: 현장 조사가 절대적으로 중요합니다. 유치권 신고 현수막, 실제 점유 형태(상주 인원, 잠금장치 등)를 꼼꼼히 확인해야 합니다. 법원의 현황조사서에 경매 개시 전부터 점유했다는 기록이 있는지 확인하고, 유치권자에게 공사계약서, 세금계산서 등 객관적인 증빙 자료를 요구해 진성 여부를 판단해야 합니다. 초보자라면 유치권이 신고된 물건은 피하는 것이 상책입니다.

이 세 가지 사례는 경매 시장에서 가장 빈번하게 낙찰자의 발목을 잡는 '단골손님'들입니다. 성공적인 투자는 단순히 물건을 싸게 사는 게 아니라, 낙찰가에 더해질 수 있는 모든 숨겨진 비용과 권리를 정확히 계산해내는 것에서 시작된다는 점을 명심해야 합니다.

010 권리분석의 80%
진짜 임차인과 가짜 임차인 구별법

경매 권리분석의 80%는 임차인 분석이라는 말이 있을 정도로, 임차인의 존재는 낙찰자의 수익률에 절대적인 영향을 미칩니다. 대항력 있는 임차인의 보증금을 떠안는 순간, 시세보다 저렴하게 낙찰받았다는 기쁨은 쓰라린 손실로 바뀔 수 있습니다. 반대로, 숨어 있는 위장 임차인을 가려낼 수 있다면 남들이 피하는 물건에서 의외의 수익을 얻을 수도 있습니다.

이번 장에서는 낙찰자의 명도와 수익에 직접적인 영향을 미치는 임차인의 세 가지 핵심 권리를 완벽히 이해하고, 실제 경매에서 마주치는 다양한 유형의 임차인을 상대하는 방법과 진짜 임차인과 가짜 임차인을 구별해내는 실전 노하우를 알아보겠습니다.

임차인의 세 가지 핵심 권리

임차인의 권리는 크게 대항력, 우선변제권, 최우선변제권으로 나뉩니다. 이 세 가지 권리의 관계를 이해하는 것이 임차인 분석의 첫걸음입니다.

1 | 대항력

임차인이 주택을 인도(점유)받고 주민등록(전입신고)을 마친 경우, 그다음 날 0시부터 제3자(새로운 소유자, 즉 낙찰자)에게 자신의 임차권을 주장할 수 있는 힘을 '대항력'이라고 합니다.

- **경매에서의 대항력**: 경매에서는 임차인의 전입일자가 말소기준권리보다 빨라야 대항력이 인정됩니다. 즉, 전입일자가 아무리 빨라도 말소기준권리 이후에 전입했다면 대항력이 없습니다. 대항력 없는 임차인은 낙찰자가 인도명령을 통해 강제로 내보낼 수 있으며, 배당을 통해 보증금을 모두 돌려받지 못하더라도 낙찰자에게 책임이 없습니다.
- **대항력의 효력**: 대항력 있는 임차인은 낙찰자에게 임대차 계약 기간을 주장할 수 있으며, 보증금 전액을 돌려받을 때까지 해당 부동산을 비워주지 않아도 됩니다. 만약 보증금 중 일부라도 배당받지 못하면 그 부족액은 낙찰자가 인수해야 합니다.

2 | 우선변제권

대항력 요건(점유+전입신고)을 갖춘 임차인이 '확정일자'를 받으면, 그 확정일자를 기준으로 후순위 권리자나 다른 채권자보다 우선해 보증금을 배당받을 수 있는 권리입니다.

- **확정일자의 중요성**: 확정일자는 임대차계약서가 특정 날짜에 존재했음을 공적으로 증명하는 것으로, 배당 순위를 결정하는 기준일이 됩니다. 전입신고일과 확정일자 중 늦은 날짜를 기준으로 우선변제권의 효력이 발생합니다.

3 | 최우선변제권

임차인의 보증금이 소액일 경우(소액임차인), 배당 순위와 상관없이 다른 보증금 중 일정액을 가장 먼저 배당받을 수 있는 권리입니다.

- **최우선변제권의 요건**: 소액임차인이어야 합니다. 경매개시결정등기 전에 대항 요건(주택 인도 및 주민등록)을 갖추고, 그 대항력을 배당요구종기일까지 계속 유지해야 합니다. 또한 배당요구종기일까지 반드시 법원에 배당을 요구해야 합니다. 확정일자는 최우선변제권 행사의 필수 요건은 아닙니다.
- **최우선변제권 판단 기준일**: 최우선변제권이 있는 소액임차인 기준은 법 개정에 따라 계속 바뀝니다. 현재 기준이 아닌, 해당 부동산의 최초 담보물권(예: 근저당권) 설정 당시의 기준으로 판단해야 합니다. 예를 들어 2025년에 경매가 진행되더라도 2015년에 설정된 근저당권이 최선순위라면, 2015년 당시의 소액임차인 기준을 적용해야 합니다.
- **배당 한도**: 최우선변제금은 주택가액(대지가액 포함)의 2분의 1 범위 내에서만 배당됩니다. 따라서 소액임차인이 여러 명일 경우, 이 한도 내에서 안분배당을 받게 됩니다.

임차인의 핵심 권력

구분	대항력	우선변제권	최우선변제권
목적	새로운 집주인에게 임대차 계약 주장	후순위 권리자보다 먼저 보증금 배당	보증금 중 일정액을 최우선으로 배당
필수 요건	· 주택 인도(점유) · 전입신고	· 대항력 요건(점유+전입신고) · 확정일자	· 대항력 요건(점유+전입신고) · 소액보증금 해당 · 배당요구

| 효과 | 보증금 전액을 돌려받을 때까지 거주 가능, 미배당 보증금은 낙찰자가 인수 | 확정일자 순서에 따라 배당, 미배당액이 있어도 대항력 없으면 인수하지 않음. | 배당 순위와 무관하게 1순위로 배당(단, 주택가액의 1/2 한도) |

임차인의 유형별 특성과 주의 사항

임차인의 특성과 상황에 따라 낙찰자의 부담이 달라질 수 있습니다.

확정일자보다 법정기일이 빠른 당해세가 있는 경우

과거에는 당해세(상속세, 증여세, 종합부동산세 등)가 임차인의 확정일자보다 항상 우선하여 배당받아 임차인이 보증금을 떼이는 주된 원인이었습니다. 이는 소위 '전세 사기' 피해를 키웠습니다. 하지만 2023년 「국세징수법」 개정으로 임차인의 확정일자보다 법정기일이 늦은 경우 국세징수액 범위 안에서 임차인의 보증금을 우선 배당받을 수 있습니다. 이 개정 덕분에 선순위 임차인의 보증금을 낙찰자가 인수하게 될 위험이 크게 줄었습니다. 그럼에도 불구하고 임차인의 권리분석은 여전히 중요합니다.

대항력은 없지만 우선변제권이 있는 임차인

대항력이 없더라도(전입일자가 말소기준권리보다 늦은 경우) 대항 요건(점유 + 전입신고)을 갖추고 확정일자를 받은 임차인은 우선변제권을 행사해 보증금을 배당받을 수 있지만, 매각 대금이 부족할 경우 보증금을 받지 못하고 쫓겨날 수 있습니다.

배당을 요구하지 않은 임차인

대항력이 있지만, 개인적인 사정이나 법률 지식 부족으로 배당요구종기일까지 배당을 요구하지 않은 임차인입니다. 이 경우 임차인은 배당받을 권리를 상실하며, 대항력이 있다면 낙찰자가 임차인의 보증금 전액을 인수해야 합니다.

전 소유자 겸 점유자(채무자)

경매로 넘어온 부동산에 채무자(전 소유자)가 직접 거주하고 있는 경우입니다. 채무자는 임차인이 아니므로 「주택임대차보호법」의 보호를 받지 못하며, 대항력이 없습니다. 낙찰자는 인도명령(경매) 또는 명도소송(공매)을 통해 채무자를 내보낼 수 있습니다. 명도 과정에서 채무자가 협조하지 않을 수도 있으므로, 명도 협상과 필요시 강제집행 절차를 준비해야 합니다.

가족 관계 임차인

등기사항전부증명서상 소유자와 성이 같거나, 육안으로 가족 관계임을 추정할 수 있는 임차인입니다. 실제 임대차 계약 없이 허위로 전입신고만 해둔 위장 임차인일 가능성이 있습니다. 허위 임차인으로 판명될 경우 대항력이 인정되지 않으므로, 낙찰자의 부담이 없습니다.

점유가 불분명한 임차인

현장 조사 시 해당 부동산에 실제 거주하는 사람이 없거나, 점유 상태가 불분명한 경우 위장 임차인일 수 있습니다. 전입세대확인서에 임차인이 있지만 현장은 공실인 것으로 보인다면 의심해야 합니다.

계약 내용이 불분명한 임차인

현황조사서나 공매재산명세서에 임차인의 보증금, 차임, 확정일자 등의 정보가 '미상'으로 기재되어 있거나, 일반적인 시세와 현저히 차이 나는 경우 위장 임차인일 가능성이 있습니다. 이런 경우에는 실제 보증 금액을 파악하기 위한 추가 조사가 필수입니다.

확정일자가 없는 선순위 임차인

선순위 임차인이지만 확정일자를 받지 않아 배당을 받지 못하는 경우, 그 보증금은 낙찰자가 인수해야 하므로 주의해야 합니다. 이때 임차인이 주장하는 보증금이 불분명하다면 위장 임차인일 수 있습니다.

임차권등기명령에 의한 임차인

임대차 계약 기간 종료 후 보증금을 돌려받지 못한 임차인이 이사를 가더라도 대항력을 유지하기 위해 법원의 명령으로 임차권등기를 한 경우입니다. 임차권등기의 효력은 등기된 시점이 아닌, 원래 취득했던 전입일자와 확정일자를 기준으로 판단해야 합니다. 만약 임차권등기 이전에 경매 개시

등기가 되어 있었다면, 임차인이 배당을 요구한 것으로 보지 않는 경우도 있으므로(별도의 배당요구 필요) 주의 깊게 살펴봐야 합니다.

다가구주택 vs. 다세대주택 임차인

다가구주택은 건물 전체가 하나의 주소(지번)를 쓰므로 호수 없이 지번만 기재해도 대항력이 인정됩니다. 하지만 다세대주택은 각 호실이 독립된 부동산이므로 지번과 동·호수까지 완벽하게 기재해야 대항력이 있습니다.

실전! 임차인 조사 및 위장 임차인 판별법

정확한 임차인 분석은 퍼즐 조각을 맞추는 것과 같습니다. 여러 서류와 현장 정보를 교차 확인하고, 논리적으로 맞지 않는 부분을 집요하게 파고들어야 성공적인 투자를 할 수 있습니다.

1단계: 서류를 통한 기본 분석

- **매각물건명세서**: 법원이 제공하는 가장 중요한 '정답지'입니다. 임차인의 권리분석 핵심 정보가 요약되어 있습니다.
- **현황조사서**: 법원 집행관이 현장을 방문해 점유 관계를 처음으로 확인한 공적 기록입니다.
- **전입세대확인서**: 동주민센터에서 발급하며, 해당 주소에 누가 언제부터 전입되어 있는지 확인합니다.
- **등기사항전부증명서**: 말소기준권리를 직접 찾아내고, 임차권등기명령이나 소유자의 채무 상태 등을 통해 위험 신호를 파악합니다.

2단계: 현장 조사를 통한 실체 확인(임장)

- **점유 흔적 확인**: 우편함, 전기/가스계량기, 창문 등을 통해 실제 생활 흔적을 확인합니다.
- **탐문 조사**: 관리사무소, 이웃 주민, 인근 공인중개사무소를 통해 실제 거주 여부, 관리비 체납, 시세 등을 파악합니다.

3단계: 심층 확인(위장 임차인으로 의심될 경우)

- **소유자와의 관계 파악**: 임차인이 채무자와 친인척 관계인지, 기타 특수 관계인지 파악합니다. 이는 현장 탐문이나 주변 지인을 통해 알아볼 수 있습니다.
- **보증금 지급 내역 확인**: 임차인에게 보증금을 어떤 방식으로 지급했는지 물어보고, 계좌 이체 내역을 요구합니다. 현금으로 줬다고 하거나 증빙을 거부하면 허위일 가능성이 높습니다.
- **배당요구 신청 여부 확인**: 대항력 있는 임차인이 배당을 요구하지 않았다면, 법원에 제출된 임대차계약서가 없어 임차인의 보증 금액을 알 수 없습니다. 이 경우 위장 임차인일 가능성이 있으므로 주의해야 합니다.
- **무상거주확인서**: 소유자가 은행에서 대출받을 때 제출한 무상거주확인서가 있다면, 그 사람은 나중에 임차인이라고 주장해도 대항력이 인정되지 않습니다.
- **빈집 확인**: 장기간 비어 있는 것으로 보이는 주택이라도, 가구 등이 그대로 있거나 전입신고가 유지되어 있다면 간접 점유로 인정될 수 있으므로 주의해야 합니다.

백선생의 비밀과외

임차인 전세권이란?

임차인 전세권이란, 임차인이 임대인의 동의를 받아 보증금을 안전하게 지키기 위해 등기사항전부증명서에 설정하는 권리를 말합니다. 쉽게 말해, 단순히 '계약서만 쓰는 임차권'이 아니라 법적으로 등기까지 해두어 내 보증금을 확실히 보호하는 장치인 셈입니다.

보통의 임대차 계약(즉, 임차권)은 임대인과 임차인 사이의 약속(채권)에 불과합니다. 그래서 집이 다른 사람에게 팔리거나, 임대인이 보증금을 돌려주지 않으면 임차인이 복잡한 법적 절차를 거쳐야 하는 경우가 많습니다.

하지만 전세권은 다릅니다. 전세권은 등기사항전부증명서에 등기하는 순간부터 제3자에게도 효력이 생기기 때문에 나중에 집이 팔리거나 소유자가 바뀌어도 임차인의 권리는 그대로 유지됩니다. 무엇보다 보증금을 돌려받지 못했을 때 소송 없이도 법원에 직접 경매(임의경매)를 신청할 수 있는 권리가 생깁니다.

즉, 전세권은 임차인의 권리를 단순한 '계약상의 약속'에서 '법으로 보장된 권리'로 한 단계 높여주는 제도입니다.

전세권이 인수되거나 소멸되는 경우

전세권은 등기사항전부증명서에 기재된 권리이므로 부동산의 소유자가 바뀌더라도 새로운 소유자가 기존 전세권을 그대로 인수해야 합니다. 이러한 경우를 '인수되는 전세권'이라고 합니다. 즉, 집이 팔리더라도 임차인은 여전히 이 부동산의 전세권자로서 자신의 권리를 잃지 않습니다. 반대로 '소멸하는 전세권'은 전세 기간이 끝나고 보증금을 반환받아 전세권을 말소했을 때 또는 법원 경매를 통해 권리가 정리될 때 생깁니다.

즉, 전세권은 부동산의 상황과 절차에 따라 유지되기도 하고, 소멸되기도 하는 권리입니다. 따라서 전세권을 설정할 때는 등기 절차를 정확히 이해하고, 필요하다면 전문가의 도움을 받는 것이 좋습니다.

임차인과 전세권자의 차이

임차인(채권자)은 임대인과 계약을 맺고 그 약속에 따라 보증금을 보호받는 사람입니다. 그러나 이 권리는 '계약서 안'에 머무르기 때문에 집이 팔리거나 임대인이 보증금을 주지 않을 경우에는 소송을 통해야만 돈을 돌려받을 수 있습니다. 반면 전세권자(물권자)는 등기사항전부증명서에 등기를 마쳐 법적으로 인정된 권리자가 됩니다. 따라서 소유자가 바뀌어도 새 소유자에게 대항할 수 있고, 소송 없이도 법원에 바로 경매를 신청할 수 있습니다.

즉, 임차인이 '계약에 따른 권리자'라면, 전세권자는 '등기로 보호받는 법적 권리자'입니다.

정리하면 전세권은 임차인의 보증금을 가장 안전하게 보호할 수 있는 제도입니다. 물론 전세권을 설정하려면 등기 절차와 비용, 임대인의 동의 등이 필요하지만, 그만큼 보증금을 돌려받을 때의 안정성이 매우 높습니다.

결국 전세권은 단순히 계약서를 쓰는 문제를 넘어 임차인의 '내 재산을 어떻게 지킬 것인가'에 대한 선택이라 할 수 있습니다.

전입신고와 확정일자 사례로 알아보는 대항력과 우선변제권

전입신고와 확정일자는 임차인의 보증금을 지키기 위한 핵심적인 법적 장치로, 각각 대항력과 우선변제권이라는 중요한 권리를 발생시킵니다. 두 권리의 발생 시점은 신고 및 날인 순서에 따라 달라지므로 반드시 정확하게 이해할 필요가 있습니다.

핵심 개념 정리
대항력: 임차인이 주택 인도(이사)와 전입신고를 마친 다음 날 0시부터 발생하는 권리입니다. 이 권리가 있으면 임대차 계약 기간 중에 집주인이 바뀌더라도 새로운 집주인에게 임차인으로서의 권리를 주장하고 계약 만기 시 보증금을 반환받을 수 있습니다.

우선변제권: 대항력을 갖춘 상태에서 임대차계약서에 확정일자를 받으면 발생하는 권리입니다. 집이 경매나 공매로 넘어갔을 때 후순위 권리자나 다른 채권자들보다 먼저 보증금을 배당받을 수 있는 힘을 의미합니다.

사례별 권리분석
1. 전입신고와 확정일자를 동시에 한 경우
- **사례**: 2025년 10월 3일에 이사한 뒤 같은 날에 주민센터에 방문해 전입신고와 확정일자를 한 번에 받음.
- **대항력 발생**: 전입신고 다음 날인 2025년 10월 4일 0시부터 발생합니다.
- **우선변제권 발생**: 대항력이 발생하는 시점인 2025년 10월 4일 0시부터 효력이 생깁니다. 확정일자를 받은 10월 3일 당일에는 아직 대항력이 없으므로, 대항력 발생과 동시에 우선변제권도 효력을 갖게 됩니다.
- **주의 사항**: 만약 10월 3일 당일에 집주인이 대출을 받고 근저당권을 설정했다면, 근저당권은 등기 당일 효력이 발생하므로 임차인의 우선변제권보다 순위가 앞서게 됩니다. 이 때문에 잔금 지급과 동시에 전입신고를 하는 것이 중요합니다.

2. **전입신고가 확정일자보다 빠른 경우**
   - **사례**: 2025년 10월 3일에 이사 및 전입신고를 완료하고, 며칠 뒤인 10월 7일에 확정일자를 받음.
   - **대항력 발생**: 전입신고 다음 날인 2025년 10월 4일 0시에 이미 발생했습니다.
   - **우선변제권 발생**: 대항력을 갖춘 상태에서 확정일자를 받은 날인 2025년 10월 7일 주간부터 발생합니다.

3. **전입신고가 확정일자보다 늦은 경우**
   - **사례**: 2025년 10월 3일에 계약서에 확정일자를 먼저 받고, 10월 10일에 이사 및 전입신고를 함.
   - **대항력 발생**: 전입신고 다음 날인 2025년 10월 11일 0시부터 발생합니다.
   - **우선변제권 발생**: 우선변제권은 대항력이 전제 조건이므로, 확정일자를 먼저 받았더라도 대항력이 생기는 2025년 10월 11일 0시에 함께 발생합니다.
   - **참고**: 전입신고를 하지 않았어도 확정일자를 받을 수 있습니다. 임대차계약서만 있으면 계약 기간 중 언제든지 확정일자를 받을 수 있습니다. 이사 전에 미리 받아두는 것도 좋은 방법입니다.

4. **전입신고 없이 확정일자만 받은 경우**
   - **사례**: 계약서에 확정일자만 받아두고, 사정이 생겨 이사 및 전입신고를 하지 못함.
   - **대항력 발생**: 발생하지 않습니다. 대항력의 필수 요건인 '주택 인도 + 전입신고'가 없기 때문입니다.
   - **우선변제권 발생**: 발생하지 않습니다. 대항 요건을 갖추지 못했으므로 우선변제권도 효력이 생길 수 없습니다. 이 경우, 임차인은 단순한 채권자로 남아 경매 시 다른 권리자들과 순위에 따라 배당받게 되어 보증금 회수가 매우 불리해집니다.

5. **전입신고는 했으나 확정일자를 받지 않은 경우**
   - **사례**: 이사 후 전입신고까지는 마쳤으나, 바빠서 확정일자를 받는 것을 잊음.
   - **대항력 발생**: 전입신고 다음 날부터 정상적으로 발생합니다. 따라서 계약 기간 중에 집주인이 바뀌어도 새 집주인에게 계약의 유효함을 주장할 수 있고, 만기 시 보증금 반환을 청구할 수 있습니다.
   - **우선변제권 발생**: 발생하지 않습니다. 만약에 말소기준권리보다 후순위라면 보증금을 잃을 위험이 매우 큽니다. 이 경우 배당요구를 하여 다른 채권자들과 동등한 순위로 안분배당을 받아야 합니다.

6. **전입신고와 확정일자가 모두 없는 경우**
   - **사례**: 임대차 계약만 체결하고 이사하여 거주하면서, 전입신고도 하지 않고 확정일자도 받지 않음.
   - **대항력 발생**: 발생하지 않습니다. 전입신고를 하지 않았으므로, 집주인이 집을 팔면 새로운 집주인에게 임차권을 주장할 수 없고 집을 비워줘야 합니다.
   - **우선변제권 발생**: 당연히 발생하지 않습니다. 대항력도 없고 확정일자도 없기 때문에 경매 시 배당 절차에서 어떠한 우선권도 주장할 수 없습니다. 보증금 전액을 잃을 위험이 가장 큰 최악의 상황입니다.

011 내 돈을 지키는 최종 시뮬레이션
배당표 완벽 분석법

    권리분석을 통해 인수해야 할 권리가 없다는 것을 확인했다면, 마지막 관문인 '배당분석'을 거쳐야 합니다. 배당분석은 입찰자가 생각하고 있는 입찰가에서 채권자들이 얼마씩 돈을 받아 가는지 가상으로 계산해보는 '최종 금융 시뮬레이션'입니다. 이 시뮬레이션을 통해 대항력 있는 임차인이 보증금을 전액 돌려받아 명도가 쉬워질지, 아니면 일부를 받지 못해 입찰자가 추가로 부담해야 할 돈이 있는지를 최종적으로 판단할 수 있습니다.

    이번 장에서는 실제 총 투자금을 확정하는 가장 중요한 과정인 배당분석에 대해 알아보겠습니다.

배당의 기본 원칙과 배당 순위의 이해

    배당(공매에서는 '배분'이라고 함)은 「민사집행법」(공매는 「국세징수법」) 등 법규에 따라 엄격한 순서와 원칙에 의해 이루어집니다.

배당의 기본 원칙
- **순위 배당**: 설정 순서가 빠른 권리가 먼저 배당받습니다.

- **안분배당**: 같은 순위의 채권자(예: 여러 명의 가압류권자)는 남은 금액을 각자의 채권액 비율대로 나누어 가집니다.
- **흡수배당**: 같은 순위 내에서도 권리의 성격에 따라 우선순위가 갈리기도 합니다. (예: 물권인 근저당권이 일반 채권인 가압류보다 우선)

배당 순위(일반적인 경우)

배당 순위는 법에서 정한 우선순위에 따라 결정되며, 이는 경매 비용부터 시작해 임차인의 보증금, 세금, 기타 채권 순으로 진행됩니다.

- **0순위 – 경매 집행 비용**: 경매를 진행하는 데 소요된 모든 비용(감정료, 송달료 등)은 매각 대금에서 가장 먼저 공제됩니다.
- **1순위 – 제3취득자의 비용상환청구권**: 해당 부동산의 가치를 보존하거나 높이는 데 비용(필요비, 유익비)을 지출한 사람이 있다면, 그 비용을 먼저 배당받습니다. (실제로는 흔치 않음)
- **2순위 – 최우선변제금**: 소액임차인의 보증금 중 일정액과 근로자의 최종 3개월분 임금 및 3년분 퇴직금은 다른 어떤 채권보다 우선하여 배당받습니다. 사회적 약자를 보호하기 위한 장치입니다.
- **3순위 – 당해세**: 과거에는 당해세가 임차인의 보증금보다 항상 우선해 큰 문제였지만, 법이 바뀌었습니다. '특정 국세(상속세, 증여세, 종합부동산세)의 법정기일이 임차인의 확정일자보다 늦는 경우, 주택임차인의 임대차보증금반환채권을 해당 국세 채권보다 우선해 배당받는다'라는 원칙이 생겼습니다. 핵심은 당해세에 배분될 돈을 임차인에게 먼저 '양보'한다는 것입니다. 예를 들어 당해세 몫으로 5,000만 원이 배정되었다면, 이

돈을 세무서가 아닌 임차인에게 먼저 줍니다. 다만, 보증금반환채권이 국세보다 우선하는 금액은 해당 국세 징수액(이 경우 5,000만 원)에 한하며, 이 양보가 은행의 근저당권 등 다른 우선 채권자의 변제 순서에는 영향을 주지 않습니다.

- **4순위 – 일반채권(우선변제권)**: 확정일자를 갖춘 임차인의 보증금, (근)저당권, 압류, 가압류, 일반 세금 등이 등기 설정 순서에 따라 배당받습니다.
- **공매 필독**: 공매는 「국세징수법」에 따라 배당(배분)이 이루어지므로 순서에 약간의 차이가 있을 수 있습니다. 특히 세금 체납으로 인한 압류재산 공매의 경우, 체납된 세금이 다른 권리보다 우선하는 경우가 많으므로 공매재산명세서의 배분 계산 내역을 꼼꼼히 확인해야 합니다.

경매 vs. 공매 배당(배분) 순서 비교

순위	경매 배당 순서 (「민사집행법」 기준)	압류재산 공매 배분 순서 (「국세징수법」 기준)	핵심 차이점
0순위	집행 비용(경매 절차 진행 비용)	강제징수비(공매 절차 진행 비용)	명칭만 다를 뿐, 절차 진행에 들어간 비용을 가장 먼저 빼는 것은 동일함.
1순위	최우선변제금(소액임차인 보증금, 최종 3개월분 임금 등)	최우선변제금(소액임차인 보증금, 최종 3개월분 임금 등)	사회적 약자를 보호하는 최우선변제금은 경매와 공매 모두 최상위 순위를 가짐.
2순위	당해세(부동산 자체에 부과된 세금)	압류된 조세 채권(체납액, 공매를 실행하게 만든 바로 그 세금)	가장 큰 차이점! 경매에서는 당해세가 우선하지만, 공매에서는 해당 공매의 원인이 된 체납 세금 전체가 매우 높은 순위를 차지함.
3순위	우선변제권(확정일자부 임차인, 근저당권, 일반 세금 등 설정일 순서대로)	담보 채권(근저당권, 전세권 등)	공매에서는 체납 세금이 근저당권보다 우선하는 경우가 많음. 근저당권의 법정기일과 세금의 법정기일을 비교해야 하지만, 국세 우선의 원칙이 더 강하게 작용함.

4순위	일반 임금 채권	일반 임금 채권	1순위에서 변제받지 못한 나머지 임금 채권임.
5순위	일반 조세 채권(건강보험료, 국민연금 등)	기타 조세 채권(교부 청구한 다른 세금)	공매를 발생시킨 압류 세금 외에 다른 기관에서 '우리도 받을 세금이 있다'라고 교부 청구한 세금임.
6순위	일반 채권(가압류, 판결문 등)	일반 채권(가압류 등)	모든 우선 권리가 배당받고 남은 돈이 있을 때 마지막으로 배당받는 순위임.

실제 배당표 예시 분석: 인수 금액 계산하기

배당분석의 최종 목표는 '내가 추가로 물어줘야 할 돈이 있는가?'를 확인하는 것입니다. 다음 사례를 통해 직접 계산해봅시다.

사례 1 시세 5억 원의 아파트를 4억 원에 낙찰, 경매 집행 비용 500만 원

- 2020.1.25. 임차인 박○○ : 보증금 2억 5,000만 원(배당요구 안 함)
- 2021.3.2. H은행 근저당권 설정: 채권최고액 2억 원
- 2022.5.6. 김○○ 가압류: 채권액 1억 원

권리분석

말소기준권리는 2021년 3월 2일에 설정된 H은행 근저당권입니다. 임차인 박○○는 전입일이 말소기준권리보다 빠르므로 대항력 있는 선순위 임차인입니다.

배당 시뮬레이션

- 낙찰가(4억 원) − 경매 비용(500만 원) = 실제 배당금 3억 9,500만 원
- **배당 1순위**: 임차인 박○○은 배당을 요구하지 않았으므로 배당 절차에서 제외됩니다. (배당금 0원)
- **배당 2순위**: H은행 근저당권이 2억 원을 전액 배당받습니다. (남은 금액: 1억 9,500만 원)
- **배당 3순위**: 가압류 채권자가 남은 1억 9,500만 원 중에서 자신의 채권액 1억 원을 전액 배당받습니다.

최종 인수 금액 및 총 투자금 계산

임차인 박○○은 배당을 한 푼도 받지 못했습니다. 하지만 임차인 박○○은 대항력이 있으므로, 보증금 2억 5,000만 원은 소멸하지 않습니다. 그러므로 미배당 보증금 2억 5,000만 원은 낙찰자가 전부 인수해야 합니다.

나의 실제 총 투자금 = 낙찰가(4억 원) + 인수보증금(2억 5,000만 원) = 6억 5,000만 원

시세 5억 원짜리 아파트를 6억 5,000만 원에 사는 셈이 되어 막대한 손실이 발생합니다. 그러므로 임차인 박○○이 배당을 신청하지 않는다면 4억 원에 낙찰받으면 안 됩니다.

사례 2 시세 4억 원의 아파트를 3억 5,000만 원에 낙찰, 경매 집행 비용 500만 원

- 2020.3.10. S은행 근저당권 설정: 1억 원
- 2021.5.20. 임차인 송○○: 보증금 1억 원(전입신고하고 확정일자 받음)
- 2022.8.11. K카드 가압류: 채권액 5,000만 원
- 2022.8.11. H캐피탈 근저당권 설정 채권액 1억 원

권리분석

말소기준권리는 2020년 3월 10일에 설정된 S은행 근저당권입니다. 임차인 송○○은 전입일이 말소기준권리보다 느리므로 대항력 없는 후순위 임차인입니다. 그러나 대항 요건과 확정일자를 받았으므로 우선변제권은 있습니다. 순위에 따라 배당을 받을 수 있습니다.

배당 시뮬레이션

- 낙찰가(3억 5,000만 원) - 경매 비용(500만 원) = 실제 배당금 3억 4,500만 원
- **배당 1순위**: 말소기준권리인 S은행이 1억 원을 전액 배당받습니다. (남은 금액: 2억 4,500만 원)
- **배당 2순위**: 우선변제권이 있는 임차인 송○○이 보증금 1억 원을 전액 배당받습니다. (남은 금액: 1억 4,500만 원)
- **배당 3순위**: K카드 가압류와 H캐피탈 근저당권의 접수일이 같아 같은 순위입니다. 원래대로라면 남은 1억 4,500만 원을 채권액 비율(5,000만 원

: 1억 원 = 1 : 2)로 나누어 가져야 합니다(안분배당). 하지만 담보물권인 근저당권은 일반 채권인 가압류보다 힘이 셉니다. 따라서 H캐피탈 근저당이 카드사 가압류 몫까지 전부 흡수해 먼저 배당받습니다(흡수배당).

최종 인수 금액 및 총 투자금 계산

임차인 송ㅇㅇ은 보증금 전액을 배당받았습니다. H캐피탈은 전액 배당 받았으나 K카드는 남은 돈 4,500만 원만 배당받고 소멸합니다. 모든 권리가 말소기준권리보다 후순위이므로 낙찰자 인수 금액은 없습니다.

나의 실제 총 투자금 = 낙찰가(3억 5,000만 원) + 인수 보증금(0원) = 3억 5,000만 원

시세 4억 원짜리 아파트를 3억 5,000만 원에 사는 셈이 되어 5,000만 원의 이익을 보았습니다. 그러므로 임차인 송ㅇㅇ은 3억 5,000만 원에 낙찰받으면 됩니다.

인수 위험 최소화를 위한 최종 점검

인수주의 권리 재확인

배당분석과 별개로 유치권, 법정지상권, 선순위 가처분 등 배당과 무관하게 인수되는 권리가 있는지 마지막까지 확인해야 합니다.

예상 수익률 계산

예상 총 투자금을 정확히 계산해 최종 수익률을 판단합니다. 수익률이 기대에 미치지 못하면 과감하게 포기해야 합니다.

예상 총 투자금 = 낙찰가 + 인수 금액(보증금, 체납관리비 등) **+ 부대 비용**(세금, 법무사비 등)

매각물건명세서의 신뢰

권리분석과 배당분석이 너무 복잡하다면, 최소한 매각물건명세서의 '소멸되지 아니하는 권리'란이 비어 있는 물건만 입찰하는 것이 초보자에게 가장 안전한 전략입니다. 법원이 '인수할 등기상 권리가 없다'라고 확인해준 것과 같습니다.

세금 체납액 확인의 어려움

경매에서는 개인 정보 보호 때문에 소유자의 정확한 체납 세금액을 알기 어렵습니다. 하지만 다음과 같은 방법으로 유추하거나 확인할 수 있습니다. 법원경매정보(경매물건 → 물건상세검색 → 검색 → 물건상세페이지로 이동 → 물건기본정보 → 사건상세조회 → 문건/송달내역)에서 사건 내역을 조회해 시청, 구청, 세무서 등에 '교부청구서'를 제출했는지 확인합니다. 금액은 없지만 세금 체납이 있다는 사실 자체를 알 수 있습니다. 가장 현실적인 방법은 입찰자 본인이 해당 물건의 임차인을 직접 만나 설득하는 것입니다. "체납 세금 규모를 알아야 보증금을 안전하게 받으실 수 있고, 저희도 안심하고 높은 가격에 입찰할 수 있습니다"라고 설명한 뒤 임차인에게 위임장과 인감증명서를 받으면 법원에서 관련 서류를 열람할 수 있습니다. 공매에서는 공매재산명세서에 체납 내역이 비교적 상세히 나오므로 반드시 확인해야 합니다.

배당분석은 복잡한 수학 문제처럼 보일 수 있지만, 자신의 돈을 지키는 가장 확실한 안전장치입니다. 다양한 사례를 통해 꾸준히 연습해 어떤 물건이든 자신 있게 투자금을 산출할 수 있는 능력을 기르는 것이 중요합니다.

012 소유권을 통째로 잃을 수도?
특수물건 속 위험한 권리들

　권리분석의 여정에서 마주치는 최종 관문은 바로 '위험한 권리들'입니다. 이 권리들은 경매라는 밭에 숨겨진 지뢰와 같습니다. 어떤 지뢰는 낙찰자의 소유권 자체를 송두리째 날려버리고, 어떤 지뢰는 내 땅을 내 마음대로 쓰지 못하게 발목을 잡으며, 어떤 지뢰는 무사히 지나가기 위해 예상치 못한 '통행료'를 요구합니다.

　이번 장에서는 각 지뢰의 종류와 특징을 명확히 알아보고, 그것을 안전하게 해체하거나 우회할 수 있는 구체적인 방안을 알아보겠습니다.

가장 위험한 권리들

- **소유권 박탈형**: 낙찰자의 소유권 자체를 앗아갈 수 있는 가장 치명적인 유형(가등기, 가처분)
- **재산권 제한형**: 소유권은 인정되지만 내 마음대로 사용·수익할 수 없는 유형(법정지상권, 분묘기지권)
- **추가 비용 발생형**: 소유권을 온전히 행사하기 위해 추가로 돈을 지불해야 하는 유형(유치권)

위험한 권리들 심층 분석

가등기(소유권 박탈형)

가등기는 장래의 본등기 순위를 보전하기 위한 예비 등기로, 소유권이전청구권 보전을 위한 '소유권이전청구권가등기'와 채권을 담보하기 위한 '담보가등기'로 구분됩니다.

- **위험성**: 말소기준권리보다 앞선 소유권이전청구권가등기는 낙찰자에게 인수되며, 가등기권자가 본등기를 실행하면 낙찰자의 소유권이 상실될 수 있습니다. 투자 원금 전체를 잃는 최악의 결과를 초래합니다.
- **식별 및 대응 전략**: 등기사항전부증명서 갑구에서 '소유권이전청구권가등기' 문구를 확인하고, 매각물건명세서의 최선순위 설정일자와 비교해 선순위 여부를 판단합니다. 만약 가등기권자가 배당을 요구했다면 담보가등기로 취급되어 소멸할 가능성이 높지만, 그렇지 않다면 소유권 이전 목적으로 봐야 합니다. 가등기의 원인이 된 예약완결권은 10년의 제척기간(소멸시효와 유사)이 지나면 소멸할 수 있습니다. 등기접수일로부터 10년이 지났는지 확인해볼 수 있으나, 중간에 권리를 행사한 경우 등 복잡한 변수가 많아 이것만 믿고 입찰하는 것은 매우 위험합니다. 초보자는 선순위 소유권이전청구권가등기가 있는 물건은 무조건 입찰을 포기해야 합니다. 이는 협상이나 분석으로 해결할 문제가 아닌, 무조건 피해야 할 절대적인 위험 신호입니다.
- **공매 필독**: 가등기의 법적 효력은 경매에서나 공매에서나 동일하게 위험합니다. 공매 입찰 시에는 온비드에 게시된 공매재산명세서의 '매각으로 소멸되지 아니하는 권리'란을 반드시 확인해야 합니다. 만약 그곳

에 가등기가 기재되어 있다면, 이는 공매를 집행하는 기관(한국자산관리공사 등)이 인지한 인수 대상 권리이므로 절대 입찰해서는 안 됩니다.

가처분(소유권 박탈형)

소송이 진행 중인 부동산의 처분을 금지하는 등기입니다. 특히 소유권 자체를 다투는 가처분은 가등기만큼이나 위험합니다.

- **위험성**: 말소기준권리보다 선순위인 가처분은 원칙적으로 인수되며, 본안 소송 결과에 따라 낙찰자의 소유권이 박탈될 수 있습니다.
- **식별 및 대응 전략**: 등기사항전부증명서 갑구에서 '처분금지가처분' 등기를 확인합니다. 등기 원인인 '피보전권리'를 통해 소송의 종류를 파악하는 것이 핵심입니다. '소유권이전등기청구', '진정명의회복' 등 소유권 자체를 다투는 내용이라면 매우 위험합니다. 대한민국 법원(www.scourt.go.kr)에 접속한 뒤 '대국민서비스 → 사건검색 → 나의 사건검색'에서 관련 사건번호로 소송 진행 상황을 조회해볼 수 있습니다. 가등기와 마찬가지로, 소유권에 영향을 미칠 수 있는 선순위 가처분이 있다면 초보자는 입찰을 포기하는 것이 가장 안전한 전략입니다.
- **공매 필독**: 가처분은 공매에서도 동일한 법적 효력을 가집니다. 공매재산명세서에 가처분의 인수 또는 소멸 여부에 대한 내용이 기재되는 경우가 많으므로, 이를 1차적으로 확인하고 불분명할 경우 공매를 담당하는 기관의 담당자에게 직접 유선으로 문의해 인수 가능성을 재차 확인하는 것이 안전합니다.

법정지상권(재산권 제한형)

토지와 건물의 소유자가 달라졌을 때 건물 소유자를 위해 법률에 의해 당연히 성립하는 토지 사용권입니다. 등기사항전부증명서에 나오지 않아 더욱 주의해야 합니다.

- **위험성**: 법정지상권이 성립하는 건물이 있는 토지를 낙찰받으면 건물을 철거할 수 없고, 토지 사용료(지료)만 받을 수 있어 토지의 활용 가치가 크게 저해됩니다.
- **식별 및 대응 전략**: 매각물건명세서 '비고'란에 '법정지상권 성립 여지 있음' 등의 문구가 있는지 확인합니다. 등기사항전부증명서와 건축물대장을 통해 과거 토지와 건물의 소유자가 동일했던 시점이 있었는지 이력을 추적합니다. 토지 위에 건물이 있는지, 미등기 건물이나 무허가 건물은 아닌지 확인합니다. 법정지상권이 성립한다고 가정하고, 감정평가서 등을 참고해 예상되는 연간 지료를 계산합니다. '예상 연간 지료 ÷ 나의 토지 낙찰 희망가'를 계산해 기대 수익률이 만족스러운지 판단합니다. 지료청구소송을 통해 지료를 받고, 만약 지료를 연체한 총액이 2년분에 달할 경우 '법정지상권 소멸 청구'를 통해 문제를 해결하는 장기 전략을 세우거나, 건물주에게 토지를 팔거나 반대로 건물을 사들이는 협상 전략을 고려합니다. 초보자에게는 매우 어려운 과정입니다.
- **공매 필독**: 법정지상권의 성립 요건은 경매와 공매 모두 동일합니다. 다만, 공매는 법원의 현황조사서만큼 상세한 현장 정보가 제공되지 않는 경우가 많습니다. 따라서 낙찰자 본인의 현장 조사가 경매보다 훨씬 더 중요합니다. 항공사진에만 의존하지 말고, 반드시 직접 방문해 건물 상태, 건물과 토지와의 관계 등을 눈으로 확인해야 합니다.

분묘기지권(재산권 제한형)

타인 토지에 설치된 묘지를 수호하고 봉사하기 위해 해당 토지를 사용할 수 있는 관습법상의 권리입니다.

- **위험성**: 분묘기지권이 성립하는 토지를 낙찰받으면 묘지를 함부로 이장할 수 없고, 토지 활용에 큰 제약을 받습니다.
- **식별 및 대응 전략**: 임야나 농지에 입찰하기 전에는 반드시 현장을 방문해야 합니다. 위성사진으로 미리 확인한 뒤 직접 걸으며 봉분이 명확한 묘는 물론이고, 평장이나 오래되어 잘 보이지 않는 묘까지 확인해야 합니다. 장사 등에 관한 법률 시행일인 2001년 1월 13일 이후에 소유자 동의 없이 설치된 분묘는 시효취득이 인정되지 않으므로 이장을 요구할 수 있습니다. 마을 주민 탐문을 통해 설치 시점을 파악하는 것이 중요합니다. 시효취득이 인정되는 분묘라도 토지 사용료(지료)는 청구할 수 있습니다. 이는 분묘 소유자와의 협상에서 유리한 카드가 될 수 있습니다. 연고자를 찾을 수 없는 묘지는 관할 시·군·구청의 허가를 받아 공고 절차를 거친 뒤 개장(이장)할 수 있으나 상당한 시간과 비용이 필요합니다.
- **공매 필독**: 법정지상권과 마찬가지로 법적 효력은 동일하나, 낙찰자의 현장 확인 책임이 더욱 강조됩니다. 온비드에 올라온 사진이나 감정평가서만 믿지 말고, 반드시 직접 토지 전체를 걸어보며 숨겨진 분묘가 없는지 확인해야 합니다. 특히 여름철 수풀이 우거진 시기에는 분묘가 잘 보이지 않을 수 있으므로 더욱 세심한 조사가 필요합니다.

유치권(추가 비용 발생형)

공사 대금 등 해당 부동산 자체로부터 발생한 채권을 변제받을 때까지 부동산을 점유하며 인도를 거부할 수 있는 권리입니다.

- **위험성**: 등기사항전부증명서에 기재되지 않아 파악이 어렵고, 허위(가장) 유치권이 많아 낙찰자를 괴롭힙니다. 진성 유치권이라면 낙찰자가 채무를 변제해야 하므로 추가 비용이 발생합니다.
- **식별 및 대응 전략**: 법원의 현황조사서에 경매 개시 전부터 점유했다는 기록이 있는지 확인하는 것이 가장 중요합니다. 현장에서는 현수막, 잠금장치, 상주 인원 등 실제 점유의 흔적을 꼼꼼히 살피고, 관리인이나 이웃을 통해 점유 시작 시점을 탐문합니다. 유치권 주장자에게 내용증명을 보내 공사계약서, 세금계산서, 대금 이체 내역 등 채권의 존재를 입증할 객관적인 자료를 요구합니다. 허위 유치권자는 이를 제시하지 못하는 경우가 많습니다. 허위 유치권이라고 판단되면 점유이전금지가처분을 신청해 점유를 묶어두고, 인도명령 또는 명도소송을 통해 점유이전을 강제합니다.
- **공매 필독**: 가장 큰 차이점이자 공매의 최대 약점입니다. 경매에서는 부동산 인도명령이라는 신속하고 저렴한 절차를 통해 허위 유치권자 등 불법 점유자를 내보낼 수 있습니다. 하지만 공매에는 인도명령 제도가 없습니다. 따라서 공매에서 유치권이 신고된 부동산을 낙찰받으면, 유치권이 허위인 것을 입증하더라도 처음부터 시간과 비용이 많이 드는 명도소송을 제기해야 합니다. 이 때문에 공매는 경매보다 유치권의 위험도가 훨씬 더 높다고 할 수 있습니다.

위험 권리에 대한 철저한 분석과 대응 전략은 경매 투자의 성공을 위한 필수 역량입니다. 꾸준히 학습하고 경험을 쌓아야 이러한 위험을 피하고, 안정적인 수익을 창출하는 투자자로 성장할 수 있습니다.

Common Sense Dictionary
of Real Estate Auctions & Public Sales

발로 뛰는 만큼 수익은 커진다, 현장 조사의 기술

진정한 보물은 책상 위가 아닌 현장에 있습니다. 둘째마당에서는 컴퓨터 앞에서 익힌 '손품'을 실제 수익으로 연결하는 '발품'의 모든 기술을 다룹니다. 법원경매정보와 온비드라는 공식 보물 지도를 완벽히 활용하는 방법부터 서류 너머의 진실을 꿰뚫어 보는 현장 조사의 기술 그리고 점유자와의 첫 만남을 성공으로 이끄는 탐문 요령까지, 데이터를 돈으로 바꾸는 현장의 모든 노하우를 배우게 될 것입니다.

013 보물 지도 활용법
법원경매정보와 온비드 200% 활용 전략

성공적인 투자는 '보물 지도'를 정확히 읽는 것에서 시작됩니다. 경매와 공매의 세계에서 그 보물 지도는 바로 '법원경매정보'와 '온비드'라는 사이트입니다. 하지만 지도만 손에 쥔다고 보물을 찾을 수 있는 것은 아닙니다.

이번 장에서는 두 사이트의 수많은 메뉴와 정보 속에서 진짜 가치 있는 물건을 발굴해내는 구체적인 방법과 온비드에 숨겨진 '압류', '국유', '수탁', '유입재산'이라는 각기 다른 보물의 특징을 명확히 구분하는 방법을 알아보겠습니다.

신뢰도 100%, 모든 법원 경매의 시작점: 법원경매정보(www.courtauction.go.kr)

대법원이 직접 운영하는 공식 사이트로, 모든 경매 물건과 상세 정보를 무료로 확인할 수 있으며 정보의 신뢰성이 매우 높습니다. 경매 절차, 용어 설명, 각종 서식 다운로드 등 학습 자료도 풍부해 초보자가 독학하기에 유용합니다. 다만, 물건의 시각적 정보가 부족하고 권리분석을 직접 해야 한다는 단점이 있습니다.

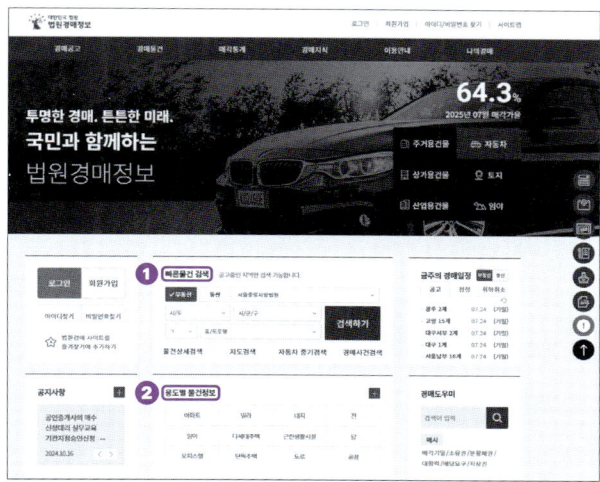

▲ 법원경매정보 홈페이지

❶ **빠른물건 검색**: 자신이 원하는 지역을 중심으로 물건을 검색할 수 있습니다.

❷ **용도별 물건정보**: 자신이 원하는 용도를 중심으로 물건을 검색할 수 있습니다.

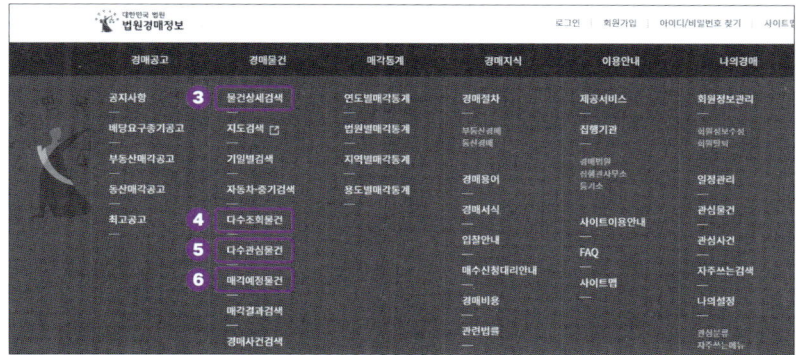

▲ 법원경매정보 홈페이지

❸ **물건상세검색**: 처음이라면 물건상세검색 메뉴를 활용해 관심 있는 지역(예: 서울특별시 강남구)과 용도(예: 아파트)를 설정하고 물건을 검색합니다.

❹ **다수조회물건**: 로그인한 회원이 매각물건명세서를 조회한 횟수를 기준으로 상위 50위 물건을 제공하는 메뉴입니다.

❺ **다수관심물건**: 로그인한 회원이 관심 물건으로 등록한 횟수를 기준으로 상위 50위 물건을 제공하는 메뉴입니다.

❻ **매각예정물건**: 정식으로 경매가 공고되지 않았지만, 매각기일이 예정된 물건을 미리 확인할 수 있는 메뉴입니다. 이를 통해 관심 물건의 소유자(채무자)와 미리 접촉해 경매가 진행되기 전에 급매로 매수하는 등 경쟁 없이 부동산을 취득할 기회를 얻을 수도 있습니다. 단, 소유자가 경매를 취하하려면 채권자의 동의가 필요합니다. 채권자가 경매를 통해 채권 회수를 원할 경우, 협상이 어려울 수 있습니다. 소유자가 경매를 취하하고 일반 매매로 전환하려는 의도가 있는지 확인해야 합니다. 이때 사기나 불성실한 협상 가능성도 고려해야 합니다. 경매 부동산은 저당권, 압류, 가압류 등 권리상의 하자가 있을 가능성이 높습니다. 따라서 매수를 하기 전에 부동산 권리분석을 철저히 해 소유권 이전에 문제가 없는지 확인해야 합니다. 부동산 거래 경험이 부족하거나 권리관계가 복잡하다면, 공인중개사나 변호사의 도움을 받아 안전하게 거래를 진행하는 것이 좋습니다.

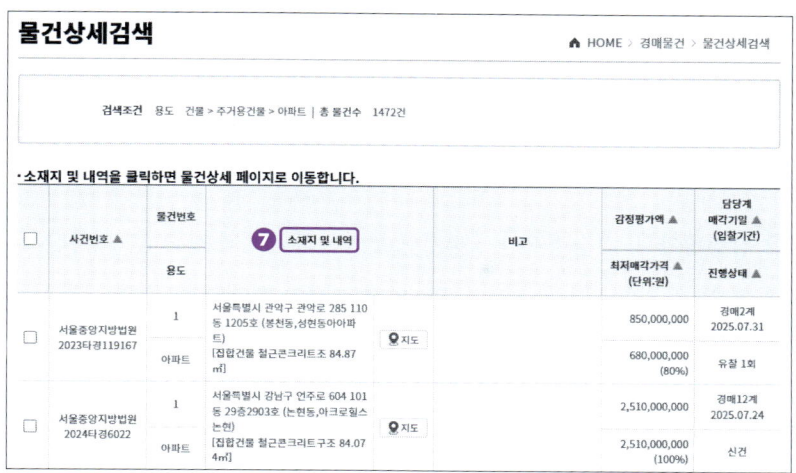

▲ 법원경매정보 홈페이지

❼ **소재지 및 내역**: 검색 결과 목록에서 관심 물건의 '소재지 및 내역'을 클릭하면 '물건기본정보'를 확인할 수 있습니다. 그리고 매우 중요한 서류인 매각물건명세서, 현황조사서, 감정평가서를 다운받을 수 있습니다.

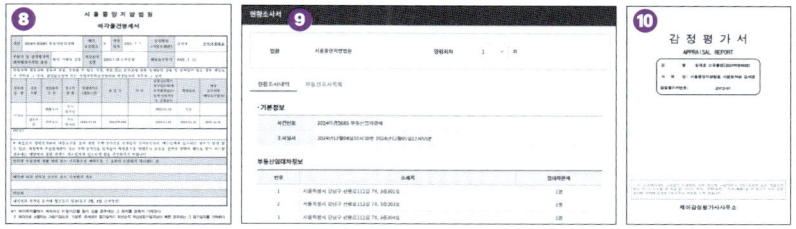

▲ 법원경매정보 홈페이지

❽ **매각물건명세서**: 임차인 정보나 낙찰자가 추가로 인수해야 할 권리가 있는지 알려주는 가장 중요한 서류로, 매각기일 일주일 전에 공개됩니다. '비고', '등기된 부동산에 관한 권리 또는 가처분으로 매각으로 그 효력이 소멸되지 아니하는 것', '매각에 따라 설정된 것으로 보는 지상권의

개요'란에 특별한 내용이 없는지 꼭 확인해야 합니다.

❾ **현황조사서**: 집행관이 직접 현장에 나가 부동산의 상태나 점유자가 누구인지 조사한 보고서입니다. 실제 이용 현황을 파악하는 데 도움이 됩니다.

❿ **감정평가서**: 감정평가사가 평가한 부동산의 가격과 산출 근거, 사진, 도면 등이 포함되어 있습니다. 단, 평가 시점이 현재와 너무 차이가 나지 않는지 확인할 필요가 있습니다.

▲ 법원경매정보 홈페이지

⓫ **인근매각물건사례**: 투자하려는 물건 주변의 과거 낙찰가, 낙찰가율(감정가 대비 낙찰가 비율), 유찰 횟수 등을 참고해 시세를 분석하고 적정 입찰가를 산정하는 데 매우 유용한 데이터입니다.

온라인으로 만나는 다양한 기회: 온비드(www.onbid.co.kr)

온비드는 한국자산관리공사(KAMCO)가 운영하는 전자 자산 처분 시스템으로, 공매 물건 검색부터 입찰, 낙찰까지 모든 과정이 온라인으로 처리됩니다. 시간과 장소의 제약 없이 편리하게 이용할 수 있고, 부동산뿐 아니라 자동차, 기계, 유가증권 등 다양한 물품을 공매합니다.

온비드의 보물찾기: 압류, 국유, 수탁, 유입재산 제대로 알기

온비드에는 경매와 달리 다양한 성격의 자산이 매물로 나옵니다. 각 자산의 특징을 이해하는 것이 온비드 투자의 핵심입니다.

- **압류재산**: 세금이나 공과금을 체납해 국가기관이 압류한 재산입니다. 법원 경매와 성격이 가장 비슷하며, 복잡한 권리관계가 얽혀 있을 수 있어 철저한 권리분석이 필수입니다. 다만, 경매와 달리 '압류재산 정보'를 통해 체납된 세금 내역을 확인할 수 있어 권리분석이 더 용이하다는 장점이 있습니다.

- **국유재산**: 국가가 소유한 재산으로, 더 이상 사용하지 않는 관공서 건물이나 토지 등이 주로 나옵니다. 국가가 직접 파는 물건이므로 권리관계가 깨끗한 경우가 많아 초보자가 비교적 안전하게 접근할 수 있습니다. 소유권을 사는 '매각'뿐 아니라 저렴하게 빌려 쓰는 '임대(대부)' 물건도 많다는 것이 특징입니다.

- **수탁재산**: 금융기관(은행 등)이 부실 채권 정리를 위해 한국자산관리공사(KAMCO)에 매각을 위임한 재산입니다. 즉, 은행이 KAMCO에게 "대신 팔아주세요"라고 맡긴 물건입니다. 보통 금융기관이 복잡한 권리관계를

정리한 뒤에 내놓기 때문에 권리관계가 깨끗한 경우가 많습니다.

- **유입자산**: KAMCO가 금융기관의 구조개선 등을 목적으로 법원 경매를 통해 직접 취득한 재산이나, 부실기업으로부터 인수한 뒤 되파는 재산입니다. 여러 번 유찰된 만큼 입지가 좋지 않거나 하자가 있을 수 있지만, 그만큼 가격이 저렴하고 KAMCO와 직접 '수의계약'이 가능한 물건을 발견할 수도 있어 숨은 진주를 찾는 기회가 될 수 있습니다.

각 자산의 특징

구분	압류재산	국유재산	수탁재산	유입자산
소유자	체납자	국가, 공공기관	금융기관, 공기업	한국자산관리공사 (KAMCO)
권리분석 책임	낙찰자 (경매처럼 필수)	낙찰자 (상대적으로 용이)	낙찰자 (상대적으로 용이)	낙찰자 (상대적으로 용이)
명도 책임	낙찰자 (명도소송만 가능)	낙찰자 (명도소송만 가능)	낙찰자 (명도소송만 가능)	낙찰자 (명도소송만 가능)
대금 납부	일시납	공고 조건에 따름	공고 조건에 따름	공고 조건에 따름
유찰 시 계약	불가능	가능	가능	가능
매수자 명의 변경	불가능	불가능	예외적 가능 (공고 확인)	예외적 가능 (공고 확인)
대금 완납 전 사용	불가능	가능	가능	가능

* 위 표의 내용은 일반적인 특징이며, 개별 물건의 구체적인 조건은 반드시 온비드의 공고문을 통해 최종 확인을 해야 합니다.

실전 활용 메뉴

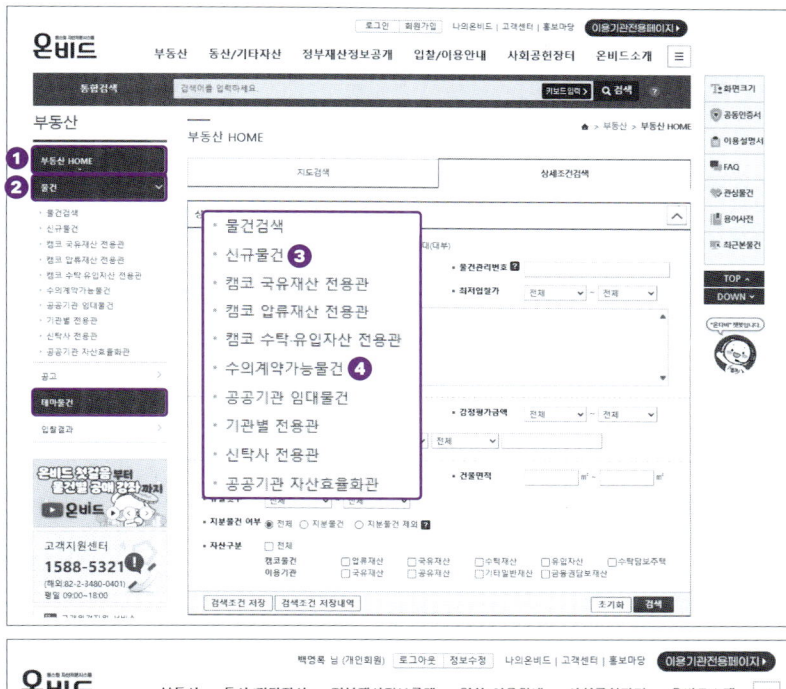

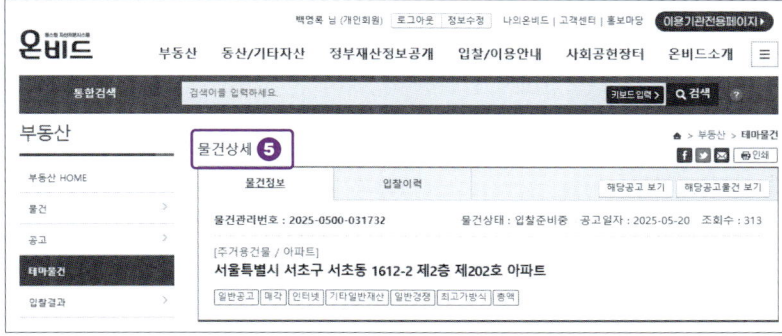

▲ 온비드 홈페이지

❶ **부동산 HOME**(상세조건검색): 가장 많이 쓰는 메뉴로, 처분 방식(매각/임대), 용도, 소재지, 유찰 횟수 등 세부 조건을 설정해 원하는 물건을 정확히

찾아낼 수 있습니다.

❷ **물건**: 사람들이 가장 많이 클릭하거나 관심 물건으로 등록한 인기 물건 순위, 감정가 대비 50% 이하로 떨어진 '반값 물건' 등을 모아 보여주므로 시장 트렌드를 파악하고 좋은 물건을 발굴하기 좋습니다.

❸ **신규물건**: 새로 등록된 물건을 다른 사람들보다 먼저 확인해 선점 효과를 누리고, 충분한 분석 시간을 확보해 경쟁 우위를 점할 수 있는 유용한 메뉴입니다.

❹ **수의계약가능물건**: 여러 번의 경쟁 입찰에도 팔리지 않은 물건들을 정해진 최저 가격에 선착순으로 계약할 기회를 얻을 수 있는 메뉴입니다. 복잡한 입찰 과정 없이 좋은 물건을 발굴할 수 있습니다.

❺ **물건상세**: 감정가, 입찰 기간, 임대차 정보, 체납액 등 물건의 모든 정보가 담겨 있습니다. 입찰 전에 꼼꼼하게 확인하고, 궁금한 점은 공매 담당자에게 직접 전화로 문의해 확인하는 것이 안전합니다.

기본적인 정보는 반드시 법원경매정보와 온비드에서 직접 확인하는 습관을 들일 필요가 있습니다. 최근에는 모바일 앱을 통해서도 24시간 물건 조회가 가능해져 정보 접근성이 더욱 향상되었습니다.

014 시간을 돈으로 사는 기술
유료 경매 정보 사이트 활용법

경매·공매 투자는 '정보'가 곧 경쟁력인 분야입니다. 누가 더 빠르고 정확하게 그리고 깊이 있게 정보를 분석하느냐에 따라 수익률이 달라집니다. 우리에게는 국가가 제공하는 '법원경매정보'와 '온비드'라는 훌륭한 무료 정보원이 있지만, 때로는 더 날카로운 분석과 시간 절약을 위해 유료 정보라는 '전문가용 도구'가 필요할 때가 있습니다.

이번 장에서는 언제부터 유료 서비스를 고민해야 하는지, 유료 서비스를 선택할 때 주의해야 할 점은 무엇인지 구체적인 활용 전략을 알아보겠습니다.

기본기는 공식 사이트로, 날개는 유료 정보로:
무료와 유료의 역할 분담

법원경매정보와 온비드 같은 무료 공식 사이트는 정보의 신뢰도가 높다는 장점이 있지만, 정보가 분산되어 있고 시세나 권리관계에 대한 심층 분석 자료를 제공하지 않아 투자자가 직접 모든 정보를 취합하고 분석하는 데 많은 시간과 노력을 들여야 합니다.

반면 유료 정보 사이트는 여러 곳에 흩어져 있는 정보를 보기 쉽게 가공해 제공하고, 자체적인 분석 툴과 개인화된 알림 서비스를 통해 정보 수집 및 분석 시간을 크게 줄여줍니다. 이는 시간이 많지 않은 직장인이나 여러 물건을 동시에 관리해야 하는 투자자에게 강력한 무기가 될 수 있습니다. 또한 전용 모바일 앱을 통해 언제 어디서든 물건 정보를 확인하고 관리할 수 있어 이동 중에도 효율적인 투자가 가능합니다.

나는 언제 유료 결제를 해야 할까? 투자 단계별 활용 전략

왕초보 단계: "일단 무료로 시작하고, 무료 체험을 적극 활용하세요."

투자를 처음 시작하는 단계라면, 무료 공식 사이트를 통해 스스로 정보를 찾아보고 분석하는 훈련을 해야 합니다. 이 과정을 통해 경매와 공매의 기본 원리와 용어에 익숙해질 수 있습니다. 유료 사이트가 궁금하다면, 결제부터 하기보다는 대부분의 사이트가 제공하는 '무료 체험 기간'을 활용하는 것을 권합니다. 이 기간에 여러 사이트의 장단점을 비교하며 자신에게 맞는 도구를 찾아보는 것이 좋습니다.

실전 투자자 단계: "시간을 돈으로 사야 할 때입니다."

본격적으로 여러 물건을 비교하며 입찰을 준비하는 단계에 들어섰다면, 유료 사이트는 선택이 아닌 필수에 가까워집니다. 여러 물건의 권리관계 서류를 일일이 발급받고, 변경 내역을 수시로 확인하는 데 드는 시간을 획기적으로 줄여주기 때문입니다. 관심 물건의 진행 상황을 문자 메시지로 알려주는 '개인화된 알림 서비스'는 바쁜 와중에 중요한 입찰 기회를 놓치지 않도록 도와주는 최고의 비서가 될 것입니다.

전문 투자자 단계: "데이터와 전문가의 힘이 필요합니다."

상가, 토지, 공장 등 특수물건에 투자하거나 자신만의 정교한 투자 전략을 실행하는 단계에서는 유료 사이트의 '고급 분석 기능'과 '전문가 피드백' 서비스가 빛을 발합니다. 예상 배당표, AI 기반 입찰가 분석, 지역별 유찰률 통계 등 심층적인 데이터는 남들이 보지 못하는 투자 기회를 발견하고 리스크를 최소화하는 데 결정적인 도움을 줍니다.

유료 정보 사이트를 똑똑하게 활용하기 위한 아홉 가지 원칙

유료 사이트는 강력한 도구이지만, 맹신은 금물입니다. 다음 아홉 가지 원칙을 지켜야만 부작용 없이 효과를 극대화할 수 있습니다.

1 | 공식 사이트와 교차 확인을 습관화하라

아무리 유료 사이트라도 정보에 오류가 있을 수 있습니다. 입찰 직전에는 반드시 법원경매정보 등 공식 사이트를 통해 최신 변동 사항을 직접 확인해야 합니다.

2 | 구독 전에 서비스 범위와 요금 체계를 명확히 이해하라

전국의 물건을 조회할 수 있는지, 결제 방식은 어떤지 등을 명확히 확인해 불필요한 지출을 막아야 합니다.

3 | 자신에게 불필요한 기능은 과감히 무시하라

모든 기능이 필요하지 않을 수도 있습니다. 자신의 투자 스타일에 맞는 핵심 기능 위주로 활용하는 것이 효율적입니다.

4 | 분석 자료는 참고만 할 뿐, 과도하게 의존하지 말라

유료 사이트의 분석이나 추천 물건은 최종 결정을 위한 참고 자료일 뿐, 모든 판단은 현장 조사와 스스로의 분석을 통해 내려야 합니다.

5 | 가입 시 개인 정보 보호 정책을 확인하라

회원 가입 시 제공하는 내 정보가 어떻게 활용되고 보호되는지 확인해 개인 정보 유출 위험에 대비해야 합니다.

6 | 무료 체험 기간을 최대한 활용하라

결제 전에 무료 체험 기간을 통해 인터페이스의 편의성, 정보의 질 등을 꼼꼼히 테스트하고 구독 여부를 결정해야 합니다.

7 | 초보자일수록 고객 지원이 원활한지 확인하라

궁금한 점이 많을 수밖에 없는 초보 투자자는 구독 전에 Q&A 게시판이나 전화 상담 등 고객 지원 채널이 빠르고 친절하게 운영되는지 미리 확인하는 것이 좋습니다.

8 | 방대한 정보에 압도되지 않도록 주의하라

유료 사이트의 방대한 정보량에 오히려 혼란을 겪을 수 있습니다. 처음에는 핵심 기능부터 익히고 점차 활용 범위를 넓혀가는 전략이 필요합니다.

9 | 여러 사이트를 비교 검토하라

대표적인 유료 사이트들의 특징과 장단점을 비교해 자신의 투자 성향과 목표에 가장 적합한 서비스를 선택하는 것이 현명합니다.

▲ 경매알리미 　　　　▲ 더원경매 　　　　▲ 옥션원

경매 물건 검색 및 선택 노하우

정보의 홍수 속에서 '진짜 돈 되는 물건'을 고르기 위한 구체적인 노하우는 다음과 같습니다.

목표를 명확히 하고 예산을 구체화하라

자신이 해당 주택을 매수해 직접 거주할 것인지, 월세를 받을 것인지(수익형), 단기간에 매도해 차익을 남길 것인지(투자형) 목표를 정해야 합니다. 목표에 따라 아파트를 찾아야 할지, 상가를 찾아야 할지가 결정됩니다. 또한 낙찰 대금 외에 취득세, 법무사 비용, 명도 비용, 수리비 등 추가로 들어갈 예산을 반드시 고려해 총 투자금을 정해야 합니다.

자신이 잘 아는 지역부터 시작하라

경매나 공매 초보라면 자신이 잘 아는 지역, 자신이 거주하는 지역의 물건부터 검색해보는 것이 좋습니다. 익숙한 지역은 기본적인 시세나 입지, 장단점을 이미 알고 있기 때문에 가치 판단이 훨씬 수월하고, 현장 조사도 용이합니다.

미래 가치를 파악하라

현재 가치만이 아니라 주변 개발 계획, 교통 호재 등을 고려해 미래 가치를 예측하고 투자해야 합니다.

손품으로 위험 신호를 걸러내라

현장에 가기 전에 컴퓨터 앞에 앉아 손품을 파는 것만으로도 위험한 물건을 상당수 걸러낼 수 있습니다. 매각물건명세서의 '비고', '등기된 부동산에 관한 권리 또는 가처분으로 매각으로 그 효력이 소멸되지 아니하는 것', '매각에 따라 설정된 것으로 보는 지상권의 개요'란에 '선순위 임차인 보증금 인수', '유치권 신고 있음' 등의 문구가 있다면 초보자는 일단 피하는 것이 좋습니다. 또한 등기사항전부증명서에 처분금지가처분, 가등기, 환매등기 등 복잡한 권리가 있는 특수물건은 주의해야 합니다. 사진을 통해 건물의 노후도, 도로와의 관계 등을 미리 파악하고, 위성 지도나 로드뷰를 통해 주변 환경을 확인하는 것도 잊지 말아야 합니다.

유찰된 물건의 '이유'를 추리하라

좋은 물건이 여러 번 유찰되어 가격이 크게 떨어졌다면, 그 이유를 반드시 분석해야 합니다. 권리관계에 심각한 하자가 있어 아무도 입찰하지 않는 것일 수도 있고, 단순히 감정가가 너무 높게 책정되어 유찰된 것일 수도 있습니다. 후자라면 시세보다 저렴하게 살 절호의 기회가 될 수 있습니다.

나만의 '관심 물건 리스트'를 만들어라

당장 입찰하지 않더라도 관심 가는 물건들을 꾸준히 추적하고 최종 낙찰가와 입찰 인원을 기록해두는 습관을 들여야 합니다. 이는 시장의 감을 익힐 수 있는 최고의 방법입니다.

입찰 준비를 철저하게 하라

입찰가를 정하기 위해서는 부동산의 시세를 정확히 파악해야 합니다. 현재 매물 가격, 최근 실거래가 그리고 매도자가 매도하고자 하는 가격(매도호가)을 종합적으로 분석해야 합니다. 시세보다 최소 10~20% 저렴하게 낙찰받는 것이 중요하며, 수리비, 이사비, 체납관리비 등 추가 비용을 고려해 입찰가를 산정해야 합니다.

015 법원이 떠먹여주는 위험 요약 보고서
매각물건명세서와 공매재산명세서

법원 경매의 '매각물건명세서'와 압류재산 공매의 '공매재산명세서'는 사람의 '건강검진 종합 결과표'와 같습니다. 겉으로는 멀쩡해 보여도 숨겨진 병이 있는지, 앞으로 어떤 위험이 발생할 수 있는지 공식적으로 알려주는 가장 중요한 문서입니다.

이번 장에서는 법원과 한국자산관리공사(KAMCO)가 공식적으로 제공하는 이 '위험 요약 보고서'를 한 줄 한 줄 뜯어보며, 숨은 권리를 찾아내고 함정을 피하는 방법을 알아보겠습니다.

매각물건명세서: 경매

매각물건명세서는 경매 물건에 대한 권리관계와 중요 정보를 요약한 가장 중요한 서류입니다. 법원에서 작성하며, 매각기일 일주일 전부터 열람할 수 있습니다. 입찰에 참여하기 전에 반드시 꼼꼼히 확인해 숨겨진 위험은 없는지, 인수해야 할 권리는 없는지 파악해야 합니다.

매각물건명세서는 다음과 같은 항목으로 구성됩니다.

서울중앙지방법원

매각물건명세서

사건	2024타경5685 부동산임의경매	❶ 매각물건번호	9	작성일자	2025. 7. 7.	담임법관(사법보좌관)	김세경	전자서명완료
부동산 및 감정평가액 최저매각가격의 표시	별지 기재와 같음	❷ 최선순위 설정			2003.7.16.근저당권	❸ 배당요구종기		2025. 2. 21.

부동산의 점유자와 점유의 권원, 점유할 수 있는 기간, 차임 또는 보증금에 관한 관계인의 진술 및 임차인이 있는 경우 배당요구 여부와 그 일자, 전입신고일자 또는 사업자등록신청일자와 확정일자의 유무와 그 일자

❹ 점유자 성명	점유 부분	정보출처 구분	점유의 권원	임대차기간 (점유기간)	보증금	차임	전입신고일자·외국인등록(체류지변경신고)일자·사업자등록 신청일자	확정일자	배당요구여부 (배당요구일자)
이상아		현황조사	주거임차인				2023.03.14	미상	
	점유부분	권리신고	주거임차인	2023.03.14.	390,000,000		2023.03.14.	2023.03.14.	2024.12.16.

〈비고〉

※ 최선순위 설정일자보다 대항요건을 먼저 갖춘 주택·상가건물 임차인의 임차보증금은 매수인에게 인수되는 경우가 발생 할 수 있고, 대항력과 우선변제권이 있는 주택·상가건물 임차인이 배당요구를 하였으나 보증금 전액에 관하여 배당을 받지 아니한 경우에는 배당받지 못한 잔액이 매수인에게 인수되게 됨을 주의하시기 바랍니다.

등기된 부동산에 관한 권리 또는 가처분으로 매각으로 그 효력이 소멸되지 아니하는 것 ❺

매각에 따라 설정된 것으로 보는 지상권의 개요 ❻

비고란 ❼
대지권의 목적인 토지에 별도등기 있음(을구 3번, 4번 근저당권)

※1: 매각목적물에서 제외되는 미등기건물 등이 있을 경우에는 그 취지를 명확히 기재한다.
2: 매각으로 소멸되는 가등기담보권, 가압류, 전세권의 등기일자가 최선순위 저당권등기일자보다 빠른 경우에는 그 등기일자를 기재한다.

▲매각물건명세서

❶ **사건번호 및 매각물건번호**: 관심 있는 경매 물건의 사건번호와 물건번호를 확인할 수 있습니다. 입찰 시 입찰표, 매수신청보증금봉투, 입찰봉투에 매각물건명세서의 사건번호와 매각물건번호를 기재합니다.

❷ **최선순위설정**: 경매 물건에 설정된 권리 중 가장 먼저 설정된 권리와 그 날짜를 표시하며, 이것이 곧 말소기준권리(말소기준등기)가 됩니다. 이는 임차인의 대항력을 판단하는 중요한 기준이 됩니다. 말소기준권리보다 앞선 권리는 낙찰자에게 인수되고, 뒤에 있는 권리는 소멸합니다.

❸ **배당요구종기**: 배당을 신청해야만 배당을 받을 수 있는 채권자들이 배당을 신청할 수 있는 최종 기한입니다.
❹ **점유관계 및 임차인 현황**: 경매 물건에 거주하는 점유자에 대한 정보가 기재됩니다. 점유자의 이름, 점유 부분, 점유의 원인, 임대차 기간, 보증금, 차임, 전입일자, 확정일자, 배당요구 여부 등을 확인할 수 있습니다.
❺ **등기된 부동산에 관한 권리 또는 가처분으로 매각으로 그 효력이 소멸되지 아니하는 것**: 낙찰자가 인수해야 하는 권리가 있는 경우 이 란에 기재됩니다. 이곳이 비어 있다면 인수할 권리가 없다는 의미이므로 안심하고 입찰에 참여할 수 있습니다.
❻ **매각에 따라 설정된 것으로 보는 지상권의 개요**: 법정지상권 성립 여지가 있는 경우 그 내용이 기재됩니다.
❼ **비고란**: 기타 주의해야 할 특별한 사항들이 기재됩니다.

핵심 내용 해석 및 권리분석의 완성

매각물건명세서의 각 항목을 정확하게 해석하고 다른 서류와 비교 분석하는 것은 성공적인 권리분석의 핵심입니다.

임차인 현황 분석: 대항력과 우선변제권 파악

임차인의 대항력은 전입신고일 익일 0시를 기준으로 말소기준권리일과 비교해 판단합니다. 대항력 있는 임차인이 보증금 전액을 변제받지 못하면, 나머지 금액은 낙찰자가 책임져야 하므로 극히 주의해야 합니다. 다음 표를 통해 임차인의 유형별 권리를 쉽게 파악할 수 있습니다.

임차인의 유형별 권리

임차인 유형	대항력 (전입신고일 vs. 말소기준권리)	우선변제권 (확정일자)	인수주의(예외)
A유형	있음(빠름)	없음	낙찰자가 전액 인수(배당 순위가 밀림)
B유형	없음(늦음)	있음	책임 없음
C유형	있음(빠름)	있음	낙찰자가 인수(배당받고 남은 금액)

- **임차인이 대항력만 있고 우선변제권이 없는 경우(A유형)**: 말소기준권리보다 먼저 대항 요건(주택의 인도와 주민등록)을 갖춘 임차인은 대항력이 있습니다. 그러나 확정일자를 받지 않았다면 우선변제권(후순위 권리자나 그 밖의 채권자보다 우선하여 보증금을 변제받을 권리)이 없습니다. 배당 신청은 가능하나 배당금이 남은 경우 일반 채권자와 동순위로 배당을 받을 수 있습니다. 그러나 대항력이 있으므로 자신의 보증금 전액을 반환받지 못하더라도 나머지 보증금을 낙찰자에게 받을 수 있습니다.

- **임차인이 대항력은 없고 우선변제권만 있는 경우(B유형)**: 말소기준권리보다 늦게 대항 요건(주택의 인도와 주민등록)을 갖춘 임차인은 대항력이 없습니다. 그러나 대항 요건은 갖추었으므로 확정일자를 받으면 우선변제권은 있습니다. 배당 신청이 가능하며, 순위에 따라 배당을 받을 수 있습니다. 그러나 대항력이 없으므로 자신의 보증금 전액을 반환받지 못하더라도 나머지 보증금을 낙찰자에게 요구할 수 없습니다.

- **임차인이 대항력과 우선변제권 모두 있는 경우(C유형)**: 말소기준권리보다 먼저 대항 요건(주택의 인도와 주민등록)을 갖춘 임차인은 대항력이 있습니다. 확정일자까지 받으면 우선변제권도 있습니다. 배당 신청이 가

능하며, 순위에 따라 배당받을 수 있습니다. 대항력이 있으므로 자신의 보증금 전액을 반환받지 못하더라도 나머지 보증금을 낙찰자에게 반환받을 수 있습니다.

인수 권리 확인

'등기된 부동산에 관한 권리 또는 가처분으로 매각으로 그 효력이 소멸되지 아니하는 것'란을 통해 예고등기, 선순위 가등기 등 낙찰자가 인수해야 하는 권리가 있는지 반드시 확인해야 합니다.

비고란의 특별매각조건 확인

비고란에는 농지취득자격증명서 제출 의무, 재매각 시 입찰보증금 상향 등 특별한 매각 조건이 기재될 수 있으므로 꼼꼼히 확인해야 합니다.

초보자를 위한 황금률: 서류는 최종 확인, 현장은 필수 확인!

매각물건명세서는 권리분석의 최종 확인 서류입니다. 하지만 이것도 사람이 하는 일이라 간혹 현황과 다른 내용이 기재되거나, 서류에 나타나지 않는 유치권 등의 문제가 있을 수 있습니다. 따라서 서류를 분석한 후에는 반드시 현장 조사를 통해 실제 점유 관계나 물건의 상태를 직접 확인할 필요가 있습니다. 만약 매각물건명세서의 중대한 하자로 손해를 입었다면 '매각불허가신청' 등을 통해 구제받을 수 있습니다.

경매 물건인데 '매각물건명세서'가 없는 이유

법원 경매 사이트에서 매각물건명세서가 보이지 않는다면, 다음과 같은 경우일 가능성이 높습니다.

- **매각기일의 변경 또는 연기**: 매각기일이 변경되면 기존 명세서는 효력을 잃고 비공개 처리됩니다. 새로운 매각기일이 지정되면, 그 날짜 기준으로 일주일 전쯤에 새로운 명세서가 공개됩니다.
- **경매 사건의 취하 또는 취소**: 채무 변제 등으로 경매가 취하되거나 법적 사유로 취소되면 사건 자체가 소멸되므로 모든 관련 서류가 비공개 처리됩니다.
- **매각기일 미지정**: 경매가 막 개시되어 감정평가, 현황 조사 등 초기 단계에 있는 경우, 아직 명세서가 작성되지 않은 상태입니다.

공매재산명세서: 공매

공매재산명세서는 국가기관(주로 세무서)이 압류한 재산을 매각하기 전에 해당 재산에 대한 중요 정보를 요약해 공시하는 공식 서류입니다. 온비드를 통해 입찰 일주일 전부터 열람할 수 있습니다.

공매재산명세서는 다음과 같은 항목으로 구성됩니다.

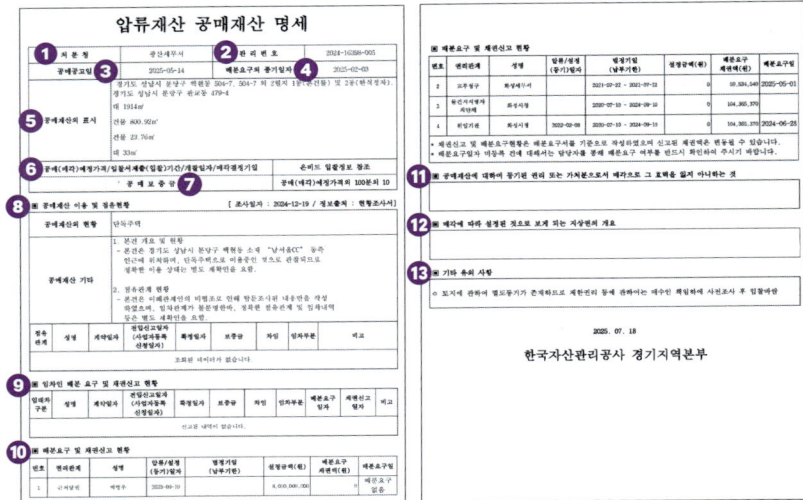

▲ 공매재산명세서

① **처분청**: 공매를 집행하는 관청(기관)입니다. 예를 들어 세금을 체납한 사람의 재산을 공매하는 경우에는 세무서가 처분청이 됩니다. 처분청이 공매재산의 소유권을 가지고 있거나, 공매를 집행할 권한이 있습니다.

② **관리번호**: 공매 물건에 부여된 고유 식별번호로, 해당 재산을 구분하고 조회할 때 반드시 필요한 번호입니다. 물건 검색, 입찰서 작성, 입찰 결과 확인 등 모든 과정에 관리번호가 필요합니다. 관리번호를 잘못 기재하면 입찰 자체가 무효가 될 수 있으므로, 입찰서 작성 시 반드시 다시 한번 정확하게 확인해야 합니다.

③ **공매공고일**: 공매가 공식적으로 시작됨을 알리는 날짜입니다. 이날부터 누구나 해당 재산의 공매 정보를 볼 수 있습니다.

④ **배분요구의 종기일자**: 공매 대금(낙찰 대금)에서 돈을 받을 권리가 있는 채권자들이 자신들의 권리를 주장할 수 있는 마지막 날입니다. 이 날짜

까지 배분을 요구하지 않으면 공매 대금에서 우선변제를 받을 수 없습니다.

❺ **공매재산의 표시**: 부동산의 정확한 소재지, 종류, 면적 등 공매에 나온 부동산의 가장 기본적인 프로필을 확인할 수 있습니다. 여기에 기재된 주소와 면적이 자신이 관심을 갖고 있는 물건이 맞는지, 토지이용계획확인서나 건축물대장과 같은 다른 공부(公簿) 서류와 일치하는지 반드시 확인해야 합니다.

❻ **공매(매각)예정가격/입찰서제출(입찰)기간/개찰일자/매각결정기일**: 공매예정가격은 입찰을 시작하는 최저 가격입니다. 공매예정가격이 주변 시세와 비교했을 때 적정한 수준인지 파악하는 것이 첫걸음입니다.

입찰기간은 입찰서를 제출할 수 있는 기간입니다. 이 기간 내에만 입찰(구매 희망 가격 제시)이 가능합니다. 인터넷 공매(온비드 등)는 보통 며칠간 입찰 기간이 정해집니다.

개찰일자는 입찰서를 모두 모아 누가 최고가로 입찰했는지 공개적으로 확인하는 날입니다. 즉, 낙찰자를 결정하는 날입니다. 개찰은 입찰 마감 직후에 합니다.

매각결정기일은 최종적으로 낙찰자를 확정하는 날입니다. 개찰 후 이의신청, 체납자의 변제 등 특별한 사정이 없으면 이날 낙찰이 확정됩니다. 이때부터 낙찰자는 잔금을 납부할 의무가 생깁니다.

❼ **공매보증금**: 입찰에 참여할 때 미리 내야 하는 보증금입니다. 보통 공매예정가격의 10% 이상이 요구됩니다. 낙찰자가 아니면 보증금은 돌려받고, 낙찰자가 계약을 불이행하면 보증금은 몰수됩니다.

❽ **공매재산 이용 및 점유현황**: 공매 물건의 종류, 현황, 점유 관계, 점유자

(소유자, 임차인 등) 이름, 임대차계약일, 전입신고일자, 확정일자, 보증금, 차임, 임차 부분 등을 확인할 수 있는 매우 중요한 부분입니다. 이 부분의 내용을 통해 낙찰 후 '명도'의 난이도를 예측할 수 있습니다. 만약 여기에 임차인이 기재되어 있다면, 이 임차인의 대항력 여부를 반드시 분석해야 합니다. 현장 조사를 통해 실제 점유 현황과 일치하는지도 꼭 확인해야 합니다.

❾ **임차인 배분 요구 및 채권신고 현황**: 임차인이 '매각 대금에서 자신의 보증금을 먼저 달라'라고 신청한 현황을 확인할 수 있습니다. 임차인이 배분을 요구하지 않으면, 대항력이 있는 임차인의 보증금은 낙찰자가 인수(즉, 임차인에게 지급해야 할 의무)하게 됩니다. 그러나 임차인이 배분을 요구하면 배당에서 보증금을 받을 수 있게 되고, 낙찰자는 그만큼 인수 부담이 줄거나 없어집니다. 그러므로 임차인이 배분을 요구했다는 사실은 낙찰자에게 권리분석 및 명도(퇴거) 측면에서 유리할 수 있습니다. 단, 임차인의 권리 내용(대항력, 확정일자 등)에 따라 결과가 달라질 수 있으니, 입찰 전에 꼼꼼히 확인하는 것이 중요합니다.

❿ **배분요구 및 채권신고 현황**: 채권자들이 '매각 대금에서 내 몫을 먼저 달라'라고 신청한 현황을 확인할 수 있습니다. 권리관계(근저당권, 전세권 등), 채권자의 이름, 권리의 등기일, 법정기일, 설정 금액, 배분을 요구한 금액, 배분요구일이 기재됩니다. 해당 부동산에 얽힌 채무의 총규모를 대략적으로 파악할 수 있습니다. 하지만 실제 채권액은 이자와 연체료 등으로 변동될 수 있습니다. 이는 낙찰자가 직접 책임져야 할 부분은 아니지만, 권리관계를 전체적으로 이해하는 데 도움이 됩니다.

❶❶ **공매재산에 대하여 등기된 권리 또는 가처분으로서 매각으로 그 효력을 잃지 아니하는 것**: 공매재산명세서의 핵심이자 지뢰밭입니다. 여기에 기재된 권리는 낙찰자가 잔금을 납부하더라도 사라지지 않고, 그대로 낙찰자에게 떠넘겨지는 권리들입니다. 즉, 낙찰자가 책임져야 할 '인수 권리' 목록입니다. 여기에 아무런 내용이 없다면, 일단 안심하고 입찰을 검토해도 됩니다. 하지만 '선순위 임차권', '예고등기', '선순위 가처분' 등 무시무시한 단어가 적혀 있다면, 초보자는 피하는 것이 좋습니다. 이 권리들의 의미를 정확히 알지 못하고 입찰하면 낙찰받고도 소유권을 잃거나, 거액의 추가 부담을 떠안는 최악의 상황을 맞이할 수도 있습니다.

❶❷ **매각에 따라 설정된 것으로 보게 되는 지상권의 개요**: 주로 토지만 공매로 나왔을 때, 그 위에 건물이 있는 경우 해당될 수 있는 '법정지상권'의 성립 여지를 알려주는 부분입니다. 법정지상권이 성립하면 토지를 낙찰받아도 내 마음대로 건물을 철거할 수 없고, 건물 소유자가 계속해서 토지를 사용하게 해주어야 합니다. 토지 입찰 시 이 항목에 내용이 기재되어 있다면, 건물을 활용할 수 없는 '반쪽짜리' 토지를 낙찰받는 것이므로 각별히 주의해야 합니다.

❶❸ **기타 유의 사항**: 특별한 주의 사항이나 공매 조건들이 기재됩니다. 예를 들어 '농지이므로 농지취득자격증명서 제출 필요', '위반건축물 부분 있음' 등 입찰과 잔금 납부, 소유권 이전에 영향을 미칠 수 있는 중요한 정보가 담겨 있습니다. 마지막까지 방심하지 말고 비고란의 내용을 꼼꼼히 읽어야 합니다. 사소해 보이는 한 줄의 문구 때문에 입찰보증금을 날리거나 예상치 못한 비용이 발생할 수 있으므로, 반드시 그 의미를 명확히 이해하고 입찰에 참여해야 합니다.

공매 물건인데 '공매재산명세서'가 없는 이유

공매재산명세서는 재산의 종류와 권리관계에 따라 제공될 수도 있고, 제공되지 않을 수도 있습니다.

압류재산 공매: 공매재산명세서가 반드시 필요

체납자의 재산을 강제 매각하는 것으로, 권리관계가 복잡해 법(국세징수법)으로 반드시 공매재산명세서를 작성 및 공개하도록 의무화하고 있습니다. 만약 압류재산인데 명세서가 없다면, 업무 지연으로 늦게 게시되거나 공매가 연기 또는 취소되었을 수 있습니다.

이용기관 물건(국유재산, 수탁재산 등): 공매재산명세서가 필요하지 않음

국가나 공공기관이 소유한 재산을 직접 매각하는 것으로, 일반 부동산 매매와 같이 권리관계가 깨끗한 경우가 대부분입니다. 따라서 복잡한 권리분석을 위한 명세서가 따로 제공되지 않습니다. 온비드 물건 상세 정보에서 '재산의 종류'나 '처분 방식'을 통해 압류재산인지, 국유재산인지, 수탁재산인지, 유입자산인지 구분할 수 있습니다.

매우 중요한 서류인 명세서가 보이지 않을 때는 당황하지 말고, 해당 사건의 진행 상태를 확인해야 합니다. 기일 변경, 취소, 취하 등의 상태 변화가 있는지 살펴보면 대부분의 경우 그 이유를 명확히 알 수 있습니다.

백선생의 비밀과외

주목받는 신탁공매란?

신탁공매란, 부동산 소유자가 대출을 받기 위해 부동산의 소유권을 신탁 회사에 넘기고, 대출기관(주로 은행)을 1순위 수익자로 지정한 신탁부동산이 공매로 나오는 것을 말합니다. 만약 채무자가 대출금을 갚지 못하면, 수익자인 은행의 요청에 따라 신탁 회사가 해당 부동산을 온비드 등을 통해 공매로 매각해 채권을 회수합니다.

투자자 입장에서 신탁공매의 가장 큰 특징이자 장점은 임차인보증금 인수 부담이 적다는 점입니다. 법적으로 부동산의 소유자는 신탁 회사이므로, 신탁등기가 완료된 이후에 기존 소유자(신탁자)와 임대차 계약을 맺은 임차인은 새로운 낙찰자에게 대항력을 주장하기 어렵습니다. 이 때문에 소액임차인의 최우선변제권도 인정되지 않는 경우가 많아 낙찰자는 보증금 반환 부담 없이 부동산을 취득할 수 있는 투자 매력이 있습니다. 다만, 권리관계가 복잡하므로 등기사항전부증명서를 통해 신탁등기일과 임차인의 전입일자 등을 철저히 확인해야 합니다.

사례로 알아보는 신탁공매 A to Z

신탁공매는 일반 공매와 달리 권리관계 분석에 각별한 주의가 필요하지만, 그 구조를 이해하면 오히려 더 안전한 투자가 될 수 있습니다. 가상의 사례를 통해 전 과정을 살펴보겠습니다.

[사례] 건물주 박○○는 사업 자금을 대출받기 위해 자신의 상가(시세 10억 원)를 '믿음신탁사'에 신탁하고, '행복은행'을 1순위 수익자로 하여 7억 원을 대출받았습니다. 이후 박○○는 2층 공실에 임차인 김○○와 보증금 5,000만 원에 임대차 계약을 체결했습니다. 하지만 박○○는 결국 대출금을 갚지 못했고, 행복은행의 요청에 따라 믿음신탁사는 해당 상가를 온비드에 공매로 내놓았습니다.

분석

투자자 고○○는 온비드에서 이 신탁공매 물건을 발견하고 분석을 시작합니다.

- **등기사항전부증명서 확인**: 가장 먼저 등기사항전부증명서를 열람해 '신탁원부' 번호를 확인하고, 소유권이전등기 원인이 '신탁'으로 되어 있는지를 확인합니다. 소유자가 박○○ 개인이 아닌 '믿음신탁사'임을 확인합니다.
- **신탁등기일 확인**: 등기사항전부증명서에서 신탁등기가 접수된 날짜(예: 2023.5.10.)를 확인합니다. 이것이 권리분석의 핵심 기준이 됩니다.
- **임차인 현황 분석**: 투자자 고○○는 현장 조사를 통해 임차인 김○○이 실제로 영업 중임을 확인하고, 전입세대열람 및 상가건물임대차현황서를 통해 김○○의 사업자등록일(예: 2023.8.20.)을 확인합니다.

핵심 판단

임차인 김○○의 사업자등록일(2023.8.20.)이 신탁등기일(2023.5.10.)보다 늦다는 사실을 확인합니다. 투자자 고○○는 '신탁등기 이후에 들어온 임차인은 새로운 소유자(낙찰자)에게 대항력을 주장하기 어렵고, 소액임차인이라도 최우선변제권을 행사할 수 없는 경우가 많다. 즉, 임차인 김○○의 보증금 5,000만 원을 인수하지 않을 가능성이 매우 높다'라고 판단합니다. 이것이 바로 신탁공매의 가장 큰 투자 매력입니다.

입찰

투자자 고○○는 보증금 5,000만 원을 인수하지 않아도 된다는 확신을 갖고 다른 경쟁자들보다 더 높은 금액인 8억 원에 입찰해 최고가 매수신고인이 됩니다.

명도 완료

- **잔금 납부 및 소유권 이전**: 투자자 고○○가 잔금을 완납하자, 소유권은 믿음신탁사에서 고○○에게로 이전됩니다.
- **명도 과정**: 임차인 김○○은 보증금을 돌려달라고 요구했지만, 투자자 고○○는 "임차인께서는 신탁등기 이후에 계약을 했기 때문에 법적으로 저는 보증금을 반환할 의무가 없습니다. 보증금은 기존 건물주였던 박○○에게 청구해야 합니다"라고 설명합니다.
- **결과**: 임차인 김○○은 낙찰자인 고○○에게 법적으로 보증금을 요구할 수 없음을 확인하고, 이사를 나가게 됩니다. 투자자 고○○는 시세 10억 원의 상가를 보증금 인수 부담 없이 8억 원에 취득해 성공적으로 투자를 마무리합니다.

이처럼 신탁공매는 신탁등기일을 기준으로 임차인의 대항력 여부를 판단하는 것이 핵심이며, 이를 통해 숨겨진 보증금 인수라는 위험을 피하고 안전한 투자를 할 수 있는 기회를 제공합니다.

016 프로필 분석과 데이트 신청
현황조사서와 현장 조사 계획

경매의 현장조사서는 잘 꾸며진 '프로필'과 같고, 직접 찾아가는 현장 조사는 모든 것을 확인하는 '데이트'와 같습니다.

이번 장에서는 경매 물건의 프로필인 현황조사서를 정확히 분석하는 방법과 성공적인 데이트를 위해 현장 조사를 어떻게 계획하고 실행해야 하는지 자세히 알아보겠습니다.

현황조사서 구성 항목

❶ **기본정보**(사건번호, 조사일시): 경매 물건의 사건번호와 언제 조사가 이루어졌는지를 확인할 수 있습니다.

❷ **부동산임대차정보**: 경매 물건이 어디에 위치해 있는지, 임대차 관계가 있는지를 확인할 수 있습니다.

❸ **사진정보**: 경매 물건의 외관, 내부, 주변 환경 등 현장 사진을 볼 수 있습니다. 실제 부동산의 상태와 위치, 접근성, 관리 상태 등을 시각적으로 확인할 수 있습니다.

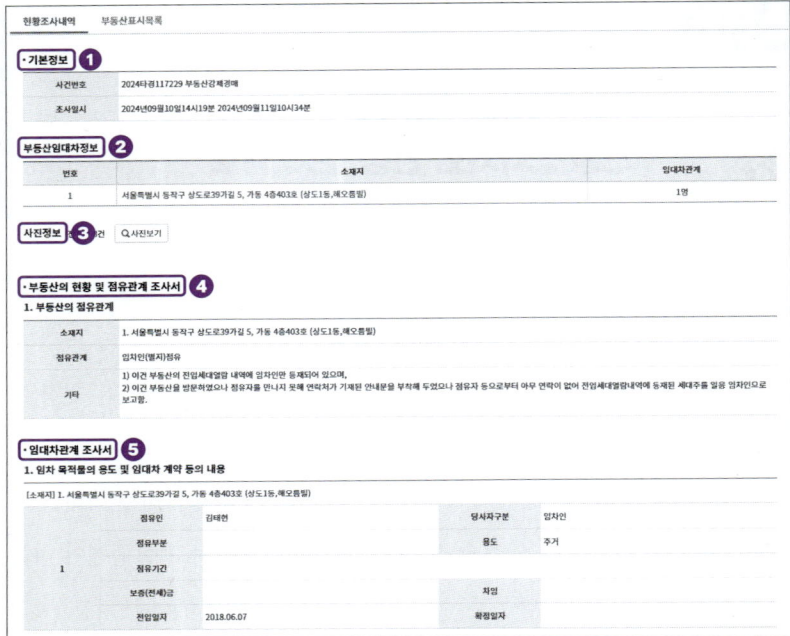

▲ 현황조사서

- ❹ **부동산의 현황 및 점유관계 조사서**(부동산의 점유관계): 부동산의 소재지, 점유자(임차인, 소유자, 무단 점유자)를 확인할 수 있습니다. 낙찰 후 명도(퇴거)의 난이도를 가늠하는 핵심 정보입니다. 현장 조사 시 점유자를 직접 만나지 못하면, 전입세대열람(주민등록 등재자)으로 추정하기도 합니다.

- ❺ **임대차관계조사서**(임차 목적물의 용도 및 임대차 계약 등의 내용): 경매 물건의 점유자, 점유자가 소유자인지 임차인인지 여부, 점유자가 점유하고 있는 부분, 점유 기간, 보증금, 차임, 전입일자, 확정일자 등을 확인할 수 있습니다.

임대차관계조사서에 '미상'으로 기재된 경우

'미상'은 집행관이 전입세대열람, 현장 방문, 안내문 부착 등 조사를 했으나 임차인, 점유자, 소유자 등과 직접 접촉하지 못해 임대차 계약의 구체적인 내용(점유 기간, 보증금, 전입일자, 확정일자 등)을 확인하지 못했다는 뜻입니다.

이런 경우는 임차인이 실제로 존재하지만, 조사 시점에 연락이 닿지 않아 권리관계가 드러나지 않은 상태일 수 있습니다. 아니면 무단 점유자, 친인척 등 비정상적 점유자가 있을 수도 있습니다. 임차인의 보증금, 전입일, 확정일자 등이 확인되지 않으면 우선변제권, 대항력, 인수 금액 등 권리분석이 불가능합니다. 그래서 낙찰 후에 예상치 못한 보증금 인수나 명도 과정에서 점유자와 분쟁이 생길 수 있습니다. 명도소송, 강제집행 등 시간과 비용이 추가로 소요될 수 있습니다.

그러므로 이러한 경매 물건은 반드시 현장을 재방문해 이웃 탐문, 관리사무소 문의 등의 방법으로 점유자(임차인)의 실체를 파악해야 합니다. 그리고 낙찰 전에 임차인과 접촉해 임대차계약서 사본을 확보하고, 확정일자를 받은 임대차계약서와 등기사항전부증명서를 함께 확인해 임차인의 권리(우선변제권 등)를 분석해야 합니다. '미상'으로 기재된 경매 물건은 권리관계가 불명확한 만큼 낙찰가를 보수적으로 산정하는 것이 좋습니다.

현황조사서 vs. 매각물건명세서, 무엇이 우선인가?

매우 중요한 점은 '현황조사서'는 집행관이 조사한 시점의 참고 자료라는 것입니다. 조사 이후 점유자가 바뀌거나 임차인이 추가로 권리신고를 하는 등 변동 사항이 발생할 수 있습니다. 이러한 모든 변동 사항을 반영해 법적 효력을 갖도록 최종적으로 완성되는 서류가 '매각물건명세서'입니다. 따라서 두 서류의 내용이 다르다면, 반드시 법적 효력이 있는 매각물건명세서의 내용을 기준으로 판단해야 합니다.

공매에는 현황조사서가 없다?

공매에는 법원 경매의 현황조사서처럼 정해진 양식의 보고서가 정기적으로 공개되지 않습니다. 대신, 그 정보가 다른 서류에 포함되거나 별도의 절차를 통해 확인해야 합니다. 공매 절차에서 현황 조사와 관련된 내용은 다음과 같습니다.

- **공매재산명세서**: 법원 경매는 현황조사서와 매각물건명세서가 별개의 서류로 존재하지만, 공매는 현황 조사 결과가 공매재산명세서 안에 일부 포함되어 있습니다. 공매재산명세서를 보면 '공매재산 이용 및 점유 현황'란에 공매 물건의 점유자(소유자, 임차인 등), 점유 원인, 임대차 계약 기간, 보증금, 차임 등이 기재되어 있습니다. 이 부분이 법원 경매의 현황조사서가 담고 있는 핵심 정보, 즉 점유자 현황에 대한 내용을 요약해서 보여주는 역할을 합니다. 따라서 공매에서는 입찰 시작 일주일 전에 공개되는 공매재산명세서를 통해 점유 관계를 가장 먼저 확인해야 합니다.

- **감정평가서와 기타 첨부 서류**: 법원 경매와 마찬가지로 공매 물건도 감정평가를 거칩니다. 이 감정평가서에 포함된 사진, 도면, 위치도 등은 물건의 물리적인 현황을 파악하는 데 가장 중요한 자료가 됩니다. 또한 공매 물건에 따라 처분기관(세무서 등)이 직접 현장을 조사하고 촬영한 사진이나 추가적인 정보를 '기타 첨부 서류' 형태로 공고에 첨부하는 경우가 있습니다. 이러한 자료들이 실질적인 현황조사서의 역할을 대신하기도

합니다. 온비드에 접속해 '부동산 → 물건검색 → 캠코 압류재산 전용관'을 클릭하면 공매 물건의 사진, 동영상, 지도, 지적도, 위치도 등을 확인할 수 있습니다.

▲ 온비드 홈페이지

가장 중요한 것은 입찰자의 현장 조사

공매는 법원 경매에 비해 제공되는 정보가 상대적으로 제한적인 경우가 많습니다. 상세하고 체계적인 현황조사서가 별도로 제공되지 않기 때문에 입찰자 스스로 현장에 방문해 물건의 상태와 점유 관계를 확인하는 것이 매우 중요합니다.

효과적인 현장 조사를 위한 사전 준비 및 체크리스트

각종 서류를 통해 물건에 대한 기본적인 정보를 파악했다면, 직접 현장을 방문해 눈으로 확인하는 절차가 필요합니다. 효과적인 현장 조사를 위해서는 사전에 철저한 계획을 세워야 합니다.

[현장 조사 준비물] 체크리스트, 필기구, 스마트폰(사진·동영상 촬영, 메모), 등기사항전부증명서 등 관련 서류, 관리사무소 직원이나 이웃에게 줄 음료수

1단계: 건물 외부 및 주변 환경 분석(거시적 접근)

- **건물 상태**: 외벽 균열(크랙)과 페인트 상태는 어떠한가? 누수 흔적은 없는가?
- **주변 환경(낮, 밤, 평일, 주말)**: 지하철역과 버스정류장과의 거리는 어떠한가? 가까운 거리에 마트, 학교, 병원 등 편의시설이 있는가? 주변에 유흥가, 공장 등 혐오시설이 있는가? 소음이나 악취가 있는가? 주차 공간은 충분한가?
- **미래 가치**: 주변에 진행 중인 재개발·재건축이나 대규모 공사 현장이

있는가?

2단계: 건물 내부 및 공용 공간 확인(미시적 접근)

- **우편함**: 해당 호수의 우편함 상태는 어떠한가? (관리비고지서, 법원등기우편물, 채권추심통지서 등은 점유자 정보를 유추할 수 있는 중요한 단서)
- **공용 공간**: 엘리베이터, 계단, 복도의 청결 상태 및 관리 수준은 어떠한가? (관리 상태는 거주 만족도와 직결)
- **게시판**: 관리비 연체 내역, 공지 사항 등이 붙어 있는가?

3단계: 핵심 정보 탐문(탐정의 시간)

- **관리사무소 방문(가장 중요)**: 해당 호수에 체납관리비가 있는지, 현재 누가 거주하고 있는지, 언제부터 살았는지 등 확인
- **주변 공인중개사무소 방문**: "이 아파트의 실제 매매 시세와 전·월세 시세가 어떻게 되나요?"라고 물어보며 최근 거래 동향과 임차 수요 등 파악
- **이웃 주민 탐문**: 조심스럽게 접근해 거주자에 대한 정보(가족 구성원, 소음 문제 등)나 특이 사항 파악

철저한 현장 조사는 서류만으로는 절대 알 수 없는 물건의 진짜 가치와 숨겨진 위험을 발견하게 해주는 가장 확실한 방법입니다.

017 수익률은 발끝에서 나온다!
실패 없는 현장 조사의 모든 것

서류상 수익 1억 원도 현장의 수리비 5,000만 원 앞에선 무의미합니다. 지도 앱 속에 있는 '역세권'이라는 글자는 숨이 턱까지 차오르는 언덕길의 실체를 담지 못합니다. 현장 조사, 즉 임장은 종이 위 수익률을 현실로 만들고, 숨은 위험으로부터 내 돈을 지키는 '최종 검증 단계'입니다.

이번 장에서는 날카로운 '수사관'의 눈으로 현장의 증거와 진술을 확보해 단순한 '구경'을 수익률을 지배하는 '조사'로 바꾸는 실전 기술을 익혀보겠습니다.

부동산 자체 조사

외부 균열

기존 균열 부위를 시멘트나 실리콘으로 덧칠한 흔적이 있는지 확인합니다. 보수 흔적이 있다는 것은 과거에 문제가 있었다는 뜻이며, 그 보수가 제대로 되었는지, 다른 곳에서 또 문제가 발생하지는 않았는지 유심히 살펴봅니다.

누수 및 방수

옥상에 올라가 바닥 상태를 확인합니다. 녹색 우레탄 페인트가 들뜨거나 찢어진 곳은 없는지, 배수구 주변이 깨끗한지 확인합니다. 옥상 방수는 건물의 수명과 직결됩니다. 벽면에 물이 흐른 자국이나 검푸른 이끼가 있는지, 백화 현상(하얀 가루가 피어나는 것)이 있는지 확인합니다. 만약 그런 흔적이 있다면 외벽 방수 성능이 떨어졌을 가능성이 있고, 그로 인해 세대 내부 누수로 이어질 수도 있습니다. 지하층은 누수에 가장 취약한 공간입니다. 주차장 벽면이나 천장에 물이 샌 흔적이 있는지, 바닥에 물이 고인 곳은 없는지, 곰팡이 냄새가 나지 않는지 확인합니다. 누수는 한번 발생하면 원인을 찾기 어렵고, 수리 비용도 많이 듭니다. 낙찰 후 임대를 놓았는데 누수가 발생하면 임차인과의 분쟁, 도배·장판 교체 비용 등 추가적인 손실이 계속 발생할 수도 있습니다. 입찰가 산정 시 예상 수리비를 반드시 책정해두어야 합니다.

공용 시설

승강기 내부 및 외부 상태를 확인합니다. 승강기의 잦은 고장이나 소음은 거주 만족도를 떨어뜨리고, 교체 시에는 많은 비용이 발생합니다. 급수 방식이 수도관에서 직접 올라오는 직수 방식인지, 옥상 물탱크를 거치는 탱크 방식인지도 확인합니다. 배관이 낡아 녹물이 나온다면 이는 치명적인 단점입니다. 공용 시설이 낡고 관리가 부실한 건물은 임차인을 구하기 어렵고, 낮은 임대료를 감수해야 합니다.

내부 구조 및 관리 상태

가능하다면 내부를 확인해 구조의 효율성, 채광, 통풍, 관리 상태 등을 점검합니다. 경매 물건은 내부 확인이 어렵기 때문에 외관을 통해 추측할 수 있습니다. 예를 들어 20년 이상 된 아파트인데 창틀이나 현관문이 최신 브랜드의 것이라면 내부를 수리했을 가능성이 있습니다. 우편함에 각종 고지서와 광고지가 방치되어 있거나 가스계량기의 숫자가 완전히 멈춰 있다면 장기간 주택이 비어 있었을 가능성이 높고, 이 경우 내부 상태가 좋지 않을 수 있습니다. 그리고 관리사무소에 방문해 "투자 목적으로 ○○동 ○○호를 관심 있게 보고 있는데 혹시 장기간 비어 있었나요? 특별한 민원(누수, 층간 소음 등)은 없었나요?"라고 구체적으로 물어보는 것이 좋습니다. "최근에 인테리어 공사 신고가 들어온 적이 있나요?"라고 물어보는 것도 내부 수리 여부를 파악하기에 좋은 방법입니다. 또한 아파트의 경우 같은 라인의 위, 아래, 옆집은 내부 구조가 동일합니다. 이웃을 만나 "이 집 평수가 어떻게 되나요? 방은 몇 개인가요?"라고 자연스럽게 물어보면 내부 구조에 대한 힌트를 얻을 수 있습니다.

주변 환경 조사

시간대별, 요일별로 방문

평일 낮은 일조량을 확인하기에 가장 좋은 시간입니다. 건물이 남향인지 동향인지, 앞 동에 햇빛이 가려지지는 않는지를 직접 확인합니다. 주변에 학교나 공사장이 있다면 소음 수준을 반드시 체크합니다.

퇴근 시간 이후 평일 저녁에는 가로등은 밝은지, 유흥업소 소음은 없는지, 아이나 여성이 다니기에 안전한 분위기인지 확인합니다. 주차 공간이 부족하지는 않은지 여부도 이 시간에 가장 쉽게 파악할 수 있습니다.

주말에는 주변 공원이나 상가의 분위기가 어떻게 변하는지, 외부인들의 방문으로 인해 소란스럽지는 않은지 확인합니다.

핵심 시설까지 도보 이동

스마트폰 스톱워치를 켜고 관심 물건 현관부터 가장 가까운 지하철역, 버스정류장, 초등학교 정문까지 직접 걸어봅니다. 실제 걸리는 시간, 오르막길이나 횡단보도 대기 시간 등 지도에는 없는 현실적인 변수들을 파악할 수 있습니다.

주민들의 생활 관찰

가장 가까운 편의점이나 동네 마트에서 음료수 하나를 사며 "사장님, 이 동네는 살기 어때요? 주로 어떤 분들이 많이 사세요?"라고 가볍게 물어봅니다. 주변 공인중개사무소에 방문해 동네 민심에 대한 생생한 이야기를 들어봅니다. 아파트 단지 내 놀이터에서 얼마나 많은 아이들이 노는지, 분리수거장의 관리 상태는 어떤지도 확인하는 것이 좋습니다.

편의시설 및 혐오시설 확인

마트, 병원, 공원 등 주변 편의시설을 확인해 거주 편의성을 평가합니다. 주변에 소음, 악취 등을 유발할 수 있는 혐오시설이 있는지도 확인합니다.

시세 조사

정확한 시세 조사는 성공적인 입찰가 산정의 핵심입니다. 한두 곳의 정보만 믿지 말고, 온라인과 오프라인 정보를 교차 검증하며 자신만의 '적정가격' 범위를 찾아내야 합니다.

온라인(손품) 조사

자신이 관심 있는 물건만 보지 말고, 옆 단지, 길 건너 단지 등 연식, 평수, 브랜드가 비슷한 '경쟁 물건'들의 시세를 함께 분석하는 것이 좋습니다. 이를 통해 관심 있는 물건이 주변 시세에 비해 고평가인지 저평가인지를 객관적으로 판단할 수 있습니다. 부동산 앱에서 가장 낮은 가격에 나온 매물, 즉 '하한가'가 얼마인지 확인합니다. 경매 낙찰가는 일반적인 호가보다는 급매가 수준에서 형성되는 경우가 많습니다.

오프라인(발품) 조사 실전 기술

공인중개사무소에 방문해 바로 경매 건에 대해 묻는 것은 하수입니다. 여러 매물을 소개받으며 자연스럽게 대화하다가 "그런데 저기 ○○아파트가 경매에 나왔던데, 저건 시세가 어느 정도일까요? 수리는 많이 해야 할까요?"라고 넌지시 물어보면 훨씬 더 많은 정보를 얻을 수 있습니다. 시세 조사 시 매매가만이 아니라 전세가도 확인합니다. 매매가 대비 전세가 비율(전세가율)이 높다는 것은 그만큼 그 주택에 대한 수요가 많다는 증거입니다. 이는 향후 가격 하락의 방어선이 되어주며, 혹시 모를 상황을 대비할 수 있는 든든한 '출구 전략'이 됩니다. "만약 이 주택을 낙찰받아 전세를 놓는다면 얼마까지 받을 수 있나요? 그리고 빨리 나갈까요?"라는 질문은 필수입니다.

현장 조사 체크리스트 및 메모 예시

구분	세부 항목	확인 내용	체크 (V)	현장 메모 (상태, 특이 사항)	비용/ 가치 영향
기본 정보	사건·관리 번호	입찰 서류와 일치하는지 여부	V	2024타경12345	—
	소재지	네비게이션 주소와 일치하는지 여부	V	서울시 성동구 성수동1가 서울숲드림아파트 101동 707호	—
	답사일시	방문 목적에 맞는 시간인지 확인(낮·밤)	V	2025년 7월 24일 목요일 14:00(낮), 20:00(밤)	—
부동산 자체 확인	외부 균열	건물 외벽, 특히 북쪽 코너의 균열 상태, 보수 흔적	V	북동쪽 모서리 미세한 헤어라인 크랙(심각해 보이진 않음)	—
	누수·방수	옥상 바닥 방수(우레탄) 상태, 벽면 백화, 지하 주차장 누수 흔적	V	옥상 배수구 주변 들뜸 현상 있음, 지하 주차장 양호	[누수 위험] 수리비 - 300만 원
	공용 시설	우편함 상태, 엘리베이터(검사필증, 소음), 복도 청결도, 정화조, 급수방식	V	우편함 깨끗, 엘리베이터 상태 양호, 직수 방식 확인	양호
	내부 상태 (추정)	창호(새시) 노후도, 현관문 상태, 가스계량기 숫자, 관리사무소 문의	V	알루미늄 새시 그대로, 현관문 구형, 가스계량기 멈춤	[내부 전체 수리] 비용 - 2,500만 원
주변 환경 분석	시간대별 방문	[낮] 일조량, 조망, 소음 [밤] 유해시설, 가로등, 주차난	V	[낮] 남동향, 조망 양호 [밤] 주차 공간 매우 부족, 이중주차 심각	[주차 불편] 임대료 - 5%
	핵심 시설 도보 시간	(스톱워치) 지하철역, 초등학교, 대형 마트까지 실제 소요시간, 경사도	V	성수역(2호선) 도보 8분, 초등학교 횡단보도 1회 포함 10분	[역세권] 가치 +10%
	주민 생활	놀이터 아이들 수, 분리수거장 상태, 동네 마트, 동네 분위기	V	평일 낮 놀이터 한산, 분리수거장 관리 상태 보통, 젊은 층 많음.	보통
	편의시설/ 혐오시설	주변 상권(카페, 맛집), 공원 접근성, 공장, 모텔 등 유무	V	서울숲과 카페거리 인접(최상), 주말 유동 인구 많아 소음 가능성 있음.	[생활 편의] 가치 +15%

시세 조사	온라인 (손품)	네이버페이 부동산, 호갱노노 등을 이용해 최저 호가, 실거래가, 경쟁 단지 시세 비교	V	최저 호가(수리된 집) 9억 5,000만 원, 최근 실거래가(2층) 9억 1,000만 원	시세 기준점
	오프라인 (발품)	[1차] 성수부동산 [2차] 드림부동산 매매가 대비 전세가율, 실제 임차 수요(수리 여부에 따른 차이)	V	[성수부동산] 수리 안 된 급매는 9억 2,000만 원 정도, 전세는 수리해야 하며 7억 5,000만 원 정도 [드림부동산] 신혼부부 수요가 많고, 주차와 내부 상태에 민감	[실거래 시세] 9억 2,000만 원확정 [전세가] 7억 5,000만원 (올수리 조건)
종합 메모	현장 느낌	이 물건에 대한 나의 직감적인 느낌이나 최종 판단을 자유롭게 기록	V	입지는 최고. 그러나 생각보다 수리비가 많이 들고 주차 문제가 심각함. 감정적으로 접근하면 절대 안 됨. 비용을 철저히 계산해 보수적으로 접근할 필요 있음.	—

임장 보고서 작성법

현장 조사를 마친 뒤 기억과 감에 의존해 입찰하는 것은 실패로 가는 지름길입니다. 임장 보고서는 흩어져 있는 정보들을 하나의 문서로 모아 냉철하게 분석하고, 최적의 입찰가를 산정하며, 성공적인 투자를 완성하는 '설계도'이자 '나침반'입니다. 단순히 본 것을 기록하는 메모장을 넘어 투자의 성패를 가르는 전략 문서입니다.

임장 보고서를 작성해야 하는 이유

- **감정 배제 및 객관적 판단**: 현장에서 느낀 막연한 '좋은 느낌'이나 '나쁜 느낌' 같은 감정적인 요소를 배제하고, 수치와 사실에 기반해 객관적으

로 물건을 판단하게 해줍니다.
- **정확한 입찰가 산정의 근거**: 예상 수리비, 체납관리비, 명도 비용 등 현장에서 파악한 모든 추가 비용을 시세에서 빼는 방식으로 입찰가를 계산할 때, 보고서는 구체적인 근거 자료가 됩니다.
- **최종 의사 결정의 핵심 도구**: 여러 물건을 비교할 때, 잘 작성된 보고서들을 펼쳐놓고 장단점을 한눈에 비교하며 가장 수익성 높은 물건을 선택할 수 있습니다.
- **미래를 위한 자산**: 비록 이번에 낙찰받지 못하더라도, 잘 정리된 보고서는 향후 비슷한 물건이 나왔을 때 중요한 참고 자료이자 나만의 빅데이터가 됩니다.

수익률을 높이는 임장 보고서 작성법: 단순 메모를 넘어 분석으로

좋은 보고서는 사실 나열에 그치지 않습니다. '사실(Fact)'에 기반해 '나의 해석(Analysis)'과 '투자 전략(Strategy)'을 담아내야 합니다.
- **기본 정보 요약(Fact Sheet)**: 물건의 개요를 한눈에 파악할 수 있도록 물건의 사건번호, 관리번호, 소재지, 물건 종류(아파트, 빌라, 상가 등), 감정평가액, 핵심 권리관계(인수해야 할 선순위 임차인 유무 등), 면적(전용, 공급), 층수, 준공 연도 등을 작성합니다.
- **현장 조사 분석(Analysis)**: 현장에서 확인한 내용을 '그래서 투자에 어떤 영향을 미치는가?'의 관점에서 재해석해 작성합니다.

> **예시** **외벽 균열**: 건물 북동쪽 모서리에 0.5cm 폭의 수직 균열 발견(사진 #1), 단순 마감재 균열이 아닌 구조적 문제일 가능성 배제 불가 → [해석 및

전략] 입찰 전 인근 건축사무소에 사진 보여주며 자문 요청. 최악의 경우 보수 비용 500만 원 이상 예상되므로 입찰가에서 차감 고려

- **예시 내부 상태 추정**: 새시는 교체되지 않은 알루미늄, 현관문도 구형. 가스계량기 밸브 잠김 → [해석 및 전략] 최소 10년 이상 수리되지 않은 기본 상태로 추정. 낙찰 시 도배, 장판, 화장실, 싱크대 등 전체 리모델링 필수. 수리비 최소 1,500만 원 예상

- **예시 교통 및 학군**: 지하철역까지 도보로 12분(성인 남성 기준), 상당한 오르막길 포함. 지도상 거리(400m)와 체감 거리 차이 큼 → [해석 및 전략] 역세권으로 홍보하기엔 무리. 신혼부부보다는 차량을 보유한 3~4인 가족 또는 인근 초등학교 학부모가 주된 임차 수요층

- **예시 혐오시설**: 저녁 9시 방문 시 1층 상가 노래방의 저음 진동이 해당 호실 복도까지 느껴짐 → [해석 및 전략] 소음에 민감한 임차인은 기피할 요인. 이는 임대료를 주변 시세보다 5~10% 낮추거나, 방음 공사 비용을 고려해야 하는 감점 요인

시세 조사 및 수익성 분석

- **매매 시세**: A부동산 급매 4억 8,000만 원, B부동산 정상 5억 원, 네이버 페이 부동산 최저 호가 4억 9,000만 원 → [해석 및 전략] 보수적으로 판단한 실질적 매매 시세는 4억 8,000만 원으로 확정
- **전·월세 시세**: 전세는 수리 상태에 따라 3억 5,000만~3억 8,000만 원.

월세는 보증금 5,000만 원에 130만~140만 원 → [해석 및 전략] 전체 수리를 가정할 때 전세 3억 7,000만 원, 월세 140만 원 가능 예상
- **수익률 계산**: 4억 5,000만 원에 낙찰받고 수리비, 세금 등 2,000만 원 지출 시 총 투자금은 4억 7,000만 원. 매매 시세 4억 8,000만 원 대비 안전 마진은 1,000만 원에 불과. 단, 전세 3억 7,000만 원 세팅 시 실제 투자금은 1억 원. 월세 140만 원 세팅 시 연수익률 8.0%

종합 의견 및 최종 입찰가 결정(Decision)

모든 분석을 종합해 최종 결론을 내립니다.
- **SWOT 분석**: 강점(Strength), 약점(Weakness), 기회(Opportunity), 위협(Threat) 요인을 한 줄씩 정리
- **최종 의견**: 종합적으로 역세권이라는 강점이 있음. 그러나 건물이 노후화되고 소음 문제가 있음. 월세 수익률이 8%로 높음. 하지만 안전마진 확보를 위해 공격적인 입찰은 부적합함.
- **목표 입찰가**: 1순위 목표가 4억 4,500만 원, 2순위 마지노선 4억 5,100만 원. 그 이상은 포기

임장보고서 작성 예시

항목	내용 및 분석
1. 기본 정보	· 사건번호: 2024타경12345 · 소재지: 서울시 성동구 성수동1가 서울숲드림아파트 101동 707호 · 감정가: 10억 원 · 최저가(2차): 8억 원
2. 종합 의견	· 서울숲과 성수역 역세권이라는 입지적 강점은 최상이나, 25년 차 아파트의 노후화로 내부 전체 수리가 필수이며, 옥상 누수 가능성과 심각한 주차난이라는 명확한 단점을 보유함. · '하이 리스크, 하이 리턴(High Risk, High Return)' 성격의 물건으로, 안전마진 확보를 위해 반드시 보수적인 입찰가 산정이 필요함. · 젊은 층 임대 수요가 풍부해 올수리 후 전세 세팅 시 실투자금을 최소화하는 전략이 유효함.
3. 세부 분석	**물건 분석 (강점: 0, 약점: 2)** · [약점] 수리 필요: 현장 확인 결과, 새시 및 내부 상태 20년 이상 된 기본 상태로 추정. 낙찰 시 도배, 장판, 화장실, 주방, 새시 교체 등 약 2,500만 원의 전체 리모델링 비용이 필수적으로 발생할 것으로 보임. · [약점] 누수 위험: 옥상 방수층의 노후화가 확인되어 당장은 아니더라도 향후 누수 발생 가능성이 높음. 예방적 보수 공사비 약 300만 원을 추가 비용으로 산정해야 함. **입지 분석 (강점: 2, 약점: 1)** · [강점] 교통 및 편의시설: 2호선 성수역 도보 8분, 서울숲 공원 도보 10분 거리의 최상급 입지. 주변 카페거리 및 편의시설이 매우 잘 형성되어 있어 2040세대의 임차 수요가 풍부할 것으로 예상됨. · [강점] 학군: 경동초등학교가 도보 10분 거리에 위치해 있어 양호한 편 · [약점] 주차: 저녁 8시 방문 시 단지 내 이중주차는 물론 단지 진입로까지 주차된 차들로 인해 매우 혼잡했음. 이는 실거주 만족도를 떨어뜨리는 가장 큰 요인으로 작용할 것임. **시세 분석 매매** · 시세: 온라인 호가는 9억 5,000만 원 이상이지만 현장 부동산 2곳 교차 확인 결과, 수리가 안 된 상태의 실질적인 급매 시세는 9억 2,000만 원으로 판단됨. · 전세 시세: 전체 수리를 전제로 7억 5,000만 원까지 가능(수리하지 않을 시 6억 원 이하) **결론: 본 물건의 가치는 '얼마나 수리를 잘하는가'에 따라 크게 달라짐.**

	수익률 분석표		
	항목	금액	산출 근거
4. 수익성 분석 및 입찰가 산정	A. 보수적 매매 시세	9억 2,000만 원	오프라인 부동산 급매가 기준
	B. 총 예상 비용	약 4,500만 원	(1) 취득세 등 1,500만 원 (2) 수리비 2,500만 원 (3) 예비비(누수) 300만 원 (4) 명도 비용 200만 원
	C. 최소 희망 안전 마진	5,000만 원	리스크(수리, 명도)를 감안한 최소한의 수익
	D. 최종 입찰 상한가	8억 2,500만 원	A(시세) − B(비용) − C(안전마진)
	E. 전세 세팅 시 실투자금	1억 2,000만 원	D(입찰가) + B(비용) − 전세가(7억 5,000만 원)
5. 최종 결론 및 입찰 전략	(1) SWOT 분석 · S(강점): 서울숲/성수역 역세권, 풍부한 임차 수요 · W(약점): 대규모 수리 필수, 심각한 주차난, 누수 리스크 · O(기회): 성수동 지역의 지속적인 가치 상승 기대 · T(위협): 금리 인상 시 투자 수익률 악화, 경쟁 입찰자 과다 **(2) 최종 입찰 전략** · 입지의 가치는 매우 높으나, 수리비와 주차난, 누수 리스크가 명확해 공격적인 입찰은 금물 · 1순위 목표 입찰가는 8억 1,800만 원으로 하되, 경쟁 강도를 고려해 심리적 마지노선은 8억 2,500만 원으로 정함. · 그 이상의 가격으로 입찰하는 건 안전마진을 포기하는 것이므로, 과감히 '패찰'하는 것을 원칙으로 함.		

소유자 및 임차인 탐문 요령

현장 조사의 마지막 퍼즐은 '사람'입니다. 경매·공매 물건에 살고 있는 소유자나 임차인을 만나는 것은 초보자에게 가장 두려운 일이지만, 서류를 통해서는 절대 알 수 없는 결정적인 정보를 얻을 수 있는 절호의 기회입니다. 성공적인 탐문은 단순한 정보 취득을 넘어 낙찰 후 이어질 '명도' 과정을 순탄하게 만드는 첫 단추입니다.

접근 전 마인드셋: '적'이 아닌 '사람'으로 대하라

가장 먼저 '저 사람을 내보내야 한다'라는 적대적인 자세를 버려야 합니다. 경매나 공매로 집을 잃게 된 소유자나 보증금을 떼일 위기에 처한 임차인은 인생에서 가장 힘든 시기를 보내고 있을 가능성이 높습니다. 그들의 불안하고 경계심 가득한 마음을 이해하고 공감의 자세로 접근해야 합니다. 나의 이익만을 위한 탐문이 아닌, 그들의 상황을 돕고자 한다는 진심이 전달될 때 비로소 상대방도 마음의 문을 엽니다.

실전 탐문 기술: 시나리오별 접근 전략

- **정중한 첫 만남, 어떻게 문을 열 것인가**: 명함과 음료수(비타민 음료 등 부담이 없는 것)를 준비해 주말 오후 등 비교적 여유로운 시간대에 경매 물건에 방문합니다. 초인종을 누르고 상대가 나오면 자신을 소개한 뒤 준비해 간 명함과 음료수를 건넵니다. 그리고 "저는 ○○○입니다. 다름이 아니라 이 집이 법원 경매(또는 공매) 절차가 진행 중인데, 혹시나 절차를 잘 몰라 손해를 보시는 일이 생길까 염려되어 인사차 방문했습니다. 잠시 대화 좀 나눌 수 있을까요?"와 같이 말합니다. '입찰에 관심 있다'라고 말하는 것보다 '당신이 손해보는 일이 생길까 걱정된다'와 같은 뉘앙스로 접근해 경계심을 낮추는 것이 중요합니다.
- **자연스러운 대화 유도, 무엇을 어떻게 물어볼 것인가**: 대화의 문이 열

렸다면, 취조하듯 질문을 던지는 것은 금물입니다. 상대의 이야기를 들어주는 것에서부터 시작해야 합니다. "많이 힘드시죠", "경매 절차가 너무 복잡하죠" 등 상대의 상황을 공감하는 말을 건넨 뒤 그들의 하소연이나 상황 설명을 충분히 들어줍니다. "보증금이 얼마예요?", "배당요구는 했어요?", "언제 이사 갈 거예요?"와 같은 직접적인 질문이 아닌, "사정이 많이 어려우실 텐데, 보증금은 전부 돌려받을 수 있는 상황인가요?", "법원에 서류는 다 내셨나요? 배당요구라는 걸 해야 나중에 보증금을 받을 수 있다고 하더라고요"처럼 우회적인 질문을 하는 것이 좋습니다.

- **숨겨진 정보 파악하기**: 대화를 하면서 경매 물건의 점유자가 소유자 본인인지, 대항력 있는 선순위 임차인인지, 후순위 임차인인지 파악합니다. 이사를 가야 하는 것에 감정적이고 강경한 태도를 보이는지도 확인합니다. "보일러가 고장났는데 수리하지 못했어요", "비가 새요"와 같은 불만을 통해 내부 하자를 파악할 수 있으며, "관리비가 너무 밀려서 걱정이에요"와 같은 한탄을 통해 체납관리비 규모를 유추할 수 있습니다.
- **탐문 시 주의 사항! 섣부른 약속은 금물**: "제가 낙찰받으면 이사비를 넉넉하게 드리겠습니다"와 같이 지킬 수 없는 약속을 남발하면 절대 안됩니다. 이는 명도 과정에서 더 큰 갈등의 불씨가 될 수 있습니다. 또한 상대방의 동의 없이 대화 내용을 녹음하거나 집 내부를 촬영하는 행위는 법적 문제로 이어질 수 있으니 삼가야 합니다.

주변 탐문 활용: 제3자를 통해 교차 검증하라

탐문에 실패했거나, 탐문한 내용의 사실 여부를 확인하고 싶을 땐 주변 탐문을 진행합니다.

- **관리사무소**: "○○호 관리비가 혹시 많이 밀려 있나요?"라고 물어보면 개인 정보라 자세히 알려주지는 않지만 전체적인 체납 여부는 알려주기도 합니다.
- **인근 공인중개사무소**: "○○아파트의 수리가 되지 않은 집은 전세가 잘 나가나요? 시세가 어느 정도로 형성되어 있죠?"라고 물어보면서 경매 물건의 내부 상태에 따른 가치와 임대 용이성을 파악합니다.
- **이웃 주민**(특히 통장, 반장): "○○호는 비어 있은 지 오래됐나요?", "혹시 시끄럽거나 하는 문제는 없었나요?"라고 물어보면서 경매 물건에 누군가가 거주하고 있는지, 분쟁 가능성은 없는지 등을 파악합니다.

성공적인 경매 투자는 철저한 사전 조사와 발품에서 시작됩니다. 지금까지 이야기한 내용들을 숙지하고 꼼꼼하게 준비한다면, 초보자도 충분히 만족스러운 투자 결실을 맺을 수 있을 것입니다.

M·E·M·O

셋째 마당

Common Sense Dictionary
of Real Estate Auctions & Public Sales

부동산의 숨겨진 얼굴 읽기, 공적 장부 분석

등기사항전부증명서가 부동산의 '권리'를 말해준다면, 각종 공적 장부는 그 부동산의 '가치'를 말해줍니다. 셋째마당에서는 등기사항전부증명서만으로는 절대 알 수 없는 부동산의 물리적 현황과 미래 가능성을 읽어내는 훈련을 해봅시다. 건축물대장으로 불법건축물의 위험을 피하는 방법부터 토지대장과 지적도로 땅의 모양과 경계를 파악하는 방법, 토지이용계획확인서로 내 땅의 운명을 결정하는 법적 규제까지, 숨겨진 가치를 발견하는 전문가의 눈을 갖게 될 것입니다.

018 불법건축물 폭탄 피하기
건축물대장 10분 만에 완전 정복

성공적인 경매 투자는 정확한 서류 분석에서 시작됩니다. 그중 '건축물대장'은 입찰하려는 건축물의 물리적 상태와 이력을 담고 있는 중요한 서류입니다.

이번 장에서는 건축물대장의 각 항목을 확인해야 하는 이유와 실제 건축물대장을 볼 때 중점적으로 봐야 하는 부분을 자세히 알아보겠습니다.

건축물대장의 두 종류

건축물대장은 크게 두 종류로 나뉩니다.

- **집합건축물대장**: 아파트, 연립주택, 다세대주택(빌라) 등 여러 세대가 함께 사용하는 건축물 및 대지에 관한 현황을 확인할 때 사용합니다. 전유부와 대지권 비율 확인이 핵심입니다.
- **일반건축물대장**: 단독주택, 다가구주택, 상가주택 등 단일 소유의 건축물 및 대지에 관한 현황을 확인할 때 사용합니다. 특히 다가구주택은 등기사항전부증명서에 '단독주택'으로 나오므로 혼동하지 말아야 합니다.

건축물대장 총괄표제부

아파트, 연립주택, 다세대주택(빌라) 등이 여러 동으로 이루어진 경우, 단지 전체에 대한 정보를 확인하려면 건축물대장 총괄표제부를 추가로 확인하는 것이 좋습니다. 이것은 단지 전체의 '프로필'이며, 재건축 등 미래 가치를 가늠하는 중요한 단서가 담겨 있습니다.

▲ 건축물대장 총괄표제부

❶ **명칭**: 단지 전체 명칭을 확인합니다. 동명, 단지명 오류 시 계약서에 잘못 기재될 수 있으니 반드시 확인이 필요합니다.

❷ **지역**: 해당 단지가 어떤 용도지역에 속하는지 확인합니다. 용도지역 변경은 주택 건축 가능성 및 가치에 영향을 미칠 수 있습니다.

❸ **건축물 수**: 전체 단지 내 건축된 동수를 정확하게 확인할 수 있습니다. 재건축 투자 시 용적률 증가 가능성 판단의 기초 자료가 됩니다.

❹ **건폐율과 용적률**: 부동산의 가치와 개발 가능성을 판단하는 중요한 지표입니다.

- **건폐율**: 대지면적 대비 건축물의 바닥면적 비율로, 높을수록 건축물을 넓게 지을 수 있습니다.
- **용적률**: 대지면적 대비 건물 연면적(각 층 바닥면적의 합) 비율로, 높을수록 건축물을 고층으로 지을 수 있어 사업성이 높아집니다. 재건축 투자자

필수 확인 사항으로, 현재 용적률이 법적 상한에 근접하면 추가 개발 여지가 줄어듭니다.

❺ **총 주차 대수**: 집합건축물 단지 전체의 주차 가능 대수를 나타냅니다. 단지 인기도에 비해 간접 주차 공간이 부족한 아파트는 장기 투자에 불리합니다. 참고로 일부 소형 빌라 단지는 주차 공간이 매우 부족합니다. 그래서 향후 재건축 시 주차장 추가 공사로 분담금이 증가할 수 있습니다.

집합건축물대장 표제부

표제부는 내가 입찰하려는 '건물 동'의 신상명세서입니다. 주소, 구조, 나이 등 건물의 기본적인 정보를 확인해 서류와 실제가 일치하는지, 숨겨진 위험은 없는지 파악하는 첫 단계입니다. (단독주택, 다가구주택 등은 일반건축물대장 확인)

▲ 집합건축물대장 표제부

❶ **명칭**: 입찰하려는 동의 명칭을 확인해 경매·공매 서류와 일치하는지 체크합니다. 경매표시목록, 감정평가서, 등기사항전부증명서, 건축물대장 모두 일치해야 합니다.

❷ **대지위치, 지번, 도로명주소**: 해당 부동산의 정확한 주소로, 등기사항전부증명서상의 주소와도 일치하는지 교차 확인합니다.

❸ **주구조**: 건축물의 구조를 확인합니다. 벽식 구조는 층간 소음에 취약할 수 있고, 기둥식 구조나 무량판 구조는 상대적으로 소음이 적고 리모델링이 용이합니다.

❹ **주용도**: 건축물대장의 주용도와 실제 사용 용도가 일치하는지 확인합니다. 일치하지 않을 경우, 불법 용도 변경에 해당하는지 확인해야 합니다. 낙찰 후 원상복구명령이 내려지거나 이행강제금 부과 대상이 될 수 있습니다.

❺ **인허가 시기**: 허가일, 착공일, 사용승인일을 통해 건축물의 연식을 파악합니다. 사용승인일은 건축물의 노후도 판단에 중요한 기준이 됩니다.

❻ **건축물 구조 현황**: 내진 설계 등급과 지진가속도 수준을 확인해 건축물의 내진 성능을 파악하고 안전성을 판단합니다.

❼ **변동사항**: 다가구주택이 다세대주택으로 재건축되었거나, 위반건축물인지 등 건축물 관련 변동 사항이 기재됩니다. 준공 후 불법 증축, 대수선, 용도 변경 등을 한 위반건축물은 이행강제금 부과 대상이 되거나 심한 경우 철거명령이 내려질 수 있습니다. 그러므로 반드시 유의하고 입찰 전에 확인해야 합니다. 이행강제금은 원상복구될 때까지 매년 부과될 수 있습니다.

집합건축물대장 전유부

전유부는 낙찰받아 소유하게 될 '바로 그 집'의 상세 정보입니다. 정확한 면적과 호실을 확인해 가치 분석과 권리관계의 기초를 다지는 핵심 부분입니다. (단독주택, 다가구주택 등은 일반건축물대장 확인)

▲ 집합건축물대장 전유부

❶ **호명칭**: 입찰하려는 부동산 물건이 몇 호인지 확인하고, 경매·공매 서류상의 호실과 일치하는지 재차 확인합니다.

❷ **소유자 현황**: 부동산 물건의 소유자, 주소, 소유권 지분, 소유권이전일 등을 확인할 수 있습니다. 건축물대장의 소유자 현황은 참고용이며, 부동산의 소유권 및 권리관계는 등기사항전부증명서를 통해 확인해야 합니다. 경매·공매에서는 등기사항전부증명서가 권리분석의 핵심이므로, 건축물대장과 등기사항전부증명서를 반드시 교차 확인합니다.

❸ **면적**: 해당 부동산의 전용면적을 정확히 확인할 수 있습니다. 입찰가 산정 시 중요한 기준이 됩니다.

건축물대장 확인 방법

건축물대장은 정부24(plus.gov.kr) 또는 건축행정시스템 세움터(www.eais.go.kr)를 통해 온라인으로 편리하게 열람하거나 발급받을 수 있습니다. 온라인 열람·발급 시 수수료가 무료이므로 적극 활용하는 것이 좋습니다.

- **정부24**: 일반적인 건축물대장을 열람·발급할 때 용이합니다.
- **건축행정시스템 세움터**: 건축물현황도(평면도) 등 상세 도면을 확인할 때 유용합니다.

다가구주택의 특별 관리 사항

다가구주택은 등기사항전부증명서상 단독주택으로 분류되지만, 여러 가구가 거주하는 특성상 권리분석의 위험성이 매우 높습니다. 「건축물대장의 기재 및 관리 등에 관한 규칙」 제5조 5항에 따라 호(가구)별 면적대장을 추가로 작성하게 되어 있습니다.

따라서 다가구주택 입찰 시 '가구별 면적 현황'을 확인하는 것은 선택이 아닌 필수입니다. 이를 통해 각 가구의 현황을 파악하고 전입세대열람을 하여 보증금을 돌려줘야 할 대항력 있는 임차인은 없는지 분석해야 합니다.

019 땅의 신분증, 토지대장으로 숨은 가치 읽어내기

성공적인 부동산 투자는 건물을 넘어 그 아래에 있는 땅을 꿰뚫어 보는 것에서 시작됩니다. 토지대장은 모든 땅의 이력과 상태를 담고 있는 '신분증'과도 같습니다. 그렇다면 이 신분증을 어떻게 읽어야 할까요? 특히 내가 사려는 것이 일반 토지가 아니라 아파트나 빌라라면 무엇을 더 확인해야 할까요?

이번 장에서는 토지대장을 완벽하게 정복하는 방법을 알아보겠습니다.

토지대장 확인 사항

토지를 거래할 때는 물론이고, 건축물을 거래할 때도 토지대장을 발급받아 토지에 관한 사항을 살펴봐야 합니다. 아파트, 연립주택, 다세대주택과 같은 집합건축물의 토지대장을 발급받을 때는 각 호수(구분소유자)의 '대지권 비율'을 확인할 수 있는 '대지권등록부'도 함께 발급받는 것이 좋습니다.

고유번호	4711111600-11036-0000		토지 대장		도면번호	5	발급번호	20234711-01157-9805
❶ 토지소재	경상북도 포항시 남구 대잠동				장 번 호	1-1	처리시각	16시 45분 02초
❷ 지 번	1036	축 척	수치		비 고		발 급 자	인터넷민원
토 지 표 시				변 동 일 자		소 유 자		
❸ 지목	❹ 면 적(㎡)	사 유		❺ 변 동 원 인		주 소		
						성명 또는 명칭		등록번호
(08) 대	67,091.9	(02)2018년 10월 16일 토지개발사업 완료		2018년 10월 25일 (2)대지권신청				
		--- 이하 여백 ---				--- 이하 여백 ---		

▲ 토지대장

❶ **토지소재**: 토지가 있는 지역을 확인할 수 있으며, 경매·공매 입찰표 작성 시 이 소재지를 기재해야 합니다. 주소 오류는 권리관계에 심각한 문제를 야기할 수 있으므로 정확히 확인해야 합니다.

❷ **지번**: 토지의 정확한 위치를 확인할 수 있으며, 경매·공매 입찰표 작성 시 이 지번을 기재해야 합니다.

❸ **지목**: 토지의 용도와 성격에 따라 구분 지은 것을 의미하며, 대한민국에는 28개의 지목이 있습니다(전, 답, 과수원, 임야, 대지, 잡종지, 공장용지, 창고용지 등). 지목은 토지의 활용 가능성과 건축 가능 여부에 직접적인 영향을 미치므로, 입찰 전에 토지 이용 계획에 부합하는지 반드시 확인해야 합니다. 예를 들어 '전'이나 '답' 지목의 토지에 건물을 지으면 '대지'로 지목이 변경되는데, 이는 비용과 시간이 소요될 수 있습니다.

❹ **면적**: 토지의 면적을 확인할 수 있습니다. 감정평가서상의 면적과 토지대장의 면적이 일치하는지 확인하고, 차이가 있다면 그 원인을 파악해야 합니다. 실제 사용 면적과 공적 장부상의 면적이 다른 경우도 있으므로, 현장 조사를 통해 면적을 가늠해봐야 합니다.

❺ **변동원인**: 이 항목은 토지의 '이력서'와 같습니다. 소유권 이전(상속, 매매 등), 토지의 분할/합병, 지목 변경 등 토지에 중요한 변화가 생길 때마다 그 원인과 날짜가 기록됩니다. 경매 물건의 과거 이력을 추적해 권리관

계를 분석할 때 참고 자료로 활용할 수 있습니다.

집합건물(아파트, 빌라 등)일 경우 '대지권등록부' 추가 확인 사항

▲ 대지권등록부

❶ **전유부분 건물표시**: 입찰하려는 아파트나 빌라가 몇 동, 몇 호인지 정확히 표시됩니다.

❷ **대지권 비율**: 단지 전체 대지면적 중에서 해당 호실이 가지고 있는 토지 지분의 비율을 의미합니다. 재개발이나 재건축 시 대지권 비율이 높을수록 소유한 대지면적이 크다는 뜻이므로 더 넓은 평형을 배정받거나 추가 분담금을 줄이는 데 유리할 수 있습니다. 대지권이 없는 건물(대지권 미등기)은 토지에 대한 권리가 불분명해 추후 심각한 문제가 발생할 수 있으므로, 입찰을 피하는 것이 좋습니다.

❸ **소유자**: 소유자의 주소, 성명, 주민등록번호를 확인할 수 있습니다. 소유권 관련 내용은 등기사항전부증명서가 우선입니다.

토지대장과 함께 '토지이용계획확인원'도 필수 확인!

토지대장이 땅의 '신분증'이라면, 토지이용계획확인원은 땅의 '사용 설명서'이자 '법적 규제 목록'입니다. 토지대장은 토지의 기본적인 정보만 제공하지만, 토지이용계획확인원은 해당 토지에 어떤 종류와 규모의 건축물을 지을 수 있는지, 개발이 제한되는 규제는 없는지 등 토지 활용에 대한 핵심 정보를 제공합니다.

지번과 도로명주소 그리고 토지대장

최근에는 도로명주소가 보편적으로 사용되고 있지만, 토지대장에서는 여전히 지번을 중심으로 토지를 식별하고 관리합니다. 따라서 부동산을 거래할 때는 지번과 함께 도로명주소를 함께 기재해 혹시 모를 혼란을 방지하는 것이 좋습니다. 토지대장의 '소재지'와 '지번'은 토지를 특정하는 가장 기본적인 정보라는 사실을 기억해야 합니다.

토막상식

임야는 토지대장에 등록된 '토임'이 좋다!

임야는 지번 앞에 '산' 자를 붙여(예: 산-56) 임야대장과 임야도에 등록하는데, 가끔 지번 앞의 '산' 자를 떼고 토지대장과 지적도에 등록하기도 합니다. 이러한 임야를 토지대장상의 임야라는 뜻으로 흔히 '토임'이라고 부릅니다. 같은 임야라면 토지대장에 등록된 토임이 차후에 개발이 수월해 가치가 높습니다.

그렇다면 원하기만 하면 모든 임야를 임야대장에서 토지대장으로 옮길 수 있는 것일까요? 경사도가 심한 임야나 보존 가치가 높은 나무가 있는 임야는 임야대장에서 토지대장으로 옮기기 어렵습니다.

020 맹지와 쓸모없는 땅, 지적도 한 장으로 걸러내는 법

지적도는 땅의 모든 모양과 경계를 담고 있는 '토지의 지문'과도 같습니다. 그렇다면 이 지문을 어떻게 해독해야 할까요? 초보자가 피해야 할 치명적인 땅은 어떻게 가려낼 수 있을까요?

이번 장에서는 지적도로 좋은 땅과 나쁜 땅을 구별하는 방법부터 서류와 현실이 다를 때의 위험성 그리고 분쟁을 막는 기술까지 완벽하게 알아보겠습니다.

지적도에서 확인해야 할 중요 사항

토지는 건물을 건축할 수 있는 토지와 그렇지 못한 토지로 나뉘며, 그 가치 차이가 매우 큽니다. 토지를 매수할 때는 지적도를 통해 다음과 같은 사항을 꼼꼼하게 살펴봐야 합니다.

토지의 모양

지적도를 통해 토지의 모양이 네모반듯하게 생겼는지 확인합니다. 보통 반듯한 모양의 토지가 건축 효율성이 높아 활용도가 높고, 불규칙하거나 좁고 긴 모양의 토지는 건축 시 제약이 많아 가치가 떨어집니다. 경매·공매에서는 저렴하게 낙찰받더라도 비정형 토지는 개발 비용이 추가될 수 있다는 사실을 염두에 두어야 합니다.

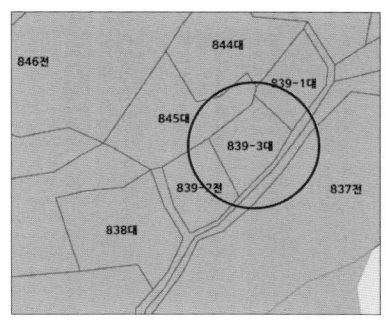
▲ 반듯한 토지 예시

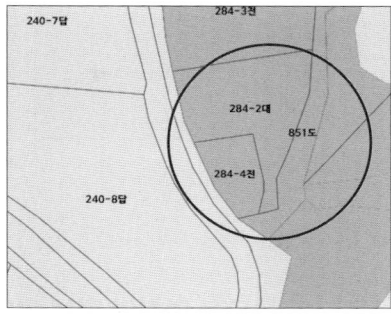
▲ 비정형 토지 예시

도로 접근성

지적도에서 토지가 도로에 접해 있는지 여부는 매우 중요한 지표입니다. 도로에 조금도 접하지 않은 토지를 '맹지'라고 부르며, 맹지는 그 활용 가치가 현저히 떨어집니다. 「건축법」상 건축물을 건축하기 위해서는 대지가 2m 이상 도로(「건축법」상 도로)에 접해 있어야 하는 것이 원칙이기 때문입니다. 따라서 지적도를 통해 토지의 도로 접근성을 확인하는 것은 물론이고, 해당 도로가 「건축법」상 도로에 해당하는지 여부도 추가적으로 확인할 필요가 있습니다(지자체 건축과에 문의). 단순히 현황 도로가 존재한다고 해서 건축이 가능한 것이 아닙니다. 경매·공매 시 맹지를 낙찰받게 되면 건축 허가를 받기 어렵고, 주변 토지를 매입해 도로를 확보해야 할 경우 추가 비용이 발생할 수 있으므로, 맹지는 피하는 것이 좋습니다.

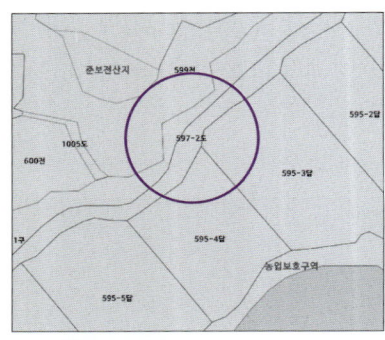 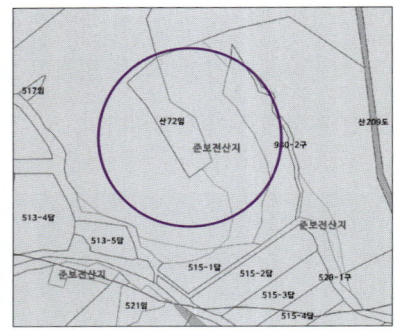

▲ 도로에 접한 토지들 예시　　▲ 맹지 예시

토지의 정확한 위치와 정보 파악 방법

관심 있는 토지를 답사할 때 현장에서 해당 토지를 찾기 쉽지 않을 수 있습니다. 이럴 때는 다음과 같은 방법을 활용하는 것이 좋습니다.

현지 공인중개사무소 방문

토지 주변의 공인중개사무소를 방문해 현지 공인중개사의 도움을 받는 것이 가장 좋습니다. 현지 공인중개사는 해당 지역의 토지 특성과 개발 정보 그리고 맹지 탈출 방법 등에 대한 실질적인 조언을 해줄 수 있습니다.

지역 주민에게 문의

해당 토지에 대한 좀 더 깊은 내막이나 이력을 알고 싶다면 마을 어르신이나 동네 토박이에게 물어보는 것도 좋은 방법입니다. 과거 토지 사용 내역, 주변 개발 계획, 주민들 간의 경계 분쟁 여부 등 지적도상에 나타나지 않는 중요한 정보를 얻을 수도 있습니다.

▲ 지적도 등본

지적도와 현실이 다를 때(지적 불부합지)

지적도는 토지의 경계를 도면상으로 나타낸 공적 장부이지만, 시간의 흐름, 자연재해, 과거 측량 기술의 한계 등의 이유로 지적도상의 경계와 실제 현장의 경계가 일치하지 않는 경우가 종종 발생합니다. 이를 '지적 불부합지'라고 부릅니다.

이러한 불일치는 경매 낙찰자에게 다음과 같은 심각한 문제를 야기할 수 있습니다.

부동산의 숨겨진 얼굴 읽기, 공적 장부 분석   185

소유권 및 경계 분쟁

가장 흔하고 심각한 문제로, 이웃 간 경계 분쟁으로 이어질 수 있습니다. 실제 사용면적이 지적도와 다르거나 옆 토지를 침범하는 경우가 발생하면 소송으로 번져 시간과 비용을 낭비하게 될 수도 있습니다.

건축 제한

지적도 경계에 맞춰 건축을 시도했으나 실제 현장과 달라 건축 허가에 문제가 발생할 수 있습니다. 이 경우 건축 계획을 전면 수정하거나 추가 비용을 들여야 할 수도 있습니다.

따라서 토지를 입찰할 때는 반드시 현장을 직접 방문해 실제 경계와 도로 접근성 등을 꼼꼼히 대조해야 합니다. 만약 경계가 불분명하다고 판단되면, 지적측량을 통해 정확한 경계를 확인하는 것이 분쟁을 예방하는 가장 확실한 방법입니다.

토막상식

정밀한 토지 경계 확인을 위한 '경계점좌표등록부'

일반적인 경매·공매 토지 거래는 토지대장과 지적도만으로 충분하지만, 토지의 경계가 불분명하거나 정확한 경계 확인이 필요할 때는 경계점좌표등록부를 함께 확인하는 것이 좋습니다.

경계점좌표등록부는 각 토지의 경계점 위치를 X, Y 좌표 값으로 정확하게 표시한 지적공부로, 토지경계복원측량 등에 활용됩니다. 모든 토지에 작성되는 것은 아니며, 주로 도시개발사업 등으로 지적확정측량을 실시한 지역의 토지에 대해 작성됩니다. 좌표로 경계를 관리하므로 일반 지적도보다 훨씬 정밀해 경계 분쟁의 소지가 거의 없다는 것이 최대 장점입니다.

021 내 땅에 무엇을 지을 수 있을까?
토지이용계획확인서 완벽 해부

토지이용계획확인서는 토지의 활용 가능성을 알려주는 중요한 문서입니다. 이 서류에는 토지의 지목, 면적, 개별공시지가, 지역·지구 등 지정 여부, 지역·지구 등에서의 행위 제한 사항 등 토지 이용과 관련된 다양한 정보가 담겨 있습니다. 따라서 토지를 경매·공매로 취득하고자 할 때는 반드시 토지이용계획확인서의 내용을 꼼꼼하게 확인해야 합니다.

이번 장에서는 토지이음(www.eum.go.kr)을 통해 정보를 확인하는 방법과 활용 팁을 자세히 알아보겠습니다.

토지이음을 통한 정확한 정보 확인

토지이용계획확인서는 토지의 활용 가능성을 판단하는 가장 중요한 서류이며, 그 내용을 정확히 확인하는 것이 무엇보다 중요합니다. 토지이용계획확인서의 최신 상세 정보는 토지이음에서 확인하는 것이 가장 효율적입니다. 토지이음은 종이 확인서에 들어가지 않는 다양한 온라인 부가 정보(지도, 규제 상세, 이력, 도면 등)를 제공합니다.

토지이용계획확인서는 동주민센터, 정부24 등에서 발급받을 수 있는 공식 증빙 서류입니다. 토지이음에서 온라인으로 열람하는 정보는 실시간으로 참고할 수 있지만, 법적 증빙력은 제한될 수 있습니다. 거래나 소송 등에서 공식 증빙이 필요한 경우에는 반드시 확인서를 발급받아 증빙용으로 활용하고, 실무적으로 내용을 확인해야 할 때나 투자 검토 단계에서는 토지이음 열람 정보를 활용하는 것이 좋습니다.

토지이음 활용 가이드

주소 검색

- 궁금한 토지의 주소를 입력한 뒤 '열람'을 클릭합니다. 반드시 경매·공매 공고문에 제시된 정확한 지번을 입력해야 합니다.
- 주소가 검색되지 않을 경우, 지번 입력 시 '일반'이 아닌 '산(❶)'을 선택해 보세요. 토지의 지목이 '임야'일 수도 있습니다.
- 확인하고 싶은 토지의 위치를 알고 있다면 '주소 지도로 찾기(❷)' 기능을 이용하면 됩니다.

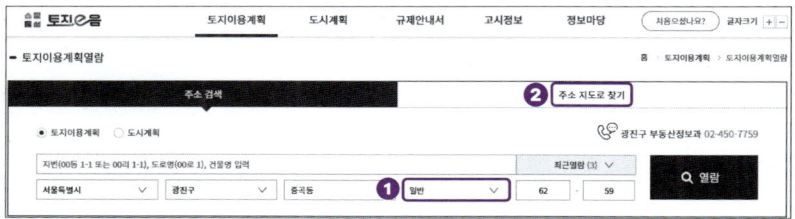

▲ 토지이음 홈페이지

지정 현황 확인

토지이음에서 토지 정보를 검색하면 다음과 같은 '지정 현황'을 확인할 수 있습니다.

▲ 토지이음 홈페이지

- 확인하고 싶은 토지의 실제 위치(❶)가 맞는지 확인합니다.
- 토지의 주된 사용 목적을 나타내는 지목(❷)을 확인합니다. 지목(예: 전, 답, 임야, 대지 등)에 따라 활용이나 전용 허가, 세금, 개발 가능성 등이 달라집니다. 실전에서는 '예정 용도'와 일치 여부를 면밀히 점검합니다. 그리고 자신이 원하는 지목인지 확인합니다.
- 토지의 면적(❸)을 확인합니다. 자신이 원하는 면적인지 확인해보세요. 토지대장상의 면적과 일치하는지 교차 확인하는 것이 중요합니다.

- 토지의 개별공시지가(❹)를 확인합니다. 실제 거래 가격과는 다르지만, 재산세나 종합부동산세의 기준이 되므로 눈여겨봐야 합니다. 감정평가액이 개별공시지가보다 높다면 해당 토지는 시장에서 높은 가치를 인정받고 있음을 의미합니다. 하지만 그 반대라면 개발 제한, 맹지, 특수한 권리관계 등 불리한 요인으로 시장에서 가치가 낮음을 의미합니다. 경매·공매 입찰 전에 감정평가액과 개별공시지가 간 격차를 체크하면, 주변 유사 토지의 시세, 입지, 예상 활용 가치, 추가 규제 가능성 등 리스크 및 수익성을 미리 가늠할 수 있습니다.
- 해당 토지에 어떠한 '지역·지구 등'(❺)이 지정되어 있는지를 확인합니다. '지역·지구 등'은 「국토의 계획 및 이용에 관한 법률」 또는 다른 법령에 따라 토지를 개발, 이용, 보전하는 것을 제한하기 위해 지정된 구획을 말하며, 토지의 가치를 결정짓는 중요한 요소입니다. 경매·공매 토지의 가치를 평가하고 개발 가능성을 예측하기 위한 가장 중요한 정보입니다. 특히 용도지역은 토지의 쓰임을 크게 구분합니다. 주거지역은 주택 건설이 주목적, 상업지역은 상업 시설 건설이 주목적, 공업지역은 공장 등 산업 시설 건설이 주목적, 녹지지역은 환경 보전 및 도시 확산 방지가 주목적입니다. 이러한 지역·지구 등의 지정 여부에 따라 건축할 수 있는 건물의 종류, 규모(건폐율, 용적률, 층수 등)가 크게 달라지므로, 반드시 자신이 구상하는 토지 이용 목적과 부합하는지 꼼꼼하게 확인해야 합니다. 만약 보전산지, 개발제한구역(그린벨트) 등으로 지정된 토지라면 개발 행위가 극히 제한될 수 있으므로, 입찰 전에 철저한 확인이 필요합니다.

- 토지거래허가구역, 영농여건불리농지, 중점경관관리구역 등 해당 토지에 지정된 특별한 규제 여부를 확인(❻)합니다. 이 또한 토지의 가치를 결정짓는 중요한 요소입니다.
- 토지이음이 제공하는 확인도면(❼)을 확인합니다. 해당 토지의 배치, 모양, 경계, 지역·지구 지정 현황을 색상별로 한눈에 보여줍니다. 현장 조사 시 도면을 인쇄하거나 스마트폰에 저장해 실제 토지와 경계, 위치, 상황이 일치하는지 비교합니다. 특히 지목이나 경계 분쟁이 우려되는 경우, 도면과 현장 사진을 함께 준비하면 향후 분쟁이나 송사 예방에 실질적으로 도움이 됩니다. 지적도와 '행위제한 도면'을 병행해 보면 더욱 효과적입니다.

'지역·지구 등 안에서의 행위 제한 내용' 확인

해당 토지에 지정된 지역·지구 등에서 어떠한 행위가 제한되는지 그리고 그 근거 법령이 무엇인지를 확인할 수 있습니다. '새창보기'를 클릭하면 행위 제한 내용에 대한 더욱 자세한 정보를 얻을 수 있습니다.

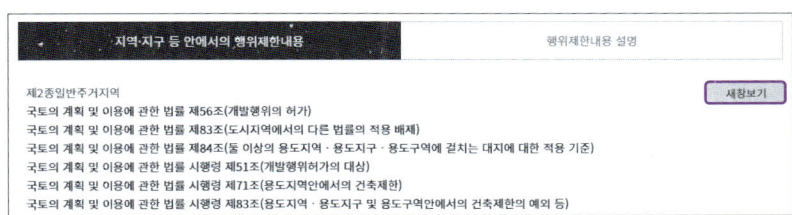

▲ 토지이음 홈페이지

'행위 제한 내용 설명 → 행위 가능 여부'

검색창에 확인하고 싶은 토지를 어떻게 이용하겠다거나 어떠한 건축물을 건축하겠다고 입력하면 그 가능 여부를 바로 확인할 수 있습니다.

토지이음의 '행위 가능 여부'는 일반적인 가이드라인을 제공하지만, 최종적이고 정확한 건축 또는 개발 가능 여부는 해당 토지 관할 시·군·구청의 건축과 또는 도시계획과 담당 공무원에게 직접 문의해 정확하게 확인해야 합니다. 그 이유는 다음과 같습니다.

- **지자체 조례**: 토지이음에 모든 법령이 실시간으로 반영되지 않거나, 각 시·군·구청의 개별 도시계획조례나 건축조례에서 추가적인 제한 사항을 두고 있는 경우가 많습니다.
- **개별 심의**: 특정 용도나 규모의 건축물은 개별적인 건축 심의나 도시계획위원회 심의를 거쳐야 하는 경우가 있습니다.
- **변동 가능성**: 법규나 지자체 정책이 변경될 수 있으므로, 담당 공무원에게 최신 정보를 확인하는 것이 가장 안전합니다.

따라서 'O' 또는 '△' 표시만으로 판단하지 말고, 구체적인 사업 계획을 가지고 담당 공무원과 상담해 최종 가능 여부를 확인하는 것이 중요합니다. 불확실한 상태로 낙찰받으면 예상치 못한 규제로 개발이 불가능해지거나 추가 비용이 발생할 수 있습니다.

▲ 토지이음 홈페이지

'행위 제한 내용 설명 → 건폐율·용적률'

건폐율은 대지면적 대비 건물 바닥면적의 비율로, 얼마나 넓게 건축물을 지을 수 있는지를 나타냅니다. 용적률은 대지면적 대비 건물 연면적(건물의 층별 바닥면적을 모두 합친 것)의 비율로, 얼마나 높게 건축물을 지을 수 있는지를 나타냅니다. 용적률이 높을수록 대지에 더 높은 건물을 건축할 수 있습니다. 건축물의 층수는 '용적률÷건폐율'로 계산할 수 있으며, 건폐율이 줄어들면 층수는 반대로 높아집니다. 경매·공매 물건의 수익성을 분석할 때, 이 건폐율과 용적률은 미래 개발 가치를 결정짓는 핵심 요소입니다.

'행위 제한 내용 설명 → 층수·높이 제한'

해당 토지에 몇 층까지 얼마나 높게 건축물을 건축할 수 있는지를 확인합니다. '건폐율·용적률'에서 계산된 만큼이 아닌 '시·군 도시계획조례'나 '시·군 건축조례'에서 정한 층수와 높이까지만 건축할 수 있습니다. 정확한 건축물의 층수와 높이는 반드시 관할 시·군·구청 담당 공무원에게 확인해야 합니다. 일조권 사선제한, 고도제한 등 다양한 규제가 층수와 높이에 영향을 미칠 수 있습니다. 이는 경매·공매 투자 시 향후 건물 신축, 분할, 리모델링 여부를 판단하는 핵심 변수입니다.

'행위 제한 내용 설명 → 건축선/도로 조건'

토지에 건물을 건축할 때 건축선(건축물을 건축할 수 있는 도로와 대지의 경계선)은 어디로 정해야 하는지, 대지가 도로에 몇 미터 이상 접해야 하는지, 대지와 접한 도로의 폭은 몇 미터 이상이어야 하는지 등에 관한 내용입니다. 건축에 관심이 있다면 참고할 만한 내용입니다. 특히 맹지 여부와 건축 허가 가능성을 판단하는 데 중요한 기준이 되므로, 도로 조건을 꼼꼼히 확인해야 합니다.

개발행위허가: 토지 이용의 최종 관문

토지이용계획확인서에서 허용하는 행위라 하더라도, 실제로 건축물을 짓거나 토지 형질 변경 등의 행위를 하려면 별도로 개발행위허가를 받아야 합니다. 토지의 성토/절토, 포장, 건물 건축, 공작물 설치 등이 이에 해당합니다.

개발행위허가는 토지의 지목, 면적, 주변 환경 등을 종합적으로 고려해 관할 관청에서 승인 여부를 결정하므로, 토지를 매입하기 전에 개발행위허가 가능성까지 함께 검토하는 것이 중요합니다. 낙찰 후에 생각했던 개발이 불가능해지는 최악의 상황을 방지해야 합니다. 이 또한 해당 시·군·구청 담당 부서에 문의해 확인해야 합니다. 특히 농지전용허가, 산지전용허가 등 별도의 전용 허가가 필요한 경우도 있으므로, 토지 담당 부서만이 아니라 관련 부서에도 문의하는 것이 좋습니다.

022 숨겨진 비용 '보유세' 예측하기
공시가격 확인과 활용법

경매 고수들은 입찰 전에 시세와 공시가격을 반드시 확인합니다. 이는 낙찰 후에 부담해야 하는 숨겨진 비용, 즉 세금을 예측하고, 투자의 최종 수익률을 계산하는 핵심 열쇠이기 때문입니다.

이번 장에서는 공시가격을 활용해 실제 보유 비용을 계산해보고, 이를 바탕으로 어떻게 입찰가를 결정해야 하는지 실전 사례를 통해 자세히 알아보겠습니다.

공시지가와 공시가격, 왜 알아야 할까?

공시지가와 공시가격은 정부가 매년 1월 1일을 기준으로 토지와 건물의 가격을 조사·평가해 공시하는 가격입니다. 이 가격은 단순히 참고 자료를 넘어 다음과 같은 다양한 행정 목적에 활용됩니다.

- **세금 부과 기준**: 부동산을 보유할 때 내는 재산세, 종합부동산세 그리고 부동산을 거래할 때 내는 양도소득세, 상속세, 증여세 등 대부분의 부동산 관련 세금 산정의 기준이 됩니다.
- **공공 보상금 산정 기준**: 도로 개설, 공원 조성 등 공익사업을 위해 토지

나 건물이 수용될 때 보상금을 산정하는 주요 기준이 됩니다.
- **지가 변동률 파악**: 특정 지역의 지가(땅값)가 얼마나 변동했는지 파악하고, 부동산 시장의 동향을 분석하는 지표로 활용됩니다.
- **저평가 여부 판단 보조**: 특정 물건의 공시가격 대비 실거래가 비율이 주변 유사 물건보다 현저히 낮다면, 시장에서 저평가되어 있거나 숨겨진 악재가 있을 가능성이 있습니다. (하지만 이는 보조 지표일 뿐, 현장 조사와 철저한 시세 조사가 필수입니다.)
- **부동산 담보대출 심사**: 은행 등 금융기관에서 부동산을 담보로 대출을 실행할 때, 감정평가 외에 공시가격이 대출 가능 금액을 산정하는 보조 지표로 활용되기도 합니다.

이처럼 공시지가와 공시가격은 부동산 투자와 직결되는 세금, 대출, 보상 등 다양한 분야에 영향을 미치므로, 그 개념과 활용법을 정확히 알아둘 필요가 있습니다.

내 부동산에 해당하는 공시가격 정확히 찾아보기

공시 지표는 크게 토지에 대한 '공시지가'와 주택에 대한 '공시가격'으로 나뉩니다. 용어가 많이 어렵죠? 보다 쉽게 이해할 수 있도록 다음과 같이 표로 정리했습니다.

토지·주택 공시가격의 구분과 주요 특징

구분	대상	공시 주체	결정 공시일	주요 용도
표준지공시지가	전국의 대표 토지	국토교통부장관	2월경	개별공시지가 산정, 보상 평가 기준
개별공시지가	모든 개별 토지	시장·군수·구청장	4월 30일	재산세, 양도소득세, 종합부동산세 등 토지 관련 세금 부과 기준
개별주택가격	단독·다가구주택 등	시장·군수·구청장	4월 30일	주택 관련 세금 부과 기준(단독주택)
공동주택가격	아파트·연립·다세대 주택	국토교통부장관	4월 30일	주택 관련 세금 부과 기준(공동주택)

표준지공시지가

- 국토교통부장관이 매년 1월 1일 기준으로 전국의 대표 토지(약 50만~58만 필지)를 조사·평가·공시합니다.
- 조사는 주로 매년 2월경에 이루어지며, 보통 2월 말 또는 3월 초에 가치평가가 완료됩니다. (정확한 공시 날짜는 연도별로 약간 다를 수 있음)
- 개별공시지가 산정의 기준으로 사용됩니다.

개별공시지가

- 시장·군수·구청장이 표준지공시지가를 기준으로 개별 토지의 특성(위치, 용도, 형상 등)을 반영해 조사·산정합니다. 공시는 매년 4월 30일까지 이루어집니다.
- 재산세, 양도소득세, 종합부동산세 등 토지 관련 세금 부과의 기준이 됩니다.

개별주택가격(단독·다가구주택)

- 시장·군수·구청장이 조사·산정하며, 공시는 매년 4월 30일까지 이루어집니다.
- 재산세, 종합부동산세 등 주택 관련 세금의 기준이 됩니다.

공동주택가격(아파트, 연립, 다세대 주택)

- 국토교통부장관이 조사·공시하며, 공시는 매년 4월 30일까지 이루어집니다.
- 재산세, 종합부동산세 등 주택 관련 세금의 기준이 됩니다.

확인 방법

부동산공시가격 알리미에서 주소만으로 모든 공시가격을 한 번에 조회할 수 있습니다. 정부24에서는 '개별공시지가확인서', '개별공동주택가격확인서'를 발급받을 수 있습니다.

경매 실전: 공시가격으로 세금과 수익률 미리 계산하기

공시가격은 시세(실거래가)와는 다른 개념으로, 주로 세금 부과를 위해 시세보다 낮게 책정되는 경향이 있습니다. 통상적으로 실제 거래 가격의 60~80% 수준에서 형성됩니다. 이 관계를 이용해 세금을 예측하고 최종 입찰가를 결정할 수 있습니다.

사례

> 오○○은 현재 공시가격 9억 원의 아파트 한 채를 보유하고 있으며, 이번에 시세 3억 원의 서울 소재 다세대주택이 경매에 나와 입찰을 고려하고 있습니다.

1단계: 공시가격 확인 및 시세 비교

- 부동산공시가격 알리미에서 경매 물건(다세대주택)의 주소를 검색해 공동주택가격이 2억 원임을 확인했습니다.
- 공시가격(2억 원) ÷ 시세(3억 원) ≒ 67%. 시세 반영률이 일반적인 범위 안에 있음을 파악했습니다.

2단계: 보유세(숨겨진 비용) 예측하기

오○○은 2주택자로, 재산세와 종합부동산세 과세 대상입니다. '숨겨진 비용'을 미리 계산해보았습니다.

재산세(경매 물건분): 연간 약 18만 원 예측

- 과세표준: 공시가격 2억 원 × 공정시장가액비율 60% = 1억 2,000만 원
- 산출세액: 6만 원 + (1억 2,000만 원 - 6,000만 원) × 0.15% = 15만 원
- 지방교육세(재산세액의 20%)

종합부동산세: 연간 50만~60만 원이 추가로 발생

- 총 공시가격: 기존 아파트 9억 원 + 신규 다세대주택 2억 원 = 11억 원
- 다주택자 기본공제는 9억 원이므로, 공제금액을 초과해 종합부동산세

대상임

- 과세표준: (총 공시가격 11억 원 − 기본공제 9억 원) × 공정시장가액비율 60% = 1억 2,000만 원
- 산출세액: 1억 2,000만 원 × 0.5% = 60만 원. 재산세 이중과세 조정 받음.

결론: 오○○이 다세대주택을 낙찰받으면, 기존에 내던 세금 외에 연간 70만~80만 원의 보유세를 추가로 부담해야 합니다.

3단계: 수익률 분석 및 최종 입찰가 결정

오○○은 다세대 주택을 시세 3억 원에 매도해 세전 3,000만 원의 수익을 목표로 했습니다. 그래서 처음에는 2억 7,000만 원을 입찰가로 생각했습니다.

- **기대 수익률(초안)**: 수익(3,000만 원) ÷ 투자금(2억 7,000만 원) ≒ 11.1%
  하지만 2단계에서 계산한 '연간 80만 원'의 추가 보유세를 감안하기로 했습니다. 만약 오○○이 이 다세대주택을 2년간 보유한 뒤 매도한다면, 총 160만 원의 추가 비용이 발생해 목표 수익이 줄어듭니다.
- **수정된 생각**: '숨겨진 비용 부담이 있으니, 조금 더 안전한 마진을 확보하기로 하자. 목표 수익은 유지하되, 추가 비용만큼 입찰가를 낮추자.'

이에 오○○은 보수적으로 접근해 자신의 최대 입찰가를 2억 6,500만 원으로 수정했습니다.

> 🔑 **백선생의 비밀과외**
>
> # 공시가격은 '비용 계산용', 입찰가는 '시세' 기준!

- **공시 지표는 절대적인 가치가 아니다**: 공시가격이 낮다고 해서 무조건 좋은 투자 물건인 것은 아닙니다. 시장의 수요와 공급, 개발 호재, 교통, 주변 환경 등 다양한 요소를 종합적으로 고려해야 합니다.
- **세무 전문가 상담 필수**: 공시 지표와 세금은 매우 밀접하게 연결되어 있으며, 세법은 자주 변경됩니다. 복잡한 세금 계산이나 절세 전략을 수립할 때는 세무 전문가의 도움을 받는 것이 안전합니다.
- **실거래가 위주로 시세 조사**: 경매 입찰가를 결정할 때는 공시 지표보다는 국토교통부 실거래가 공개 시스템, 인근 공인중개사무소 방문, 경매 정보 사이트의 유사 물건 낙찰가율 등 실거래가 중심의 시세 조사가 훨씬 중요합니다. (자세한 내용은 5장 '모래 속 진주 찾기 – 돈 되는 물건 가려내는 필터링 기술' 참고)

공시가격은 세금 등 부가 비용을 예측해 자신의 투자 안정성을 높이는 데 활용할 수 있습니다.

넷째 마당

**Common Sense Dictionary
of Real Estate Auctions & Public Sales**

아파트부터 오피스텔까지, 주거용 건물 공략법

이제 가장 많은 투자자가 도전하는 주거용 부동산 시장을 정복할 시간입니다. 넷째 마당에서는 아파트부터 다세대주택, 단독주택, 상가주택, 오피스텔까지 각기 다른 매력과 함정을 가진 주거용 건물을 완벽하게 공략하는 방법을 제시합니다. 각 유형의 투자 핵심 포인트를 정확하게 짚어 성공적인 투자 포트폴리오를 완성할 수 있도록 안내합니다.

023 왜 아파트는 경매 시장의 최고 인기 상품일까?

경매와 공매 시장에서 가장 많은 관심을 받는 물건은 아파트입니다. 많은 투자자와 실수요자가 아파트를 눈여겨보고 치열한 경쟁을 벌이는 이유는 무엇일까요?

이번 장에서는 아파트가 연립주택이나 다세대주택 같은 공동주택에 비해 많은 인기를 끌고 있는 이유를 자세히 살펴보겠습니다.

왜 아파트는 경매 시장의 최고 인기 상품일까?

아파트가 경매 시장에서 독보적인 인기를 누리는 이유는 다음과 같습니다.

편리한 생활 환경

대규모 아파트 단지 주변에는 상가, 병원, 약국, 대형 마트 등 생활 편의 시설이 잘 갖춰져 있어 주거 만족도가 높습니다. 특히 대단지 아파트의 경우 단지 내에 초등학교를 품고 있는 '초품아(초등학교를 품은 아파트)' 단지가 많아 어린 자녀를 둔 학부모들에게는 안전하고 편리한 통학 환경을 제공합니다. 이는 주거 선택의 가장 중요한 요소로 작용합니다.

우수한 관리 시스템과 효율적인 관리비

많은 세대가 함께 거주하는 아파트는 전문 관리사무소에 의해 체계적으로 관리됩니다. 쓰레기 처리, 보안, 시설 유지 보수 등 전반적인 주거 환경 관리가 효율적으로 이루어지며, 세대수가 많을수록 관리비가 분산되어 상대적으로 저렴해지는 경향이 있습니다. 최근에는 커뮤니티 시설(헬스장, 독서실 등)의 확대로 더욱 쾌적한 주거 경험을 제공하기도 합니다.

높은 환금성

아파트는 일반 주택에 비해 수요가 꾸준하고 거래가 활발해 매매가 용이합니다. 직접 거주하기에도 편리할 뿐만 아니라, 임대 수익을 목적으로 전·월세를 놓기에도 매우 유리합니다. 이러한 높은 환금성은 투자자들에게 큰 매력으로 다가옵니다. 특히 급변하는 시장 상황에서도 다른 유형의 부동산에 비해 유동성이 높다는 점이 가장 큰 장점입니다.

아파트는 이러한 이유로 경매 시장에서 수요가 압도적으로 높습니다. 하지만 이러한 인기는 부작용으로 이어지기도 합니다. 수요가 많고 경쟁이 치열하다 보니 낙찰 가격이 주변 시세와 큰 차이가 없거나, 심지어 일반 매매가보다 높게 낙찰되는 경우도 종종 발생합니다. 따라서 아파트 경매를 진행할 때는 신중한 분석과 보수적인 판단이 필요합니다.

경매로 아파트를 구입할 때 반드시 고려해야 할 사항

아파트를 경매로 낙찰받고자 한다면 성공적인 투자를 위해 몇 가지 사항을 꼼꼼하게 고려해야 합니다.

아파트 브랜드의 중요성

최근 아파트 가격에 큰 영향을 미치는 요소 중 하나는 브랜드 파워입니다. 아파트의 구조나 편의성도 중요하지만, 같은 지역 내에서도 유명 브랜드 아파트와 비브랜드 아파트의 시세 차이가 확연하게 나타납니다. 브랜드 아파트는 향후 매매 시에도 유리하며, 대출 심사 시에도 긍정적인 영향을 미칠 수 있습니다. 따라서 경매 물건을 선택할 때는 해당 아파트의 브랜드 가치를 확인하고, 브랜드 파워가 시세에 미치는 영향을 충분히 고려해야 합니다.

교통 편리성은 기본 중의 기본

아파트를 구입할 때 가장 먼저 고려해야 할 점은 바로 교통 편의성입니다. 지하철역이나 버스정류장이 가까이에 위치해 있어야 실제 거주자들의 생활 편의성이 높아지고, 임차인을 구하기에도 유리합니다. 특히 대단지 아파트의 경우 같은 단지 내에서도 동의 위치에 따라 대중교통 이용에 걸리는 시간이 달라질 수 있으므로, 반드시 직접 걸어보며 시간을 측정해보는 것이 좋습니다. 단순히 지도상으로만 확인하기보다는 실제 동선을 파악해 불편함이 없는지 확인해야 합니다. (예: 아파트 단지 출입구와 대중교통 이용 지점 간의 거리, 경사 여부 등)

주변 편의시설과 세대수 확인은 필수

아파트 단지 주변의 편의시설 또한 중요한 고려 대상입니다. 대형 병원, 공원, 대형 할인점, 학교, 학원가 등이 가까이에 있어 생활하기 안전하고 편리한지 확인해야 합니다. 또한 아파트 세대수도 중요한 요소입니다. 많은 사람이 500세대 이상의 아파트를 선호하는데, 세대수가 많을수록 상가가 활성화되어 생활이 더욱 편리해지고 관리비 부담도 줄어드는 경향이 있기 때문입니다. 최근에는 슬세권(슬리퍼를 신고 편의시설을 다닐 수 있는 지역), 숲세권(숲이 인접한 지역), 학세권(학교가 인접한 지역) 등 새로운 입지 용어가 등장하는 등 주변 환경의 중요성이 더욱 부각되고 있습니다.

아파트 체크리스트

구분	세부 항목	확인 내용 및 메모	체크(V)
기본 정보	사건번호/소재지		
	아파트 단지명		
	동 · 호수 및 층		
	면적(전용/공급)		
	감정가/최저가		
입지 분석	지하철역까지 도보 시간		
	버스정류장까지 도보 시간 및 노선 수		
	단지 앞 도로 폭 및 차량 접근성		
	대형 마트, 백화점, 시장까지의 거리		
	병원, 은행, 관공서 등 접근성		
	공원, 산책로 등 녹지 공간		
	주변 상권 활성화 정도		
	초등학교 배정 및 도보 시간		
	중 · 고등학교 및 학원가와의 거리		

단지 분석	시공사 브랜드/선호도/규모		
	총 세대수 및 주차 대수(세대당)		
	난방 방식(개별/중앙/지역)		
	단지 외관 및 조경 관리 상태		
	공동현관, 복도, 엘리베이터 청결도		
	재활용/쓰레기 처리장 관리 상태		
	[밤] 주차 공간 확보율(이중주차 여부)		
	지하 주차장 연결 여부 및 관리 상태		
물건 분석	관리비/체납관리비(공용 부분)		
	[낮] 향(남향/동향 등) 및 일조량		
	조망권(앞 동과의 거리, 막힘 여부)		
	외부 새시 교체 여부(내부 수리 추정)		
시세/수익성	온라인 매매 시세		
	공인중개사무소 급매 시세(수리 전·후)		
	온라인 전·월세 시세		
	공인중개사무소 전·월세 시세(수리 전·후)		
	예상 수리비, 명도 비용(이사비, 세금 및 부대 비용)		
	최대 입찰 상한가		
최종 의견	장점/단점/종합 평가		

가장 좋은 아파트 평형은?

가장 좋은 아파트 평형은 정해져 있지 않습니다. '가장 좋은 평형은 없다'가 정답이라고 할 수 있습니다. 왜일까요? 지역에 따라 그리고 거주하는 사람들의 연령대나 가족 구성에 따라 선호하는 평형이 다르기 때문입니다. 따라서 경매를 통해 아파트를 낙찰받고자 한다면 해당 지역 거주자들이 어떤 평형을 선호하는지 파악하는 것이 중요합니다. 일반적으로 연령대별로 선호하는 아파트 평형은 다음과 같습니다.

20~30대 신혼부부 또는 아이가 어린 가정

20평형대가 무난합니다. 초기 구입비 부담이 적고, 관리비도 저렴해 신혼부부나 아이가 어린 가정에 적합합니다. 경우에 따라서는 생애최초 주택 구입 등 세금이나 대출 혜택을 받을 수도 있어 경제적인 이점이 있습니다. 최근에는 소형 아파트도 고급화되어 젊은 층의 선호도가 높습니다.

40~50대, 자녀가 둘 이상인 가정

30평형대가 적당합니다. 자녀가 초등학생 이상이 되면 각자의 독립된 공간(방)이 필요하기 때문입니다. 또한 이 시기에 살림살이가 가장 많아 넓은 공간이 필요합니다. 판상형, 타워형 등 구조와 방의 개수, 수납 공간 등을 꼼꼼히 확인하는 것이 좋습니다.

60대 이상 가구

경제적으로 여유가 있다면 40평형대 이상도 괜찮습니다. 건강 관리나 취미 생활을 위해 운동기구나 여러 가지 물건을 들여놓아야 할 수도 있기 때문입니다. 거주 공간이 너무 좁으면 답답하거나 우울해질 수도 있으므로, 충분한 공간 확보가 중요합니다. 하지만 관리의 용이성과 비용적인 측면을 고려한다면 넓은 평형보다는 소형 평형도 현명한 선택이 될 수 있습니다. 최근에는 '다운사이징'으로 소형 평형을 선호하는 고령층도 늘고 있습니다.

임대가 목적일 경우

20평형에서 30평형 초반대가 적합합니다. 소형 평형은 임대 수요가 꾸준하고 회전율이 높아 안정적인 임대 수익을 기대할 수 있습니다. 1인 가구 및 2인 가구의 증가 추세와 맞물려 소형 평형의 임대 시장은 더욱 활발해질 가능성이 높습니다.

경매로 낙찰받은 아파트의 체납관리비, 다 내줘야 할까?

경매로 아파트를 낙찰받았을 때, 전 입주자가 체납한 관리비가 문제가 되는 경우가 많습니다. 대법원 판결에 따르면 '아파트의 전 입주자가 체납한 관리비는 아파트 관리 규약의 정함에 따라 그 특별승계인(낙찰자)에게 공용 부분에 한하여 승계한다'라고 명시되어 있습니다(대법원 2001. 9. 20. 선고 2001다8677 전원합의체 판결). 즉, 낙찰자는 전 입주자의 체납관리비 중 공용 부분(계단, 복도, 엘리베이터 등 공동으로 사용하는 부분)에 해당하는 금액만 부담하면 된다는 의미입니다. 전유 부분(개별 세대가 사용하는 부분으로 전기요금, 수도요금, 난방비 등)에 대한 체납관리비는 낙찰자에게 승계되지 않습니다.

그러나 현실에서는 관리사무소들이 전 입주자가 체납한 모든 관리비를 낙찰자에게 납부하라고 요구하는 경우가 많습니다. 이에 대한 현실적인 해결 방안은 다음과 같습니다.

입찰 전 체납관리비 확인

가장 좋은 방법은 입찰 전에 관리사무소에 방문해 체납관리비 유무와 규모를 미리 확인하는 것입니다. 특히 장기간 비어 있던 물건이나 여러 번 유찰된 물건의 경우 체납액이 클 수 있으니 더욱 주의해야 합니다. 관리사무소에서 개인 정보 보호를 이유로 알려주지 않을 수도 있으나, 최대한 정보를 얻으려 노력해야 합니다.

이사비와 연계

전 입주자에게 이사비를 줄 때, 미리 파악한 체납관리비 중 공용 부분에 해당하는 금액을 제하고 주거나, 체납관리비가 이사비보다 많다면 이사비를 주지 않고 대신 체납관리비를 부담하는 것이 현실적인 방법입니다.

협상 및 법적 대응

관리사무소와 전 입주자 간의 체납관리비 문제를 해결하기 위한 협상을 시도해볼 수도 있습니다. 만약 관리사무소가 전유 부분 관리비까지 납부할 것을 강요한다면, 앞서 이야기한 대법원 판례를 근거로 법적인 대응을 고려할 수 있습니다. 하지만 소송까지 가는 건 시간과 비용이 소모되므로, 가급적이면 협상을 통해 원만하게 해결하는 것이 좋습니다.

경매를 통해 아파트를 취득할 때는 체납관리비 문제를 미리 인지하고, 법적 근거와 현실적인 해결 방안을 숙지해 불필요한 분쟁을 피하는 것이 중요합니다.

아파트 경매, 성공적인 입찰을 위한 최종 전략

과열된 물건은 피하라

한 물건에 10명 이상이 몰리거나 낙찰가율이 100%를 넘어서는 과열된 물건은 급매물로 사는 것이 나을 수도 있습니다. 초보자는 '묻지마 투자'가 성행하는 호경기에는 섣부른 입찰을 자제하는 것이 현명합니다.

입찰가는 보수적으로 결정하라

입찰장의 분위기에 휩쓸려 높은 값에 낙찰받는 일은 없어야 합니다. 최근 거래된 아파트의 평균값을 계산한 뒤 최소 10~15% 정도의 차익을 생각해 입찰하는 것이 안전합니다. 급매 시세, 인근 아파트 경매 낙찰가율, 예상 임대 수익률 등 다양한 지표를 종합해 보수적으로 입찰가를 산정해야 합니다. (자세한 내용은 5장 '모래 속 진주 찾기 – 돈 되는 물건 가려내는 필터링 기술' 참고)

인내심을 가지고 꾸준히 입찰하라

경매는 타이밍 싸움입니다. 처음부터 무리하게 높은 가격을 써내기보다는 낮은 가격으로 여러 번 입찰하는 인내심이 필요합니다. 2회 이상 유찰된 아파트는 가격 거품이 충분히 빠져 있는 상태이므로, 최저가에서 약간의 금액을 더 써내면 시세보다 저렴하게 매입할 가능성이 있습니다. 다만, 권리상 깨끗한 물건이 2회 유찰되면 오히려 입찰자가 몰려 낙찰가율이 90% 이상으로 높아지는 기현상이 발생하기도 하니 주의해야 합니다. (자세한 내용은 7장 '부동산의 건강검진기록부 – 등기사항전부증명서 완벽 해부'와 15장 '법원이 떠먹여주는 위험 요약 보고서 – 매각물건명세서와 공매재산명세서' 참고)

급변하는 시장 상황에 유연하게 대응하라

　금리 인상, 부동산 정책 변화 등 시장 상황이 급변할 때는 아파트 매매 시장도 빠르게 영향을 받습니다. 이러한 시기에는 무조건적인 입찰보다는 시장 흐름을 면밀히 분석할 필요가 있습니다. 하락기에는 더욱 보수적으로 접근하고, 상승기에는 기회를 놓치지 않는 유연함이 필요합니다.

024 1인 가구 시대의 실속 투자
도시형생활주택 공략법

아파트의 높은 가격은 부담스럽고 오피스텔의 낮은 전용률은 아쉬운 투자자들을 위한 실속 있는 대안이 있습니다. 바로 1~2인 가구 증가 시대에 맞춰 탄생한 도시형생활주택입니다.

이번 장에서는 각종 규제 혜택으로 주목받고 있는 도시형생활주택을 경매로 공략할 때, 어떤 점을 확인해야 높은 수익을 거둘 수 있는지 알아보겠습니다.

늘어나는 1인 가구를 위한 실속 투자, 도시형생활주택

도시형생활주택은 300세대 미만의 국민주택 규모(전용면적 85㎡ 이하)인 소규모 주거 공간을 제공하며, 크게 세 가지 종류로 나뉩니다.

아파트형 주택

세대별로 독립된 욕실과 주방을 갖추고 있으며, 지하층에는 세대를 설치하지 않습니다. 일반적으로 원룸 또는 1.5룸 구조로 공급되어 직장인, 1인 가구 수요에 적합합니다.

단지형 연립주택

연면적(건축물의 바닥면적 합계)이 660㎡를 초과하는 연립주택입니다. 건축위원회 심의를 거친 경우, 주택용 층수를 최대 5개 층까지 허용합니다.

단지형 다세대주택

연면적이 660㎡ 이하인 소형 다세대주택입니다. 이 역시 건축위원회 심의를 통해 주택용 층수를 최대 5개 층까지 지을 수 있습니다.

도시형생활주택의 제도적 특징과 투자 매력

도시형생활주택은 정부의 공급 확대 정책에 따라 다양한 규제에서 비교적 자유롭습니다. 그 결과 다음과 같은 투자 매력이 있습니다.

규제 완화 및 접근성

도시형생활주택은 일반 아파트와 달리 청약통장 의무 사용이나 재당첨 제한 등의 규제가 적용되지 않습니다. 따라서 개인이 자금 여력만 있다면 여러 채를 분양받는 것이 가능합니다.

분양가상한제 미적용

분양가상한제 적용 대상이 아니므로 건설사는 시장 상황과 사업성을 고려해 비교적 자유롭게 분양가를 책정할 수 있습니다. 이는 공급자의 자율성을 높이고, 투자자 입장에서는 향후 시세 차익을 노릴 수 있는 여지를 확보하는 요인이 됩니다.

세제 혜택 및 주택 수 산정

도시형생활주택은 「주택법」을 적용받아 청약 및 분양 관련 규제에서 비교적 자유롭습니다. 세제 혜택이나 주택 수 산정 시 일부 유리하게 반영되는 경우가 있으며, 이는 실거주자만이 아니라 임대 수익을 목적으로 한 투자자에게도 긍정적입니다. 다만, 정책 변경 가능성이 존재하므로 반드시 최신 정보를 확인해야 합니다.

높은 공간 활용도

도시형생활주택은 욕조나 발코니 설치 제한이 없어 실내 공간 활용도가 높습니다. 이는 주거 만족도를 끌어올리는 요소입니다.

높은 전용률

가장 큰 장점은 바로 높은 전용률입니다. 오피스텔의 전용률은 50~60%에 불과한 반면, 도시형생활주택의 전용률은 70~80%에 달합니다. 이는 같은 분양면적이라 할지라도 실제로 사용할 수 있는 공간이 훨씬 넓다는 의미이므로, 투자자들에게 실속 있는 투자 대상입니다.

초기 투자금의 장점과 위험

도시형생활주택은 아파트, 다세대주택, 오피스텔보다 초기 투자금이 적게 드는 경우가 많아 소액 투자자들에게 적합합니다. 하지만 최근 몇 년간 과도하게 공급되면서 일부 지역에서는 임대가 잘 나가지 않고 수익률이 떨어지는 상황이 발생하기도 했습니다. 따라서 무조건적인 투자는 지양하고, 지역별 수급 상황을 면밀히 분석하는 자세가 필요합니다.

경매로 도시형생활주택을 매수할 때 고려해야 할 핵심 사항

성공적인 도시형생활주택 투자를 위해서는 다음과 같은 사항들을 꼼꼼하게 따져봐야 합니다.

교통 편의성

도시형생활주택을 주로 이용하는 임차인들은 직장인이나 대학생인 경우가 많습니다. 이들에게 가장 중요한 요소는 바로 대중교통 접근성입니다. 지하철역이나 버스정류장까지 도보로 5~10분 이내에 도착할 수 있는지 현장 조사를 통해 직접 확인해야 합니다. 교통이 편리해야 생활하기 좋고, 이는 곧 임대 경쟁력으로 이어집니다.

주차 공간 확보 여부

도시형생활주택은 일반 아파트에 비해 세대수 대비 주차 대수가 적은 편입니다. 이는 고질적인 주차난을 유발할 수 있어 임차인들의 불만을 야기하고, 나아가 임대가 어려워지는 원인이 될 수 있습니다. 따라서 매수 전에 주차 공간이 충분한지 반드시 확인해야 합니다. 이때 주변 공영 주차장이나 유료 주차장 등 추가적인 주차 시설의 유무도 함께 확인하는 것이 좋습니다.

수요에 맞는 주택 형태 선택

초기 투자금이 적다는 이유만으로 소형 주택을 고집하기보다는, 투룸 이상의 단지형 다세대주택에도 관심을 가질 필요가 있습니다. 경매에 참여하기 전에 해당 도시형생활주택이 있는 지역의 공인중개사무소를 방문해 임차인들이 가장 선호하는 주택 형태가 무엇인지 확인하는 것이 좋습니다. 지역에 따라 다소 차이는 있으나, 소형 주택은 수요에 비해 공급량이 많은 반면, 투룸 이상의 단지형 다세대주택은 수요에 비해 공급량이 적어 오히려 안정적인 임대 수익을 기대할 수 있습니다.

건물의 품질 및 소음 문제

도시형생활주택은 아파트나 일반 빌라에 비해 저렴한 건축 자재를 사용해 층간 소음이나 외부 소음에 취약할 수 있습니다. 또한 안전 시설물에 대한 규제도 상대적으로 높지 않아 문제가 발생할 가능성도 있습니다. 현장 조사 시 소음 문제나 건물의 전반적인 마감 상태를 꼼꼼히 확인하는 것이 중요합니다. 특히 신축 건물의 경우 하자 보수 기간과 절차를 미리 확인하는 것이 좋습니다.

수납 공간 및 일조권

상대적으로 면적이 좁은 원룸형 주택의 경우 수납 공간이 부족해 생활이 불편할 수 있다는 점을 감안해야 합니다. 또한 건축 규제 완화로 옆 건물과의 거리 규정이 비교적 느슨하게 적용되어 일조권이 충분히 확보되지 않아 햇빛이 잘 들어오지 않을 수도 있습니다. 이러한 부분들은 거주 만족도에 직접적인 영향을 미치므로, 거주자 입장에서 꼼꼼히 살펴볼 필요가 있습니다.

이처럼 도시형생활주택은 소액 투자를 통해 임대 수익을 창출할 수 있지만, 사전에 면밀한 조사와 분석이 이루어져야 성공적인 결과를 이끌어낼 수 있습니다.

도시형생활주택 체크리스트

구분	세부 항목	확인 내용 및 메모	체크(V)
기본 정보	사건번호/소재지		
	건물명/주택 유형(원룸형/단지형 등)		
	동·호수 및 층		
	면적(전용/공급)/전용률(%)		
	감정가/최저가		
입지 분석	대중교통(지하철/버스)까지 실제 도보 시간		
	주요 업무지/대학가 접근성(직주근접)		
	편의점, 카페, 세탁소 등 접근성		
	병원, 은행, 관공서 등 접근성		
	유흥가 등 소음/혐오시설 유무		
	지역 내 유사 주택 공급량 (과공급 리스크 확인)		
건물 분석	총 세대수/관리		
	건물 외관 및 복도 등 관리 상태		
	CCTV, 공동현관 보안, 무인 택배함 등 옵션		
	주차 공간(핵심 리스크)		
	주차 방식(자주식/기계식)		
	[밤] 실질 주차 공간 확보율 (주변 골목 포함)		
물건 분석	관리비/체납관리비(공용 부분)		
	채광 및 통풍 상태(옆 건물과의 거리)		
	수납 공간(붙박이장 등) 확보 여부		
	빌트인 옵션(냉장고, 세탁기 등)		
	소음 문제(현장에 체류하며 확인)		

시세/수익	온라인 매매 시세 (주변 오피스텔과 비교)		
	공인중개사무소 급매 시세		
	온라인 전·월세 시세 (주변 오피스텔과 비교)		
	공인중개사무소 전·월세 시세/ 수익률		
	예상 수리비, 명도 비용 (이사비, 세금 및 부대 비용)		
	최대 입찰 상한가		
최종 의견	장점/단점/종합 평가	예: 교통은 최상이나 주차난 심각, 월세 수익률은 높으나 향후 매도 시 어려움.	

전세 사기 예방을 위한 권리분석 및 실전 팁

경매를 통해 주택을 취득하는 투자자도 향후 임차인을 들일 때 전세 사기 예방에 대한 이해가 필수입니다. 또한 경매 물건 중에는 전세 사기 피해로 인해 경매로 넘어온 경우도 많으므로, 이러한 지식은 권리분석에도 도움이 됩니다.

- **시세 파악**: 전세보증금이 주택 시세를 초과하지 않는 집을 선택하는 것이 중요합니다. 일반적으로 전세는 시세의 60~70% 정도임을 염두에 두고, 국토교통부 실거래가 공개 시스템 조회는 물론이고, 인근 공인중개사무소 방문을 통해 정확한 시세를 파악하고 비교하는 것이 좋습니다.

  초보자를 위한 팁: 시세를 조사할 때는 최소 3곳 이상의 공인중개사무소에 방문해 유사 물건의 실거래가, 경매 낙찰가율 등을 알아본 뒤 종합적으로 비교해 보수적으로 판단해야 합니다.

- **권리관계 확인**: 등기사항전부증명서를 총 3회, 즉 계약 전에, 잔금 납부 후에, 이삿날에 확인해 신탁등기, 선순위채권, 가압류 등 시기별 변동 여부를 꼼꼼히 체크해야 합니다. 특히 다세대주택은 다가구주택과 달리 세대마다 집주인이 있으므로, 해당 세대의 근저당 설정 여부를 확인하고 전입신고를 통해 본인이 선순위 임차인이 되는지 확인해야 합니다.

  > 초보자를 위한 팁: 등기사항전부증명서를 볼 때는 '을구'를 통해 근저당권, 전세권 등 채무 관계를 반드시 확인하고, '갑구'를 통해 소유권 변동 이력을 확인합니다. 임차인이라면 전입신고와 확정일자를 받아 대항력과 우선변제권을 확보하는 것이 필수입니다.

- **임대인 정보 확인**: 임대인에게 국세/지방세 완납증명서를 요구해 체납된 세금이 있는지 확인해야 합니다. 또한 안심전세 앱(주택도시보증공사 운영)을 통해 임대인의 과거 보증 사고 이력, HUG 보증보험 가입 금지 여부, 악성 임대인 등록 여부, 체납 이력 등의 정보를 확인할 수 있으니 적극 활용하는 것이 좋습니다.

- **특약 사항 추가**: 임대차계약서에 '임대차계약일부터 종료일까지 저당권 및 기타 제한물권 설정이 불가하며, 이를 위반할 경우 계약 해제 및 손해배상 책임이 있음'과 같은 특약 사항을 추가하는 것이 좋습니다.

- **보증보험 적극 활용**: 주택도시보증공사(HUG), 서울보증보험(SGI), 한국주택금융공사(HF) 등에서 제공하는 보증보험에 가입하면 임대인이 보증금을 돌려주지 않더라도 보증공사에서 돌려받을 수 있으니 적극적으로 활용해야 합니다. 이사 전에 보증보험 가입이 가능한지 반드시 확인하고, 조건이 된다면 안심전세대출을 이용하는 것도 좋은 방법입니다.

- **임차권등기**: 보증금을 받지 못했는데 이사를 가야 하는 경우, 대항력을 유지시켜 임차인을 보호하기 위한 임차권등기 제도를 활용할 수 있습니

다. 다만, 신청했다고 모두 승인되는 것이 아니므로 반드시 해당 주택 등기사항전부증명서에 임차권등기가 기재되었는지 확인하고 이사를 가야 합니다.

- **안심 전세 계약 체크리스트**: 인터넷등기소를 통해 등기사항전부증명서를 열람·발급할 때 '안심 전세 계약 체크리스트'를 함께 내려받을 수 있습니다. 안심 전세 계약 체크리스트는 전세 계약 과정에서 반드시 확인해야 하는 해당 주택의 권리관계와 선순위채권 유무, 전세보증보험 가입 가능 여부 등 주요 사항과 피해 예방 종합안내서로 연결되는 QR코드를 담고 있습니다.

025 소액으로 건물주 되기
다세대주택 투자의 모든 것

아파트의 높은 가격 때문에 망설여지나요? 소액으로 시작해 안정적인 임대 수익을 꿈꾸는 투자자라면, 우리 주변에서 가장 흔히 볼 수 있는 다세대주택(빌라)에 주목할 필요가 있습니다.

이번 장에서는 신축과 구축의 장단점과 주차, 환금성 등 다세대주택 투자 시 반드시 확인해야 할 핵심 사항들을 자세히 알아보겠습니다.

적은 돈으로 임대사업 시작하기 딱 좋은 다세대주택

다세대주택은 아파트에 비해 초기 투자금이 적게 들고, 관리비 부담도 적어 주택임대사업의 훌륭한 출발점이 될 수 있습니다. 물론 최고급 빌라는 아파트보다 비싼 경우도 있지만, 일반적으로 다세대주택은 아파트보다 훨씬 저렴한 가격으로 만나볼 수 있습니다. 다세대주택은 이러한 경제적인 이점 덕분에 내 집 마련의 꿈을 가진 사람들에게도 그리고 임대사업을 시작하려는 투자자들에게도 매력적인 선택지가 되고 있습니다. 다세대주택은 아파트에 비해 초기 투자금이 적게 드는 만큼, 더 높은 수익률을 기대할 수 있습니다.

신축 다세대주택과 구축 다세대주택의 장단점

다세대주택 투자를 고려할 때 신축과 구축의 장단점을 명확하게 파악하고, 투자자의 목표와 위험 감수 수준에 따라 전략적으로 선택해야 합니다.

신축 다세대주택의 장점

- **고급 인테리어 및 최신 옵션**: 아파트에 버금가는 최고급 자재와 인테리어로 시공되며, 엘리베이터, CCTV, 시스템 에어컨, 무인 택배함 등 다양한 편의 옵션이 기본적으로 설치되어 있습니다. 이는 임차인에게 높은 만족도를 제공합니다.
- **낮은 유지 보수 비용**: 새 건물인 만큼 당분간 큰 수리나 보수 비용이 발생할 가능성이 낮습니다.
- **깔끔한 외관 및 이미지**: 신축이라는 점 자체가 임차인 모집에 유리하게 작용하며, 주변 환경 개선에도 기여할 수 있습니다.

신축 다세대주택의 단점

- **높은 분양가**: 강화된 건축 법규(내진 설계, 단열재 등)와 토지 가격 상승으로 건축 원가가 높아져 분양가가 상승합니다. 그로 인해 경매 낙찰 시에도 시세 대비 큰 차익을 기대하기 어려울 수 있습니다.
- **높은 관리비**: 엘리베이터, CCTV 등 공용 옵션의 증가로 기본 관리비가 구축에 비해 높을 수 있습니다.
- **상대적으로 작은 방 크기**: 거실은 넓지만 구축 대비 방 크기가 작게 설계되는 경향이 있습니다.
- **불법 확장 및 근린생활시설 위험**: 신축임에도 불구하고 불법 확장이나

근린생활시설을 주택으로 개조한 경우가 있으므로 주의가 필요합니다.

(자세한 내용은 18장 '불법건축물 폭탄 피하기 – 건축물대장 10분 만에 완전 정복' 참고)

구축 다세대주택의 장점

- **저렴한 분양가**: 신축 다세대주택 대비 가격 접근성이 좋습니다. 경매에서는 더욱 저렴하게 취득할 기회가 많습니다.
- **넓은 대지지분**: 세대별 대지지분이 신축보다 넓은 경우가 많습니다. 대지지분이 넓으면 향후 재개발 시 감정평가에서 유리합니다.
- **넓은 방과 베란다**: 신축 다세대주택에 비해 방과 베란다 공간이 넓게 설계된 경우가 많습니다.
- **재개발·재건축 기대감**: 노후도가 높은 지역의 구축 다세대주택은 재개발·재건축 사업 추진 시 큰 시세 차익을 기대할 수 있습니다. (자세한 내용은 35장 '새 아파트 싸게 사는 마법 – 재개발·재건축 투자 전략' 참고)

구축 다세대주택의 단점

- **턱없이 부족한 주차 공간**: 과거에는 주차 공간 확보 기준이 덜 엄격했기에 구축 다세대주택은 만성적인 주차난을 겪는 경우가 많습니다. 이는 주차 갈등을 유발하고 화재 발생 시 소방차 진입을 어렵게 하는 등 심각한 문제를 초래할 수 있습니다.
- **낮은 담보대출 발생**: 은행 감정가가 신축에 비해 낮게 책정되는 경향이 있어 주택 구입 시 대출 가능 금액이 적고 필요한 실입주금이 높습니다.
- **가까운 동 간 거리**: 동 간 거리가 가까워 소음 문제나 화재 위험이 높을 수 있습니다.

- **불법 확장 및 근린생활시설의 높은 빈도**: 과거의 느슨한 관리로 불법 확장이나 근린생활시설을 주택으로 개조한 물건이 있습니다. 그러므로 구축 다세대주택 경매 시에는 반드시 건축물대장을 통해 위반건축물 여부를 확인하고, 현장 조사 시 불법 증축 여부를 꼼꼼히 체크해야 합니다.
- **높은 유지 보수 비용**: 노후화된 건물은 배관, 전기, 난방 등 시설물 교체 및 보수 비용이 발생할 가능성이 높습니다.

경매로 다세대주택을 매수할 때 확인해야 할 핵심 사항

다세대주택은 아파트와는 다른 매력을 지니고 있지만, 매수 시 신중하게 고려해야 할 사항들도 존재합니다. 특히 경매를 통해 다세대주택을 매수할 계획이라면 더욱 꼼꼼하게 확인할 필요가 있습니다.

- **교통 환경**: 다세대주택은 아파트 단지보다 동네 안쪽에 자리한 경우가 많아 교통 편의성이 다소 떨어질 수 있습니다. 따라서 직접 발품을 팔아 교통 환경을 확인해야 합니다. 지하철역이나 버스정류장까지 5~10분 이내에 도착할 수 있는지 직접 걸어보며 확인하는 것이 좋습니다. 교통이 편리해야 임차인 모집에도 유리하고, 추후 매매 시에도 환금성이 높습니다.
- **주변 생활 편의시설**: 다세대주택은 건축비를 절감하기 위해 도시 중심지에서 다소 떨어진 곳에 지어지곤 합니다. 그래서 대형 병원, 약국, 대형 할인점, 공원 등 주요 편의시설과의 접근성이 떨어질 가능성이 큽니다. 그러므로 매수 전에 주변 생활 편의시설의 유무와 접근성을 반드시 확인해야 합니다. 생활 편의성이 높을수록 거주 만족도가 높아지고, 임

차인들의 선호도 또한 높습니다.
- **건물의 연식과 환금성**: 가능하다면 너무 낡은 다세대주택보다는 건축한 지 10년 이내의 다세대주택을 낙찰받는 것이 좋습니다. 물론 재개발을 기대하며 낡은 다세대주택을 선택하는 경우도 있지만, 다세대주택이 계속 건축되는 지역은 「도시 및 주거환경정비법 시행령 별표 1」에 명시된 노후도 조건을 맞추기 어려워 재개발 사업 추진이 더딜 수 있습니다. 다세대주택은 아파트에 비해 재건축이나 재개발, 리모델링을 추진하는 데 시간이 오래 걸리고, 주민들의 의견을 수렴하기도 어렵다는 사실을 기억해야 합니다. 건물이 낡을수록 매매가 수월하지 않아 환금성이 떨어지고, 임차인을 구하기도 어렵습니다.
- **내부 구조 확인**: 다세대주택은 주변 도로나 건물과의 마찰을 피해 짓다 보니 층마다 구조가 다를 수 있습니다. 예를 들어 위층의 주방 자리가 아래층에서는 화장실일 수 있습니다. 따라서 현장 조사를 할 때는 윗집이나 아랫집이 아닌 해당 호수의 내부를 직접 확인해야 합니다. 만약 경매 물건의 특성상 해당 호수의 내부를 볼 수 없다면, 반드시 감정평가서의 '내부구조도'를 참고해 물건을 평가해야 합니다.
- **거실의 넓이**: 거실은 넓은 것이 좋습니다. 거실은 주로 생활하는 공간이기도 하고, 전용면적이 적더라도 거실이 넓으면 주택 전체가 넓어 보이는 효과가 있습니다.
- **'一' 자 형태의 주차는 피할 것**: 주차 시설은 임차인들의 생활 만족도에 큰 영향을 미칩니다. 공간이 좁아 앞뒤로 길게 주차하는 '一' 자 형태의 주차장을 가지고 있는 다세대주택은 피해야 합니다. 이러한 주차 방식은 차량 이동 시 불편함을 초래하고, 주차 갈등의 원인이 될 수 있어 임

차인들의 선호도가 떨어질 수 있습니다. 만약 주차 공간이 부족하다면 인근에 이용 가능한 공영 주차장이 있는지, 월 이용료는 얼마인지 등을 사전에 확인해야 합니다.

- **지역별 선호 형태 파악**: 거주 목적이 아닌 주택임대사업을 목적으로 다세대주택을 매수하는 것이라면 해당 지역에서 임차인들이 가장 선호하는 형태의 다세대주택을 낙찰받아야 합니다. 예를 들어 원룸을 가장 선호하는 지역이라면 주로 원룸으로 구성된 다세대주택을 낙찰받아야 하고, 투룸을 가장 선호하는 지역이라면 투룸 위주로 구성된 다세대주택을 낙찰받아야 합니다. 단순히 가격이 저렴하다고 해서 아주 작은 초소형이나 원룸 위주의 다세대주택만을 낙찰받는 것보다는, 현장 조사 시 해당 지역의 공인중개사무소를 방문해 임차인들이 선호하는 형태를 확인해볼 필요가 있습니다. 투룸을 선호하는 사람이 많은 지역에서 무조건 원룸형 다세대주택을 낙찰받게 되면 공실 위험이 있습니다.

다세대주택 체크리스트

구분	세부 항목	확인 내용 및 메모	체크(V)
기본 정보	사건번호/소재지		
	건물명/주택 유형(원룸/투룸)		
	동·호수 및 층		
	면적(전용/공급)		
	대지지분(m^2)		
	감정가/최저가		

입지 분석	대중교통(지하철/버스)까지 실제 도보 시간		
	주택까지 차량 진입 도로 폭/경사로 유무		
	마트, 병원, 공원 등 주요 편의시설 접근성		
	인근 학교와의 거리		
건물 분석	신축, 구축/연식		
	준공 연도 및 건물 노후도		
	외벽/옥상 상태(균열, 누수, 방수 상태)		
	공용 현관/계단 관리 상태		
	엘리베이터 유무(신축 장점)		
	CCTV, 공동현관 보안 등 방범 시설		
	세대수 대비 주차 공간		
	주차 방식('一' 자 형태/필로티/자주식)		
물건 분석	건축물대장상 위반건축물		
	불법 증축/확장 흔적 확인 (발코니, 옥탑 등)		
	감정평가서 '내부구조도' 일치 여부 (층별 상이 가능)		
	채광 및 통풍(건물 간 간격 확인)		
	거실 및 방 크기 베란다 유무		
	관리비/체납관리비(공용 부분)		
시세/수익성	온라인 매매 시세		
	공인중개사무소 급매 시세(수리 전·후)		
	온라인 전·월세 시세		
	공인중개사무소 전·월세 시세(수리 전·후)		
	예상 수리비, 명도 비용(이사비, 세금 및 부대 비용)		
	주변 노후도 및 재개발 추진 가능성		
	최대 입찰 상한가		
최종 의견	장점/단점/종합 평가	예: 대지지분이 넓어 재개발 기대, 주차 문제 심각해 임대 시 어려움.	

다세대주택 투자, 이걸 모르면 손해

불법 확장이나 근린생활시설 문제는 치명적인 재정적 손실을 야기할 수 있습니다. 이러한 문제는 높은 취득세율, 이행강제금 부과, 임차인의 전세금 대출 불가 등 심각한 결과를 초래합니다. 따라서 물건의 연식과 관계없이 건축물대장을 열람해 위반건축물 여부를 반드시 확인하고, 현장 조사를 통해 불법적인 증축이나 개조가 없는지 꼼꼼히 확인해야 합니다. 이런 숨겨진 위험을 정확히 파악하고, 이를 입찰가에 반영하는 것이 현명한 투자 전략의 핵심입니다.

026 '땅'의 가능성에 투자하라!
단독주택 리모델링과 신축 전략

단독주택 투자의 핵심은 아파트나 빌라와 달리, 건물이 아닌 '땅'의 가능성에 있습니다. 단순한 주거 공간을 넘어 다가구주택이나 상가주택으로 변신시켜 높은 수익을 창출할 수 있기 때문입니다.

이번 장에서는 실거주와 투자, 각 목적에 따라 단독주택을 평가하는 방법과 리모델링, 신축 등 가치를 극대화하는 구체적인 전략을 알아보겠습니다.

무한 변신이 가능한 투자처, 단독주택 경매

많은 사람이 단독주택 경매에 관심을 가지는 이유는 단순히 마당 있는 집에 살아보고 싶은 로망 때문만이 아닙니다. 단독주택, 특히 대지면적이 넓은 단독주택은 무궁무진한 활용 가능성을 지니고 있습니다. 건물을 리모델링하거나 아예 새로 지어 다가구주택, 상가주택, 심지어 여러 세대가 거주하는 다세대주택으로 변신시켜 임대사업을 펼칠 수 있습니다. 경매를 통해 일반 매매보다 훨씬 저렴한 가격에 단독주택을 낙찰받는다면, 이러한 개발 및 임대사업의 수익성을 극대화할 수 있다는 큰 이점이 있습니다. 도로에 인접한 단독주택은 상가나 사무실로 개조하여 임대 수익을 창출하는 '전

천후 변신'도 가능해 투자자들의 이목을 집중시키고 있습니다.

단독주택 매수 목적에 따른 핵심 고려 사항

단독주택을 매수하는 목적은 크게 실거주와 투자(리모델링 또는 신축 후 임대 또는 매매)로 나눌 수 있습니다. 목적에 따라 확인해야 할 사항들이 다르므로 자신의 계획에 맞게 꼼꼼하게 점검해야 합니다.

실거주 목적 단독주택 매수 시 고려 사항

현재 상태로 단독주택에 직접 거주할 계획이라면, 건물의 준공 연도와 전반적인 구조를 가장 먼저 확인해 건물 노후 상태를 면밀히 체크해야 합니다. 너무 낡았거나 거주하기 불편한 구조라면 수리가 필요하며, 수리가 어렵거나 비용이 과도하게 발생할 것 같다면 낙찰을 포기하는 것도 현명한 방법입니다. 또한 다음 사항들을 반드시 확인해야 합니다.

- **불법건축물 여부**: 건물에 불법 증축이나 개조된 부분이 있는지 확인해야 합니다. 불법건축물이 있을 경우 매년 과태료를 부담해야 할 수도 있으며, 추후 매매 시 문제가 될 수 있습니다. 건축물대장을 통해 위반건축물 여부를 확인하고, 현장 조사 시 불법 증축 흔적(옥탑방, 베란다 확장 등)을 꼼꼼히 살펴봐야 합니다. (자세한 내용은 18장 '불법건축물 폭탄 피하기 – 건축물대장 10분 만에 완전 정복' 참고)
- **일조량**: 햇빛이 잘 드는 남향 위주의 주택이 생활하기 쾌적합니다. 현장 방문 시 시간대별 일조량을 확인해보는 것이 좋습니다.
- **증축 및 신축 가능 여부**: 나중에 건물을 확장하거나 새로 지을 계획이

있다면, 해당 지역의 「건축법」상 증축이나 신축이 가능한지 여부와 용적률, 건폐율, 층수 제한, 일조권 사선제한 등을 미리 파악해야 합니다. 토지이용계획확인서, 건축 조례 확인이 반드시 필요합니다. (자세한 내용은 21장 '내 땅에 무엇을 지을 수 있을까? - 토지이용계획확인서 완벽 해부' 참고)

- **차량 진입 문제**: 주택으로 차량 진입이 원활한지, 주차 공간은 충분한지 확인해야 합니다. 특히 골목 안쪽에 위치한 주택이라면 차량 통행이나 주차가 어려울 수 있습니다.
- **치안 및 보안**: 단독주택은 아파트에 비해 상대적으로 치안에 취약할 수 있습니다. 필요에 따라 경비업체 선정이나 CCTV 설치 등 추가적인 비용이 발생할 수 있다는 점을 유념해야 합니다.

투자 목적 단독주택 매수 시 고려 사항

단독주택을 리모델링하거나 아예 새로 지어 임대사업을 하거나 매매를 통해 시세 차익을 얻을 목적이라면, 철저한 수익성 분석이 필수입니다.

- **수익성 분석**: 가장 중요합니다. 예상 투입 비용(매수 비용, 리모델링 또는 신축 비용, 기타 부대 비용)과 예상 임대료 또는 매매가를 비교해 충분한 수익성이 확보되는지 반드시 체크해야 합니다. 이를 통해 적정 낙찰가를 정할 수 있습니다. 예를 들어 '완공 후 예상 시세 8억 원 - (예상 신축 비용 3억 원 + 취득세, 철거 비용 등 기타 비용 5,000만 원) - 최소 목표 수익 1억 원 = 최대 입찰가 3억 5,000만 원'과 같은 방식으로 자신만의 입찰 상한선을 계산하는 습관을 들여야 합니다. 리모델링 또는 신축 비용은 예상보다 더 많이 들어갈 수 있으므로, 항상 여유 자금을 확보하고 전문가 견적을 꼼꼼히 비교해야 합니다.

- **대지면적 및 모양**: 활용도 높은 단독주택을 고르려면 대지면적이 최소 200㎡(약 60평) 이상인 것이 좋습니다. 면적이 넓어야 리모델링이나 신축 시 다양한 형태로의 변신이 용이하기 때문입니다. 또한 토지 모양은 직사각형이나 정사각형에 가까운 것이 좋습니다. 불규칙한 형태의 토지는 건축 설계에 제약이 많고, 건축 비용이 더 많이 들 수 있습니다.

- **도로 접근성**: 지금 당장은 아니더라도 향후 상가주택이나 사무실 등으로 공사할 계획이 있다면, 최소 4m 이상 도로에 두 면이 접해 있는 단독주택을 선택하는 것이 좋습니다. 다른 주택 사이에 끼어 있는 집보다는 도로 접근성이 좋은 길모퉁이에 위치한 주택이 상가로서의 가치가 높고, 건축 공사 진행에도 유리합니다. 맹지는 건축 허가가 나지 않으므로 무조건 피해야 합니다. (자세한 내용은 20장 '맹지와 쓸모없는 땅, 지적도 한 장으로 걸러내는 법' 참고)

- **매수 또는 임대 수요 확인**: 해당 지역의 매수 수요나 임대 수요가 충분한지 미리 파악해야 합니다. 재건축 후 분양이나 임대가 원활하게 이루어져야 투자금을 회수하고 수익을 올릴 수 있습니다. 인근 공인중개사 무소를 방문해 시장 상황을 직접 확인하는 것이 가장 효과적입니다.

단독주택 체크리스트

구분	세부 항목	확인 내용 및 메모	체크(V)
기본 정보	사건번호/소재지		
	지목/대지면적(㎡)		
	건축면적/연면적(㎡)		
	건축 구조/준공 연도		
	감정가/최저가		

구분	항목		
입지 분석	대중교통(지하철/버스)까지 실제 도보 시간		
	주택까지 차량 진입 도로 폭(4m 이상)		
	마트, 병원, 은행, 관공서 등 접근성		
	공원, 산책로 등 주변 환경		
	초/중/고등학교와의 거리		
건물 분석	지붕 상태(방수, 누수 흔적)		
	외벽 상태(균열, 페인트 노후도)		
	담장 및 대문 상태		
	마당 관리 상태(정원 수, 잡초 등)		
	전용 주차 공간 유무(주차 ○대 가능)		
	주변 골목길 주차 환경(밤 시간 확인)		
	방범창, CCTV 설치 여부, 주변 치안		
	난방 방식(도시가스/기름/LPG)		
	정화조 방식(하수도 직관 연결 여부)		
토지 분석	토지 모양(정방형/직사각형/자루형 등)		
	도로 조건(도로 접면 폭, 코너 여부)		
	불법건축물 여부(건축물대장과 현장 대조)		
	옥탑방, 제시 외 건물, 베란다 불법 확장 등		
	용도지역/건폐율/용적률		
	신축 또는 증축 가능성(건축 규제 확인)		
시세/수익성	온라인 매매 시세		
	공인중개사무소 급매 시세(수리 전·후)		
	온라인 전·월세 시세		
	공인중개사무소 전·월세 시세(수리 전·후)		
	예상 리모델링/신축 비용(전문가 자문)		
	예상 수리비, 명도 비용(이사비, 세금 및 부대 비용)		
	최대 입찰 상한가		
최종 의견	장점/단점/종합 평가	예: 입지는 좋으나 신축 비용 과다, 실거주엔 적합하나 투자 수익률 낮음.	

단독주택, 리모델링이 나을까? 새로 짓는 것이 나을까?

낡은 단독주택을 낙찰받았을 때, 많은 투자자가 리모델링을 해야 할지, 새로 지어야 할지 고민합니다. 정답은 '주택의 상태와 투자 목적에 따라 달라진다'입니다.

- **리모델링이 유리한 경우**: 주택의 골조나 주요 구조물의 상태가 비교적 양호하다면 비용이 적게 드는 리모델링을 고려하는 것이 좋습니다. 내부 마감재 교체, 설비 보수 등을 통해 주거 환경을 개선하고 임대 가치를 높일 수 있습니다. 건축 기간도 신축보다 짧아 빠르게 수익을 창출할 수 있습니다.
- **신축이 유리한 경우**: 지은 지 30년 이상 된 주택은 리모델링 자체가 어렵거나, 예상보다 보수 비용이 많이 들어갈 수 있습니다. 낡은 배관이나 전기 설비 등을 교체하는 대규모 공사는 리모델링 비용이 신축 비용에 육박할 수도 있습니다. 이런 경우에는 기존 건물을 철거하고 아예 새로 짓는 것이 비용이나 관리 차원에서 훨씬 경제적일 수 있습니다. 신축 시에는 원하는 구조와 디자인으로 자유롭게 설계할 수 있으며, 최신 건축 기준을 적용해 단열, 방음 등 주거 쾌적성을 극대화할 수 있다는 장점이 있습니다. 또한 당장 비용은 더 들더라도 '신축'이라는 타이틀은 강력한 무기가 됩니다. 임차인들은 최신 설계, 넉넉한 주차 공간, 강화된 보안 등 신축 건물이 주는 쾌적함과 안정성을 높이 평가해 더 높은 임대료를 기꺼이 지불합니다. 또한 사람들은 리모델링한 구축의 숨겨진 하자(낡은 배관 등)를 걱정할 필요가 없는 신축 건물을 훨씬 선호합니다. 따라서 향후 매도 시 더 높은 가격에 더 빠르게 매도할 수 있습니다. 즉, 신축은 장기적인 자산 가치 상승에 기여하는 가장 확실한 투자 방법입니다.

리모델링이 나은지, 신축이 나은지 결정하기 어렵다면?

리모델링과 신축 중 어떤 것이 더 효율적일지 판단이 서지 않는다면, 주저하지 말고 가까운 건축사무소에 문의해 전문가의 도움을 받는 것이 가장 현명한 방법입니다. 건축 전문가는 주택의 현재 상태를 정확히 진단하고, 예상 비용과 공사 기간 등을 고려해 최적의 방안을 제시해줄 것입니다. 최소 2~3곳의 건축사무소에 방문해 상담과 견적을 받은 뒤 꼼꼼하게 비교해보고 가장 적합한 곳을 선택하는 것이 좋습니다.

027 월세 부자 vs. 명도 전쟁
다가구주택 투자의 두 얼굴

다가구주택은 하나의 건물로 안정적인 월세 수익과 1주택자 양도소득세 비과세 혜택을 동시에 누릴 수 있는 아주 매력적인 투자 대상입니다. 하지만 수많은 임차인이 있다는 가장 큰 숙제를 풀어야만 합니다.

이번 장에서는 다가구주택이라는 고위험·고수익 자산의 숨겨진 기회와 치명적인 함정을 자세히 알아보겠습니다.

임차인 권리관계 확인이 무엇보다 중요한 다가구주택

다가구주택은 그 자체로도 훌륭한 임대사업 대상이 될 수 있습니다. 하지만 여기서 그치지 않고, 필요에 따라 원룸이나 다세대주택으로 리모델링해 분양 또는 임대를 할 수 있어 투자자들에게 선호도가 높습니다.

그러나 경매를 통해 다가구주택을 매수할 때는 한 가지 매우 중요한 점을 간과해서는 안 됩니다. 바로 여러 명의 임차인을 일일이 명도(내보내는 과정)해야 한다는 점입니다. 이 과정은 생각보다 번거롭고 시간이 오래 걸릴 수 있으며, 때로는 법적 분쟁으로 이어지기도 합니다. 더욱이 선순위 임차인이 존재하는 경우, 해당 임차인의 보증금은 낙찰자가 부담해야 할 수도 있으므로 각별한 주의가 필요합니다. 임차인이 많은 만큼, 입찰 전에 권리분석을 꼼꼼하게 진행해 모든 임차인의 권리관계를 정확히 파악하는 것이 성공적인 경매 투자의 핵심입니다. (자세한 내용은 10장 '권리분석의 80% – 진짜 임차인과 가짜 임차인 구별법' 참고)

아무리 가구 수가 많아도 소유권은 1개! 다가구주택의 세제 혜택

　다가구주택은 비록 여러 가구가 독립적인 생활 공간을 사용하더라도, 건축물대장상 '단독주택'으로 분류되며, 건물 전체의 소유권은 오직 1개입니다. 이러한 특성 덕분에 다가구주택 한 채를 소유하고 있다면, 세법상 1주택자로 간주됩니다. 이는 주택 매매 시 큰 장점으로 작용하는데, 특히 양도소득세 비과세 혜택을 받을 수 있다는 점이 매력적입니다. 시가 12억 원 이하 다가구주택을 매도할 경우, 소유자가 해당 주택을 2년 이상 보유했다면 양도소득세 비과세 혜택을 누릴 수 있습니다. 단, 다가구주택 취득 시점에 다가구주택 소재지가 조정대상지역으로 지정되었다면 2년 이상 거주해야 합니다.

　다가구주택은 하나의 부동산(단일 소유권)으로 등록되며, 원칙적으로 단일 소유권 단위로 거래되어야 합니다. 즉, 다가구주택 전체를 양도하는 것이 일반적입니다. 다가구주택의 단일 소유권은 여러 명이 지분 형태로 공유할 수도 있는데, 이때 공유자 중 한 명이 자신의 지분만을 양도하려는 경우, 이는 다세대주택처럼 세대별로 주택 수를 계산해 양도소득세가 부과될 수 있습니다. 이 경우 다주택자에 대한 중과세율(예: 2주택 20%, 3주택 이상 30% 등. 조정대상지역 여부에 따라 다름)이 적용될 수 있으므로, 세금 계산 시 주의가 필요합니다. 따라서 지분 거래 시에는 세무사나 부동산 전문가와 상담해 양도소득세 계산 방식과 다주택자 여부를 명확히 확인할 필요가 있습니다.

다가구주택은 「건축법」상 3층 이하 건물로 제한되며, 옥탑방(다락방)의 면적이 전체 바닥면적의 8분의 1을 초과하면 층수에 포함될 수 있습니다(「건축법 시행령 제3조의 5」). 옥탑방이 층수 기준을 초과하면 다가구주택으로 인정받기 어려워질 수 있으며, 이 경우 다가구주택이나 위반건축물로 분류될 가능성이 있습니다.

다세대주택으로 분류될 경우, 세대별로 독립된 소유권이 인정되므로 다가구주택과는 세제 혜택(예: 1주택자 양도소득세 비과세 등)이나 법적 요건이 달라질 수 있습니다.

위반건축물로 분류될 경우, 「건축법」 위반으로 과태료 부과, 시정명령 또는 사용 제한 등의 문제가 발생할 수 있습니다. 따라서 건축물대장을 확인하고, 관련 규정을 준수했는지 검토해보아야 합니다. (자세한 내용은 18장 '불법건축물 폭탄 피하기 – 건축물대장 10분 만에 완전 정복' 참고)

세법상 주택 수와 유형 판단은 등기사항전부증명서, 실질적 사용, 「건축법」의 기준을 모두 고려해야 하므로, 복잡한 경우 전문가의 도움을 받는 것이 좋습니다.

리모델링과 재건축, 수익성 고려가 먼저다

낡은 다가구주택을 리모델링하거나 재건축할 목적이라면, 단순히 건물을 새롭게 만드는 것을 넘어 수익성 개선 가능성을 철저히 분석해야 합니다.
- **리모델링의 경우**: 리모델링 이후 현재보다 세가 더 잘 나갈지 그리고 임대 수익은 얼마나 더 높일 수 있을지를 꼼꼼하게 따져봐야 합니다. 또한 해당 시·군·구청 건축과에 문의해 해당 주택이 리모델링이 가능한 건축물인지 미리 확인해야 합니다. 리모델링이 가능하다면, 예상 비용이 얼마나 들어갈지 건축사무소에 문의해 정확한 견적을 받아보는 것이 중요합니다.
- **재건축의 경우**: 다가구주택을 멸실하고 도시형생활주택이나 다세대주택으로 신축할 생각이라면 해당 지역의 건축 규제(용적률, 건폐율, 층수 제한 등)를 확인해 신축 가능한 규모를 파악해야 합니다. 또한 신축 후 분양 또는 임대 수요를 철저히 예측해 수익성을 계산해야 합니다.

리모델링과 재건축 모두 어떤 방향이든 너비 6m 이상의 도로에 접해 있어야 공사하기가 수월하고 건축물의 활용도를 높일 수 있다는 점을 기억해야 합니다.

임차인 선호도를 높이는 다가구주택 선택 기준

다가구주택은 궁극적으로 주거를 목적으로 하는 공간이므로, 임차인들이 살기 편안하다고 느낄 만한 주택을 선택해야 공실 없이 안정적인 임대 수익을 기대할 수 있습니다. 경매로 다가구주택을 매수해 리모델링하거나 신축하더라도 임대가 잘 나가지 않는다면 큰 손해로 이어질 수 있기 때문입니다.

임차인 선호 입지 : 역세권은 기본!

다가구주택에 거주하는 주된 임차인들은 대학생이나 직장인입니다. 이들은 교통의 편리성을 가장 중요하게 생각합니다. 따라서 지하철역에서 걸어서 10분 이내에 위치한 역세권 다가구주택을 선택하는 것이 좋습니다. 역세권은 출퇴근 및 통학의 편리함을 제공하고, 이는 곧 높은 임대 수요와 안정적인 임대료로 이어집니다.

세부적인 주거 환경 점검

임대 경쟁력을 높이려면 다음 사항들을 꼼꼼하게 확인해야 합니다.

- **수도계량기 개별 설치 여부**: 가구별로 수도계량기가 설치되어 있는지 확인해야 합니다. 개별 계량기가 설치되어 있어야 공과금 정산을 투명하게 할 수 있어 임차인들의 불만을 줄일 수 있습니다.
- **방음**: 층간 소음이나 이웃집과의 소음 문제는 주거 만족도를 크게 떨어뜨리는 요인입니다. 가능한 범위 내에서 방음 상태를 확인하는 것이 좋습니다.
- **통풍 및 채광**: 주거 공간의 쾌적성을 위해 통풍이 잘되는지, 햇빛이 잘 들어오는지 확인해야 합니다. 남향 위주의 건물이나 탁 트인 조망을 가진 곳이 좋습니다.
- **방범 및 보안**: 안전은 주거 선택에 있어 가장 중요한 요소입니다. 건물 주변의 방범 상태, CCTV 설치 여부, 현관 보안 시스템 등을 확인해 안전하고 안심할 수 있는 주거 환경을 제공할 수 있는지 점검해야 합니다.

지역별 임대 수요 특성 파악

무엇보다 중요한 건 해당 다가구주택이 위치한 지역의 임대 수요 특성을 파악하는 것입니다. 단순히 층수를 올리고 가구 수를 늘리는 것이 아니라, 해당 지역의 임차인들이 원룸을 선호하는지, 투룸을 선호하는지 등을 확인해야 합니다. 또한 전반적인 임대 수요가 많은지, 현재 임대 수익률은 어느 정도인지 등을 파악해 투자 계획을 세워야 합니다. 인근 공인중개사무소에 방문해 정확한 시장 정보를 얻을 필요가 있습니다.

다가구주택 체크리스트

구분	세부 항목	확인 내용 및 메모	체크(V)
기본 정보	사건번호/소재지		
	주택 유형(등기상 '단독주택' 확인)		
	대지면적(m²)/연면적(m²)		
	총 가구 수/층수		
	감정가/최저가		
입지 및 수익	역세권 여부, 도보 10분 이내		
	대학가/업무지구 등 배후 수요		
	공인중개사무소 전·월세 시세 (수리 전·후)		
	예상 공실률 및 지역 선호 형태 (원룸/투룸)		
	월 예상 임대료, 연 예상 임대 수익률(%)		
건물 분석	노후도(외벽, 옥상 방수 상태)		
	보안 시설(CCTV, 공동현관 등)		
	세대별 수도/전기/가스계량기 분리 여부		
	주차 공간(총 세대수 대비)		

임차인 분석 (최우선)	호실별로 임차인보증금/전입신고일/확정일자		
	101호		
	102호		
	201호		
	202호		
	기타		
	총 인수보증금 합계		
법규/리스크	(필수)건축물대장상 '위반건축물' 등재 여부		
	불법 증축/용도 변경(특히 옥탑방 층수 산입 여부)		
	리모델링/신축 가능성(도로 폭/건폐율/용적률)		
최종 입찰가	예상 수리비, 명도 비용(이사비, 세금 및 부대 비용)		
	입찰 희망가 + 총 인수보증금 합계		
	최대 입찰 상한가		
최종 의견	장점/단점/종합 평가	예: 임차인 전원 후순위로 명도 용이, 월세 수익률 연 6% 기대, 건물 노후로 수리비 과다 예상	

임대차계약서 작성 시 유의 사항

낙찰받은 다가구주택에 대한 임대차 계약을 체결할 때는 「주택임대차보호법」 제30조에 근거한 '주택임대차표준계약서'를 사용하는 것이 좋습니다. 이것을 사용하지 않았다고 해서 처벌받는 것은 아니지만, 표준계약서에는 임대차 계약 시 확인해야 할 중요한 사항들이 명시되어 있어 임대인과 임차인 모두에게 매우 유용합니다.

그런데 주택임대사업자라면 「민간임대주택에 관한 특별법 시행규칙」 서식 제24에 해당하는 표준임대차계약서를 반드시 사용해야 합니다. 이를 위반할 경우 1,000만 원 이하의 과태료가 부과될 수 있습니다. 과태료는 1차 위반 시 500만 원, 2차 위반 시 700만 원, 3차 이상 위반 시 1,000만 원으로 책정되어 있습니다.

임대차 계약은 반드시 공인중개사를 통해 진행하고, 계약서의 모든 조항을 꼼꼼히 확인하며, 특약 사항을 통해 발생 가능한 분쟁을 미리 방지하는 것이 중요합니다.

028 주거와 월세를 한 번에!
상가주택 투자의 A to Z

실거주하고 있는 상가주택에서 매달 들어오는 월세 수익은 많은 투자자의 로망입니다. 하지만 주택과 상가가 결합된 만큼, 입지 분석부터 세금, 임차인 관리까지 따져봐야 할 것이 두 배로 많아 초보자가 섣불리 접근하기 어렵습니다.

이번 장에서는 성공적인 상가주택 투자를 위해 반드시 확인해야 할 핵심 분석 포인트와 숨겨진 위험을 피하는 방법을 자세히 알아보겠습니다.

경매로 상가주택을 사는 이유

상가주택은 일반적으로 1~2층은 상가로, 3층 이상부터는 주택으로 지어진 건물을 의미합니다. 이러한 건물은 여러 가구가 서로 간섭 없이 살기 편한 다가구주택과 구조는 같으나, 1~2층에 주택 대신 상가가 있다는 것이 다릅니다. (자세한 내용은 27장 '월세 부자 vs. 명도 전쟁 – 다가구주택 투자의 두 얼굴' 참고) 상가주택은 단독주택이나 다가구주택과 마찬가지로 여러 가구가 살고 있다 하더라도 소유권이 하나밖에 없는 것이 일반적입니다.

상가주택이 경매 시장에서 인기 있는 물건 중 하나인 이유는 다음과 같습니다.

- **높은 임대 수익과 주거 공간 동시 해결**: 상가주택은 상가나 일부 주택은 임대를 주고 나머지 주택에 주인이 직접 거주할 수 있어 높은 임대 수익을 올리는 동시에 주거 문제도 해결할 수 있다는 큰 이점이 있습니다. 이는 투자와 실거주를 동시에 만족시키는 효율적인 부동산 형태입니다.
- **인플레이션 헤지 및 활용성**: 상가주택은 인플레이션에 강한 불황기 투자 대안 종목으로 평가됩니다. 주택과 상가의 절충형 상품이라 임대 수요가 넉넉하다면, 소유자의 아이디어에 따라 건물의 활용성을 얼마든지 높일 수 있다는 장점이 있습니다.
- **경매를 통한 저가 매입 기회**: 경매를 통해 일반 매매보다 20% 이상 저렴하게 상가주택을 취득할 수 있다면 투자 수익성을 극대화할 수 있습니다.

경매로 상가주택을 매수할 때 고려해야 할 핵심 사항

상가주택은 주거와 상업이라는 두 가지 용도가 복합된 만큼, 투자 시 고려해야 할 사항들이 더욱 복잡하고 다양합니다. 성공적인 투자를 위해서는 다음 사항들을 꼼꼼하게 점검해야 합니다.

입지 및 상권 분석: '길목'을 잡아라!

상가주택 투자의 성패를 좌우하는 가장 중요한 요소는 바로 입지입니다. 상가 부분은 장사를 하는 공간이므로, 평소에 사람들이 많이 다니는 곳에 위치한 상가주택을 선택하는 것이 좋습니다.

- **유동 인구**: 시장이나 지하철역 주변 또는 출퇴근 길목에 있는 상가주택을 선택하는 것이 유리합니다. 고객이 점포에 얼마나 쉽게 접근할 수 있는지가 중요하며, 특히 주거지 상권에서는 고객의 동선상에 점포가 위치하고 있어야 합니다.
- **도로 접근성**: 차량 1~2대가 통행할 수 있고, 8~10m 너비의 도로에 붙어 있는 코너에 위치한 상가주택을 선택하는 것이 좋습니다. 도로 코너에 위치해 있거나 2면 또는 3면이 도로에 접하는 등 도로와 접한 면이 길수록 점포를 많이 만들 수 있으며, 점포 수가 많을수록 수익률이 높아집니다.
- **지형**: 경사지지 않고 평평한 곳에 위치한 상가주택을 선택하는 것이 좋습니다. 도로에 면해 있는 부분이 좁거나 경사진 곳에 있다면 나중에 건물을 수리하거나 새로 지을 때 많은 제한을 받을 수 있습니다.

복잡한 세금 문제: 주택과 상가의 이중과세 구조

상가주택은 업무용 건물과 주거용 건물이 결합된 물건이므로, 세금을 납부할 때도 주택 부분과 상가 부분이 나뉘어 세율이 결정됩니다. 상가주택의 세금은 매우 복잡하므로, 투자 전에 반드시 세무 전문가와 상담해 정확한 세금 부담을 예측해야 합니다. 세법은 수시로 변경될 수 있습니다.

상가주택 세금 종류와 과세 포인트

세금 종류	주택 부분	상가 부분	핵심 포인트
취득세	주택 수에 따라 1~12%	4.6% 단일세율	상가 건물분은 부가가치세 환급 가능 여부 검토
양도소득세	주택면적 〉 상가면적 시 전체를 주택으로 간주해 1주택 비과세 가능 (12억 원 이하)	면적이 같거나 작으면 분리과세	12억 원 초과 고가주택은 연면적 무관 분리과세
종합부동산세	다주택자 9억 원 초과 시 과세	토지 공시지가 80억 원 초과 시 과세	현실적으로 주택 부분만 과세 대상이 될 가능성이 높음.

- **취득세**: 상가 부분은 면적, 보유 수, 규제지역 여부와 상관없이 4.6%(농특세, 지방교육세 포함)의 단일세율이 적용됩니다. 상가는 취득 시 10%의 부가가치세 납부 의무가 발생하며, 이는 토지와 주택이 아닌 건물과 상가 등을 매입할 때 부과됩니다. 매수자가 임대사업자(일반과세자)로 등록하면 부가가치세를 환급받을 수 있습니다. 주택 부분은 주택 보유 수에 따라 중과세됩니다. 1주택과 2주택은 1~3%, 3주택은 8%, 4주택 이상은 12% 등으로 적용됩니다(조정대상지역은 1주택 1~3%, 2주택 8%, 3주택 이상 12% 적용). (자세한 내용은 44장 '수익률을 지키는 첫 관문 – 취득세 절세의 모든 것' 참고)

- **양도소득세**: 주택 연면적이 주택 외 연면적보다 큰 경우에는 상가주택 전체를 하나의 주택으로 간주합니다. 이는 다른 주택이 없다면 1세대 1주택 비과세 대상이 될 수 있음을 의미하며, 상가에는 비과세 제도가 없으므로 절세에 매우 유리합니다. 주택 연면적이 주택 외 연면적보다 작거나 같은 경우에는 주택 부분은 주택으로, 상가 부분은 상가로 각각 과세합니다. 주택 부분은 1세대 1주택 비과세 요건(취득 당시 조정대상지역인 경우 2년 거주 필요)을 충족해야 합니다. 상가는 1년 미만 보유 시 50%,

1~2년 미만 보유 시 40%의 세율이 적용됩니다. 2022년 양도분부터 고가주택 기준인 12억 원(양도액 기준)을 초과하는 상가주택은 주택과 상가의 연면적과 상관없이 각각 분리과세합니다. 예를 들어 시가 20억 원짜리 상가주택의 경우 주택 연면적이 더 크더라도 상가 부분에 대한 양도소득세를 부담해야 합니다.

상가를 주택으로 용도 변경해 비과세나 장기보유특별공제(주택은 최대 80%) 혜택을 노리는 꼼수를 막기 위한 장치가 마련되었습니다. 2023년 1월 1일 이후 양도분부터는 주택 보유 기간을 '용도 변경한 날부터 매각한 날까지'로만 계산하므로 상가를 매각 직전에 주택으로 용도 변경해도 비과세 또는 주택 장기보유특별공제를 적용받을 수 없습니다.

2025년부터는 매매계약일을 기준으로 양도 물건을 판단해 계약 시점에 1세대 1주택이었다면 비과세 혜택 적용이 가능합니다. 또한 생애 1회만 비과세가 가능했던 것이 횟수 제한이 없어집니다. 단, 일부 비과세 적용은 실제로 '직전거주주택' 등 특정 요건에 따라 다르게 적용될 수 있으므로 구체적인 내용은 확인해볼 필요가 있습니다. (자세한 내용은 46장 '진정한 수익은 세후 수익 – 양도소득세 절세 전략' 참고)

- **임대소득세**: 주택의 면적이 상가의 면적보다 넓으면 임대소득에 대한 부가가치세를 내지 않아도 되지만, 주택의 면적과 상가의 면적이 같거나 상가가 더 넓은 경우에는 부가가치세를 내야 합니다.

- **재산세 및 종합부동산세**: 재산세는 매년 7월과 9월에 납부하며, 종합부동산세는 12월에 한 번 납부합니다. 재산세는 주택 부분과 건축물(상가) 부분에 대해 각각 과세표준에 따라 세율이 적용됩니다. 종합부동산세는 주택은 전국 합산 공시가격이 9억 원(1세대 1주택자는 12억 원)을 초과할 경

우, 상가 건물 토지(별도합산토지)는 전국 합산 공시지가가 80억 원을 초과할 경우 부과됩니다. 현실적으로 상가주택 토지의 공시지가가 80억 원을 넘는 경우는 드물지만, 주택 부분은 공시가격 상승으로 종합부동산세 과세 대상이 될 수 있습니다.

상가주택 체크리스트

구분	세부 항목	확인 내용 및 메모	체크(V)
기본 정보	사건번호/소재지		
	주택 유형(등기상 '단독주택' 또는 '근린생활시설 및 주택')		
	주택 부분: ○○m²/상가 부분: ○○m²		
	총 가구/점포 수		
	감정가/최저가		
상권 및 입지 분석 (최우선)	주요 동선 및 시간대별/요일별 유동 인구/배후 수요		
	주변 아파트/주택 단지 규모, 주요 고객층		
도로/접근성	코너 위치 또는 도로 접면 길이 및 폭(8m 이상)		
	차량 접근 및 주차 용이성		
주변 상권	경쟁 점포 현황 및 활성화 정도		
	집객시설(관공서, 학교, 병원 등) 유무		
건물 자체 분석	건물 노후도(외벽, 옥상 방수), 간판 상태		
	주차 공간(법정 주차 대수 확보 여부)		
임차인 현황 분석	각 층/호실별 용도, 임차인보증금, 전입신고일, 확정일자 등		
	1층		
	2층		
	3층		
	기타		
	인수보증금 합계		

법규/세무 분석	건축물대장상 '위반건축물' 등재 여부		
	불법 증축/용도 변경 흔적(옥탑, 발코니 등)		
세무 리스크(필수)	주택/상가면적 비율(양도소득세 비과세 여부 판단)		
	예상 세금(취득세, 보유세, 양도소득세) 세무사 자문 권장		
수익성 및 최종 의견	월세 합계 주택 ○○원 + 상가 ○○원 = 총 ○○원		
	예상 수리비, 명도 비용(이사비, 세금 및 부대 비용)		
	최대 입찰 상한가		
	장점/단점/종합 평가	예: 1층 상가 입지가 우수해 공실 위험이 적으나, 주택 부분 수리비 과다 예상	

건축 규제 및 건물 품질 확인

상가주택은 「건축법」상 근린생활시설과 다가구주택의 복합시설로 분류되며, 「건축법」, 「도시계획법」(건폐율, 용적률, 대지 안의 공지)」, 「주차장법」, 지구단위계획 등이 적용됩니다.

- **층수 제한**: 상가주택은 주택으로 쓰는 층수를 3개 층 이하(지하층 제외, 필로티 구조 시 4층까지 가능)로 건축합니다.
- **불법건축물 여부**: 건물에 불법 증축이나 개조된 부분이 있는지 꼭 확인해야 합니다. 불법건축물은 매년 이행강제금(벌금)이 부과될 수 있으며, 대출 실행에 문제가 생기거나 추후 매매 시 문제가 될 수 있습니다. 관할 구청 건축과에 직접 문의해 이행강제금 부과 내역을 확인하는 것이 좋습니다. (자세한 내용은 18장 '불법건축물 폭탄 피하기 – 건축물대장 10분 만에 완전 정복' 참고)

- **건물 품질**: 상가주택은 저렴한 건축 자재 사용으로 층간 소음이나 외부 소음에 취약할 수 있습니다. 현장 조사 시 소음 문제나 건물의 전반적인 마감 상태를 꼼꼼히 확인해야 합니다.

임차인 관리 및 법적 보호의 차이

상가주택은 주거용 임차인과 상업용 임차인이 공존하므로, 각각 다른 법률의 적용을 받습니다.

- 「**주택임대차보호법**」: 주거용 임차인에게 적용됩니다. 보증 금액과 상관없이 적용되며, 임차인은 주택의 인도(점유)와 주민등록(전입신고)을 마치면 대항력을 갖게 됩니다.
- 「**상가건물임대차보호법**」: 상업용 임차인에게 적용됩니다. 일정 보증 금액 이하의 임대차에만 적용되며, 임차인은 건물의 인도와 사업자등록을 마치면 대항력을 갖게 됩니다. 최초 계약일로부터 최대 10년간 계약갱신요구권이 가능합니다.
- **복합 적용**: 경매 물건에 상가 임차인과 주택 임차인이 혼재되어 있다면, 각 임차인의 대항력 유무, 배당 순위, 보증금 등을 면밀히 분석해야 합니다. 특히 「상가건물임대차보호법」의 적용을 받는 임차인의 경우 환산보증금 기준을 충족하는지 확인해야 합니다. (자세한 내용은 10장 '권리분석의 80% - 진짜 임차인과 가짜 임차인 구별법' 참고)
- **임차인과의 분쟁**: 임대료 연체, 계약 종료 후 퇴거 거부, 무단 전대 등 임차인과의 분쟁은 명도소송으로 이어질 수 있습니다. 시설물 파손 시 수선 의무, 원상복구 범위 등도 분쟁의 원인이 됩니다.

- **공실 위험**: 공실은 임대 수익에 가장 큰 영향을 미치는 요인입니다. 공실이 오래 지속되면 건물 가치 또한 떨어질 수 있으므로, 최대한 빠르게 공실을 해결하는 것이 중요합니다.

불법 증축 여부를 확인하는 구체적인 방법

- **건축물대장 확인**: 정부24 등에서 건축물대장을 열람하거나 발급받아 건축물대장의 '변동사항'란에서 위반건축물(불법건축물) 적발 여부를 확인합니다. (자세한 내용은 10장 '권리분석의 80% – 진짜 임차인과 가짜 임차인 구별법' 참고)
- **현황도면과 실제 건물 비교**: 건축물대장에 포함된 현황도면(대지도, 평면도 등)을 발급받아 실제 건물과 비교합니다. 도면에 없는 부분(증축, 개조, 확장 등)이 있다면 불법 증축일 가능성이 높습니다. 평면도는 소유자만 발급받을 수 있으므로, 필요시 동의를 받아야 합니다.
- **관할 구청 건축과 문의**: 관할 시·군·구청 건축과에 직접 문의해 해당 건물에 이행강제금(벌금) 부과 내역이 있는지 확인합니다.
- **현장 육안 확인**: 직접 건물에 방문해 도면과 실제 구조(증축, 개조, 확장 등)가 일치하는지 확인합니다. 이때 전문가(건축사 등)의 자문을 받는 것이 좋습니다. 불법 증축이 확인될 경우, 철거 및 원상복구명령, 이행강제금 부과 등의 불이익이 따를 수 있으므로, 반드시 입찰 전에 전문가와 상의해 위험 부담을 정확히 파악해야 합니다.

029 월급처럼 따박따박
오피스텔 월세 수익률 극대화 전략

매달 통장에 월급처럼 꾸준히 꽂히는 현금 흐름을 만들고 싶을 때 투자자들이 가장 먼저 떠올리는 것은 바로 오피스텔입니다. '오피스(Office)'와 '호텔(Hotel)'의 합성어인 오피스텔(Officetel)은 사무실과 주거의 기능을 모두 갖춰 사용하는 목적에 따라 상가로 취급되기도 하고, 주택으로 취급되기도 합니다.

이번 장에서는 오피스텔의 이중적 특성을 활용한 세금 혜택부터 안정적인 임대 수익을 위해 반드시 확인해야 할 실전 체크리스트까지 자세히 알아보겠습니다.

임대 수익의 대명사 오피스텔! 경매·공매로 기회 잡기

실거주보다는 임대 수익을 목적으로 소유하는 경우가 많은 오피스텔은 소형 평수일수록 투자자들에게 인기가 높습니다. 소액 투자로도 높은 임대 수익률을 기대할 수 있다는 매력이 있기 때문입니다. 무엇보다 경매나 공매를 통해 오피스텔을 매수하면 분양 당시의 거품이 제거된 더욱 합리적인 가격에 오피스텔을 소유할 수 있는 절호의 기회를 잡을 수 있습니다.

과거에는 오피스텔을 주택임대사업의 범주에 포함하기 어려웠지만, 2011년 8월 18일 임대사업 활성화를 골자로 한 부동산 대책이 발표되면서 오피스텔도 주택임대사업자등록이 가능해졌습니다. 이에 따라 오피스텔을 주택임대사업용으로 활용할 경우 취득세 감면, 재산세 감면 등 다양한 세제 혜택을 누릴 수 있게 되어 투자 매력이 더욱 커졌습니다.

- **취득세 면제 또는 감면**: 오피스텔은 기본적으로 상가로 취급되어 주택(1.1~3.5%)보다 높은 4.6%의 취득세가 부과되며, 업무용으로 임대 시 임대료에 대한 부가가치세가 발생합니다(단, 건물분 매입 시 발생한 부가가치세는 환급 가능). 하지만 취득 당시 가액이 3억 원(수도권 6억 원) 이하인 전용면적 60㎡ 이하 오피스텔을 최초로 분양받아 주택임대사업자등록 후 임대하면 2027년 12월 31일까지 취득세 면제 또는 감면 혜택을 받을 수 있습니다(『지방세특례제한법』 제31조의3 2항). (자세한 내용은 44장 '수익률을 지키는 첫 관문 – 취득세 절세의 모든 것' 참고)

- **재산세 감면**: 시가표준액이 2억 원(수도권 4억 원) 이하인 오피스텔 2호 이상을 주택임대사업자등록 후 임대하면 2027년 12월 31일까지 재산세 감면 혜택(전용면적 40㎡ 이하 면제, 전용면적 40㎡ 초과~60㎡ 이하 75%, 전용면적 60㎡ 초과~85㎡ 이하 50%)을 받을 수 있습니다(『지방세특례제한법』 제31조의3 4항). (자세한 내용은 45장 '매년 날아오는 세금 폭탄 피하기 – 보유세 절세 전략' 참고)

- **임대소득세 감면**: 1호 임대 시 30%, 2호 이상 임대 시 20%의 소득세 감면 혜택은 2025년 12월 31일 이전에 끝나는 과세 연도까지 적용됩니다. (자세한 내용은 46장 '진정한 수익은 세후 수익 – 양도소득세 절세 전략' 참고)

- **중개수수료 절감**: 중개수수료 역시 일반적인 상업용 건물(0.9% 이내)보다 낮은 주거용 요율(매매 0.5% 이내, 임대차 0.4% 이내)이 적용될 수 있어 초기 비

용 부담을 줄일 수 있습니다.

오피스텔 낙찰 시 반드시 고려해야 할 핵심 사항

오피스텔 투자는 매력적이지만, 성공적인 투자를 위해서는 몇 가지 사항을 꼼꼼하게 따져봐야 합니다.

전용면적과 실내 구조: 꼼꼼한 확인은 필수!

오피스텔은 아파트에 비해 전용면적이 분양면적 대비 50~60% 수준으로 낮은 편입니다. 따라서 분양면적이 같아도 실질적으로 거주자가 이용할 수 있는 전용면적이 얼마나 되는지 반드시 확인해야 합니다. 이는 감정평가서나 인근 공인중개사무소를 통해 확인할 수 있습니다. 전용면적이 넓을수록 실질적인 공간 활용도가 높아 거주 만족도를 높이고, 이는 곧 임차인 선호도와 임대 수익률에도 긍정적인 영향을 미칩니다.

또한 오피스텔은 아파트와 달리 발코니가 없는 경우가 많고 창문이 작은 경향이 있어 실제 생활 시 불편함을 느낄 수 있습니다. 채광이나 환기 등을 고려해 실내 구조를 면밀히 파악하는 것이 중요합니다.

전용면적이 같아도 수납 공간, 빌트인 옵션, 평면 배치에 따라 다르게 느껴질 수도 있으니, 가능하다면 직접 방문해 확인하는 것이 가장 좋습니다.

관리비 내역 확인: 숨겨진 비용을 찾아라!

경매로 오피스텔을 낙찰받는 경우, 복도나 계단, 엘리베이터 등 여러 사람이 함께 사용하는 공용 부분의 체납관리비는 낙찰자가 부담해야 합니다.

따라서 현장 조사 시 관리사무소를 방문해 공용 관리비 연체 내역이 있는지, 있다면 얼마인지를 미리 확인해야 합니다. 이는 예상치 못한 추가 비용 발생을 막는 중요한 과정입니다.

건물 내 주거용/업무용 비율 확인: 조용하고 쾌적한 주거 환경이 중요!

낙찰받은 오피스텔을 주거용으로 임대할 계획이라면, 해당 오피스텔 건물 전체 호수 중에서 업무용으로 임대된 사무실의 비율이 얼마나 되는지 관리사무소 등을 통해 확인해야 합니다. 주거용 오피스텔의 경우 사무실의 비율이 낮고 주거용 비율이 높아야 더욱 조용하고 깔끔해 임대가 잘 이루어지는 경향이 있습니다. 업무용과 주거용이 혼재된 건물은 생활 소음이나 방문객 등으로 주거 쾌적성이 떨어질 수 있습니다.

건물의 연식과 재건축·리모델링 가능성: 신축급이 유리!

오피스텔은 법에서 허용하는 용적률을 최대한 활용해 짓기 때문에 재건축이나 리모델링이 어려운 경우가 많습니다. 아파트나 다세대주택처럼 층수를 더 올리거나 대규모 재건축을 추진하기가 어렵다는 의미입니다. 따라서 장기적인 관점에서 건물의 가치를 고려한다면, 지어진 지 10년 이내의 비교적 신축급 오피스텔을 매수하는 것이 좋습니다. 오래된 오피스텔은 시설 노후화로 임대 경쟁력이 떨어질 수 있으며, 향후 가치 상승을 기대하기 어려울 가능성이 있습니다.

최적의 입지 선정: 직장인 수요가 핵심!

오피스텔의 주요 임차인은 직장인입니다. 따라서 지하철역까지 도보 5분 이내에 갈 수 있어 출퇴근이 편리한 오피스텔이 임대 경쟁력이 높습니다. 특히 여성 임차인들은 밤길 안전을 중요하게 생각하므로 지하철역과의 거리는 매우 중요합니다. 지하철역에서 5분 이상 걸리는 오피스텔은 임대가 잘되지 않거나 임대료가 낮게 형성될 수 있습니다. 가능하면 지하철역 출입구 쪽에 위치한 오피스텔을 선택하는 것이 좋습니다. 반대 방향에 있는 오피스텔은 동선이 자연스럽지 않고 불편함을 줄 수 있습니다.

또한 오피스텔 주변에 사무실이나 업무 시설이 많아야 직주근접을 선호하는 직장인들의 수요가 풍부해 공실 위험을 줄일 수 있습니다. 역세권과 함께 업무지구가 밀집된 지역의 오피스텔을 우선적으로 고려하는 것이 현명합니다.

오피스텔 체크리스트

구분	세부 항목	확인 내용 및 메모	체크(V)
기본 정보	사건번호/소재지		
	건물명		
	호수 및 층		
	면적(전용/공급)		
	전용률(%)		
	감정가/최저가		
입지 분석 (최우선)	지하철역까지 실제 도보 시간(5분 이내 최상)		
	주요 업무지구와의 접근성(직주근접)		
	편의점, 식당, 카페 등 접근성		

건물 분석	건물 상태(10년 이내 신축급 선호)		
	건물 내 주거용/업무용 비율 (관리사무소 문의)		
	복도, 엘리베이터 등 공용 부분 관리 상태		
	총 주차 대수 및 주차 방식(자주식/기계식)		
물건 분석	관리비/체납관리비(공용 부분)		
	실내 구조(채광, 환기, 수납 공간, 빌트인 옵션)		
	소음 문제(주거/업무 혼재 시)		
시세/수익성	온라인 매매 시세		
	공인중개사무소 급매 시세		
	온라인 전·월세 시세		
	공인중개사무소 전·월세 시세		
	예상 수익률		
	최대 입찰 상한가		
최종 의견	장점/단점/종합 평가	예: 지하철역과 가까워 임대 수요가 풍부하나, 전용률이 낮고 관리비가 비싼 편	

토막상식

생활형 숙박시설(레지던스)이란?

오피스텔과 함께 종종 언급되는 생활형 숙박시설은 '레지던스(Residence)'라고도 불립니다. 이는 일반 숙박시설과 달리 주거시설처럼 취사가 가능한 숙박시설을 의미합니다. 내부 시설은 오피스텔처럼 모든 가전과 가구가 빌트인으로 설치되어 있어 취사가 가능하며, 사우나, 피트니스센터, 수영장 등 고급 커뮤니티 시설을 이용할 수 있다는 특징이 있습니다.

생활형 숙박시설은 아파트나 다세대주택처럼 호수마다 개별 등기가 가능합니다. 또한 주택이 아닌 숙박시설로 분류되기 때문에 청약 시 청약통장이 필요하지 않고, 주택 수에도 포함되지 않아 종합부동산세 대상이 아니며, 전매 제한도 없습니다. 이러한 장점 때문에 한때 투자자들에게 많은 관심을 받았습니다.

하지만 중요한 점은 생활형 숙박시설은 용도 변경 없이 주택용으로 사용할 수 없다는 것입니다. 분양 계약 시 주택용으로 사용할 수 없음을 안내받은 뒤 확인서를 첨부해야 하고, 숙박시설 형태를 유지해야 하며, 숙박업 신고 의무가 있습니다. 만약 생활형 숙박시설을 주거용으로 사용한다면 「건축법」 위반으로 이행강제금 부과 등 법적인 문제가 발생할 수 있으므로, 투자 시에는 이러한 법적 제약을 명확히 인지하고 접근해야 합니다.

다섯째 마당

Common Sense Dictionary
of Real Estate Auctions & Public Sales

남들이 피하는 곳에 기회가 있다, 특수물건 공략법

안정적인 주거용 투자를 넘어 더 높은 수익률을 꿈꾼다면, 남들이 피하는 길에 기회가 있습니다. 다섯째마당은 초보의 영역을 넘어 전문가로 가는 길목에서 마주치는 특수물건들을 공략합니다. 근린상가의 상권 분석 방법부터 공장과 창고의 리스크 관리 방법 그리고 토지, 농지, 재개발, 지분 경매 방법까지, 높은 수익의 이면에 감춰진 위험을 관리하고 기회로 바꾸는 고수들의 투자 전략을 배워봅시다.

030 망하지 않는 상권의 비밀
근린상가 투자 완벽 가이드

주거용 부동산을 넘어 매달 월급처럼 따박따박 들어오는 안정적인 현금 흐름을 만들고 싶다면 근린상가가 최고의 선택지일 수 있습니다. 우리 생활과 가장 밀접한 상업시설인 근린상가는 안정적인 수요를 바탕으로 꾸준한 임대 수익을 기대할 수 있는 매력적인 투자처입니다.

이번 장에서는 상가 투자의 성패를 가르는 상권 분석 노하우를 자세히 알아보겠습니다.

근린상가의 세 가지 종류와 투자 가치

1 | 항아리 상권

- **의미와 특징**

특정 지역에 상권이 한정되어 더 이상 팽창하지 않는 상권을 말합니다. 항아리처럼 입구가 좁고 안은 넓은 형태를 띠고 있어 외부로 소비가 빠져나가지 않고 내부에서 순환하는 특징이 있습니다. 대규모 아파트 단지나 주택 밀집 지역에 형성되는 경우가 많으며, 고정적인 배후 수요를 확보하고 있어 안정적인 수익 창출이 가능합니다.

- **한계 및 유의할 점**

    외부 유입이 적으므로, 지역 내 인구 감소(예: 고령화, 이주)나 소비 패턴 변화(예: 온라인 쇼핑 증가)에 취약할 수 있습니다. 이를 보완하려면 상권 내 필수 업종(예: 약국, 편의점) 위주로 투자하거나, 트렌드에 맞는 업종(예: 배달 중심 음식점)을 고려해야 합니다.

- **대표적인 항아리 상권 예시**

    - **목동 신시가지 아파트 단지**: 수만 세대의 대규모 아파트 단지와 다양한 생활 편의시설, 쇼핑몰, 학원, 병원 등이 집약되어 있어 거주민들이 외부로 이동하지 않고도 모든 생활을 해결할 수 있습니다. 현대백화점, 이마트, CGV 등 다양한 업종이 모여 있어 독립적이고 안정적인 상권을 형성하고 있습니다.

    - **분당 대규모 아파트 단지**: 분당구 야탑동의 '분당 아테라' 단지 내 상가는 대규모 주거 타운과 인근 기업체, 공원 등 풍부한 고정 수요층을 기반으로 전형적인 항아리 상권 입지를 갖췄다는 평가를 받고 있습니다. 상가의 공급이 제한적이지만, 배후 수요가 확실해 안정적인 소비층이 유지되는 것이 특징입니다.

2 | 역세권 상가

- **의미와 특징**

    지하철역(또는 철도역) 및 그 주변을 중심으로 형성된 상권을 말합니다. 출퇴근자, 통학자, 환승객, 역 주변 상업시설 이용자 등 다양한 유동 인구가 집중되는 특성이 있습니다. 유동 인구가 많기 때문에 패션, 외식, 카페, 뷰티·미용, 편의점 등 트렌드 업종이 유리합니다. 복합환승역, 환승 중심역, 대형 역세권일수록 상권 파급력이 커 임대료와 권리금 수준이 높게 책정되는 경향이 있습니다. 다만 역 주변 출구 동선, 지하 통로나 지상 입구 구조, 역세권 건물 간 거리, 방향성 등의 세부 요인이 상권의 강약을 좌우합니다.

- **한계 및 유의할 점**

  '역세권'이라는 이름만으로 수요가 보장되는 것은 아닙니다. 출구별 동선이 다르므로 실제 유동 인구 조사는 필수입니다. 역세권 중심 상권은 임대료나 권리금 수준이 높게 책정되므로 초기 진입 비용 부담이 클 수 있습니다. 유동 인구가 많기 때문에 경쟁이 치열하고 업종 간 과밀화가 발생할 수 있습니다. 출구가 역사의 북쪽, 남쪽, 동쪽, 서쪽으로 나누어질 경우 출구별 인구 흐름 차이가 크기 때문에 역 출구 배치와 맞물린 입지 전략이 중요합니다. 역세권 상가도 소비 패턴 변화(예: 배달 중심 소비, 온라인 쇼핑 등)에 영향을 받을 수 있으며, 역 주변의 상업지구 변화나 도심 재정비 계획 등이 상권 흐름을 급변시킬 수 있습니다.

- **대표적인 역세권 상가 예시**

  - **강남역 11·12번 출구 인근 상가**: 강남·역삼 업무지구와 고급 상업 시설 밀집 지역을 연결하는 동선상에 위치해 직장인 및 유동 인구가 많아 권리금과 임대료가 높습니다.

  - **홍대입구역 9번 출구 인근 상가**: 젊은 층 유동이 많고 예술·문화·패션 수요가 강한 지역으로, 카페·음악 관련 업종 등이 활발히 진입해 있는 대표 역세권입니다.

  - (국내 신도시 사례로) **역세권 + 단지 혼합형 역세권 상가**: 신도시 내 역사

를 중심으로 조성되는 복합개발 상가들은 역세권 효과와 주거 배후 수요를 동시에 활용하는 경우가 많습니다. 예를 들어, 수도권 신도시나 위성도시에 조성된 역세권 복합상가가 대표적입니다.

3 | 단지 내 상가

- **의미와 특징**

아파트 단지 내 또는 인접 구역에 위치한 상가를 말합니다. 상가의 주요 고객은 해당 단지 입주민(배후 수요)이므로 수요가 비교적 안정적이며 예측 가능성이 높습니다. 생활 밀착형 업종(편의점, 세탁소, 학원, 부동산 사무소, 미용실, 병·의원 등)이 주로 입점합니다. 공실 위험이 비교적 낮고, 단지 규모가 크면 안정적인 수익 창출이 가능합니다. 단지 내 상가는 가장 가까운 곳에서 해결하려는 소비자를 타깃으로 하므로, '슬세권' 개념이 적용되기도 합니다.

- **한계 및 유의할 점**

외부 유입이 거의 없기 때문에 배후 수요 감소(인구 감소, 이주 등)에 매우 취약합니다. 상가 수가 단지 규모에 비해 과다하면 경쟁이 되며 공실률이 높아질 수 있습니다. 가시성이나 접근성이 좋지 않거나, 동선이 단지 내부 중심부로 흐르지 않는 상가는 유동성이 낮아지는 위험이 있습니다. 최근 고금리, 비용 상승, 온라인 소비 확산 등 외부 환경 변화로 단지 내 상가도 미분양, 공실 사례가 증가하고 있다는 우려의 목소리가 있습니다. 상가 면적 책정이 단지 규모 대비 지나치게 크거나, 상권 구성 업종이 단조로울 경우 수요를 충족시키기 어렵습니다.

- **대표적인 단지 내 상가 예시**
  - **수원 광교 신도시 단지 내 상가**: 2,300여 가구 규모의 대단지 아파트 내 상가가 초기에는 공실 문제를 겪었지만, 대형 베이커리 카페를 유치하고 외식 업종 등을 배치해 상권을 활성화시켰습니다.
  - **잠실 파크리오/잠실 리센츠 아파트 등**: 아파트 단지 내 상가를 근린형 단지 내 상가 형태로 설계해 외부 유동 인구까지 흡수했습니다.
  - **녹번역 래미안 베라힐즈 근린형 단지 내 상가**: 배후 단지 1,305세대와 주변 재개발 단지 수요를 합쳐 단지 내 복합 상권을 갖춘 사례입니다.
  - **하남 포웰시티 단지 내 상업시설**: 총 48실 규모의 단지 내 상업시설이 단 3일 만에 완판되었습니다. 이는 수요 흡수가 빠르고 단지 내 상가에 대한 기대가 컸던 사례입니다.

상권 분석 노하우: 유동 인구, 주변 시설, 경쟁 점포 파악

성공적인 상가 투자를 위해서는 철저한 상권 분석이 필수입니다. 단순히 유동 인구가 많다고 해서 좋은 상권이라고 단정할 수는 없으며, 다음과 같은 사항들을 종합적으로 고려해야 합니다.

유동 인구 분석

유동 인구 분석은 상권의 잠재적 수익성을 평가하는 핵심 과정으로, 양적 분석(인구 규모)과 질적 분석(소비 가능성, 동선, 체류 시간)을 모두 포함해야 합니다.

- **시간대별 유동 인구 변화 파악**: 근린상가는 체류형 소비(장시간 머무르며 소비하는 행위)가 중요하므로, 주말(오전 10시~오후 8시)이나 주중 저녁(오후 6시 ~9시)에 유동 인구가 많은지 확인해야 합니다. 이는 소상공인365(bigdata. sbiz.or.kr)에서 확인 가능합니다. 예를 들어 1,000세대 아파트 단지 내 상가에서 주말 오후 5~7시에 학원, 음식점, 마트에 가족 단위 고객이 집중된다면, 체류형 유효 수요가 높은 상권이라 할 수 있습니다.

- **유효 수요**: 단순히 유동 인구의 수가 아니라, 구매 의사와 능력을 갖춘 잠재 고객을 의미합니다. 근린상가의 주요 유효 수요층은 입주민이며, 이들의 소비 성향(외식, 학원, 의료 서비스 등)과 소득 수준이 수익성을 결정합니다. 예를 들어 단지 내에 젊은 층이 많다면 카페나 배달 음식점의 수요가 높고, 고령층이 많다면 약국이나 병원의 수요가 높습니다. 유동 인구가 많아도 소비로 이어지지 않으면(예: 단순 통행자) 투자 가치가 낮습니다. 상가 내 점포 점주나 입주민들을 통해 소득 수준, 주요 소비 품목, 선호 업종, 소비 빈도를 파악하는 것이 좋습니다.

- **주요 동선과 체류 시간**: 입주민이 자주 이용하는 출입구(주 출입구, 모퉁이 상가)와 단지 내 이동 경로(예: 아파트 정문 → 상가 → 놀이터)를 파악합니다. 동선상에 위치한 상가는 유동 인구 흡수력이 높아 수익성이 좋습니다. 체류 시간이 길수록 소비 가능성이 높습니다. 예를 들면 주말 저녁에 가족이 마트, 음식점, 카페에서 보내는 시간이 30분 이상으로 길다면 유효 수요가 강한 것입니다. 단지 내 주요 출입구(정문, 후문, 지하 주차장 출입구)에서 상가까지의 보행 경로를 직접 걸어보며 보행자 수, 동선의 편리성(보도 폭, 장애물, 신호등)을 확인합니다. 그리고 상가 내 점포(카페, 음식점)에서 고객의 평균 체류 시간(예: 10분 vs. 1시간)을 관찰합니다.

- **소득 수준과 소비 유출**: 소득 수준이 높은 입주민(예: 59평 이상 아파트 거주자)은 단지 내 소규모 상가보다 백화점, 대형 마트, 고급 레스토랑을 선호할 가능성이 높습니다. 이는 단지 내 상가의 유효 수요를 감소시킬 수 있습니다. 단지 내 상가가 외부 상권(예: 역세권, 대형 마트)과 가까워도 입주민의 소비가 유출될 수 있습니다. 반면 중저소득층(24~34평 아파트 거주자)은 단지 내 편의점, 세탁소, 저렴한 음식점을 주로 이용하므로 상가의 안정성이 높습니다. 입주민이나 점주에게 주요 소비 장소를 물어 단지 내 상가 이용률을 파악할 필요가 있습니다.
- **도로변 상가의 장단점**: 단지 내 상가가 외부 도로변에 접해 있으면 입주민만이 아니라 외부 보행자(예: 인근 단지 주민, 통행자)를 추가로 유인할 수 있습니다. 그러나 상가가 도로를 사이에 두고 마주 보고 있으면, 도로가 상권을 분리해 상호 상승 효과가 줄어듭니다.
- **상가 전면 길이**: 전면이 긴 상가는 간판 노출도가 높아 고객의 시선을 끌기 쉽습니다. 반면 전면이 좁고 깊숙한 상가는 시인성이 낮아 고객 유입이 적습니다.
- **낮은 입찰가의 유혹**: 경매·공매 상가는 시세보다 저렴할 수 있지만, 공실률이 높거나 유동 인구가 적은 경우(예: 동선이 불편한 내부 상가) 투자 가치가 낮을 수 있습니다. 경매·공매 물건은 사전 정보가 제한적일 수 있으므로, 현장 조사를 통해 유동 인구와 상권 활성화 정도를 직접 확인해야 합니다.
- **현장 조사 빈도**: 단일 답사로는 시간대별, 계절별 변화를 파악하기 어렵습니다. 따라서 최소 2~3회(주중/주말, 낮/밤, 비 오는 날/맑은 날) 방문하는 것이 좋습니다.

- **미래 변화 예측**: 단지의 입주 시기(신축 vs. 노후), 재건축 가능성, 주변 개발 계획(예: 신규 아파트 입주, 교통망 확충)을 분석해 장기적 유동 인구 변화를 예측해야 합니다.

주변 시설 분석

주변 시설 분석은 상권의 현재 수익성과 미래 성장 가능성을 평가하는 핵심 과정입니다.

- **집객시설**: 관공서, 학교, 대기업, 대형 병원, 공원 등은 특정 소비자 그룹(직장인, 학생, 환자 등)을 끌어들이는 시설로, 상가의 유동 인구와 매출에 직접적인 영향을 미칩니다. 예를 들어 2,000명 규모의 병원이 있다면 그 근처는 환자와 보호자 등이 간단히 식사를 하려는 수요가 많습니다.
- **소비자 동선과 소비 단가**: 동선이 편리하고 시인성이 높은 상가는 고객 유입이 많습니다. 그리고 소비자의 소비 목적에 따라 단가가 달라집니다. 예를 들어 학교 근처 상가라면 학생 동선(학교 정문 → 상가 → 버스정류장)을 확인하고, 분식점 등에서 학생들의 평균 소비 단가를 확인합니다. 관공서 근처 상가라면 직장인 동선(관공서 → 상가 → 지하철역)을 확인하고, 음식점 등에서 직장인들의 평균 소비 단가를 확인합니다.
- **단지 외 상권**: 단지 내 상가는 입주민을 주요 고객으로 하지만, 근처에 역세권 상가, 대형 마트, 백화점이 있다면 소비 유출로 인해 상권 활성화가 저해될 수 있습니다. 예를 들어 단지에서 500m 이내에 이마트가 있다면 단지 내 마트의 매출이 감소합니다.

- **개발 계획 및 교통망 확충 계획**: 신규 아파트 입주, 상업지구 개발, 공공 시설(학교, 관공서) 신설은 상권의 유동 인구와 수익성을 증가시킬 수 있습니다. 지하철역, GTX, 도로 확장 등은 상가의 접근성을 높여 외부 고객 유입을 증가시킵니다. 반면 경쟁 상권(예: 신규 대형 마트) 개발은 소비 유출을 초래할 수 있습니다. 시·군·구청의 도시계획 공고나 부동산 관련 뉴스에서 신규 개발(아파트, 상업지구), 교통망 계획(GTX, 지하철 연장)을 확인하는 것이 좋습니다.
- **정보 제한성**: 경매·공매 물건은 상세 정보(예: 점포별 매출, 공실률)가 부족할 수 있으므로, 현장 조사와 공공 데이터를 통해 주변 시설의 영향을 철저히 분석해야 합니다.
- **법적 리스크**: 상가의 용도 제한이나 건축물대장의 적법성을 확인해야 합니다. 예를 들어 병원 근처 상가라도 약국 용도가 제한되면 투자 가치가 하락할 수 있습니다.

경쟁 점포 파악

- 자신이 투자하려는 상가와 동일하거나 유사한 업종의 경쟁 점포가 얼마나 있는지, 그들의 영업 현황은 어떤지 파악하는 것도 중요합니다. 경쟁이 치열한 경우 수익성이 악화될 수 있으므로, 차별화된 경쟁력을 확보할 수 있는 업종을 선택하거나, 경쟁이 덜한 틈새시장을 공략하는 전략이 필요합니다.
- 소상공인365에 접속해 '빅데이터 상권분석 → 상권분석 → 상세분석'을 클릭하면 관심 있는 상가의 경쟁력을 확인할 수 있습니다.

상가자치규약

관리사무소를 통해 상가자치규약이 있는지 확인해 상가 운영에 제약 사항은 없는지 확인해야 합니다. 상가자치규약은 상가 내 업종을 제한하거나 중복 업종을 입점할 수 없게 하는 등 입주한 상가들의 번영을 위한 규약입니다. 미처 확인하지 못해 원하는 업종에 세를 주지 못하면 손해를 보는 일이 생길 수도 있습니다. 상가자치규약은 '관리단 집회 결의'를 통해 효력을 가지며, 결의에 참석하지 않은 구분소유자나 특별승계인, 임차인도 구속됩니다.

체납관리비

체납관리비가 없는지 꼭 확인해야 합니다. 특히 공용 부분의 관리비가 밀려 있다면 낙찰자가 부담해야 하므로 관리사무소나 상가번영회 등에 문의해 확인할 필요가 있습니다. 상가의 체납관리비는 많으면 수천만 원에 이르기도 합니다. 다만, 연체료는 낙찰자가 부담하지 않아도 됩니다.

근린상가 체크리스트

구분	세부 항목	확인 내용 및 메모	체크(V)
기본 정보	사건번호/소재지		
	상가명/층/호수		
	면적(전용/공급/대지지분)		
	감정가/최저가		

상권 분석 (최우선)	상권 유형(항아리/역세권/단지 내/오피스 상권 등)		
	주요 고객층(거주민/직장인/학생), 시간대별 유동 인구		
	주요 동선상 위치, 코너 여부, 전면 길이, 주차 편의성		
	집객시설(관공서, 학교, 병원), 경쟁 점포, 개발 호재		
건물 및 내부 규칙	건물 노후도, 공용 부분(화장실, 복도) 관리 상태		
	상가자치규약 존재 및 업종 제한 규정		
	(필수) 공용 부분 체납관리비 총액		
임차인 분석	「상가건물임대차보호법」에 따른 권리(계약갱신요구권 등) 분석		
	예상 명도 난이도 및 협상 전략		
법규/수익성	건축물대장상 '위반건축물' 등재 및 불법 증축 여부		
	주변 유사 상가 월세 시세 및 예상 공실률		
	예상 수리비, 명도 비용(이사비, 세금 및 부대 비용)		
	최대 입찰 상한가		
	수익률		
최종 의견	장점/단점/종합 평가	예: 배후 아파트 세대수 대비 상가 수가 적어 안정적이나, 주차 공간이 협소함.	

건물의 노후도 및 불법건축물 여부

20년 이상 된 근린상가는 시설이 노후화되어 임대료를 많이 받을 수 없으므로 피하는 것이 좋습니다. 재건축을 목표로 한다면 노후도가 심한 오래된 상가에 투자하는 것도 좋은 방법이지만, 그런 목표가 아니라면 당장 임대 수익을 얻을 수 있는 깨끗한 단지 내 상가를 골라야 합니다. (자세한 내용은 18장 '불법건축물 폭탄 피하기 – 건축물대장 10분 만에 완전 정복' 참고)

임차인 분석 및 명도 전략

상가 경매에서 낙찰만큼이나 중요한 것이 있습니다. 기존 임차인과의 관계를 원만하게 해결하고 성공적으로 명도를 완료하는 것입니다. 이를 위해서는 「상가건물임대차보호법」에 대한 정확한 이해가 선행되어야 합니다.

「상가건물임대차보호법」의 주요 내용

영세 상인의 안정적인 영업 활동을 보장하기 위한 법으로, 임차인의 대항력, 우선변제권, 계약갱신요구권(최대 10년), 권리금 회수 기회 보호 등을 주요 내용으로 하고 있습니다.

임차인 분석

경매 물건의 임차인이 대항력을 갖추고 있는지, 보증금은 전액 변제받을 수 있는지 등을 면밀히 분석해야 합니다. 만약 대항력 있는 임차인이 보증금을 전액 변제받지 못한다면, 낙찰자가 나머지 금액을 인수해야 하는 부담이 발생할 수 있습니다. 따라서 입찰 전에 권리분석을 통해 임차인의 권리관계를 정확하게 파악하고, 예상치 못한 손실을 입지 않도록 주의해야 합니다. (자세한 내용은 8장 '권리분석의 나침반, 말소기준권리 5분 만에 찾아내기'와 10장 '권리분석의 80% - 진짜 임차인과 가짜 임차인 구별법' 참고)

명도 전략

임차인과의 명도 협상은 가급적 원만하게 진행하는 것이 좋습니다. 협상이 원활하게 이루어지지 않을 경우에는 법적 절차를 통해 해결해야 합니다. 경매 절차에서는 인도명령 제도를 활용할 수 있지만, 공매는 명도소송을 통해서만 해결이 가능합니다. (자세한 내용은 39장 '경매의 마지막 관문 명도! - 협상과 법 절차 완벽 마스터' 참고)

031 월세 받으며 기다리는 토지 투자
공장·창고 경매의 모든 것

주거용 부동산 소유를 넘어 월세 수익률을 극대화하고, 나아가 땅의 가치 상승을 통한 시세 차익까지 노리는 전문 투자자로 성장하고 싶다면 공장과 창고 경매에 주목해야 합니다. 하지만 높은 수익률의 이면에는 산업 폐기물, 토양 오염, 인허가 문제 등 주거용 부동산에서는 상상하기 힘든 치명적인 위험이 도사리고 있습니다.

이번 장에서는 공장·창고 투자의 매력적인 장점과 반드시 피해야 할 '숨겨진 지뢰', 안전하게 수익을 창출하는 실전 전략을 알아보겠습니다.

공장·창고의 장단점: 토지면적의 중요성

장점

- **신경은 덜 쓰면서 따박따박 받는 월세, 높은 수익률의 매력**: 아파트나 상가는 임차인이 자주 바뀌고, 그때마다 도배, 장판, 사소한 민원 등 처리해야 할 일이 많습니다. 하지만 공장이나 창고는 법인(회사)에 한 번 임대하면 최소 3년, 길게는 5년~10년까지 장기로 계약하는 경우가 많습

니다. 회사는 스스로의 필요에 의해 내부 시설(호이스트, 전기 시설 등)에 투자하는 경우가 많아 웬만해서는 이사를 가지 않으려 합니다. 즉, 한 번 좋은 임차인을 구하면 명절 안부 인사 외에는 거의 연락할 일이 없는 '착한 월세'를 받을 수 있습니다. 10억 원짜리 아파트의 월세 수익률이 연 3%(연 3,000만 원)라면, 비슷한 가격의 소형 공장은 연 6~8%의 높은 수익률을 기대할 수 있습니다. 은행이자보다 월등히 높은 현금 흐름이 만들어지는 것입니다.

- **지가 상승으로 인한 시세 차익**: '건물은 덤이고, 땅을 산다'라는 개념입니다. 공장이나 창고는 건물이 낡고 허름한 경우가 많습니다. 하지만 핵심은 '넓은 땅'을 함께 소유하게 된다는 점입니다. 특히 산업단지, 물류단지, 신규 고속도로 IC 인근의 땅은 잠재력이 매우 큽니다. 당장 개발계획이 없더라도, 임차인에게 월세를 받으며 대출이자를 충당하다 보면 5년, 10년 뒤 주변 개발과 함께 땅값이 크게 올라 시세 차익을 얻을 수 있습니다. 예를 들면 처음엔 허름한 공장이었지만, 옆에 쿠팡이나 CJ 같은 대기업 물류센터가 들어온다는 뉴스 하나만으로 땅값이 두 배 이상 뛰는 경우가 있습니다. 공장이나 창고 투자에서는 건물의 상태만큼이나 토지의 가치가 중요합니다. 특히 토지의 용도지역, 건폐율, 용적률 등은 향후 개발 가능성과 직결되므로 토지이용계획확인서를 통해 꼼꼼하게 확인해야 합니다. (자세한 내용은 21장 '내 땅에 무엇을 지을 수 있을까? – 토지이용계획확인서 완벽 해부' 참고)

- **다양한 공간 활용 가능성, 칙칙한 공장의 화려한 변신**: 공장이나 창고는 제조업이나 물류업이 아니더라도 활용도가 무궁무진합니다. 높은 층고와 기둥 없는 넓은 내부 공간은 다른 부동산이 갖지 못하는 큰 장점입니

다. 요즘에는 낡은 공장이나 창고를 개조해 대형 창고형 카페, 가구 전시장, 유튜브 촬영 스튜디오 등을 만드는 경우가 많습니다. 칙칙한 공장이 '힙한' 공간으로 바뀌면 임대료가 몇 배나 뛰기도 합니다. 만약 제조업 경기가 나빠져 공장 임대가 되지 않는다면 실내 테니스장, 클라이밍장, 골프 연습장 등 실내 스포츠 시설로 용도를 변경해 임대를 놓을 수도 있습니다.

단점

- **'억' 소리 나는 초기 투자금과 추가 비용**: 아파트는 5억 원, 10억 원 단위로 접근 가능하지만, 공장이나 창고는 기본 시작 단위가 '수십억'인 경우가 많습니다. 단순히 낙찰가만 생각해서는 안 됩니다. 공장이나 창고는 아파트처럼 LTV(담보인정비율)가 높게 나오지 않습니다. 은행이 리스크가 크다고 보기 때문입니다. 따라서 더 많은 자기 자본이 필요합니다. 그리고 낙찰가 외에 취득세(과밀억제권역 8.6%, 대도시 내 법인 12.6%), 건물 수리비(지붕 방수, 전기 증설 등), 폐기물 처리 비용 등 예상치 못한 추가 비용이 수천만 원에서 억 단위까지 발생할 수 있습니다.

- **환금성 문제, 수요자의 범위가 좁아 거래가 지연되기 쉽다**: 아파트는 많은 사람이 찾는 일반적인 공간이므로 금방 매도할 수 있습니다. 하지만 공장은 다릅니다. 필요한 업종, 필요한 규모, 필요한 위치가 딱 맞는 수요자가 있어야만 매도할 수 있습니다. 예를 들어 내 공장의 전력량이 50kW라면 100kW가 필요한 업체는 절대 오지 않습니다. 진입로가 좁아 대형 트레일러가 들어오지 못하는 곳에 위치해 있으면 물류창고로는 팔 수 없습니다. 이처럼 수요층이 매우 한정적입니다. 아파트는 몇 달 안

에 매도하는 것을 기대하지만, 공장이나 창고는 1년 이상 팔리지 않는 경우도 흔합니다. 급할 때 바로 현금화하기 어렵다는 점을 반드시 인지하고, 장기적인 자금 계획을 세워야 합니다.

- **특수 리스크 존재, 숨겨진 지뢰를 조심하라**: 공장이나 창고는 일반 부동산에서는 상상하기 힘든 문제들이 숨어 있을 수 있습니다. 1순위 위험은 산업 폐기물입니다. 땅속에서 이전에 공장을 사용했던 사람들이 몰래 묻어놓은 유독성 폐기물이 발견되면, 그 처리 비용은 낙찰가를 훌쩍 뛰어넘을 수 있습니다. 사실상 땅을 버려야 하는 최악의 상황이 발생할 수 있습니다. 2순위 위험은 인허가 문제입니다. 분명 경매 물건은 '공장'이었는데, 낙찰받고 특정 업종으로 사용하려 하니 법규가 바뀌거나 주변 민원 때문에 인허가가 나오지 않는 황당한 경우가 있을 수 있습니다. 3순위 위험은 기계 설비 명도입니다. 경매에는 토지와 건물만 나왔는데, 내부에 거대한 기계나 설비가 남아 있을 수 있습니다. 간혹 「공장저당법」에 따라 기계·기구 목록이 등기되어 건물과 함께 경매에 나오는 경우도 있으나, 그렇지 않다면 이 기계들을 정리하는 데 드는 명도 비용과 시간, 법적 분쟁은 온전히 낙찰자의 몫이 될 수 있습니다. 높은 수익률만 보고 섣불리 뛰어들기보다는 단점에서 언급된 리스크들을 스스로 확인하고, 감당할 수 있는지 철저히 분석한 뒤 신중하게 접근해야 합니다.

공장·창고 관련 법규 이해

공장·창고 경매에 참여하기 위해서는 관련 법규에 대한 충분한 이해가 필수입니다.

「산업집적활성화 및 공장설립에 관한 법률」(산업집적법)

공장의 설립, 이전, 증설 등에 관한 절차와 기준을 규정하고 있으며, 특히 산업단지 내 공장의 경우 입주 가능 업종이나 자격에 제한이 있을 수 있으므로, 입찰 전에 해당 산업단지 관리기관을 통해 입주 가능 여부를 반드시 확인해야 합니다.

- 가장 먼저 해당 산업단지를 관리하는 주체를 찾아야 합니다. 보통 '관리공단' 또는 '관리사무소'라는 이름을 가집니다. 한국산업단지공단(KICOX)에 연락해 관심 있는 산업단지의 관리기관 연락처를 문의합니다. (대표번호: 070-8895-7000)
- 문의를 하기 전에 경매 물건의 정확한 주소, 자신이 입주해서 하려는 업종(구체적일수록 좋음) 등을 미리 정리해두면 원활한 상담이 가능합니다.
- 관리기관 담당자에게 "현재 경매가 진행 중인 ○○번지 공장에 관심이 있습니다. 이 공장을 낙찰받을 경우, 입주 자격에 특별한 제한이 있나요?"라고 문의해 입주 자격을 확인합니다. 그리고 "제가 ○○업종을 운영하려고 하는데, 귀 산업단지의 관리기본계획상 입주가 가능한 업종인지 확인 부탁드립니다"라고 문의해 업종 제한을 확인합니다. 마지막으로 매우 중요한 질문인데, "혹시 해당 공장에 체납된 관리비가 있는지 알 수 있을까요?"라고 문의해 체납관리비를 확인합니다. 이때 나중에 생길지 모르는 분쟁을 막기 위해 담당자의 이름과 답변 내용을 녹취합니다. 가능하다면 이메일이나 팩스로 '입주가능확인서' 같은 서류를 받아두는 것이 좋습니다.

「국토의 계획 및 이용에 관한 법률」(국토계획법)

- 토지의 용도지역에 따라 건축할 수 있는 건물의 종류, 규모 등이 정해져 있으므로, 해당 공장이나 창고가 위치한 토지의 용도지역을 확인하고, 관련 규제를 면밀히 검토해야 합니다.
- 관심이 있는 공장이나 창고 부지에 대한 규제를 알고 싶다면 토지이음에 접속한 뒤 '주소 검색 → 행위제한내용설명 → 행위가능여부'를 클릭해 확인합니다. 현재 공장 건물이 적법한지, 다른 용도로 변경(예: 창고를 카페로)해도 되는지 등을 정확하게 확인하고 싶다면 관리기관에 문의해야 합니다. 그리고 추가로 주차장 문제, 정화조(오수처리시설) 용량 문제, 불법건축물 여부, 도로 저촉 여부 등은 지방자치단체 담당 공무원에게 문의합니다. 낙찰 후 소유권이전등기, 명도 절차 등 법률 서류 업무 대행 등은 법무사의 도움을, 건물의 안전 상태, 리모델링 가능 여부 진단, 용도 변경(예: 카페) 가능 여부 등은 건축사의 도움을, 보유세, 양도소득세, 법인 설립 여부 등은 세무사의 도움을 받아야 합니다. 이들의 자문을 종합적으로 검토한 뒤 투자에 임하는 것이 안전합니다.

환경 문제, 폐기물 처리 등 특수 리스크 관리

공장·창고 경매에는 일반 부동산에서는 찾아보기 힘든 특수한 리스크가 존재하며, 이에 대한 철저한 사전 조사가 필요합니다.

환경 문제

- 이전에 운영되던 공장의 업종에 따라 토양이나 지하수가 오염되었을 가

능성이 있습니다. 토양 오염 등이 발견될 경우, 정화 비용으로 막대한 금액이 소요될 수 있으므로, 입찰 전에 반드시 토양 오염 여부를 확인해야 합니다.

- 입찰 전에 공장이나 창고 부지에 구멍을 뚫어(시추) 흙을 채취하고 분석하는 건 현실적으로 불가능합니다. 그러므로 간접적인 단서로 위험을 피해야 합니다. 토양 오염은 특정 업종에서 주로 발생합니다. 공장이나 창고가 도금, 염색, 도장(페인트), 피혁, 화학약품 제조나 보관, 주유소, 폐차장 등으로 이용되었다면 초보자는 일단 피하는 것이 상책입니다. 등기사항전부증명서의 과거 소유자나 주변 공장 사람들을 탐문해 이전 업종을 추리해볼 필요가 있습니다. 또한 현장 조사 시 공장이나 창고 부지 색깔이 주변과 달리 유독 검거나 푸르스름하게 변색된 곳은 없는지, 역한 화학 약품 냄새나 기름 냄새가 나지는 않는지, 공장 옆 하천이나 배수로에 유막이 떠 있거나 색이 이상하지는 않은지 유심히 관찰해야 합니다. 이상한 점이 하나라도 발견되면 위험 신호로 간주하고 입찰을 재고해야 합니다.

폐기물 처리

- 공장이나 창고 내에 방치된 기계, 설비, 자재 등 산업 폐기물 처리 비용은 모두 낙찰자의 몫입니다. 폐기물의 종류나 양에 따라 처리 비용이 크게 달라질 수 있으므로, 현장 조사를 통해 폐기물의 상태를 꼼꼼히 확인하고 처리 비용을 미리 산정해야 합니다.
- 폐기물 처리 비용은 수백만 원에서 수억 원까지 나올 수 있는 '숨겨진 폭탄'입니다. 그러므로 공공데이터포털(www.data.go.kr)에 접속한 뒤 검색창

에 '폐기물 처리 업체 현황'을 입력해 해당 지역의 폐기물 처리 업체를 조회해보아야 합니다. 그리고 폐기물 처리 업체 사장님에게 출장비나 자문료를 주고 현장 조사에 동행을 요청하는 것이 좋습니다. 전문가는 눈으로만 봐도 폐기물의 종류를 구분하고, 처리 비용을 대략적으로 산출할 수 있습니다. 이 견적을 입찰가에서 미리 빼고 생각해야 합니다.

- 문이 열려 있다면 반드시 내부로 들어가 모든 공간을 사진과 동영상으로 남겨야 합니다. 이때 쌓여 있는 폐기물의 종류(건축 폐자재, 기계 부속, 정체불명의 드럼통 등)와 양을 최대한 자세히 기록해야 합니다. 그리고 현재 공장을 사용 중인 사람이 있다면 내부에 있는 기계나 자재들은 어떻게 처리할 계획인지 정중하게 물어보는 것이 좋습니다. 답변을 통해 폐기물에 대한 단서를 얻을 수 있습니다.

- 낙찰 후에는 3곳 이상의 폐기물 처리 업체에 연락해 현장 견적을 받습니다. 업체마다 비용이 크게 다를 수 있습니다. 반드시 시·군·구청이나 한국폐기물협회를 통해 정식으로 허가받은 업체인지 확인해야 합니다. 한국폐기물협회(www.kwaste.or.kr)에 접속한 뒤 '자원순환정보 → 폐기물처리업체 현황'을 클릭하면 확인할 수 있습니다. 무허가 업체에 맡겼다가 불법 매립이라도 하면, 토지 소유자인 낙찰자에게 모든 책임이 돌아옵니다.

- 처리할 폐기물의 범위, 처리 비용, 작업 기간, 대금 지급 방법 등을 명시한 계약서를 반드시 작성해야 합니다. 그리고 작업이 끝나면 폐기물을 적법하게 처리했다는 증거인 '폐기물인계서' 또는 '처리확인서'를 받아두어야 합니다. 이것이 향후 분쟁을 막는 부적 역할을 해줄 것입니다.

기타 리스크

- 불법건축물 여부, 소방 시설 미비, 각종 인허가 문제 등 다양한 리스크가 잠재되어 있을 수 있습니다. 따라서 구청이나 소방서 등 관련 기관을 방문해 해당 부동산에 법적인 문제가 없는지 확인하고, 필요하다면 전문가의 자문을 구하는 것이 바람직합니다.
- 불법건축물 여부는 건축물대장을 발급받아 확인합니다. 건축물대장에 '위반건축물'이라고 기재되어 있지 않더라도, 도면에 없는 샌드위치 패널 구조물이나 가건물 등이 있는지 발급받은 도면과 현장의 실제 건물을 눈으로 비교해보는 것이 좋습니다.
- 소방 시설 미비 여부는 공장이나 창고 소재지의 관할 소방서를 방문해 확인합니다. 주소를 알려주고 건물에 대한 최근 소방 점검 결과와 미비 사항, 과태료 부과 내역 등을 문의합니다. 소방 시설 설치는 큰 비용이 들 수 있어 필수 확인 사항입니다.
- 각종 인허가 문제는 시·군·구청 담당 공무원에게 확인합니다. 이전 사업자가 운영하던 업종과 관련된 인허가(예: 대기, 수질 배출 시설 허가 등)가 있는지, 이 허가가 현재도 유효한지, 낙찰자가 승계하는 데 문제는 없는지 등을 담당 공무원에게 직접 문의합니다.

초보자를 위한 안전하고 수익성 좋은 공장·창고 발굴 노하우

초보자가 지금까지 언급한 모든 리스크를 고려해 수익을 높일 수 있는 현실적인 전략은 다음과 같습니다.

- **산업단지 내 물건부터 시작하라**: 개별 입지 공장보다 관리가 잘되고 기반 시설(도로, 전기 등)이 우수하며, 관리사무소를 통해 정보를 얻기 용이해 리스크가 상대적으로 적습니다.
- **클린 업종을 타깃으로 하라**: 토양 오염 위험이 있는 화학, 도금, 염색 공장은 피하고, 단순 조립, 물류 보관, 인쇄, 자동화된 기계 가공, 식품 공장(HACCP 인증) 등 오염 가능성이 적은 업종의 물건을 최우선으로 검토하는 것이 좋습니다.
- **작은 규모부터 공략하라**: 대지가 수천 평인 큰 공장부터 시작하기보다는 대지 200~500평, 건물 100~300평 내외의 작은 물건부터 시작하는 것이 좋습니다. 초기 투자금이 적고, 임차인을 구하기 쉬우며, 만약의 리스크가 발생해도 손실이 적습니다.
- **가격이 비정상적으로 싸다면 의심하라**: 유찰이 많이 되어 가격이 시세보다 현저히 싸다면, 앞서 언급한 치명적인 리스크(폐기물, 토양 오염 등)가 숨어 있을 확률이 99%입니다. '싸고 좋은 것은 없다'라는 말을 늘 기억해야 합니다.
- **모의 투자로 실전 감각을 키워라**: 입찰에 참여하기 전에 관심 있는 물건 3~4개를 정해 실제처럼 권리분석, 현장 조사, 리스크 분석, 예상 처리 비용 산출을 모두 해봅니다. 예상 입찰가를 정한 뒤 실제 낙찰 결과를 지켜보며 자신의 분석과 비교하는 과정을 반복하면 돈 한 푼 들이지 않고도 귀중한 경험을 쌓을 수 있습니다.

공장·창고 체크리스트

구분	세부 항목	확인 내용 및 메모	체크(V)
법규/행정	(필수) 산업단지 내 여부 및 입주 가능 업종 확인, 관리기관 통화		
	토지이용계획확인서 확인 (이용 가능 용도 검토)		
	(필수) 이전 업종 확인 (토양 오염 리스크) 등기사항전부증명서, 주변 탐문		
	(필수) 소방 시설 미비 및 인허가 문제 관할 소방서, 구청 문의		
물리적 상태	도로 폭(대형 트레일러 진입 가능 여부)		
	전력 용량(kW) 및 수도/가스 시설		
	건물 노후도(지붕 누수, 바닥 상태)		
	(필수) 내부 폐기물 전문 업체 통한 처리 비용 견적		
수익성	주변 공장/창고 임대 시세		
	수리비, 폐기물 처리 비용, 세금(취득세, 부가가치세 등)		
	예상 수익률 및 지가 상승 가능성	(월세 × 12) ÷ (실투자금) = 연수익률 ○○%	
	최대 입찰 상한가	시세 − 예상 비용 − 최소 수익	
최종 의견	장점/단점/종합 평가	예: 산업단지 내 위치, 진입로가 협소한 것이 단점	

032 땅의 운명을 결정하는 용도지역
돈 되는 땅 고르는 법

토지 투자는 아파트나 상가와 달리 눈에 보이는 건물이 아닌, 땅의 '가능성'에 투자하는 것입니다. 그 가능성을 읽어내는 언어가 바로 '용도지역'입니다. 같은 땅이라도 용도지역에 따라 주택을 지을 수도 있고, 공장을 지을 수도 있고, 아무것도 하지 못할 수도 있습니다.

이번 장에서는 토지의 가치를 결정하는 용도지역의 모든 것을 완벽하게 분석하고, 치명적인 위험을 피하며 미래 가치가 높은 땅을 선점하는 실전 전략을 알아보겠습니다.

용도지역이란?

토지의 이용과 건축물의 용도를 합리적으로 규제·관리하기 위해 「국토의 계획 및 이용에 관한 법률」에서 정해놓은 지역 구분을 말합니다. 쉽게 말해, 땅을 어떻게 쓸 수 있는지 미리 정한 구역입니다. 용도지역은 도시지역, 관리지역, 농림지역, 자연환경보전지역으로 구분됩니다.

토지 투자의 기본 원칙과 용도별 분류

구분	용도지역	초보자 투자 전략
도시지역	1종·2종 전용주거지역	수익성이 매우 낮음, 가격이 저렴하지 않으면 피하는 것이 좋음.
	1종 일반주거지역	4층 이하 저층 주택만 가능, 다세대주택 부지로 적합
	2종 일반주거지역	중층 건물 건축 가능, 투자성이 양호해 가장 흔하게 접하는 투자 대상
	3종 일반주거지역	고층 아파트 건축이 가능해 가치가 매우 높음.
	준주거지역	주거와 상업 기능이 모두 가능, 활용도가 가장 높은 최우선 관심 대상
	중심·일반·근린·유통상업지역	초기 투자금이 많이 필요, 고위험 · 고수익 투자처
	전용·일반공업지역	공장 등 산업 시설 전용, 특정 목적이 없다면 비추천
	준공업지역	주거 · 업무 타운으로 변모 가능, 저렴하게 낙찰 후 개발하는 전략이 유효함.
	보전·생산녹지지역	개발이 엄격히 제한되므로 피해야 함.
	자연녹지지역	제한적 개발이 가능, 향후 용도 변경 가능성을 보고 장기 투자로 접근
관리지역	보전관리지역	규제가 매우 강해 반드시 피해야 함.
	생산관리지역	개발 제한적, 귀농 · 귀촌 등 특정 목적이 아니면 신중히 접근
	계획관리지역	개발 가능성이 가장 높아 최우선으로 검토해야 할 투자 대상
농림지역	농림지역	영농 목적이 아니라면 투자 대상에서 제외하는 것이 좋음.
자연환경보전지역	자연환경보전지역	개발이 거의 불가능하므로 절대 투자해서는 안 됨.

도시지역

도시지역은 인구와 산업이 밀집되어 있거나 밀집이 예상되는 지역으로, 인프라가 갖춰져 있고 수요가 꾸준해 투자자가 가장 먼저 관심을 갖는 대상입니다. 주거지역, 상업지역, 공업지역, 녹지지역으로 나눕니다. 용도지역 별로 건축할 수 있는 건물의 종류와 규모가 다르므로, 투자 목적에 맞는 용도지역의 토지를 선택해야 합니다.

- **주거지역**: 시민의 주거 생활을 보호하기 위한 지역입니다. 크게 전용주거지역, 일반주거지역, 준주거지역으로 나눕니다. 전용주거지역(1종, 2종)은 단독주택 위주의 쾌적한 환경이 조성된 곳입니다. 건폐율과 용적률이 낮아 사업성이 떨어집니다. 일반주거지역(1종, 2종, 3종)은 주로 다세대주택, 아파트 단지가 있는 곳입니다. 1종 일반주거지역은 4층 이하의 다세대주택 부지로 적합합니다. 2종 일반주거지역은 소규모 아파트와 오피스텔 부지로 인기가 많습니다. 경매나 공매 시장에서 가장 흔하고, 투자성이 양호한 물건이 많습니다. 3종 일반주거지역은 층수 제한이 거의 없어 고층 아파트 건축이 가능합니다. 역세권 등 좋은 입지의 3종 일반주거지역 토지는 가치가 가장 높습니다. 준주거지역은 주거 기능에 상업 기능이 추가된 곳입니다. 주택은 물론 상가, 오피스텔 등 다양한 건물을 건축할 수 있고, 용적률도 높아 활용도가 가장 높습니다. 투자자에게 가장 매력적인 '알짜배기' 토지라 할 수 있습니다.

- **상업지역**: 상업 및 업무 기능 확충을 위한 지역입니다. 가장 높은 건폐율(최대 90%)과 용적률(최대 1,500%)을 자랑합니다. 백화점, 대형 마트, 호텔, 오피스 빌딩, 주상복합 아파트 등 거의 모든 상업·업무 시설이 가능합니다. 토지 가격이 비싸 초기 투자금이 많이 듭니다. 하지만 유동 인구가 보장되는 핵심 입지인 상업지역 토지는 '하이 리스크, 하이 리턴'의 대표주자입니다. 소상공인365, 인근 공인중개사무소, 시·도 홈페이지, 언론 기사 등을 통해 주변 공실률, 상권의 활성도, 개발 호재 등을 반드시 확

인해야 합니다.

- **공업지역**: 공장 등 산업 시설을 수용하기 위한 지역입니다. 공업지역 중 준공업지역은 낡은 공장지대가 신흥 주거·업무 타운으로 변모하는 경우가 많아 숨겨진 투자처로 각광받고 있습니다. 경매·공매로 창고나 공장 부지를 낙찰받아 지식산업센터나 오피스텔로 개발하는 전략이 유효합니다.

- **녹지지역**: 도시의 자연환경 보전 및 시민의 휴식 공간 제공을 위한 지역입니다. 보전녹지지역, 생산녹지지역, 자연녹지지역으로 나뉩니다. 보전녹지지역과 생산녹지지역은 개발이 매우 엄격하게 제한됩니다. 초보 투자자는 피해야 합니다. 자연녹지지역은 제한적이지만 단독주택, 소규모 근린생활시설(카페, 식당 등) 건축이 가능합니다. 특히 도시 확장으로 장차 주거지역이나 상업지역으로 용도가 변경될 가능성이 있는 곳은 장기 투자 대상으로 매우 매력적입니다.

용도 변경은 최소 5년~10년 이상을 내다보는 장기 투자입니다. 현장에 갔을 때, 기존의 2차선 도로를 4차선 이상으로 확장하는 공사를 하고 있거나 새로운 도시계획도로가 예정되어 있다면(토지이음에서 확인 가능), 그 도로를 따라 개발이 이루어지고 주변 토지의 용도가 변경될 가능성이 매우 높습니다. 시·군청 홈페이지의 '고시/공고'에서 '도시관리계획 결정(변경) 및 지형도면 고시'라는 제목의 공고문을 주시하세요. 여기에서 어느 지역의 용도지역이 어떻게 변경될 것인지 확인할 수 있습니다. 토지이음의 '고시정보'에서도 확인할 수 있습니다.

대규모 산업단지(예: 용인 반도체 클러스터), 신도시 또는 대규모 택지개발지구, 새로운 전철역 또는 KTX역, 대학교 또는 대형 병원 이전이나 신설 등 대형 프로젝트가 확정된 곳으로부터 반경 2~3km 내에 있는 자연녹지지역은 배후 주거지나 상업시설 부지로 용도가 변경될 가능성이 높습니다.

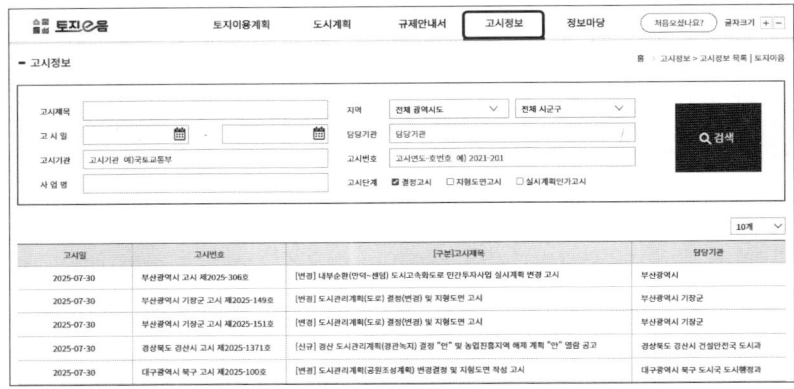

▲ 토지이음 홈페이지

관리지역

도시지역의 인구와 산업을 수용하기 위해 도시지역에 준하여 체계적으로 관리하거나, 농림업의 진흥, 자연환경 또는 산림의 보전을 위해 농림지역 또는 자연환경보전지역에 준하여 관리가 필요한 지역입니다. 계획관리지역, 생산관리지역, 보전관리지역으로 나뉘며, 개발 가능성과 규제 수준에 차이가 있습니다.

- **계획관리지역**: 도시지역으로의 편입이 예상되는 지역으로, '황금알을 낳는 거위'라 불립니다. 건폐율 40%, 용적률 100%로 비도시지역 중 개발 밀도가 가장 높습니다. 아파트를 제외한 거의 모든 종류의 건축(단독/다가구주택, 공장, 창고, 소매점 등)이 가능해 활용도가 다양합니다. 경매나 공매

에 계획관리지역 토지가 나왔다면, 1순위로 검토해야 합니다. 특히 2차선 이상 도로에 접해 있고, 주변에 공장이나 주택 단지가 형성되고 있다면 금상첨화입니다. 저렴하게 낙찰받아 전원주택 단지로 개발하거나, 소규모 공장 또는 창고 부지로 매각해 단기 차익을 노릴 수도 있습니다.

- **생산관리지역**: 농업, 임업, 어업 생산을 위해 관리가 필요한 지역입니다. 계획관리지역보다 개발이 제한적입니다. 건폐율 20%, 용적률 80%로 투자 매력도는 낮습니다. 다만, '농업진흥구역'으로 지정되지 않은 생산관리지역 토지는 귀농이나 귀촌을 준비하는 사람에게 저렴한 농가주택 부지로 적합할 수 있습니다.
- **보전관리지역**: 자연환경 보호, 산림 보호를 위해 보전이 필요한 지역입니다. 규제가 가장 강력합니다. 건폐율 20%, 용적률 80%로 생산관리지역과 같지만, 건축 가능한 건물의 종류가 훨씬 제한적입니다. 반드시 피해야 할 토지입니다. 경치 좋은 곳에 저렴하게 나왔다고 덜컥 낙찰받았다가 아무것도 하지 못하고 돈이 묶일 수도 있습니다.

농림지역

농업 진흥과 산림 보전을 위한 지역으로, 개발 행위가 제한됩니다. 농지취득자격증명서 발급이 필요하며, 영농 목적이 아니라면 투자 대상에서 제외하는 것이 좋습니다. (자세한 내용은 33장 '농사꾼이 아니라도 괜찮아! – 농지 투자의 숨겨진 기회' 참고)

자연환경보전지역

자연환경, 수자원, 해안, 생태계, 상수원 및 문화재의 보전과 수산자원의 보호·육성을 위해 필요한 지역으로, 개발이 엄격하게 제한됩니다. 공익적 목적의 일부 시설 외에는 허가가 나지 않습니다. 경매·공매에서 수차례 유찰되는 토지는 대부분 이런 토지입니다. 저렴하다고 덜컥 낙찰받으면 영원히 매도하지 못하는 애물단지가 될 가능성이 매우 큽니다. 유일한 희망은 정부나 지자체에서 공익사업을 위해 수용해주는 것인데, 이런 경우는 매우 드뭅니다.

맹지, 개발제한구역 등 위험 토지 식별 및 회피 전략

토지 투자는 높은 수익률만큼이나 큰 위험이 따르므로, 투자의 안정성을 해치는 위험 토지를 식별하고 회피하는 능력이 중요합니다.

맹지

맹지란, 도로에 접한 부분이 전혀 없는 토지를 말합니다. 건축 허가를 받기 위해서는 반드시 도로에 2m 이상 접해 있어야 합니다. 맹지는 건축이 불가능해 개발 가치가 현저히 떨어집니다. 맹지를 탈출하기 위해서는 인접 토지를 매입하거나 토지 사용 승낙을 받아야 하는데, 이는 결코 쉬운 일이 아니므로 초보 투자자는 가급적이면 피하는 것이 좋습니다. 맹지를 확인하는 방법은 다음과 같습니다.

- **토지이음 활용**: 토지이음에 접속해 경매 물건 주소를 입력한 뒤 '토지이용계획 → 확인도면'을 클릭합니다. 경매나 공매 물건의 경계선이 노란

색이나 흰색으로 표시된 도로에 접해 있는지 확인합니다. 육안으로 보기에 길이 있는 것 같아도, 지적도상 '구거(도랑)'나 타인 소유의 '현황도로'에 접해 있다면 맹지입니다. 이곳은 건축 허가가 나지 않습니다.

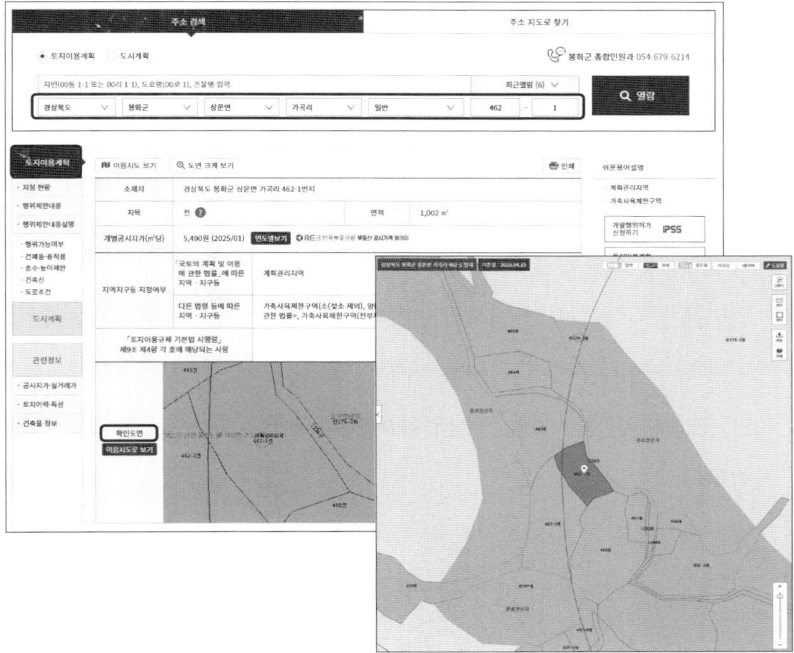

▲ 토지이음 홈페이지

- **현장 방문(발품)**: 현장에 갔는데 아스팔트 포장이 되어 있다고 해서 무조건 도로인 것은 아닙니다. 해당 도로가 '도로'로 표시되어 있는지, 개인 사유지(지번이 부여된 '대지'나 '전' 등)인지 반드시 확인해야 합니다. 해당 토지가 있는 시·군·구청의 담당 공무원(건축과 또는 민원실)에게 전화해 "○○동 ○○번지 토지에 건축 허가를 위한 진입로가 확보되어 있나요?"라고 문의하는 것이 가장 확실합니다.

개발제한구역(그린벨트)

도시의 무질서한 확산을 방지하고 도시 주변의 자연환경을 보전하기 위해 지정된 구역으로, 건축물의 신축, 증축, 용도 변경 등 개발 행위가 엄격히 제한됩니다. 개발제한구역 내 토지는 투자 가치가 낮지만, 개발제한구역이 해제될 경우 막대한 시세 차익을 기대할 수 있어 장기적인 관점에서 신중하게 접근해야 합니다. 개발제한구역 내 건축 가능 조건은 다음과 같습니다.

- **단독주택·다가구주택 건축**: 개발제한구역 지정 당시 지목이 대(垈)인 토지 또는 기존주택(건축물관리대장 등재)이 있는 토지에는 새로운 주택을 건축할 수 있습니다. 개발제한구역에 기존주택을 소유·거주하고 있는 농업인은 농사에 필요한 경우 기존주택을 철거한 뒤 소유하고 있는 농장이나 과수원(1만㎡ 이상, 진입로 형질 변경 불필요)에 주택을 신축할 수 있습니다. 단, 신축한 주택은 농림·수산업을 위한 시설 외로는 용도 변경할 수 없습니다.

    공익사업으로 기존주택 철거 시 기존주택 소유자는 자신 소유의 토지(철거일 당시 소유권을 확보한 토지)에 새로운 주택을 건축할 수 있습니다. 또한 재해로 주택 거주 불가 시 재해 후 6개월 이내에 소유권을 확보한 토지에 새로운 주택을 건축할 수 있습니다. 개발제한구역으로 지정되기 이전부터 있던 기존주택이 증축이나 개축이 불가능한 경우에는 취락지구에 새로운 주택을 건축할 수 있습니다.

- **근린생활시설 건축**: 1999년 6월 24일 이후 신축된 근린생활시설 또는 주택을 용도 변경한 근린생활시설은 증축할 수 있습니다. 지정 당시 지목이 대(垈)이거나 기존주택이 있는 토지에는 근린생활시설을 새로 건축할 수 있습니다. 단, 상수원 상류 하천 경계 1㎞ 이내 지역에는 오염 물

질 배출 시설을 신축할 수 없습니다. 공익사업으로 기존 근린생활시설이 철거되는 경우, 소유의 토지(철거일 당시 소유권을 확보한 토지)에 근린생활시설을 새로 건축할 수 있습니다.

- **휴게음식점·제과점·일반음식점 건축**: 개발제한구역 지정 당시 거주자 또는 5년 이상 거주자는 그린벨트 안에 휴게음식점·제과점 또는 일반음식점을 건축할 수 있습니다. 또한 300㎡ 이하 주차장 설치도 가능합니다(도로, 도랑, 소하천으로 분리된 토지 포함). 단, 용도 변경 시 주차장 부지를 원래 지목으로 환원해야 합니다. 개발제한구역 안에서의 구체적인 건축 행위는 지역별 조례나 상황에 따라 달라질 수 있습니다. 그러므로 시·군·구청 담당 공무원에게 자세하게 문의해보는 것이 좋습니다.

개발제한구역 해제를 노린 장기 투자, 현실적 조언

- **'묻어두면 언젠가 오르겠지'라는 생각은 버려라**: 해제 가능성이 없는 개발제한구역은 10년, 20년이 지나도 가치가 거의 오르지 않습니다.
- **해제가 될 만한 곳을 골라라**: 1순위는 '집단취락지구'입니다. 개발제한구역 내에 자연적으로 형성된 마을(보통 20가구 이상)을 말합니다. 이런 곳은 일반 개발제한구역보다 행위 제한이 다소 완화되고, 향후 개발제한구역이 해제될 때 우선 대상입니다. 경매 물건이 집단취락지구 내에 위치해 있는 대지라면 투자 가치가 있습니다. 2순위는 '대도시 경계에 접한 그린벨트'입니다. 정부의 신도시 개발이나 대규모 주택 공급 계획 발표 시 기존 도시와 가까운 그린벨트부터 해제될 가능성이 높습니다. 국토교통부나 해당 지자체의 '도시기본계획'을 주기적으로 확인하며 해제 가능성을 예측해보는 것이 좋습니다. 그린벨트는 최소 10년 이상을 바

라보는 장기 투자입니다. 전체 투자금의 일부, 없어도 되는 여윳돈으로 접근해야 합니다. '자식에게 물려준다'라는 생각으로 투자해야 하며, 단기 차익을 노리는 초보 투자자는 투자하지 않는 것이 좋습니다.

군사시설보호구역

모든 건축 행위 시 관할 부대와의 '협의'가 필수입니다. 건물의 높이는 물론이고 색깔까지 제한될 수 있으며, 협의 과정이 길고 까다롭습니다. 특히 '통제보호구역'은 사실상 개발이 불가능하며, '제한보호구역'은 조건부로 가능합니다. 관할 부대의 동의를 얻지 못하면 아무것도 할 수 없습니다. 군부대 이전 계획 같은 확실한 호재가 없는 한, 투자 가치는 낮습니다.

상수원보호구역

수질 오염을 유발할 수 있는 모든 행위(주택, 공장, 식당 등)가 금지됩니다. 개발이 거의 불가능한 토지입니다. 투자 가치가 거의 없습니다. 자연환경보전지역과 동급으로 취급해야 합니다.

문화재보호구역

문화재 주변 일정 거리(예: 500m) 내에서는 '문화재 현상변경허가'를 받아야 합니다. 건물의 높이와 디자인이 문화재의 경관을 해치지 않아야 하므로, 개발이 매우 제한적입니다. 경주시, 부여시 등 역사 도시의 토지는 대부분 이에 해당할 수 있습니다. 규제로 인해 투자 가치는 낮지만, 한옥 카페나 전통찻집 등 문화재와 어울리는 특정 용도로 개발할 수 있다면 오히려 희소성 있는 가치를 만들 수도 있습니다. 하지만 이는 고도의 전문성이 필요하므로 초보자는 투자 대상에서 제외하는 것이 좋습니다.

토지 개발 가능성 분석 및 투자 수익 극대화 방안

토지 투자의 성공은 개발 가능성을 얼마나 정확하게 예측하느냐에 달려 있습니다.

입지 분석

도로 접근성, 주변 인프라, 인구 유입 가능성, 지역 개발 계획 등 입지 여건을 종합적으로 분석해 장기적으로 가치가 상승할 가능성이 높은 지역을 선별해야 합니다.

- **1단계 거시 분석 – '숲' 보기**: 국토교통부나 각 시·도 홈페이지에서 국토종합계획, 도시기본계획, 도시관리계획 문서를 찾아봅니다. 여기에 앞으로 10년, 20년간 어느 지역을 어떻게 개발할지 큰 그림이 나와 있습니다. '새로운 산업단지 조성', '신도시 건설', '고속도로 신설', '철도 신설' 등의 계획이 발표된 지역을 주목합니다. 참고로 서울특별시는 서울도시공간포털(urban.seoul.go.kr)에 접속한 뒤 '도시관리계획 → 도시계획알림서비스신청'을 클릭해 알림 서비스를 신청하면 1~2주마다 '서울시 도시계획 결정 및 열람 공고 사항'을 알림톡으로 받아볼 수 있습니다. 경기도 수원특례시의 경우 수원특례시청 홈페이지(www.suwon.go.kr)에 접속한 뒤 '분야별정보 → 도시 → 도시계획 → 도시기본계획·도시관리계획'을 클릭하면 수원특례시의 도시기본계획과 도시관리계획을 확인할 수 있습니다.

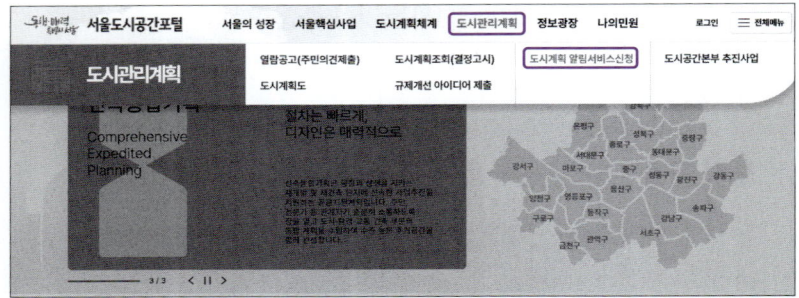
▲ 서울도시공간포털 홈페이지

- **2단계 미시 분석 – '나무' 보기**: 지역 뉴스나 지방자치단체 공고 등을 통해 장래 도로망 계획을 확인합니다. 신설 IC, 도로 확장 계획이 있는 곳의 주변 토지와 초등학교 신설 계획(젊은 층 유입), 대기업, 대형 병원 입주 계획 등이 있는 곳의 주변 토지는 가치가 상승합니다. KOSIS 국가통계포털(kosis.kr)에 접속한 뒤 '인구 → 국내인구이동통계 → 시군구별 이동자수'를 클릭하면 관심 지역의 최근 5년간 인구 증감 추이를 확인할 수 있습니다. 인구가 꾸준히 순유입되는 지역의 토지는 수요가 매우 탄탄합니다.

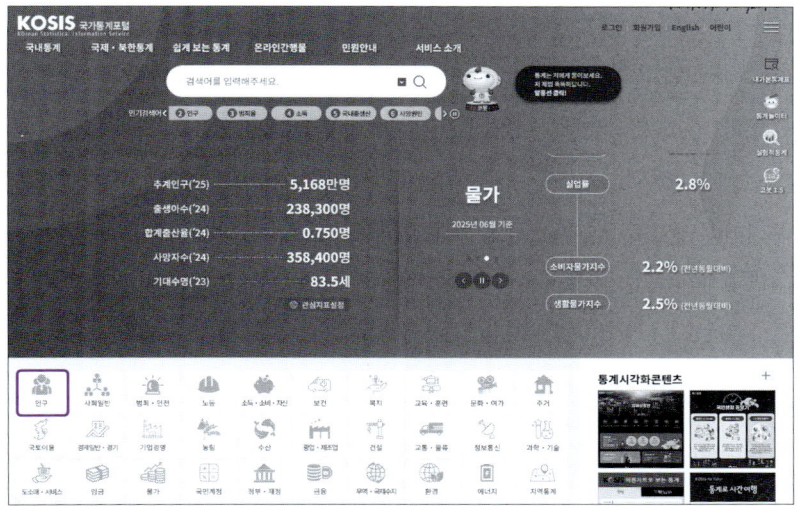

▲ KOSIS 국가통계포털 홈페이지

- **3단계 최종 확인 – 현장 조사**: 낮과 밤, 주중과 주말에 모두 방문해 실제 유동 인구, 교통량, 주변 분위기를 파악합니다. 인근 공인중개사무소 3~4곳을 방문해 "요즘 이 지역에 좋은 소식 있나요?"라고 물어보면 예상치 못한 고급 정보를 얻을 수도 있습니다. 단, 정보의 사실 확인은 필수입니다. 루머에 속지 마세요.

관련 법규 검토

「국토의 계획 및 이용에 관한 법률」, 「건축법」 등 관련 법규를 통해 해당 토지에 건축 가능한 건물의 종류, 규모, 건폐율, 용적률 등을 확인하고, 개발행위에 따르는 제한 사항은 없는지 면밀히 검토해야 합니다. 실제 건축 시에는 해당 시·군·구 의회에서 정한 조례가 적용됩니다. 자치법규정보시스템(www.elis.go.kr)에 접속한 뒤 해당 토지가 속한 시·군·구(예: 용인시)의 도시계획조례를 찾아 조례의 '별표' 부분을 보면, 해당 토지에 건축할 수 있는 건축물을 확인할 수 있습니다.

수익성 분석

토지 매입 비용, 개발 비용, 세금 등 총 투자 비용을 산출하고, 개발 후 예상되는 임대 수익이나 매각 차익을 분석해 투자 수익률을 예측해야 합니다. 토지 투자는 단기적인 시세 차익보다는 장기적인 가치 상승을 목표로 접근해야 하며, 철저한 사전 조사와 분석을 통해 위험을 최소화하고 안정적인 수익을 추구하는 지혜가 필요합니다.

- **총 투자 비용(들어갈 돈)**: 토지 매입 비용[(낙찰가, 취득세, 지방교육세, 농어촌특별세, 등기 비용, 경락잔금대출이자 등과 토지 개발 비용(설계 및 감리비, 토목공사비, 건축비, 수도·전기·가스 인입비 등)]과 기타 비용(매각 시 중개수수료, 양도소득세 등)을 합한 값입니다.
- **매도 예상 수익**: 매도 가격에서 총 투자 비용을 제하고 남은 값입니다. 참고로 매도 가격은 자신의 토지와 비슷한 조건의 토지가 얼마에 거래되었는지 네이버페이 부동산 등에서 최소 10건 이상을 조사해 결정합니다.
- **임대 투자 수익률(%)**: 연간 임대 수익을 총 투자 비용으로 나누고 거기에 100을 곱한 값입니다.

개발 비용은 변수가 많아 초보자가 정확히 예측하기 어렵습니다. 관심 있는 토지 주변의 건축사무소나 소규모 건설업체에 전화해 문의하면 가장 현실적인 답변을 얻을 수 있습니다. 이렇게 투자 전에 미리 수익성을 검증하고 입찰해야 실패를 방지할 수 있습니다.

토지 체크리스트

구분	세부 항목	확인 내용 및 메모	체크(V)
기본 정보 및 법규(최우선)	사건번호/소재지/지목/면적		
	(필수) 용도지역 확인 (개발 가능 용도)		
	(필수) 맹지 여부 지적도 + 현장 + 시·군·구청 3단계 확인		
	(필수) 개발제한구역, 군사/문화재/ 상수원 보호구역 등		
입지 및 개발 호재	도로 접면 폭(4m 이상), 포장 상태, 차량 접근성		
	전기, 상하수도 인입 가능성		
	주변 개발 계획/교통 호재(지자체 고시, 뉴스 확인)		
현장 특성	토지 모양(정방형/자루형), 평탄도, 경사도		
	건축물 및 분묘 존재 여부(매우 중요)		
	컨테이너, 비닐하우스 등 무허가 지상물 유무		
수익성 분석	주변 유사 조건 토지 실거래가 및 호가		
	총예상비용 낙찰가 + 세금 + 개발비(토목/건축) + 기타 비용		
	예상 수익률		
	최대 입찰 상한가		
최종 의견	장점/단점/종합 평가	예: 계획관리지역으로 가치가 높으나, 맹지 탈출을 위한 인접 토지 매입 협상 필요	

033 농사꾼이 아니라도 괜찮아!
농지 투자의 숨겨진 기회

농지 투자는 '농사'라는 편견 뒤에 '개발'이라는 엄청난 잠재력을 숨기고 있는 마지막 블루오션입니다. 하지만 농지취득자격증명, 복잡한 「농지법」 등 진입 장벽이 높아 대부분의 투자자가 선뜻 도전하지 못합니다.

이번 장에서는 그 높은 벽을 넘어 숨겨진 보물을 찾아내는 농지 투자의 모든 것을 알아보겠습니다.

농지 취득 자격: 농업경영계획서 작성 및 제출

농지는 일반 토지와 달리 '경자유전의 원칙'에 따라 농업인이나 농업법인이 아니면 소유할 수 없는 것이 원칙입니다. 따라서 농지 경매에 참여하기 위해서는 농지취득자격증명서를 발급받아야 합니다.

경매 입찰 전 단계

- **해당 지역의 농지 담당 공무원에게 문의**(가장 중요!): 입찰하려는 농지의 지번을 확인한 뒤 해당 지역의 농지 담당 공무원에게 연락해 농지취득자격증명서 발급에 문제가 없는지, 혹시 불법건축물이 있거나 농지로서

기능하지 못하는지(예: 묘지, 주차장), 농업경영계획서 제출 시 이 지역에서 특별히 강조하는 사항이 있는지, 농지위원회 심의 대상인지 문의합니다. 만약 공무원의 답변이 미온적이거나 부정적이라면, 해당 물건은 피하는 것이 좋습니다.

- **농지위원회 심의 대상 여부**: 토지거래허가구역 내 농지인 경우, 1필지를 3인 이상이 공유 취득하는 경우, 농업법인이 취득하는 경우, 비거주자의 첫 취득 등의 경우 농지위원회 심의 대상입니다. 농지위원회 심의는 매월 정해진 날짜(보통 월 1~2회)에 열립니다. 낙찰 후 7일 이내에 법원에 농지취득자격증명서를 제출해야 하므로, 심의 일정을 미리 파악하고 서류를 준비해야 합니다. 심사가 매우 까다롭고 시간이 오래 걸리므로 초보자는 가급적이면 심의 대상이 아닌 농지를 고르는 것이 안전합니다.

낙찰 후 7일 이내 단계

- **즉시 농지취득자격증명 신청 서류 준비 및 제출**: 농지취득자격증명서(시·구·읍·면사무소에 비치 또는 정부24에서 출력 가능), 농업경영계획서(가장 중요한 서류), 주민등록등본, 법인등기사항전부증명서(법인일 경우) 등의 서류를 준비합니다. 농지 소재지의 시·구·읍·면사무소 농지 담당 부서에 서류를 접수합니다.

신청된 서류의 처리 기한은 농지 담당 부서가 농지취득자격증명 신청을 받은 날부터 7일입니다. 그러나 농업경영계획서 또는 주말·체험영농계획서를 작성하지 않고 발급 신청을 할 수 있는 경우에는 4일입니다. 그리고 ① 토지거래허가구역에 있는 농지를 취득하려는 자, ② 취득 대상 농지 소재지 관할 시·군·자치구 또는 연접한 시·군·자치구에 거주하지 않으면서 그 관할 시·군·자치구에 소재한 농지를 2022년 8월 18일 이후 처음으로 취득하려는 자, ③ 1필지의 농지를 3인 이상이 공유로 취득하려는 경우 해당 공유자, ④ 농업법인, ⑤ 외국인, ⑥ 국내거소신고를 한 외국 국적 동포 등은 농지위원회 심의 대상으로, 농지 담당 부서가 신청을 받은 날부터 14일입니다.

낙찰받은 당일 또는 다음 날 오전에 바로 서류를 제출해야 합니다. 낙찰 후 7일은 법원 제출 기한이므로, 발급받는 데까지 걸리는 시간을 고려하면 2~3일 내에 모든 것을 해결해야 한다는 마음으로 움직여야 합니다.

- **농업경영계획서, 이렇게 써야 통과!**: 농업경영계획서를 구체적이고 현실성 있게 작성하고, 실제 영농 의지가 있음을 증명해야 합니다. 해당 지역의 주 작물을 파악하고, 자신의 영농 능력에 맞는 작물을 선택하는 것이 좋습니다. 구체적인 작물과 계획을 명시해야 합니다.

농지취득자격증명 발급 심사는 매우 까다롭습니다. 왜일까요? 농지 투기를 막기 위해서입니다. 따라서 주말·체험영농 목적으로 농지를 취득하는 경우에도 농업경영계획서 제출이 의무화되었으며, 농지위원회의 심의를 거쳐야 하는 등 절차가 복잡해졌으므로 사전에 철저히 준비해야 합니다.

농지연금, 농지은행 등 농지 관련 제도 활용법

농지를 단순히 시세 차익을 위한 투자 대상으로만 볼 것이 아니라, 정부에서 지원하는 다양한 제도를 활용해 안정적인 노후 소득원으로 삼거나, 영농 규모를 확대하는 발판으로 삼을 수 있습니다.

농지연금

- **가입 조건**: 신청 연도 말일 기준으로 만 60세 이상이어야 하며, 신청일 기준으로부터 과거 5년 이상 영농 경력 조건을 갖추어야 합니다. 신청일 기준 연속일 필요는 없으며, 전체 영농 기간을 합산합니다. 공부상 지목이 전·답·과수원으로 실제 영농에 이용 중인 농지여야 하며, 사업 대상자가 소유하고 있는 농지로 압류, 가압류, 가등기 등 권리 침해 사항이 없어야 합니다. 불법건축물이 있는 농지, 본인 외 다른 사람과 공유지분으로 소유하고 있는 농지는 농지연금 제외 대상입니다.

- **가입 방법 및 절차**: 한국농어촌공사 지사(농지은행)에 방문 또는 전화해 상담을 받은 뒤 신청서 및 구비 서류를 제출합니다. 농지연금 가입 신청을 받은 공사에서는 신청인의 연령, 영농 경력 등 자격 요건을 심사합니다. 그리고 공사에서 지정한 감정평가법인이 해당 농지의 가격을 평가합니다. 평가된 농지를 담보로 근저당권을 설정하고, 연금 지급 계약을 체결합니다. 계약 체결 다음 달부터 매월 연금이 지급됩니다.

- **농지연금의 장점**: 연금을 받으면서 직접 농사를 짓거나 임대해 추가 소득을 창출할 수 있습니다. 또한 사망 시까지 매월 고정적인 생활비를 확보해 노후 불안을 해소할 수 있습니다. 정부가 직접 운영해 안정적이고 신뢰할 수 있으며, 6억 원 이하 농지는 전액, 6억 원 초과 농지는 6억 원까지 재산세 감면 혜택을 볼 수 있습니다.

- **농지연금의 단점**: 농지를 담보로 한 대출이므로 이자가 발생하며, 총 지급액이 농지 가격을 초과할 수 없습니다. 연금에 가입한 농지를 자녀가 상속받으려면 연금 채무를 상환하고 담보권을 해지해야 합니다. 연금 수령 중에 농지 가격이 급등해도 연금액은 변하지 않습니다. 영농 경력

5년 조건이 귀농·초보 농업인에게는 진입 장벽이 될 수 있습니다.

농지은행

- 농지를 매입해 농업인에게 임대하거나 매도하고, 농업인의 농지를 매입·비축해 농지 시장의 안정을 도모하는 기관입니다. 젊은 창업농이나 귀농인은 농지은행을 통해 저렴하게 농지를 임차해 영농 기반을 마련할 수 있으며, 은퇴하거나 이농하려는 농업인은 농지은행에 농지를 매도하거나 임대해 안정적인 소득을 얻을 수 있습니다.
- 농지은행에 매도 또는 임대 의뢰를 하려면 농지은행 통합포털(fbo.or.kr)에 접속해 신청하거나, 소재지 관할 한국농어촌공사 지사에 방문합니다.
- 농지은행의 매입 가격은 감정평가액을 기준으로 합니다. 이는 주변 실제 거래 가격보다 낮게 형성될 확률이 높습니다. 따라서 경매로 싸게 낙찰받지 않았다면 농지은행 매도를 통해서는 큰 시세 차익을 얻기가 어렵습니다. 농지은행 매도는 높은 수익보다는 안정적인 출구 또는 「농지법」 위반 리스크 해소의 의미가 더 큽니다. 직접 경작이 불가능할 때, 이행강제금을 물지 않고 합법적으로 농지를 처분하는 방법입니다. 그러므로 낙찰받은 농지를 더 높은 가격에 매도하고 싶다면 일반 매매를 하는 것이 유리합니다.
- 농지은행에 임대하면 안정적인 임대료 수입을 얻고, 「농지법」상 '자경' 의무도 이행하게 됩니다.
- 농지는 당장의 수익보다, 향후 개발 가능성이 있는 지역의 토지를 저렴하게 선점하는 의미가 큽니다. 농지은행에 임대를 주며 장기 보유하다 개발 호재가 있을 때 매도해 큰 수익을 낼 수 있습니다.

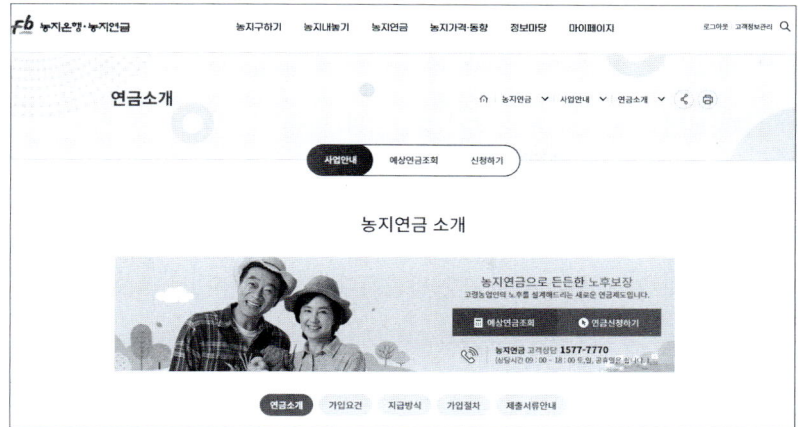

▲ 농지은행 통합포털 홈페이지

농지 경매 시 주의할 점

농지 경매는 높은 수익을 기대할 수 있는 만큼, 다양한 위험 요소를 내포하고 있으므로 세심한 주의가 필요합니다.

- **「농지법」 위반**: 농지를 취득한 뒤 정당한 사유 없이 농업 경영에 이용하지 않거나, 불법으로 임대하는 등 「농지법」을 위반할 경우, 처분명령이 내려지고 이행강제금이 부과될 수 있습니다. 따라서 농지를 취득하기 전에 자신의 영농 능력과 여건을 충분히 고려해 신중하게 결정해야 합니다.
- **불법 전용**: 농지를 농업 생산 외 목적으로 사용하기 위해서는 농지 전용 허가를 받아야 합니다. 허가 없이 무단으로 농지를 전용해 건축 행위를 하거나 주차장 등으로 사용하는 것은 불법이며, 원상복구명령과 함께 처벌을 받을 수 있습니다.

- **분묘**: 농지 내에 분묘가 있는지 확인합니다. 봉분의 형태, 주변의 석물(상석, 비석) 등을 꼼꼼히 살핍니다. 넓은 농지의 경우 드론을 띄워 위에서 살펴보면 숨겨진 분묘를 찾기 쉽습니다. 마을 이장님이나 주변 농지 소유자에게 물어보는 것도 좋은 방법입니다. 분묘가 있다면 '분묘기지권'이 성립할 수 있으며, 이 경우 토지 소유자라도 묘를 마음대로 이장할 수 없어 토지 사용에 큰 제약을 받습니다.
- **농로**: 농로가 확보되어 있는지 확인합니다. 지적도상 도로로 되어 있고 현황 도로이기도 하다면 가장 좋은 경우입니다. 그러나 현황 도로가 있기는 한데 지적도상 도로가 아니라면 타인의 토지일 수 있습니다. 이 경우 토지 사용 승낙을 받지 못하면 맹지가 될 수 있습니다. 반드시 등기사항전부증명서를 통해 해당 도로의 소유자를 확인해야 합니다. 지적도상 도로로 되어 있는데 현황 도로가 없다면 도로가 계획만 되어 있는 경우입니다. 또한 소형차만이 아니라, 농기계(트랙터 등)가 진입할 수 있는 폭(최소 3~4m)이 확보되는지 직접 걸어보며 확인해야 합니다.

▲ 농로

- **농업용수**: 농업용수 사용에 문제가 없는지 확인합니다. 농지 주변에 물이 흐르는 수로나 구거가 있는지 확인합니다. 지적도에서 '구'라고 표시된 부분을 찾습니다. 농지 내에 지하수를 끌어올리는 관정이 설치되어 있는지 확인합니다. 관정이 있다면 사용 가능한지, 물은 잘 나오는지 확인합니다. 주변 다른 논밭들이 어떻게 물을 쓰고 있는지 살펴보는 것도 좋은 방법입니다. 마을 주민에게 농사지을 때 물 걱정은 없는지 물어보는 것이 가장 빠르고 정확합니다.

농지 체크리스트

구분	세부 항목	확인 내용 및 메모	체크(V)
행정/법규 (최우선)	사건번호/소재지/지목/면적		
	(필수) 농지취득자격증명서 발급 가능 여부 담당자 확인		
	농지위원회 심의 대상 여부		
	(필수) 용도지역 및 농지 구분		
	농업진흥구역 내/외(절대농지/상대농지)		
	(필수) 분묘 존재 여부		
물리적 조건 (현장)	(필수) 지적도상 도로, 농로 존재 및 실제 농기계 진입 가능 여부 확인, 폭(3~4m)		
	도로 소유자 확인		
	(필수) 주변 수로, 구거 또는 관정 등 농업용수 확보 여부		
	토양 상태 및 경사도		
	불법건축물/시설물 유무		

투자 가치 및 전략	주변 개발 호재		
	정부/지자체 개발 계획 확인		
	투자 전략 장기 보유 후 시세 차익/농지은행 임대/ 직접 경작 등		
	농지은행 활용(자경 의무 해소)		
	농지연금 활용		
수익성 분석	시세 조사		
	총 예상 비용 낙찰가 + 세금 + 농지조성비(필요시) + 기타 비용		
	최대 입찰 상한가		
최종 의견	장점/단점/종합 평가	예: 계획관리지역 내 상대농지로 개발 가치가 높으나, 분묘 1기가 존재해 협상/소송 비용 감안해야 함.	

최고의 수익률을 위한 농지 투자 전략

농지의 종류와 투자 가치

- 농업진흥구역 내 농지(절대농지)는 농사 외 다른 행위를 엄격하게 제한합니다. 가격이 저렴하고 잘 오르지 않습니다. 쌀 직불금이나 농지연금 등 정책적 혜택을 노리는 장기 투자에 적합합니다.
- 농업진흥구역 밖 농지(상대농지)는 농업진흥구역보다 행위 제한이 덜합니다. 관리 지역에 가까울수록 개발 가능성이 높습니다. 도시지역 인근, 도로변 등 입지가 좋은 곳을 선점하는 전략이 필요합니다. 개발 가능성을

노리는 투자자에게 적합합니다.
- 계획관리지역 내 농지는 비도시지역 중에서 개발 행위가 가장 자유롭습니다. 주택, 공장, 창고, 근린생활시설 등 다양한 건축이 가능합니다. 건폐율 40%, 용적률 100%로 토지 활용 가치가 매우 높습니다. 도시가 팽창하면서 가장 먼저 개발 압력을 받는 곳이 바로 계획관리지역 농지입니다.

농지 낙찰로 큰 수익을 내는 현실적인 방법
- 큰 수익은 농사가 아닌 개발 또는 개발에 대한 기대감에서 나옵니다.
- 입지에 모든 것을 걸어야 합니다. 저렴하다고 아무 농지나 낙찰받으면 영원히 매도할 수 없는 애물단지가 될 수도 있습니다. 신도시, 산업단지, 택지지구 인근의 농지, 신설 IC, 신설 도로, 철도역 예정지 주변의 농지, 2차선 이상 도로에 접한 계획관리지역 농지가 좋습니다.
- 시간에 투자해야 합니다. 농지 투자는 단타가 아닌, 최소 5년~10년을 내다보는 장기 투자입니다. 정부의 개발 계획이 발표되고, 실제 착공에 들어가 땅값이 오르기까지는 상당한 시간이 걸립니다.
- 정책의 흐름을 읽어야 합니다. 국토종합계획, 지자체 도시기본계획 등을 통해 앞으로 어느 지역이 개발될 것인지 예측하고 한발 앞서 투자하는 전략이 필요합니다.
- 경매나 공매로 시세보다 저렴하게 '미래 가치가 높은 입지의 농지'를 낙찰받은 뒤 「농지법」을 준수하며 (직접 경작 또는 농지은행 임대) 장기 보유하다 개발 호재가 현실화되었을 때 매도하는 것이 농지 투자 수익을 극대화하는 최고의 전략입니다.

034 전원생활의 꿈과 현실
임야(산) 투자 실패하지 않는 법

한 폭의 그림 같은 전원생활을 꿈꾸거나 드넓은 땅을 미래의 자산으로 삼고자 하는 이들의 관심은 종종 임야 투자로 이어지곤 합니다. 하지만 자연을 품은 듯 보이는 임야 투자는 다른 부동산 투자보다 훨씬 더 철저하고 신중한 접근이 필요합니다. 생각지도 못한 숨은 암초가 많기 때문입니다.

이번 장에서는 막연한 꿈을 구체적인 수익으로 연결하기 위해 반드시 알아야 할 임야의 종류와 투자 가치, 관련 법규 그리고 성공 투자를 위해 확인해야 할 핵심 유의 사항들을 자세히 살펴보겠습니다.

임야의 종류와 투자 가치 : 개발 임야 vs. 보전 임야

임야는 산림으로 이루어진 토지로, 용도에 따라 개발 임야와 보전 임야로 나눌 수 있으며, 각각의 투자 가치와 접근 방식이 다릅니다.

개발 임야, 준보전산지

비교적 경사가 완만하고 개발이 용이해 전원주택, 펜션, 휴양림 등 다양한 용도로 개발할 수 있는 잠재력을 가진 임야입니다. 토지이용계획확인서에 '준보전산지'로 기재되어 있으며, 보전 임야에 비해 규제가 적어 투자 가치가 높게 평가됩니다.

보전 임야, 보전산지

산림 자원의 보전 및 증진을 위해 개발 행위가 엄격하게 제한되는 임야입니다. '공익용 산지'와 '임업용 산지'로 구분되며, 자연환경 보전, 수원 함양, 산림유전자원 보호 등 공익적 목적을 위해 보전의 필요성이 큰 지역입니다. 개발이 거의 불가능하므로, 단기적인 시세 차익보다는 장기적인 관점에서 산림 경영이나 귀산촌을 목적으로 접근하는 것이 바람직합니다.

임야 투자 시에는 토지대장은 물론이고, 임야대장과 임야도를 통해 지번, 지목, 면적, 경계 등을 확인해야 합니다. 특히 지번 앞에 '산' 자가 붙어있는 임야는 임야대장에 등록된 토지로, 개발에 더 많은 제약이 따를 수 있습니다.

임야 관련 법규 이해

임야 투자는 관련 법규에 대한 이해가 매우 중요합니다. 법률 조항을 외우는 것은 의미가 없습니다. 초보 투자자는 이 법이 자신의 토지에 무엇을 할 수 있는가를 결정하는 관문이라고 이해하면 됩니다. 주요 법규는 다음과 같습니다.

1단계 관문 | 「국토의 계획 및 이용에 관한 법률」: 땅의 근본적인 등급 결정

- 이 법은 임야의 미래 가치를 결정하는 가장 큰 그림입니다. 토지이음에 접속해 토지이용계획확인서를 열람했을 때 가장 먼저 확인해야 할 것은 '「국토의 계획 및 이용에 관한 법률」에 따른 지역·지구등'란에 기재된 용도지역입니다. 이것만 알아도 90%는 성공입니다.

- 1순위는 계획관리지역입니다. 개발 가능성이 가장 높은 토지입니다. 주택, 카페, 펜션, 창고 등 다양한 건축이 가능해 투자자들이 가장 선호합니다. 임야 경매에서 이 단어가 보이면 일단 주목하는 것이 좋습니다.

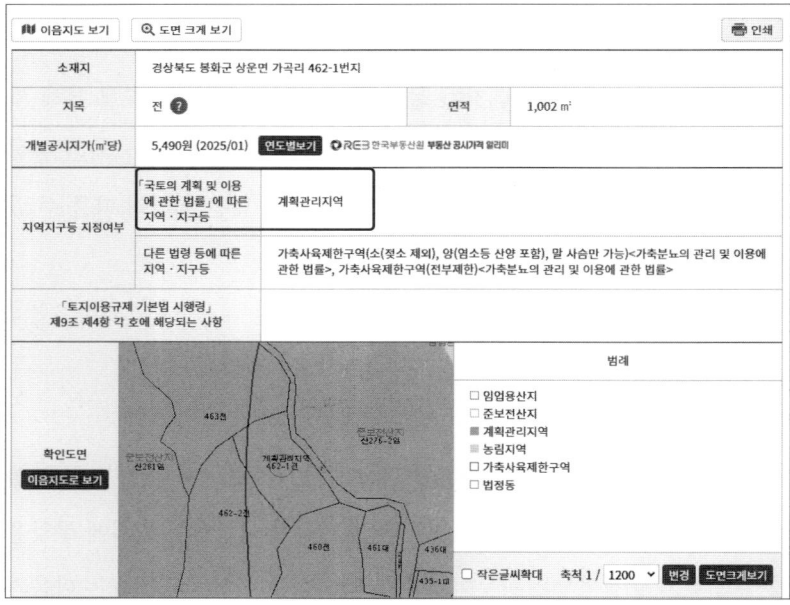

▲ 토지이음 홈페이지

- 2순위는 생산관리지역과 보전관리지역입니다. 제한적인 개발만 가능한 토지로, 농업과 임업 관련 시설이나 일부 단독주택 등 허용되는 행위가

제한적입니다. 개발이 보다 까다롭습니다.
- 3순위는 농림지역입니다. 농업과 임업을 위한 토지로, 농업인이나 임업인이 아니면 개발 행위가 거의 불가능합니다. 순수한 산림 경영 목적이 아니라면 초보자는 피하는 것이 좋습니다.
- 최하 순위는 자연환경보전지역입니다. 자연환경을 보전하기 위한 토지로, 개발은 꿈꿀 수 없습니다. 경매 가격이 아무리 저렴해도 투자 대상에서 제외하는 것이 좋습니다.
- 경매 물건의 용도지역이 계획관리지역이 아니라면 초보자는 일단 보수적으로 접근하는 것이 안전합니다.

2단계 관문 | 「산지관리법」: 임야에만 적용되는 추가 필터

- 1단계 관문을 통과했더라도, 임야는 이 법의 추가 필터를 거쳐야 합니다. 토지이용계획확인서의 범례에서 '산지 구분' 항목을 확인합니다.
- 준보전산지는 개발을 비교적 쉽게 허용해주는 산지입니다. 계획관리지역에 있는 준보전산지라면 개발 가능성이 매우 높다고 판단할 수 있습니다.
- 보전산지는 보전을 목적으로 하는 산지로, 개발이 거의 불가능합니다. 보전산지 중 임업용 산지는 임업 활동(나무 키우기 등)은 가능하나, 다른 개발은 어렵습니다. 공익용 산지는 가장 강력한 규제를 적용받습니다. 문화재 보존, 생태계 보전 등을 위한 토지로, 사실상 개발이 불가능합니다.
- 경매 초보자가 임야 투자로 성공하려면 「국토의 계획 및 이용에 관한 법률」상 계획관리지역이면서, 「산지관리법」상 준보전산지인 임야를 찾는 것이 핵심입니다. 이 두 가지 조건을 충족하지 못하는 임야는 개발이 매

우 까다롭거나 불가능해 싼값에 낙찰받아도 매도하기 매우 어려운 애물단지가 될 수 있습니다.

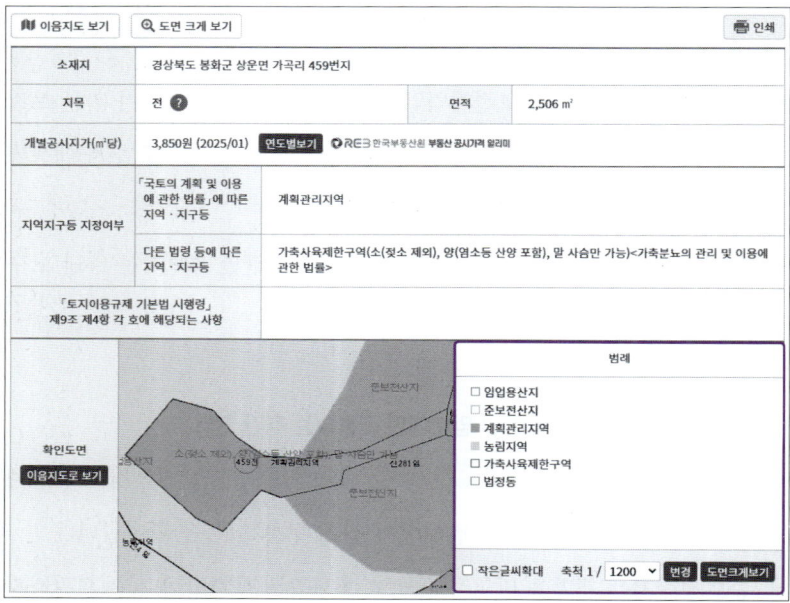
▲ 토지이음 홈페이지

임야 경매 시 유의 사항

임야 경매에 참여할 때는 다음과 같은 사항들을 반드시 확인해 투자 위험을 줄여야 합니다.

묘지, 분묘기지권

임야에는 주인이 없는 무연고 묘지나, 타인의 토지에 설치된 분묘를 계속해서 유지·관리할 수 있는 권리인 분묘기지권이 설정된 묘지가 있을 수 있습니다. 분묘기지권이 성립하는 경우, 토지 소유자라 하더라도 묘지를 함부로 이장하거나 철거할 수 없어 토지 이용에 큰 제약을 받게 됩니다.

분묘기지권은 등기사항전부증명서나 토지대장에 나오지 않습니다. 반드시 직접 현장에 방문해 눈으로 확인해야 합니다. 겨울이나 초봄처럼 풀이 없을 때가 확인하기 가장 좋습니다. 봉분만이 아니라 평평하게 변한 '평장' 형태의 묘도 주의 깊게 살펴야 합니다. 필요하다면 마을 주민이나 관련 전문가를 통해 분묘기지권 성립 여부를 파악해야 합니다. 현장 조사 시 묘지가 보인다면, 초보자는 그 물건을 포기하는 것이 현명합니다.

도로 및 맹지

임야는 도로에 접하지 않은 맹지인 경우가 많습니다. 도로가 없는 맹지는 건축 허가가 나지 않아 사실상 쓸모없는 토지가 될 수 있습니다. 지적도 상에 길이 있어도 실제로는 길이 없거나, 반대로 실제로 길이 있어도 남의 토지(현황도로)일 수 있습니다. 토지이음에서 토지이용계획확인서를 열람해 1차로 확인하는 것이 좋습니다.

현장에 방문해 차량(최소 2.5톤 트럭)이 진입할 수 있는 유효 폭(최소 4m 권장)이 나오는지, 경사가 너무 가파르지 않은지 확인합니다. 길이 있다면, 그 길이 지나는 토지의 등기사항전부증명서를 발급받아 국가나 지방자치단체 소유의 도로인지, 개인 소유인지 반드시 확인해야 합니다. 지적도상 도로에 4m 이상 접하지 않은 임야는 인접 토지 소유자의 토지 사용 승낙을 받거나, 토지를 매입해야 하므로 피하는 것이 좋습니다.

경사도 및 입목

임야의 경사도가 너무 가파르거나, 보전 가치가 높은 나무가 많은 경우 개발 행위가 제한될 수 있습니다. 지자체 조례에 따라 허용되는 경사도 기준이 다르므로, 해당 지역의 조례를 확인하고, 현장 조사를 통해 실제 경사도와 입목 상태를 파악해야 합니다.

자치법규정보시스템에 접속해 투자하려는 토지에 관한 도시계획조례 또는 군계획조례를 검색합니다. 검색된 조례의 본문에서 '개발행위허가 기준' 조문을 찾습니다. 해당 조문에서 입목축척, 경사도 등의 허가 기준(예: '경사도는 20도 미만일 것')을 확인합니다.

> 제20조(개발행위허가의 기준) ① 영 별표 1의2 제1호에 따라 시장은 다음 각 호의 요건을 모두 갖춘 토지에 대하여 개발행위를 허가할 수 있다. 〈개정 2015. 5. 18, 2015. 12. 15, 2016. 10. 12, 2017. 11. 6, 2019. 10. 10, 2020. 12. 14, 2021. 4. 29, 2023. 4. 27, 2025. 1. 8〉
> 1. 입목 축적의 적용은 「산지관리법」을 따를 것
> 2. 평균경사도의 경우 처인구 지역은 20도 이하인 토지, 기흥구 지역은 17.5도 이하인 토지, 수지구 지역은 17.5도 이하인 토지로 할 것. 다만, 평균경사도가 처인구 지역은 20도, 기흥구 지역은 17.5도, 수지구 지역은 17.5도를 초과하면서 공공·공익목적으로 시장이 필요하다고 판단한 시설·건축물은 시 도시계획위원회의 심의를 거쳐 허가할 수 있다.
> 3. 제2호의 경우 경사도 측정 및 산정방식은 「국토의 계획 및 이용에 관한 법률 시행규칙」에 따를 것
> 4. 삭제 〈2021. 9. 27〉
> 5. 수지구 성장관리계획 대상지역(고기동, 동천동, 신봉동, 성복동, 풍덕천동을 말한다) 내의 성장관리계획이 미 수립된 녹지지역에 대한 개발행위허가의 기준은 시장이 고시한 성장관리계획의 '산지관리형'을 준용할 것
> 6. 「산지관리법」, 「산림자원의 조성 및 관리에 관한 법률」 및 그 밖의 관계 법령을 위반하여 임목이 훼손되었거나 지형이 변경된 후 원상회복이 이루어지지 않은 토지(이하 "사고지"라 한다)가 아닐 것

▲ 자치법규정보시스템 홈페이지

현장 조사 시 경사계 앱을 다운받아 토지의 경사도를 측정합니다. 나무가 얼마나 **빽빽하게** 들어서 있는지를 눈으로 확인합니다. 지자체 조례 기준(예: '입목축적은 시·군 평균의 150% 미만일 것')을 초과할 정도로 숲이 울창하면 개발 허가가 나지 않을 수도 있습니다.

조경 가치가 없는 잡목이 많은지, 아니면 수십 년생 소나무처럼 보전 가치가 높은 나무들이 많은지 확인합니다. 보전 가치가 높은 나무가 많으면 개발이 제한될 수 있으며, 벌목 및 반출 비용이 크게 증가할 수 있습니다.

현장 조사 시 임야의 전반적인 모습과 나무 상태를 사진과 동영상으로 최대한 많이 촬영합니다. 나중에 전문가(산림기사, 토목설계사무소 등)에게 자문을 구할 때 매우 중요한 자료가 됩니다.

임야 체크리스트

구분	세부 항목	확인 내용 및 메모	체크(V)
기본 정보 및 법규(최우선)	사건번호/소재지/지목/면적		
법규 분석 (서류/최우선)	(필수) [1단계] 용도지역 (개발 가능한 용도)		
	(필수) [2단계] 산지 구분 (준보전산지, 보전산지)		
	(필수) 맹지 여부(1차) 지적도상 도로에 접하는가?		
	(필수) 개발제한구역, 군사/문화재/상수원 보호구역 등 유무		
현장 분석 (임장/핵심 리스크)	(필수) 분묘 존재 여부 봉분, 평장, 석물 등 육안 확인		
	(필수) 도로 확보 여부(2차) 차량 진입 가능 폭(4m 이상)		
	(필수) 경사도 및 입목 상태		
투자 가치 및 수익성	접근성, 주변 개발 호재, 마을과의 거리		
	예상 총 투자 비용 낙찰가 + 세금 + 개발 인허가비 + 토목비 등		
	투자 전략 전원주택 부지/펜션 개발/장기 보유 후 시세 차익 등		
	예상 수익률		
	최대 입찰 상한가		
최종 의견	장점/단점/종합 평가	예: 계획관리지역 내 준보전 산지로 최상이나, 진입로 일부 가 사유지라 사전 협상 필요	

035 새 아파트 싸게 사는 마법
재개발·재건축 투자 전략

많은 사람이 저렴하게 아파트를 장만하고 싶어 합니다. 재개발·재건축 구역 내 부동산 경매는 그 꿈을 실현시켜 줄 매우 강력한 도구 중 하나입니다. 낡고 허름한 주택이 최신 아파트로 변모하는 과정에서 발생하는 개발이익을 경매·공매라는 안전하고 저렴한 방식으로 선점할 수 있습니다. 하지만 높은 수익률의 이면에는 사업 무산의 위험, 예상치 못한 추가 분담금, 복잡한 권리관계 등 초보 투자자가 감당하기 어려운 함정들이 도사리고 있습니다.

이번 장에서는 재개발과 재건축의 기본 개념부터 경매를 통해 재개발·재건축 물건에 투자할 때 얻을 수 있는 장점과 반드시 피해야 할 위험 요소 등을 자세하게 알아보겠습니다.

재개발·재건축의 기본 개념 및 사업 진행 단계

노후화된 주거 환경을 개선하는 대표적인 정비사업인 재개발과 재건축은 사업의 성격과 대상에서 차이가 있습니다.

재개발 = 낡은 동네를 통째로 밀고 새로 만들기

기반 시설이 매우 열악한 동네를 대상으로 합니다. 단순히 낡은 집만 부수는 게 아니라, 좁고 구불구불한 골목길을 넓은 도로로 만들고, 없던 공원이나 주차장을 만드는 등 동네 전체를 업그레이드하는 공공사업의 성격이 강합니다. 낡은 집들이 다닥다닥 붙어 있고 소방차도 들어가기 힘든 오래된 달동네가 있다면, 이 동네를 전부 밀어버린 뒤 반듯한 도로와 학교, 공원을 짓고 그 위에 아파트 단지를 올리는 것이 바로 재개발입니다.

재건축 = 멀쩡한 동네의 낡은 아파트만 새로 짓기

주변의 도로나 공원 같은 기반 시설은 양호한데, 유독 아파트 건물 자체만 낡고 위험할 때 진행합니다. 주변에 넓은 도로, 지하철역, 학교 등 모든 것이 잘 갖춰져 있지만, 30~40년이 넘어 낡고 녹물이 나오는 아파트가 있습니다. 이 아파트 단지만 허물고 그 자리에 새로운 아파트를 짓는 것이 재건축입니다.

정리하면 재개발은 지역 전체를 갈아엎는 것이고, 재건축은 그 동네 안의 특정 아파트 단지만 새로 짓는 것입니다. 이 차이 때문에 재건축에만 재건축 진단 절차가 필요합니다.

재개발·재건축 사업 진행 단계

- **정비기본계획 수립**: 시나 도에서 어느 지역을 정비할지 큰 그림을 그리는 단계입니다. 시장이나 도지사가 도시 및 주거환경정비 기본계획을 수립하고, 정비 예정 구역의 범위와 주거지 정비 방향을 설정합니다. 주

민 공람(14일 이상)과 지방의회 의견 청취를 거칩니다.

- **정비 구역 지정**: 기본계획에 따라 정비사업 구역을 지정하고 고시합니다. 주민이 구청장에게 정비계획 수립을 신청하고, 구청장은 주민 공람(30일 이상), 지방의회 의견 청취, 도시건축공동위원회 심의를 거쳐 시장이나 도지사에게 정비구역 지정을 신청합니다.
- **안전 진단**(재건축만 해당): 건물이 얼마나 낡고 위험해서 재건축이 필요한지 등급을 매기는 절차입니다. 과거에는 이 단계를 통과하는 것이 매우 어려웠으나, 최근에는 구청장의 재량으로 사업시행계획인가 전까지만 통과하면 되도록 하여 사업 속도를 높이는 추세입니다.
- **추진위원회 구성 및 승인**: 토지등소유자 과반수의 동의를 받아 추진위원회를 구성하고, 구청장의 승인을 받습니다.
- **조합설립인가**: 추진위원회가 토지등소유자 4분의 3 이상 및 토지면적 2분의 1 이상의 동의를 받아 구청장에 신청합니다(재건축 사업은 구분소유자 및 토지면적 70% 이상, 각 동별 구분소유자 3분의 1 이상).
- **시공사 선정**: 조합이 시공사를 선정하고, 총회 의결을 통해 최종 결정합니다.
- **건축 심의**: 구와 시가 건축계획, 조경계획, 토지굴착계획 등을 포함한 건축 심의를 진행합니다.
- **사업시행계획인가**: 조합이 세대수, 용적률, 설계 등 사업의 청사진을 확정하는 중요한 단계입니다. 조합이 사업시행계획서를 작성해 구청장에게 제출하고, 주민 공람(30일 이상)과 총회(토지등소유자 과반수 동의)를 거쳐 인가를 받습니다.
- **관리처분계획인가**: 구청장이 추천한 감정평가업자가 종전 토지 및 건축

물의 가치를 평가합니다. 사업시행인가 고시 후 120일 이내에 분양 공고를 하고, 토지등소유자는 30~60일 이내에 분양신청서를 제출합니다. 조합이 분양 자격, 부담금, 청산금 등을 포함한 관리처분계획을 수립해 구청장의 인가를 받습니다. 사업비가 10% 이상 증가하면 조합원 3분의 2 이상의 동의가 필요합니다. 이 단계가 지나면 사실상 새 아파트의 권리가 거의 확정됩니다.

- **이주 및 철거**: 조합원과 세입자의 이주가 완료되면 기존 건축물을 철거합니다. 이주하지 않는 자에 대해서는 명도소송, 매도청구소송 등이 진행될 수 있습니다.
- **착공 및 일반 분양**: 아파트 공사를 시작하고, 조합원 외 일반인에게 분양합니다. 분양 보증은 주택도시보증공사 등 지정 기관에서 받습니다.
- **준공 및 입주**(소유권 이전 고시): 공사가 완료되면 사용 승인을 받고 입주를 시작하며, 조합원들은 소유권 등기를 이전받습니다.
- **조합 해산 및 청산**: 모든 사업 비용과 수익을 정산하고 나면 조합은 해산됩니다.

재개발·재건축 개발 단계별 투자 포인트

- **초기 단계**(추진위원회 구성~조합설립인가 전): 하이 리스크, 하이 리턴(High Risk, High Return)입니다. 가장 저렴하게 살 수 있어 성공 시 수익률이 극대화됩니다. 소액 투자가 가능합니다. 그러나 사업이 무산될 위험이 크고, 언제 아파트가 될지 알 수 없는 긴 시간과의 싸움을 벌여야 합니다. 또한 불확실성이 매우 높습니다. 그러므로 장기 투자가 가능하고, 최악의 경우 투자금이 묶이거나 손실을 보더라도 감당할 수 있는 공격적인 투자자에게

적합합니다.

- **중기 단계**(조합설립인가 후~관리처분계획인가 전): 미들 리스크, 미들 리턴(Middle Risk, Middle Return)으로, 가장 선호되는 단계입니다. 사업 무산의 위험이 크게 줄어들고 사업이 가시화됩니다. 아직까지 개발 이익이 모두 가격에 반영되지 않아 시세 차익을 기대할 수 있습니다. 초기 단계보다는 가격이 비싸며, 추가 분담금이 얼마가 될지 확정되지 않아 불확실성은 남아 있습니다. 안전하면서도 만족스러운 수익률을 원하는 대부분의 투자자가 가장 선호하는 스위트 스폿(Sweet Spot)입니다.
- **후기 단계**(관리처분계획인가 후~착공): 로우 리스크, 로우 리턴(Low Risk, Low Return)입니다. 추가 분담금이 확정되고 조합원 동·호수 배정까지 끝나 불확실성이 거의 없습니다. 새 아파트 입주가 확실시됩니다. 개발 이익이 모두 가격에 반영되어 경매 물건이라도 시세와 큰 차이가 없습니다. 기대 수익률이 가장 낮습니다. 수익률은 조금 낮더라도 리스크를 최소화하고 새 아파트를 안전하게 취득하는 것을 최우선으로 생각하는 투자자에게 적합합니다.

경매로 재개발·재건축 물건 투자 시 장점과 위험 요소

재개발·재건축 지역의 부동산을 경매로 취득하는 것은 시세보다 저렴하게 새 아파트를 마련할 수 있는 기회가 될 수 있지만, 그만큼 다양한 위험 요소도 존재합니다.

장점

- **저렴한 가격**: 일반 매매보다 저렴한 가격으로 부동산을 취득할 수 있어 초기 투자금을 줄일 수 있습니다.

- **소액 투자 가능(초기 단계)**: 사업 초기 단계의 다세대주택(빌라)이나 지분 물건은 감정가가 낮아 소액으로 투자가 가능합니다. 적은 돈으로 서울 및 수도권 핵심지에 내 집 마련의 '씨앗'을 심을 수 있습니다.

- **레버리지 효과 극대화**: 낙찰 시에는 물건 가격만 지불하고, 사업이 진행되면 막대한 공사비가 들어가므로 추가 분담금을 수년에 걸쳐 분납하게 됩니다. 이는 적은 초기 자본으로 큰 자산을 움직이는 레버리지 효과를 극대화하는 것입니다.

- **높은 수익 기대**: 사업이 성공적으로 완료되면, 시세 차익과 함께 새 아파트 입주라는 두 마리 토끼를 잡을 수 있습니다.

- **투기과열지구 내 조합원 지위 승계 가능**: 투기과열지구로 지정된 지역에서 재건축 사업을 시행하는 경우에는 조합설립인가 후에, 재개발 사업을 시행하는 경우에는 관리처분계획 인가 후에 해당 정비사업의 건축물 또는 토지를 매매하거나 증여한 자(상속·이혼 제외)는 조합원이 될 수 없습니다(「도시 및 주거환경정비법」 제39조 2항). 그러나 국가 지방자치단체 및 금융기관에 대한 채무를 이행하지 못해 경매나 공매로 나온 재개발·재건축 사업의 토지 또는 건축물을 낙찰받은 경우에는 조합원 지위를 승계받을 수 있습니다(「도시 및 주거환경정비법」 제37조 3항 5호).

- **시간을 사는 효과**: 수년에서 십수 년이 걸리는 재개발·재건축 사업의 진행 과정을 기다리지 않고, 경매를 통해 원하는 사업 단계의 물건에 '중간 탑승'할 수 있습니다. 이는 불확실성의 시간을 돈으로 사는 것과 같습

니다.
- **권리관계의 명확화**: 일반 매매 시 숨어 있을 수 있는 근저당, 가압류 등 복잡한 채무 관계가 경매 낙찰(매각 대금 완납) 시 말소기준권리 이하로는 모두 소멸됩니다. 물론, 대항력 있는 임차인 등 인수해야 할 권리도 있지만, 기본적인 채무 관계는 깨끗하게 정리된 상태로 소유권을 취득할 수 있습니다.

위험 요소
- **현금 청산 리스크**: 조합원 자격을 얻지 못하고 투자금을 시세보다 낮은 감정평가액 기준으로 돌려받고 쫓겨날 수도 있습니다. 물론 이는 최악의 시나리오입니다.
- **정보의 비대칭성**: 기존 조합원들에게는 조합 내부의 문제, 정확한 사업 진행 상황, 예상 분담금 등 핵심 정보가 공유됩니다. 하지만 경매·공매 투자자는 외부인으로서 정확한 정보를 얻기 어려워 불리한 위치에서 투자 결정을 내릴 수 있습니다.
- **기회비용 손실**: 투자금이 사업이 끝날 때까지 장기간 묶입니다. 사업이 10년 이상 지연되거나 무산될 경우, 그 돈을 다른 곳에 투자했을 때 얻을 수 있었던 수익(기회비용)을 모두 잃게 됩니다.
- **매몰 비용 발생**: 사업이 무산될 경우, 그동안 조합이 사용했던 운영비, 용역비 등의 매몰 비용을 토지등소유자들이 비율대로 부담해야 합니다.
- **세금 문제**: 재개발·재건축 입주권은 취득세, 양도소득세 등 세금 계산법이 일반 주택과 다르고 복잡합니다. 특히 다주택자의 경우, 예상치 못한 중과세로 수익률이 크게 감소할 수 있습니다.

- **추가 분담금 발생**: 사업 진행 과정에서 공사비 인상, 설계 변경 등으로 예상치 못한 추가 분담금이 발생할 수 있습니다.
- **권리관계의 복잡성**: 대항력 있는 임차인, 유치권 등 복잡한 권리관계가 얽혀 있는 경우가 많아 권리분석에 어려움을 겪을 수 있습니다. (자세한 내용은 10장 '권리분석의 80% – 진짜 임차인과 가짜 임차인 구별법'과 12장 '소유권을 통째로 잃을 수도? – 특수물건 속 위험한 권리들' 참고)

핵심 리스크 분석 및 대응

조합원 지위가 승계되지 않는 경우

- 재개발·재건축 구역 내 부동산을 낙찰받는다고 해서 무조건 조합원 지위를 승계받을 수 있는 것은 아닙니다.
- 투기과열지구 내에서도 국가·지방자치단체·금융기관에 대한 채무 불이행으로 인한 경매나 공매라면 조합설립인가나 관리처분계획인가 이후에도 조합원 지위 승계가 가능합니다. 하지만 사적 채무로 인한 경매는 조합원 지위를 승계받을 수 없어 현금 청산 대상이 됩니다. 따라서 경매 참여 시에는 경매 사유를 반드시 확인하고, 매각물건명세서의 사실조회회신서를 주의 깊게 검토해야 합니다.

추가 분담금이 늘어날 것이 예상되는 경우

- **사업시행계획인가 시점 확인**: 사업시행계획인가를 받은 지 2년~3년 이상 지났다면, 그사이 오른 공사비가 아직 반영되지 않았을 확률이 매우

높습니다. 향후 관리처분계획 변경 시 공사비 인상으로 추가 분담금이 증가할 수도 있습니다.

- **시공사 브랜드 및 계약 방식**: 대형 1군 건설사일수록 공사비 인상 요구에 더 강력한 목소리를 냅니다. '확정지분제'가 아닌 '도급제' 계약이라면 공사비 인상 리스크를 조합원이 모두 떠안게 됩니다. 참고로 확정지분제는 시공사가 재건축·재개발 사업에서 조합원에게 배정될 아파트(지분)와 공사비를 확정된 금액 또는 고정된 조건으로 계약하는 방식입니다. 즉, 시공사가 공사비를 포함한 사업비를 미리 확정해 조합원에게 제시하고, 이후 공사비 인상 리스크를 시공사가 부담합니다. 이와 반대로 도급제는 조합이 시공사와 공사비를 계약할 때 대략적으로만 정하고, 실제 공사 과정에서 발생하는 비용(원자재, 인건비 등)에 따라 공사비가 조정되는 방식입니다. 공사비 인상분은 주로 조합원이 추가 분담금으로 부담합니다.

- **일반 분양 시장 분위기**: 부동산 경기가 하락해 일반 분양가가 예상보다 낮아지거나 미분양이 발생하면, 그 손실은 고스란히 조합원의 추가 분담금으로 전가됩니다.

- **소송 및 사업 지연 여부**: 조합 내분으로 소송이 진행되거나 문화재 발견 등으로 사업이 지연되면 금융 비용(이자)과 물가 상승으로 인해 분담금이 증가합니다.

낙찰받은 재개발·재건축 물건이 현금 청산을 당하는 경우

- **권리산정기준일 이후 지분 쪼개기 물건**: 조합원 자격을 주기 위한 기준일 이후에 하나의 필지를 여러 개로 나누거나, 단독주택을 다세대주택

으로 신축한 '지분 쪼개기' 물건을 낙찰받은 경우, 대표자 1명 외에는 모두 현금 청산 대상입니다. 권리산정기준일은 조합원 자격과 자산 가치를 판단하는 기준 날짜로, 주로 정비구역지정고시일 또는 사업시행인가 고시일입니다. 입찰하기 전에 구청의 정비사업 담당자나 조합에 문의해 현금 청산 리스크를 반드시 검토해야 합니다.

- **분양 신청 기간 내 미신청**: 낙찰 후 소유권을 이전받고 조합원이 되었으나, 정해진 기간(보통 30~60일) 내에 조합에 분양 신청을 하지 않은 경우입니다.
- **분양 계약 미체결**: 분양 신청 후 동·호수 추첨까지 마쳤으나, 정해진 기간 내에 조합과 분양 계약을 체결하지 않았거나 계약금을 납부하지 않은 경우입니다.
- **너무 작은 토지지분**: 해당 지자체 조례로 정한 면적(예: 90㎡)에 미달하는 너무 작은 토지를 소유한 경우, 현금 청산 대상이 될 수 있습니다. (자치법규정보시스템에서 지역별 '도시 및 주거환경정비 조례' 확인 필수)

개발 단계 확인 방법

- 서울특별시는 정비사업 정보몽땅(cleanup.seoul.go.kr)에 접속한 뒤 '정보공개현황 → 사업장검색'을 클릭하면 원하는 지역의 개발 진행 단계를 확인할 수 있습니다. 경기도는 경기도청 홈페이지(www.gg.go.kr)에 접속해 '정보공개 → 사전정보공표 → 도시/주택'을 클릭한 뒤 검색창에 '도시정비사업 추진현황'을 검색하면 해당 구역의 사업 단계와 인가고시일을 확인할 수 있습니다.
- 조합 사무실에 직접 전화하거나 방문해 현재 사업 단계를 문의합니다.

경매 물건 서류(매각물건명세서)에 기재된 내용은 감정평가 시점 기준이므로, 입찰 시점에는 정보가 달라졌을 수도 있습니다. 반드시 입찰 직전에 해당 구역의 사업 단계와 인가고시일을 다시 한번 확인해야 합니다.

재개발·재건축 체크리스트

구분	세부 항목	확인 내용 및 메모	체크(V)
기본 정보	사건번호		
	소재지		
	물건 종류(다세대주택, 단독주택, 토지 등)		
	감정가/최저가		
조합원 자격 (최우선)	(필수) 조합원 지위 승계 가능 여부		
	(필수) 현금 청산 리스크 권리산정기준일 이후 지분 쪼개기, 분양 미신청 등 해당 여부 확인		
사업성 분석	현재 사업 단계(초기/중기/후기), 투자 성향 부합 여부		
	추가 분담금 리스크 시공사 계약 방식, 조합 내분 여부		
	대항력 있는 임차인		
수익성 분석	예상 총 투자금 낙찰가 + 예상 추가 분담금 + 세금 + 이자 등		
	예상 수익	완공 후 예상 시세 − 총 투자금	
	최대 입찰 상한가	완공 후 예상 시세 − 예상 추가 분담금 − 기타 부대 비용(세금, 이자 등) − 최소 희망 안전마진(목표 수익)	
최종 의견	장점/단점/종합 평가	예: 중기 단계로 사업 안정성은 높으나, 공사비 인상 리스크로 추가 분담금 증가 가능성 있음.	

036 소액으로 시작하는 고수익 투자
지분 경매의 모든 것

'부동산 투자는 목돈이 있어야 한다'라는 편견을 깨는, 소액으로도 가능한 고수익 투자법이 있습니다. 바로 '지분 경매'입니다. 하나의 부동산을 온전히 소유하는 것이 아니라, 그 부동산의 '일부 소유권(지분)'을 경매로 저렴하게 낙찰받는 방식입니다. 경쟁이 덜해 낮은 가격에 낙찰받을 수 있다는 매력적인 장점이 있습니다. 하지만 나의 의지대로 부동산을 처분할 수 없다는 태생적 한계 역시 존재합니다.

이번 장에서는 복잡하고 어려워 보이는 지분 경매를 수익 파이프라인으로 만드는 방법을 알아보겠습니다.

공유지분 경매의 특성: 다수 소유자와의 관계

하나의 부동산을 여러 명이 공동으로 소유하는 것을 '공유'라고 하며, 공유자 각자가 소유한 몫을 '지분'이라고 합니다. 이 지분만을 대상으로 진행되는 경매가 바로 '지분 경매'입니다.

지분 경매는 일반 경매와 달리, 부동산 전체가 아닌 일부 지분만을 취득하게 되므로, 다른 공유자와의 관계를 어떻게 설정하고 풀어 나가느냐가 관건입니다. 다른 공유자와의 협의 없이는 부동산을 마음대로 사용하거나 처분할 수 없으므로, 낙찰 후 원활한 협의를 위한 전략 마련이 필수입니다.

처음 지분 경매에 도전한다면, 물리적으로 나누기가 불가능한 아파트나 다세대주택(빌라) 지분부터 시작하는 것이 좋습니다. 이런 물건은 협의가 결렬되더라도 공유물분할청구소송 시 '경매를 통한 대금분할'로 판결이 날 가능성이 99%입니다. 반면 토지지분은 '현물분할' 등 복잡한 변수가 생길 수 있어 더 높은 수준의 분석이 필요합니다.

공유물분할청구소송과 공유자우선매수청구권

지분 경매 낙찰 후 다른 공유자와의 협의가 원만하게 이루어지지 않을 경우, 법적인 절차를 통해 문제를 해결해야 합니다.

공유물분할청구소송

공유자는 언제든지 다른 공유자에게 공유물의 분할을 청구할 수 있습니다. 협의가 이루어지지 않을 경우, 법원에 공유물분할청구소송을 제기하면 법원의 판결에 따라 공유물을 분할할 수 있습니다.

공유물 분할에는 두 가지 방식, 즉 현물분할과 대금분할이 있습니다. 현물분할은 토지를 각자의 지분 비율에 따라 나누는 등 물리적으로 분할하는 방식입니다. 하지만 아파트와 같이 현물분할이 불가능한 경우에는 대금분할 방식으로 분할하게 됩니다. 대금분할(경매 분할)은 부동산 전체를 경매에 부쳐 매각한 뒤 그 매각 대금을 각자의 지분 비율에 따라 나누어 갖는 방식입니다. 지분 경매 투자자가 수익을 실현하는 가장 일반적인 방법입니다.

공유자우선매수청구권

공유지분이 경매로 나왔을 때, 다른 공유자는 최고가 매수신고인과 같은 가격으로 해당 지분을 우선적으로 매수할 수 있는 권리를 가집니다. 이로 인해 낙찰받고도 소유권을 취득하지 못하는 경우가 발생할 수 있으므로, 입찰 전에 다른 공유자의 우선매수권 행사 가능성을 고려해야 합니다.

입찰 전에 공유지분과 공유자를 파악하는 방법

입찰 전에 공유자가 누구인지, 왜 경매로 나왔는지, 낙찰 후 매수 가능성은 없는지 등을 파악하는 것은 입찰 성패를 가르는 가장 중요한 사전 조사 단계입니다.

- **다른 공유자가 누구인가**(등기사항전부증명서 확인): 법원경매정보에서 등기사항전부증명서를 열람하면 공유자들의 이름과 주소를 확인할 수 있습니다. 공유자들의 성이 같다면 가족일 가능성이 높습니다. 공유자 중 한 명의 주소가 해당 부동산 주소와 일치한다면 그 공유자가 거주 중이라는 의미입니다.

- **왜 경매에 나왔는가**(등기사항전부증명서와 매각물건명세서 확인): 등기사항전부증명서에서 을구를 봅니다. 근저당권이 설정되어 있고 채권자가 ○○은행이나 ○○캐피탈이면 대출 연체로 인한 경매(임의경매)일 가능성이 높습니다. 을구에는 근저당권 설정 등이 없으나 갑구에 '강제경매'라고 기재되어 있다면 이는 개인 간의 채무(대여금, 손해배상 등) 판결에 의한 경매입니다. 매각물건명세서의 사건명에 '공유물분할을 위한 경매'라고 기재되어 있는 경우가 있습니다. 이는 지분 투자자가 소송을 통해 배당금을

받게 되는 특수한 경우입니다.

- **낙찰 후 공유자의 매수 가능성은 있는가**: 다른 공유자는 내가 제시한 최고가와 동일한 금액으로 이 지분을 우선 매수할 권리가 있습니다. 만약 등기사항전부증명서상 다른 공유자가 거주 중일 때, 공유자들이 가족관계일 때 이들은 집을 지키기 위해 내가 낙찰받은 지분을 되사거나, 우선매수청구권을 행사할 가능성이 매우 높습니다. 반면 공유자들이 서로 남남일 때, 모두 다른 곳에 거주하며 부동산을 방치하고 있을 때 이들은 해당 부동산에 관심이 없어 매수할 가능성이 낮습니다. 이 경우에는 공유물분할청구소송까지 갈 가능성이 높습니다. 소송 비용까지 감안해 입찰가를 산정해야 합니다. 등기사항전부증명서를 통해 공유자 관계와 거주 여부를 파악하는 것이 협상 전략과 수익률을 예측하는 가장 핵심적인 첫걸음입니다.

지분 체크리스트

구분	세부 항목	확인 내용 및 메모	체크(V)
기본 정보	사건번호		
	소재지		
	물건 종류(아파트, 다세대, 토지 등)		
	감정가/최저가		
	매각 대상 지분 (예: ○○○의 지분 1/2)		
공유자 분석 (핵심)	(필수) 다른 공유자 파악		
	(필수) 공유자 거주 여부		
	경매 원인 추정 임의경매/강제경매/공유물분할		

출구 전략 및 위험 분석	(필수) 우선매수청구 가능성 (거주/가족 시 높음)		
	출구 전략 1순위: 공유자에게 내 지분 매도		
	출구 전략 2순위: 공유자 지분 추가 매수		
	출구 전략 3순위: 공유물분할청구 소송		
수익성 분석	총 예상 비용 낙찰가 + 소송 비용(필요시) + 세금 등		
	수익률 계산 (예상 매도가 − 총 예상 비용) ÷ 총 예상 비용		
	최대 입찰 상한가		
최종 의견	장점/단점/종합 평가	예: 공유자가 거주 중인 가족이라 우선매수청구 가능성 매우 높음. 패찰 가능성을 염두에 두고 최소 수익률로 입찰할 것	

지분 경매를 통한 수익 실현 전략

지분 경매는 일반 경매보다 경쟁률이 낮아 저렴한 가격에 낙찰받을 수 있다는 장점이 있으며, 다음과 같은 전략을 통해 수익을 실현할 수 있습니다.

다른 공유자에게 매도(가장 빠르고 이상적인 전략)

낙찰받은 지분을 다른 공유자에게 시세보다 저렴한 가격으로 매도해 단기적인 시세 차익을 얻는 전략입니다.

- **사례**: 시세 6억 원짜리 아파트에 이혼한 전 남편과 아내가 2분의 1씩 지분 소유. 전 남편의 지분(시세 3억 원)이 빚 때문에 경매에 나옴. 아내는 자녀와 함께 이 집에 계속 거주 중
- **협의 과정**: 2회 유찰된 남편 지분을 2억 원에 낙찰. 낙찰 후 아내에게 다음과 같은 내용의 내용증명 발송. '이 집에서 계속 살고 싶다면 제 지분을 매수하셔야 합니다. 시세는 3억 원이지만, 원만히 합의해주시면 2억 5,000만 원에 넘기겠습니다. 응하지 않으시면 집 전체를 경매에 넘길 수밖에 없습니다.'
- **결과**: 아내는 집을 잃지 않기 위해 은행 대출 등을 알아봐 투자자에게 2억 5,000만 원을 주고 지분을 매수함. 투자자는 세금을 제외하고 수익 실현

다른 공유자의 지분 매수(온전한 부동산으로 가치 상승)

자금 여력이 있다면, 다른 공유자의 지분까지 매수해 온전한 하나의 부동산으로 만들어 가치를 높인 뒤 매도하는 전략입니다.

- **사례**: 시골에 있는 시세 1억 원짜리 토지. 3형제가 3분의 1씩 상속받았으나, 아무도 관리하지 않고 방치 중. 첫째의 지분(시세 약 3,300만 원)이 경매에 나옴.
- **협의 과정**: 2회 유찰된 첫째 지분을 1,800만 원에 낙찰. 낙찰 후 둘째와 셋째에게 연락해 "어차피 이 땅을 관리하지 않고 계시니 제가 두 분의 지분도 매수해 온전히 개발하고 싶습니다. 시세대로 3,300만 원씩 드리겠습니다"라고 말함.
- **결과**: 땅을 시세대로 팔 수 있게 된 둘째와 셋째는 흔쾌히 지분 매도. 투

자자는 온전한 토지를 소유하게 됨. 이후 해당 토지를 일반 매물로 매도해 수익 실현

공유물분할청구소송을 통한 배당

다른 공유자와의 협의가 불가능할 경우, 공유물분할청구소송을 통해 부동산 전체를 경매에 넘기고, 지분 비율에 따라 배당금을 받아 수익을 실현하는 전략입니다. 이 경우, 저렴하게 낙찰받은 지분 가격과 전체 매각 대금의 차이만큼 수익을 얻을 수 있습니다.

- **사례**: 시세 3억 원짜리 다세대주택. 사이가 나쁜 형제 2명이 2분의 1씩 소유. 동생의 지분(시세 1억 5,000만 원)이 경매에 나옴.
- **협의 과정**: 동생 지분을 1억 원에 낙찰. 형에게 연락했으나, 자신은 돈도 없고 낙찰자에게 매도할 생각도 없으니 마음대로 하라며 비협조적인 태도로 일관
- **결과**: 투자자는 즉시 공유물분할청구소송 제기. 10개월 후 집 전체가 경매에 넘어가 2억 8,000만 원에 낙찰. 투자자는 2분의 1 지분인 1억 4,000만 원을 배당받음. 소송 비용, 세금 등을 제하고 수익 실현. 시간은 걸렸지만 비협조적인 공유자를 상대로 법을 통해 수익을 만들어냄.

공유물분할청구소송을 통해 수익 늘리는 방법

경매를 통해 부동산의 지분을 낙찰받고, 낙찰받은 지분이 있는 부동산에 대해 공유물분할청구소송을 진행하고, 판결문을 가지고 해당 부동산을 경매로 넘겨 배당을 받고, 이를 통해 수익을 창출하면 양도소득세 대상입니

다. 양도소득세를 감안하면 실제 수익은 생각했던 것보다 적습니다. 공유물분할청구소송을 통해 수익을 늘리고 싶다면 다음 내용을 주의 깊게 살펴보기 바랍니다.

- **2년 이상 보유 목표로 전략 수정**: 단기 차익에 대한 징벌적 중과세율을 피하는 가장 확실한 방법입니다. 공유물분할소송은 1년 이상 걸리는 경우가 많으므로, 의도적으로 시간을 조절하거나 협상 과정을 길게 가져가 보유 기간을 2년 이상으로 늘리는 것이 현명한 절세 전략입니다. 2년 이상 보유 시 60%가 아닌 6~45%인 기본세율이 적용되어 세금 부담을 줄일 수 있습니다.
- **입찰가 산정 시 세금 미리 계산**: 1년 안에 매도할 물건이라고 판단된다면 입찰가를 산정할 때부터 60~70%의 세금을 미리 계산에 넣어야 합니다. 즉, 세후 수익률을 목표로 역산해 최대 입찰가를 정해야 합니다. 세금을 고려하지 않으면 오히려 손해를 볼 수 있습니다.
- **협상의 중요성**: 소송을 통한 배당은 시간도 오래 걸리고 단기 매각 시 세금 부담도 큽니다. 따라서 다른 공유자와 원만히 협상해 지분을 매각하는 것이 최상의 선택입니다. 협상을 통해 적절한 가격에 지분을 매각하면, 소송 비용과 시간을 아끼고 높은 세율의 리스크를 줄일 수 있습니다.

낙찰 후 원활한 협의를 위한 절차

지분 경매의 수익은 '협상'에서 나온다고 해도 과언이 아닙니다. 소송은 어디까지나 최후의 수단입니다. 다음 3단계 전략을 활용하면 대부분의 경우 원만하게 협의를 이끌어낼 수 있습니다.

1단계: 정중하게 접촉하기

전화나 문자 메시지로 연락을 하기보다 우편으로 내용증명을 보내는 것이 효과적입니다. 이러한 방법은 자신의 소유권 취득 사실을 공식적으로 알리는 증거가 됩니다. 말로 하는 것보다 진지하고 전문가적인 인상을 줍니다. 내용증명은 향후 공유물분할청구소송까지 갈 경우 사전 협의를 위해 노력했다는 중요한 증거 자료가 됩니다. 내용증명에는 반드시 다음과 같은 내용이 포함되어야 합니다.

- **자기소개**: 안녕하세요. ○○○입니다. 귀하와 ○○부동산을 공동으로 소유하게 된 새로운 공유자입니다.
- **낙찰 사실 통보**: 저는 202○년 ○월 ○○일에 법원 경매를 통해 해당 부동산의 ○/○ 지분을 적법하게 취득했습니다.
- **협의의 필요성**: 하나의 부동산을 여러 명이 소유하는 것은 재산권 행사에 제약이 따르므로, 원만한 해결을 위해 협의를 제안합니다.
- **구체적인 제안**(두 가지 옵션 제시): 옵션 1은 귀하께서 제 지분을 시세보다 저렴한 ○○○원에 매수하는 방안입니다. 옵션 2는 제가 귀하의 지분을 시세에 맞춰 ○○○원에 매수하는 방안입니다.
- **답변 요청 및 최종 통보**: 이 내용증명을 받으셨다면 2주 내에 연락주시기 바랍니다. 만약 기한 내에 아무런 답변이 없다면, 부득이하게 법원에

공유물분할청구소송을 제기해 법원의 판단에 따라 부동산 전체를 경매로 매각할 수밖에 없음을 알려드립니다.

2단계: 상대방 입장에서 생각하며 협상하기

내용증명을 보낸 후에 연락이 오면, 무조건 나의 이익만 주장해서는 안 됩니다.

- **상대방 파악**: 상대방이 지분을 가지고 있는 이유를 확인합니다. 그리고 부동산에 거주하고 있는지 여부도 확인합니다. 거주 중이라면 집을 지키고 싶을 것이고, 방치 중이라면 귀찮아 처분하고 싶을 것입니다.
- **'Win-Win' 제안**: "소송까지 가면 변호사비, 경매 수수료 등이 드니 양쪽 모두에게 손해입니다. 시간도 1년 가까이 걸립니다. 적정선에서 합의해 시간과 돈을 아끼는 것이 서로에게 이득입니다"라고 설득합니다.
- **가격 제시**: 자신이 낙찰받은 가격은 절대 말해서는 안 됩니다. 상대방이 자신의 지분을 매수할 경우에는 현재 시세보다 약간 저렴하게 가격을 제안합니다. 자신이 상대방의 지분을 매수할 경우에는 현재 시세보다 가격을 약간 높게 제안합니다. 그리고 합의점을 찾아갑니다.

3단계: 전문가의 도움 받기

협상에 자신이 없거나 감정적인 대립이 예상될 경우에는 법무사나 변호사를 대리인으로 내세우는 것이 좋습니다. 전문가가 개입하면 상대방이 감정적으로 대응하지 않고 이성적으로 협상에 임할 확률이 높습니다.

많은 사람이 지분 경매는 법률적인 지식과 협상 능력이 요구되는 고수들의 투자 영역이라고 생각합니다. 하지만 기본적인 원리와 절차를 이해하고 철저한 사전 조사를 통해 접근한다면, 소액으로도 높은 수익을 올릴 수 있는 매력적인 투자 방법이 될 수 있습니다.

여섯째 마당

Common Sense Dictionary
of Real Estate Auctions & Public Sales

이론을 수익으로

입찰과 명도 실전,

출구전략까지

모든 분석이 끝났다면, 이제는 전쟁터로 나가 승리를 거둘 시간입니다. 여섯째마당에서는 이론을 실전으로 완성하는 마지막 단계를 안내합니다. 수많은 경쟁자를 제치고 수익을 극대화하는 입찰가를 쓰는 노하우, 낙찰 후 소유권을 온전히 내 것으로 만드는 법적 절차, 경매의 마지막 관문이자 가장 큰 두려움인 명도를 슬기롭게 해결하는 협상 방법 그리고 강제집행의 모든 과정을 생생하게 다룹니다.

037 8,000만 원짜리 실수 막는 법
경매 입찰표 작성과 실전 전략

수많은 권리분석과 현장 조사를 마쳤다면, 이제는 실전에 뛰어들 시간입니다. 경매 입찰을 할 때는 신중한 분석을 바탕으로 한 과감한 결단이 필요합니다. 투자의 성패를 가르는 마지막 관문과도 같습니다.

이번 장에서는 입찰 직전에 최종적으로 점검해야 할 사항부터 수많은 경쟁자를 제치고 수익을 극대화할 수 있는 입찰가 산정 노하우, 실제 경매장의 긴장된 분위기 속에서 실수 없이 입찰하는 요령까지, 성공적인 입찰을 위한 모든 것을 알아보겠습니다.

경매 입찰 전 최종 점검 사항

입찰 당일 아침, 법원으로 향하기 전에 마지막으로 점검해야 할 내용입니다. 흥분된 마음을 가라앉히고 차분히 확인해야 실수를 줄일 수 있습니다.

최종 서류 검토

입찰 전날 또는 당일 오전에 법원경매정보에 접속한 뒤 '경매물건 → 기일별검색 → 매각일정에서 담당계 선택 → 소재지 및 내역 클릭 → 물건기본정보 → 사건상세조회 → 사건내역 → 물건내역'을 클릭해 해당 물건의 상태(진행/취소/취하/연기)를 확인합니다. 상태에 변화가 없더라도 '문건/송달내역 → 문건처리내역'을 클릭해 취하, 변경, 연기 여부를 재확인하고, 관련 문서와 사유를 검토합니다. 필요시 법원 경매계에 전화해 최종 확인을 하는 것도 좋은 방법입니다. 경매가 취하, 변경, 연기되었을 경우 허무하게 법원을 오가는 수고를 덜 수 있습니다.

권리분석 재확인

그동안 분석했던 내용(등기사항전부증명서, 매각물건명세서 등)을 다시 한번 훑어보며 놓친 부분은 없는지, 인수해야 할 권리나 예상치 못한 위험은 없는지 최종적으로 점검합니다.

예상 수익률 최종 계산

사전에 조사한 시세, 예상 낙찰가, 필요 경비(취득세, 법무사 비용, 명도 비용 등)를 바탕으로 계산했던 예상 수익률을 다시 한번 확인합니다. 자신이 정한 입찰 상한선과 기대 수익률이 여전히 유효한지 점검하고, 이 가격을 넘어서는 무리한 입찰을 하지 않겠다고 다짐합니다.

준비물

신분증(주민등록증, 운전면허증 등), 도장, 입찰보증금(최저 매각 가격의 10%, 재경매는 20~30%)을 준비합니다.

사건내역	기일내역	문건/송달내역

사건기본내역

사건번호	2023타경110085 전자	사건명	공유물분할을위한경매
접수일자	2023.07.18	개시결정일자	2023.08.03
담당계	경매1계 전화 : 530-1820 (제4별관 민사집행과) (경매절차 관련 문의) 집행관사무소 전화 : 02-533-6852 (입찰 관련 문의) (민사집행법 제90조, 제268조 및 부동산등에 대한 경매절차 처리지침 제53조제1항에 따라, 경매절차의 이해관계인이 아닌 일반인에게는 법원경매정보 홈페이지에 기재된 내용 외에는 정보의 제공이 제한될 수 있습니다.)		
청구금액	0원	사건항고/정지여부	
종국결과	취하 🔍송달료조회	종국일자	2025.07.25

물건내역

물건번호	1 물건상세조회 매각기일공고 매각물건명세서	물건용도	상가	감정평가액	37,202,939,520원
목록1	서울특별시 강남구 대치동 50-45 🔍등기기록 열람	목록구분	토지	비고	취하
목록2	서울특별시 강남구 영동대로 216 🔍등기기록 열람	목록구분	건물	비고	취하
제시외	1.(용도)옥탑 다용도실(구조)판넬조(면적)4㎡				
물건상태	매각준비 -> 매각공고 -> 유찰				

사건내역	기일내역	문건/송달내역

문건처리내역

접수일	접수내역	결과
2023.08.01	신청인 소송대리인 김OO 보정서 제출	
2023.08.04	등기소 서OOOOOOO OOO 등기촉탁보정명령문 제출	
2025.06.16	법원 법OOOO 영사송달 보고서 송부서 제출	
2025.06.24	기타 윤OO 기일입찰조서 제출	
2025.07.25	신청인 소송대리인 김OO 취하서 제출	

▲ 법원경매정보 홈페이지

입찰 전 최종 점검 사항

구분	확인 내용 및 조치(사례)
법원경매정보 확인	[확인 내용] 1. 법원경매정보에 접속해 '경매물건 → 경매사건검색'을 클릭한 뒤 사건번호를 검색합니다. 2. '사건내역 → 물건내역'을 클릭해 진행 상태를 확인합니다. 만약 변경, 연기 등으로 바뀌었다면 법원에 갈 필요가 없습니다. [조치] 다행히 '진행' 상태입니다. 혹시 모를 변경에 대비해 '문건/송달내역'을 클릭해 최근 채권자나 채무자의 취하나 연기 서류 제출 내역이 있는지 확인합니다. 밤 사이에 접수된 매각기일 변경 신청이 없는 것을 최종 확인하고 출발 준비를 합니다.
핵심 서류 재검토	[확인 내용] 그동안 출력해서 분석했던 매각물건명세서, 현황조사서, 등기사항전부증명서를 다시 한번 훑어봅니다. [조치] 1. 매각물건명세서에 최선순위 설정일자보다 앞서는 대항력 있는 임차인이 없는지, '인수'라고 표시된 권리는 없는지 재확인합니다. 비고란의 특이 사항도 다시 한번 읽어봅니다. 2. 등기사항전부증명서에서 말소기준권리(예: 2018년 근저당)를 다시 한번 확인하고, 그 이후의 모든 권리(가압류, 압류 등)는 낙찰 시 소멸되는 것이 맞는지 최종 점검합니다. 인수할 권리가 없고 다른 문제가 없음을 다시 한번 확인합니다.
예상 수익률 최종 계산	[확인 내용] 사전에 조사한 시세, 예상 낙찰가, 필요 경비를 바탕으로 수익률을 최종 점검하고 입찰 상한선을 결정합니다. [조치] 1. 시세: 현재 네이버페이 부동산 기준 동일 평형 매물은 10억 5,000만~11억 원 2. 필요 경비: 취득세(약 3.3%), 법무사 비용, 명도 비용(이사비) 등을 포함해 약 4,000만 원 3. 수익률: 만약 9억 5,000만 원에 낙찰받는다면, 시세 대비 1억 원 저렴하게 매수하는 것입니다. 필요 경비 4,000만 원을 제외하면 최소 6,000만 원의 안전마진이 생깁니다. 4. 입찰 상한선 결정: '경쟁이 치열하더라도 절대 9억 7,000만 원은 넘지 말자. 이 가격을 넘으면 기대 수익률이 너무 낮아진다'라고 다짐합니다.

준비물	[확인 내용] 신분증, 도장, 입찰보증금을 챙깁니다. [조치] 1. 신분증: 본인 신분증(주민등록증, 운전면허증 등) 2. 도장: 막도장도 가능하지만, 인감도장을 챙기는 것이 더 좋습니다. 3. 입찰보증금: 최저 매각 가격(8억 원)의 10%인 8,000만 원을 한 장의 수표로 준비합니다. (재경매 물건은 20~30%일 수 있으니 공고를 반드시 확인합니다.)

입찰가 산정 노하우

입찰가는 높게 쓰면 수익률이 떨어지고, 낮게 쓰면 패찰의 쓴맛을 보게 됩니다. 정답은 없지만, 성공 확률을 높이는 노하우는 있습니다. 사례를 통해 하나씩 알아봅니다.

경쟁 분석

- **조회 수 및 관심도 파악**: 유료 경매 정보 사이트의 해당 물건 조회 수나 관심 등록 수를 통해 경쟁 강도를 예측해볼 수 있습니다. 유료 경매 사이트(예: 옥션원, 지지옥션 등)에 로그인해 해당 사건번호를 검색합니다.

해당 물건의 상세 페이지에서 조회 수를 확인합니다. 조회 수는 공개된 정보 중에서 가장 직관적인 관심도의 척도입니다. 그냥 숫자만 보는 것이 아니라 비교 분석을 하면 더 효과적입니다. 예를 들어 입찰할 물건(A)의 조회 수가 1,500회라고 가정해봅시다. 여기서 그치지 말고, 최근 3개월 이내에 해당 지역(같은 아파트 단지, 바로 옆 동네)에서 낙찰된 유사 물건(B)의 최종 조회 수를 확인해봅니다. 확인 결과 B물건은 1,000회의 조회 수를 기록하고 15명이 입찰했습니다. 1,500회의 조회 수를 기록 중인 A물건은 B물건보다 더 높은 경쟁이 예상된다고 합리적으로 추론할 수 있습니다. 일부 사이트에서는 일별 조회 수 추이를 그래프로 보여주기도 합니다. 입찰일이 다가올수록 조회 수가 급격하게 상승하는 물건은 관심을 갖고 있는 사람이 많다는 뜻이므로 경쟁이 치열할 가능성이 높습니다.

- **과거 유찰 이력 분석**: 이전에 유찰되었다면 그 이유(높은 가격, 권리상 하자 등)를 분석하고, 이번 회차에는 경쟁이 얼마나 붙을지 가늠해봅니다. 법원경매정보에 접속해 '물건상세검색 → 사건상세조회'에서 '기일내역'을 확인합니다.

  - 1차 매각(2025. 5. 10.): 감정가 10억 원/최저가 10억 원 → 유찰
  - 2차 매각(2025. 6. 15.): 최저가 8억 원 → 금일 입찰

  '1차 매각 때 유찰된 이유는 감정가가 현재 시세(10억 5,000만~11억 원)와 비슷해 낙찰받을 매력이 없었기 때문이다. 하지만 이번 2차 매각은 시세보다 2억 이상 저렴한 8억 원에서 시작한다. 권리상 하자가 없는 아파트이므로, 지난번에 가격 때문에 망설였던 사람들과 새로운 투자자들이 대거 몰릴 것이다. 경쟁이 매우 치열할 것으로 예상되니, 최저가 근처로 쓰는 건 의미가 없다'와 같이 유찰 원인을 분석합니다.

- **최근 유사 물건의 낙찰가율과 입찰자 수 확인**(가장 객관적인 데이터): 최근 우리 아파트 단지나 옆 단지에서 낙찰된 물건들의 낙찰가율이 계속해서 95%, 100%, 105%를 기록하고 있다면, 시장이 뜨겁다는 의미입니다. 자신의 물건 역시 최저가에서 멀리 떨어진, 높은 가격에 낙찰될 가능성이 큽니다. 유사 물건들의 입찰자 수가 꾸준히 10명 이상이라면, 자신의 물건 역시 그 정도 경쟁은 기본이라고 생각하고 입찰가를 산정하는 것이

안전합니다.
- **현장 조사를 통한 현장 분위기 읽기** : 물건이 있는 지역의 공인중개사무소 3~4곳을 찾아가 "경매에 나온 아파트를 보러 오는 사람이 많나요?"라고 직접 물어보는 것만으로도 큰 도움이 됩니다. 공인중개사들이 "그거 때문에 하루에도 전화가 몇 통씩 와요"라고 말한다면 경쟁이 매우 치열하다는 확실한 증거입니다.

유사 사례 분석

객관적인 입찰가 산정을 위해 가장 중요한 단계입니다. 다음과 같이 가상의 표를 만들어 분석하면 큰 도움이 됩니다.

서울 강남구 ○○아파트 84m² 최근 6개월 낙찰 사례

사건번호	2024타경5678	2024타경9012	2023타경8877
매각일	25.6.2.	25.4.15.	25.2.20.
감정가(A)	10억 2,000만 원	10억 원	9억 8,000만 원
낙찰가(B)	9억 8,500만 원	9억 5,500만 원	10억 1,000만 원
낙찰가율(B/A)	96.60%	95.50%	103.10%
입찰자 수	15명	12명	22명
2등 입찰가	9억 8,100만 원	9억 5,200만 원	9억 7,500만 원
1등-2등 차액	400만 원	300만 원	3,500만 원

- **평균 낙찰가율 파악**: 입찰하려는 물건과 동일한 아파트 단지, 비슷한 평형, 유사한 지역의 최근 3~6개월간 낙찰가율 데이터를 분석합니다. 이는 가장 객관적이고 중요한 기준이 됩니다. '최근 2건(2024타경5678, 9012)은 시세와 비슷한 감정가에서 95~97% 수준에서 낙찰되었다. 입찰자 수

도 10명 이상으로 꾸준히 많다.'
- **'N−1' 전략**(이상치 분석): 유사 물건의 1등 낙찰가만이 아니라 2등, 3등이 써낸 가격도 주목해야 합니다. 시장 참여자들이 생각하는 적정 가격대를 파악해야 과도하게 높은 '나 홀로 입찰'을 피할 수 있습니다. '2023타경8877 사건을 주목해야 한다. 낙찰가율이 103%로 매우 높고, 2등과의 가격 차이가 무려 3,500만 원이나 난다. 이는 1등 낙찰자가 시세를 제대로 조사하지 못했거나, 꼭 낙찰받아야 하는 특별한 사정이 있을 가능성이 크다. 따라서 이 사례를 분석할 때는 1등 낙찰가(10억 1,000만 원)가 아니라, 2등 입찰가(9억 7,500만 원)를 시장 참여자들이 생각하는 합리적인 상한선으로 보는 것이 타당하다.'
- **최종 입찰가 결정**: '최근 사례들의 낙찰가율은 평균 96% 정도이고, 경쟁이 치열할 때는 감정가의 98~99% 수준(2등 가격 기준)까지도 쓴다. 내 물건의 감정가는 10억 원이니, 96%는 9억 6,000만 원이다. 2등 가격을 참고하면 9억 7,000만 원대까지도 생각해야 한다. 나의 최종 목표 수익률과 자금 상황을 고려해 9억 6,750만 원으로 입찰가를 정하자. 이 정도면 충분히 경쟁력이 있고, 설령 패찰하더라도 후회 없는 가격이다.'

경매장 분위기 파악 및 실전 입찰 요령

기일입찰표 작성

- **사건번호**: '2024타경12345'와 같이 정확히 기재합니다. 물건번호가 여러 개인 경우(예: 1, 2, 3), 입찰하려는 물건의 번호를 반드시 써야 합니다.

누락 시 무효 처리가 됩니다.

- **입찰자 인적 사항**: 본인이 직접 입찰할 경우에는 본인의 이름, 주민등록번호, 주소, 전화번호를 정확하게 적습니다. 대리인이 입찰할 경우에는 대리인의 정보와 함께 본인의 정보도 모두 기재하고, 위임장을 첨부해야 합니다.
- **입찰 가격**: 가장 중요한 부분입니다. 앞에 있는 빈칸에 'X' 표시나 '₩' 표시를 해두면 '0'을 하나 더 쓰는 실수를 막을 수 있습니다.
- **보증 금액**: 최저 매각 가격의 10%를 적습니다. (입찰 가격의 10%가 아닙니다.)
- **서명 및 날인**: 입찰 날짜를 적고, 입찰자 이름 옆에 도장을 찍거나 서명합니다. (법인인 경우 법인 인감 날인)

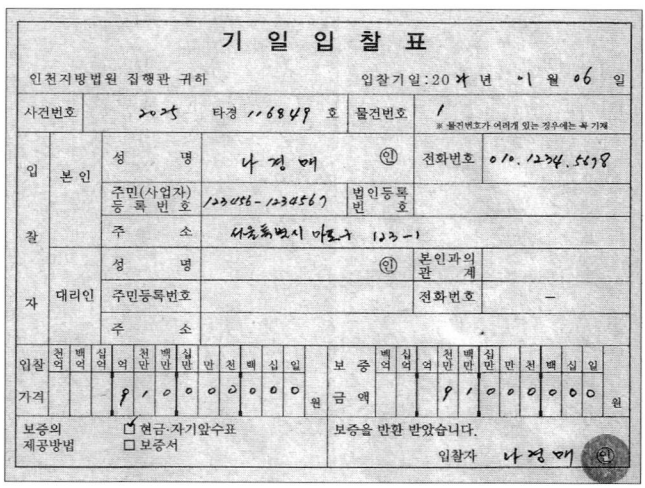

▲ 기일입찰표

매수신청보증금봉투 작성 및 밀봉

- **봉투 앞면**: 사건번호, 물건번호(있는 경우), 제출자(입찰자 본인) 이름을 기재하고 도장을 찍습니다.
- **보증금 넣기**: 준비한 보증금 수표나 보증서를 봉투에 넣습니다.
- **봉투 뒷면**: 봉투 뚜껑을 풀로 붙여 밀봉한 뒤 봉투의 위아래 접히는 부분에 걸쳐 도장을 찍습니다(간인). 이는 개봉 여부를 확인하기 위함입니다.

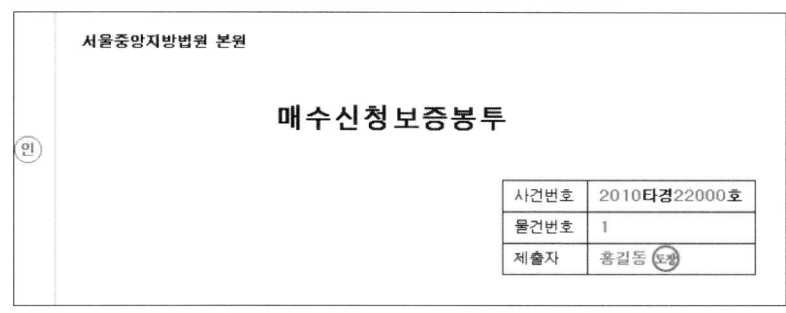

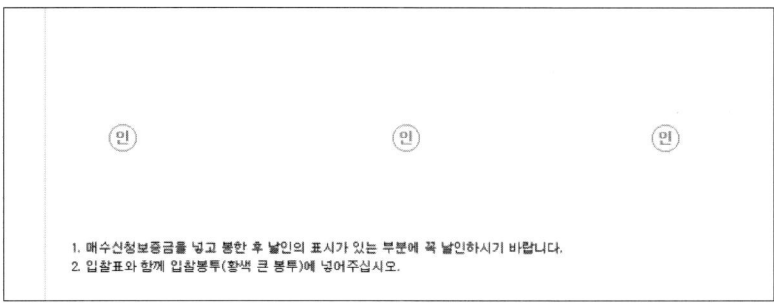

▲ 매수신청보증금봉투(출처: 스피드옥션경매)

입찰봉투 작성 및 제출

- **내용물 넣기 및 수취증 보관**: 작성을 완료한 기일입찰표와 밀봉한 매수신청보증금봉투를 입찰봉투 안에 함께 넣습니다. 입찰봉투에 붙어 있는 '입찰자용 수취증'을 절취선에 따라 잘라내 본인이 보관합니다. 이 수취증은 패찰 시 보증금을 되돌려받기 위한 유일한 증명이므로 절대 잃어버리면 안 됩니다.
- **입찰봉투 밀봉**: 입찰봉투 겉면의 '제출자'란에 본인(또는 대리인)의 이름을 쓰고, 사건번호와 물건번호를 정확히 기재합니다. 스테이플러(호치키스) 등을 이용해 입찰봉투를 봉합니다.
- **집행관에게 제출 및 접수 확인**: 입찰 마감 전에 집행관에게 가서 본인 신분증과 함께 입찰봉투를 제출합니다. 집행관은 신원을 확인한 뒤 입찰봉투를 받아 입찰함에 넣습니다. 가장 중요한 마지막 단계로, 집행관에게 본인이 보관하고 있던 '입찰자용 수취증'을 제시해 접수 도장을 받아야 합니다. 이 도장이 찍혀야만 정식으로 입찰이 접수된 것이며, 나중에 보증금을 돌려받을 수 있는 완전한 효력이 생깁니다.
- **미리 도착해 분위기 익히기**: 초보자라면 입찰 시간보다 최소 30분에서 1시간 일찍 도착해 경매장의 분위기를 익히는 것이 좋습니다. 입찰표 작성 장소, 법정 위치 등을 확인하고 다른 사람들의 입찰 과정을 지켜보는 것만으로도 큰 도움이 됩니다.
- **집에서 미리 작성해보기**: 법원경매정보(경매지식 → 경매서식)나 유료 경매 사이트에서 기간입찰표 양식을 다운받아 집에서 미리 차분하게 작성해보는 것을 강력히 추천합니다.

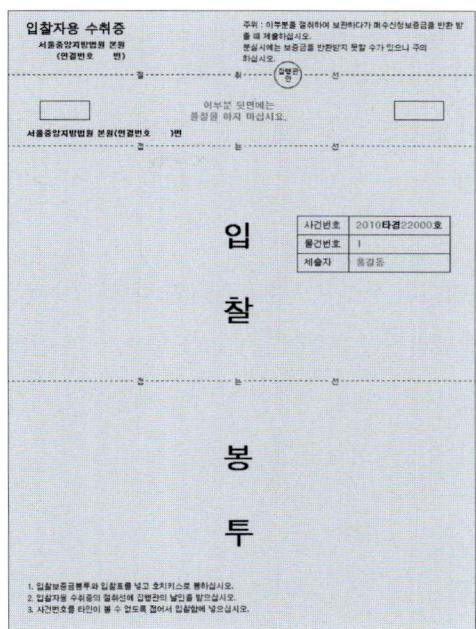

▲ 입찰봉투 (출처: 스피드옥션경매)

입찰 무효가 되는 흔한 실수들

- **보증 금액 관련 실수**: 최저 매각 가격의 10%를 정확히 맞춰야 합니다. 단 1원이라도 부족하면 무효입니다. 보증금을 더 많이 넣는 것은 괜찮지만, 돌려받는 절차가 번거로울 수 있습니다. 2개 이상의 물건에 입찰한다면 물건별로 보증금 수표를 따로 준비해야 합니다.
- **수정 관련 실수**: 입찰가를 잘못 썼을 때, 수정액이나 수정테이프로 고치면 무효 처리됩니다. 무조건 새 용지에 다시 작성해야 합니다. 가격을 정정하겠다며 그 위에 다시 도장을 찍는 행위도 무효 사유가 될 수 있습

니다.
- **공동 입찰 시 실수**: 2명 이상이 공동으로 입찰하면서 각자의 지분(예: 김갑동 1/2, 이을순 1/2)을 기재하지 않으면 무효 처리됩니다. 입찰자 명단에 있는 사람 중 한 명이라도 입찰 법정에 참석하지 않거나 인적 사항이 부정확해도 무효 처리됩니다.
- **차분한 마음 유지**: 개찰 시 자신의 사건번호가 호명되면 긴장되기 마련입니다. 자신이 써낸 가격이 합리적인 분석의 결과임을 믿고, 어떤 결과든 담담하게 받아들이겠다는 마음가짐을 가져야 합니다. 패찰은 실패가 아니라, 더 좋은 기회를 잡기 위한 과정일 뿐입니다.

038 진짜 시작은 지금부터!
낙찰 후 소유권 이전까지 완벽 가이드

'최고가 매수신고인'이라는 짜릿한 호명과 함께 경매의 한 단계를 넘었습니다. 하지만 소유권을 취득하기까지는 여러 법적 절차와 자금 계획이 남아 있습니다.

이번 장에서는 낙찰 후 매각허가결정부터 소유권이전등기까지의 전체적인 흐름을 살펴보고, 취득세 등 각종 세금과 잔금대출을 현명하게 활용하는 방법을 알아보겠습니다.

매각허가결정, 매각 대금 납부, 소유권이전등기

낙찰 후 소유권을 온전히 가져오는 과정은 크게 3단계로 진행됩니다.

1단계: 매각허가결정(낙찰 후 약 일주일)

법원은 낙찰일로부터 통상 일주일 이내에 '매각허가결정'을 내립니다. 이는 법원이 최고가 매수신고인의 낙찰을 공식적으로 인정하는 절차입니다. 이 기간 동안 이해관계인(채무자, 소유자 등)은 이의를 제기(즉시항고)할 수 있습니다.

2단계: 매각 대금 납부(매각허가결정 확정 후 약 1개월)

매각허가결정이 확정되면, 법원은 약 1개월의 '매각 대금 납부 기한'을 지정해 통지합니다. 낙찰자는 이 기한 내에 입찰보증금을 제외한 나머지 잔금을 납부해야 합니다. 기한 내에 납부하지 못하면 입찰보증금은 몰수되니 자금 계획을 철저히 세워야 합니다.

3단계: 소유권이전등기(매각 잔금 납부 후)

매각 잔금을 납부하면 즉시 소유권을 취득하게 됩니다. 하지만 등기사항전부증명서에 소유자로 등록하기 위해서는 '소유권이전등기 촉탁 신청'을 해야 합니다. 보통 법무사를 통해 진행하며, 이 단계가 완료되어야 법적으로 완벽한 낙찰자 소유의 부동산이 됩니다.

- **소유권 취득 시점 vs. 등기 완료 시점**: 낙찰자는 법원에 잔금을 완납하는 그 즉시 법적으로 해당 부동산의 소유권을 취득합니다. 등기사항전부증명서에 아직 이름이 올라가지 않았더라도 법적인 소유자는 낙찰자입니다. 하지만 이 소유권을 다른 사람에게 공식적으로 알리고 주장하기 위해서는 국가의 공식 장부인 등기사항전부증명서에 소유자가 변경되었다는 사실을 기록해야 합니다. 이 절차가 바로 '소유권이전등기'입니다.
- **법원의 역할과 낙찰자의 역할**: 법원은 낙찰자가 잔금을 내면 소유권 이전에 필요한 서류들을 발급해줍니다. 낙찰자는 소유권이전등기에 필요한 서류(주민등록등본, 취득세 납부 영수증 등)를 준비하고, 세금을 납부한 뒤 등기소에 "소유권이전등기를 해주세요"라고 신청합니다.
- **법무사에게 의뢰**: 소유권이전등기촉탁신청서, 부동산 목록, 취득세 영수필 확인서, 국민주택채권 매입 영수증 등 준비할 서류가 많고 복잡합

니다. 낙찰가에 따른 정확한 취득세를 계산해 구청에 신고·납부해야 합니다. 법원, 구청, 은행 등 여러 기관을 방문해야 하므로 시간과 노력이 많이 소요됩니다. 따라서 대부분의 낙찰자는 잔금을 납부할 때 법원 내 민원실이나 경매계에서 소개받은 법무사에게 소유권이전등기를 의뢰합니다. 이것이 시간과 노력을 아끼고 실수를 줄이는 가장 확실한 방법입니다.

취득세, 인지세 등 낙찰 후 발생하는 비용

낙찰가 외에도 추가로 발생하는 비용을 미리 계산해야 정확한 수익률 분석이 가능합니다.

취득 관련 세금 종류

비용 항목	내용 및 세율	납부 시기
취득세	낙찰가의 1.1~12%. 주택 수, 규제지역 여부에 따라 크게 달라짐.	잔금 납부 후 60일 이내
지방교육세	취득세액의 10%(표준세율 기준)	취득세 납부 시 함께 납부
농어촌특별세	전용면적 85m² 초과 주택의 경우 취득세액의 0.2%	취득세 납부 시 함께 납부
인지세	소유권이전등기 시 필요한 수수료	등기 신청 시
법무사 수수료	소유권이전등기 및 말소등기 대행 비용[대한법무사협회(kjaar.kabl.kr) → 주요서비스 → 법무사보수표]	등기 완료 후
체납관리비	공용 부분 관리비	명도 전
명도 비용	이사비, 강제집행 비용 등(협상 또는 상황에 따라 발생)	명도 완료 시
수리 비용	낡고 고장 난 시설 교체 수리비	명도 완료 후

일반적으로 아파트의 경우, 취득 관련 세금에 법무사 비용과 명도 비용(이사비)을 추가해 예산을 책정하는 것이 편리합니다.

취득 관련 세금 및 제반 비용 사례

비용 항목	계산 근거(비규제지역 2주택 기준)	예상 비용
취득세	낙찰가 5억 원 × 1%	500만 원
지방교육세	취득세액 500만 원 × 10%	50만 원
농어촌특별세	전용면적 85㎡ 이하는 비과세	0원
인지세	(소유권 이전) 1억 원 초과~10억 원 이하	15만 원
국민주택채권	공시가격 4억 원 기준(요율 약 2.6%) → 채권 1,040만 원 매입 후 즉시 할인 매도(할인율은 매일 변동, 약 10% 가정)	약 104만 원
법무사 수수료	등기 대행, 채권 매도 등	약 70만 원
세금 + 수수료 합계		약 739만 원
체납관리비	관리사무소에 확인 필수(수백만 원에 이를 수 있음)	100만 원
명도 비용	(선택 사항) 전 소유자와 이사비 협상	(협상에 따라) 200만 원
수리 비용	도배, 장판, 누수 수리 등	200만 원
총 필요 비용		약 1,239만 원

위 사례처럼, 낙찰가 5억 원짜리 아파트를 취득할 때 세금과 법무사 비용으로 약 740만 원(낙찰가의 약 1.5%), 이사비 협상까지 고려하면 약 1,300만원 정도의 추가 비용이 발생한다고 예상하고 자금 계획을 세우면 실수가 없습니다.

경락잔금대출 활용법

자기 자본만으로 잔금을 치르는 사람은 극히 드뭅니다. 이때 '경락잔금대출'을 적극적으로 활용해야 합니다. 경락잔금대출이란, 경매 낙찰자를 대상으로 잔금 납부를 위해 실행되는 담보대출입니다.

대출 한도(LTV, DSR)

- **LTV**(Loan to Value Ratio): 담보인정비율로, 보통 감정가나 낙찰가 중 낮은 금액의 70~80% 선에서 정해집니다.
- **DSR**(Debt Service Ratio): 총부채원리금상환비율로, 대출자의 연 소득에서 모든 대출(신용대출, 자동차 할부 포함)의 연간 원리금이 차지하는 비율입니다. 여기에 미래의 금리 인상 가능성까지 반영한 '스트레스 금리'를 추가로 적용합니다. LTV 한도가 아무리 많이 남아도, 스트레스 DSR 기준을 통과하지 못하면 대출이 거절되거나 한도가 대폭 줄어듭니다.

예시

신용대출 5,000만 원(연 6%, 5년 원리금균등상환)을 받은 연봉 7,000만 원 직장인 이○○가 감정가 5억 5,000만 원인 비규제지역 아파트를 5억 원에 낙찰받았다고 가정합시다. 그러면 이○○가 낙찰받은 아파트의 LTV 기준 한도는 3억 5,000만 원입니다. 그리고 이○○의 총 DSR 한도액은 '연봉 7,000만 원 × 40% = 연 2,800만 원'입니다. 그런데 기존 신용대출 5,000만 원의 연 상환액은 약 1,160만 원입니다. 그러므로 경락잔금대출로 쓸 수 있는 잔여 한도는 '2,800만 원 − 1,160만 원 = 연 1,640만 원'입니다.

대출 심사 시 적용 금리는 실제 금리 '4.5% + 스트레스 금리 1.5% = 연

6.0%'로, 연 6.0% 금리로 30년간 원리금을 갚을 때, 연 상환액이 1,640만 원을 넘지 않는 최대 대출 원금은 약 2억 3,000만 원입니다.

이○○는 LTV 기준으로는 3억 5,000만 원까지 가능했지만, 스트레스 DSR이라는 최종 관문에 걸려 실제 대출 가능액은 2억 3,000만 원으로 줄어들었습니다. 따라서 이○○가 납부해야 할 자기 자본은 2억 7,000만 원입니다.

경락잔금대출 신청 실전 로드맵

- **(D-14일) 입찰 전, '나의 대출 한도' 사전 점검**: 입찰할 물건이 정해지기 전이라도, 여러 명의 대출상담사에게 연락해 나의 소득과 부채 기준 '가능 한도'를 미리 확인합니다. 법원 경매장 입구에서 명함을 나눠주는 대출상담사는 경락잔금대출만 전문으로 취급해 경험이 많고, 여러 금융사를 동시에 비교해 가장 좋은 조건을 찾아줍니다. 입찰 전에 2~3명의 명함을 받아 둡니다. 이용하고 있는 경매 정보 사이트와 연결된 대출상담사에게 문의하는 것도 좋은 방법입니다. "제가 ○○아파트를 ○○억 원 정도에 입찰해보려고 하는데, 제 조건(연봉, 기존 대출 등)으로 대출이 어느 정도 나올까요?"라고 문의하면 예상 한도를 알려줍니다.

- **(D-Day) 낙찰 당일, 즉시 대출 실행 요청**: 법원에서 최고가 매수신고인으로 호명되면 법정에서 나오자마자 입찰 전에 상담했던 대출상담사 중 가장 친절하고 금리 조건을 좋게 제시했던 대출상담사에게 바로 전화를 겁니다. 그리고 "저 ○○○입니다. 전에 상담했던 2024타경12345 물건을 5억 원에 낙찰받았습니다. 바로 대출 진행 부탁드립니다!"라고 말하며 대출을 신청합니다. 매각허가결정이 나기 전이라도 대출 신청

절차를 시작해야 잔금 납부 기한을 맞출 수 있습니다. 최고가 매수신고인 증명원으로 신청이 가능합니다. 낙찰 직후에 망설이지 말고 바로 연락해 대출 절차를 개시하는 것이 속도전의 핵심입니다.

- **(D+1~3) 서류 준비 및 전송**: 대출상담사는 낙찰자에게 문자 메시지 등으로 필요한 서류 목록을 보내줍니다. 낙찰자는 최고가 매수신고인 증명원(법원 경매계에서 발급), 신분증 사본, 주민등록등본, 인감증명서, 재직증명서, 근로소득원천징수영수증 등 필요한 서류를 준비합니다. 낙찰자는 발급받은 서류를 스마트폰 카메라로 사진을 찍어 대출상담사에게 즉시 전송합니다. 은행에 직접 방문할 필요 없이 대부분의 절차가 비대면으로 진행됩니다.

- **(D+25) 대출약정서 작성 및 잔금 납부**: 매각허가결정이 확정되고 잔금 납부 기일이 다가오면, 대출상담사가 은행과 약속을 잡아줍니다. 잔금 납부 당일에 낙찰자, 법무사, 대출상담사가 법원 내 은행에서 함께 만납니다. 은행 직원이 보는 앞에서 대출약정서(자필서명)를 작성하면, 은행에서 낙찰자 계좌로 대출금을 입금해주고, 낙찰자는 이 돈과 자기 자본을 합쳐 법원에 잔금을 납부합니다. 이 모든 과정이 법무사의 도움으로 1~2시간 내에 일사천리로 진행됩니다.

이 로드맵처럼, 입찰 전부터 신뢰할 수 있는 대출 전문가와 미리 소통하고, 낙찰 후에는 신속하게 움직이는 것이 잔금 미납이라는 최악의 상황을 피하는 가장 확실한 방법입니다.

039 경매의 마지막 관문 명도!
협상과 법 절차 완벽 마스터

명도는 '경매에서 가장 어려운 숙제'로 불립니다. 소유권을 가져왔지만, 해당 부동산을 점유하고 있는 사람을 내보내는 과정은 법률 지식과 협상 기술, 때로는 심리전까지 동원되는 섬세한 작업입니다.

이번 장에서는 명도의 기본 원칙인 '협상'과 최후의 수단인 '강제집행'을 비교·분석하고, 점유자와의 원만한 협상을 이끌어내는 대화 기술부터 인도명령 신청 및 강제집행 절차까지, 명도를 슬기롭게 해결하는 실전 노하우를 알아보겠습니다.

명도의 기본 원칙과 중요성: 명도 협상 vs. 강제집행

명도를 진행하는 방법으로는 '협상'과 '강제집행'이 있습니다. 둘의 차이를 명확히 이해하고 상황에 맞는 전략을 세워야 합니다.

명도 협상: 우선적인 수단

시간이 절약되고 비용이 적게 듭니다. 감정 소모가 적고, 부동산의 훼손을 막을 수 있다는 장점이 있습니다. 점유자의 상황을 이해하고 공감대를 형성해 자발적인 이사를 유도하는 것이 핵심입니다.

강제집행: 최후의 수단

협상이 결렬되었을 때, 법의 힘을 빌려 정당한 권리를 실현하는 법적 절차입니다. 최소 2~3개월 이상의 시간이 소요되고, 예납금 등 상당한 비용이 발생합니다. 점유자와의 감정의 골이 깊어져 부동산 훼손 등 돌발 상황이 발생할 수도 있습니다.

최고의 명도는 협상을 통해 이루어집니다. 강제집행은 협상을 위한 강력한 '압박 카드'로 활용하되, 가급적이면 협상으로 마무리하는 것이 모든 면에서 이익입니다.

점유자와의 원만한 협상 전략: 대화 기술, 이사비 협상

- **첫 접촉은 정중하고 부드럽게**: 잔금을 납부한 후에 점유자를 처음 만났을 때 강압적인 태도는 금물입니다. "안녕하세요. 이번에 해당 부동산의 새로운 소유자가 된 ㅇㅇㅇ입니다. 앞으로의 이사 계획에 대해 이야기하고자 방문했습니다"와 같이 자신을 소개하고 방문 목적을 명확히 밝힙니다.
- **경청과 공감**: 점유자는 대부분 경제적 어려움으로 건물을 잃은 사람들입니다. 그들의 사정과 어려운 처지를 충분히 들어주고 공감하는 자세를 보이는 것이 중요합니다. 이는 심리적 저항감을 낮추고 협상의 물꼬를 트는 첫걸음입니다.

- **이사비 협상 노하우**: 점유자에게 "이사비를 얼마나 드릴까요?"라고 묻기보다, 먼저 이사 계획과 필요한 금액을 물어보는 것이 좋습니다. 통상적으로 해당 평형의 포장이사비를 기준으로 협상을 시작해야 합니다. "강제집행을 하면 시간도 오래 걸리고 비용도 수백만 원이 드는데, 그 비용을 아껴 사장님께 이사비로 드리는 편이 서로에게 좋을 것 같습니다"와 같이 설득합니다.
- **이사비는 명도확인서와 함께**: 이사비는 임차인이 집을 완전히 비우고 비밀번호를 전달한 뒤에, 공과금을 납부했는지 확인한 뒤에 명도확인서와 함께 주는 것이 가장 안전합니다. 임차인이 법원에서 보증금의 일부라도 배당받기 위해서는 새로운 집주인인 낙찰자의 명도확인서와 인감증명서를 법원에 제출해야만 합니다. 따라서 이는 매우 효과적인 협상 카드입니다.

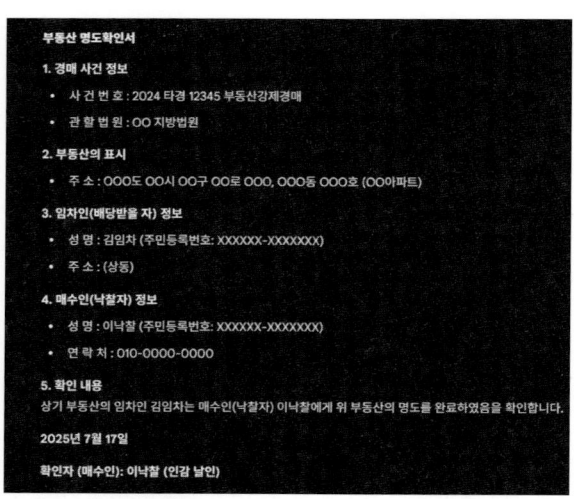

▲ 부동산 명도확인서

- **인도명령은 필수**: 인도명령은 경매로 부동산을 낙찰받아도 기존 점유자가 퇴거하지 않는 경우, 법원이 점유자에게 부동산을 넘기라고 명령하는 제도입니다. 잔금 납부 후 6개월 이내에만 신청할 수 있는 강력하고 저렴한 법적 권리입니다. 신청 자체만으로도 점유자에게는 '법적 절차가 시작되었다'라는 강력한 압박이 되어 협상을 유리하게 이끌 수 있습니다. 협상이 잘 진행되더라도, 만일의 사태를 대비한 '보험'으로 무조건 신청해야 합니다. 인도명령 절차는 다음과 같습니다.

▲ 대한민국 법원 전자소송포털 홈페이지

신청서 작성 및 접수[대한민국 법원 전자소송포털(ecfs.scourt.go.kr) → 서류제출 → 민사서류 → 민사집행서류 → 부동산 등 집행 → 부동산인도명령신청서] → 법원의 결정 (보통 2주 이내 결정) → 인도명령결정문 송달(점유자에게 인도명령결정문이 송달됨) → 집행 신청(점유자가 퇴거하지 않으면, 인도명령결정문과 송달증명서를 첨부해 법원 집행관에게 강제집행 신청) → 강제집행 실시(집행관이 현장을 방문해 점유자를 퇴거시키고, 낙찰인에게 부동산을 인도. 점유자가 없거나 문을 열지 않으면 강제 개문, 물건 보관 등 진행)

- **점유이전금지가처분은 선택**: 점유이전금지가처분은 경매 과정에서 점유자가 다른 사람에게 점유를 넘길 우려(예: 단기 월세를 주거나, 다른 사람을 들여보내는 행위)가 있을 때, 이를 막기 위해 점유 이전을 금지하도록 법원에 신청하는 제도입니다. 하지만 일반적인 주거용 부동산에서는 흔치 않은 경우이며, 추가 비용과 시간이 발생합니다. 따라서 채무자(소유자)나 임차인이 직접 거주하는 대부분의 명도에서는 생략해도 무방합니다. 단, 상가나 다가구주택 등 권리관계가 복잡하거나, 점유자가 악의적으로 방해할 것이라는 명확한 정보가 있을 때는 고려하는 것이 좋습니다. 점유이전금지가처분 절차는 다음과 같습니다.

신청서 작성 및 접수(대한민국 법원 전자소송포털 → 서류제출 → 민사서류 → 민사신청 → 민사가처분신청서) → 법원의 결정 (보통 1~2주 소요) → 집행(법원 집행관에게 집행을 신청하면 집행관이 현장을 방문해 점유 이전 사실을 확인하고, 필요시 실효 조치)

명도 협상과 강제집행 사례: 전략 및 유의 사항

(D-7) 잔금 납부 전, 정보 수집 및 전략 수립

나○○은 법원 경매 기록을 통해 점유자가 소유자 본인이며, 특별한 항고나 유치권 신고가 없음을 확인합니다. 그리고 '강압적이기보다 감성적으로 접근하되, 법적 절차는 단호하게 진행해 협상의 지렛대로 삼는다'라는 전략을 세웁니다. 이 단계에서는 점유자에게 미리 연락해서는 안 됩니다. 아직 소유권이 없으므로 상대방에게 불안감과 경계심만 줄 수 있습니다.

(D-Day) 잔금납부일, 인도명령 신청

나○○은 오전에 법원 구내에 입점해 있는 지정 은행에 방문해 경매 잔금을 납부하고, '법원보관금영수필통지서'를 챙겨 곧바로 민사신청과로 향합니다. 그리고 미리 작성해 간 '부동산인도명령신청서'를 접수합니다. 인도명령 신청은 잔금 납부 후 6개월 이내라는 시한이 있습니다. 하지만 잔금 납부 당일에 바로 신청하는 것이 좋습니다. 하루라도 빨리 법적 절차를 개시하는 것이 핵심입니다.

(D+3) 첫 만남, 정중한 소통의 시작

주말 오후, 나○○은 점유자를 만나기 위해 해당 주택을 방문합니다. 나○○은 문이 열리자 최대한 정중하고 부드러운 목소리로 자신을 소개합니다. "안녕하세요, 선생님. 저는 이번에 이 집의 새로운 소유자가 된 나○○라고 합니다. 놀라게 해드렸다면 죄송합니다. 앞으로의 이사 계획에 대해 이야기를 나누고 싶어 잠시 찾아뵈었습니다." 첫 만남에서는 '언제까지 나가달라'는 식의 요구는 절대 금물입니다. 방문 목적만 간단히 알리고, 상대방의 이야기를 들어주는 것이 좋습니다. 상대방이 경계하며 대화를 거부하면 명함과 함께 '편하실 때 연락주세요. 원만하게 이야기 나누고 싶습니다'라는 메모를 남기고 돌아섭니다.

(D+10) 본격적인 협상, 이사비는 '당근', 인도명령은 '채찍'

며칠 뒤에 점유자에게서 연락이 옵니다. 나○○은 "법원에서 인도명령 결정문이 곧 선생님께 송달될 겁니다. 하지만 저는 그 전에 원만하게 합의하고 싶습니다"라고 말하며 대화를 시작합니다. 강제집행 절차(계고, 집행)와 비용을 설명하고, 그 비용을 아껴 이사비에 보태는 것이 서로에게 이득임을 강조합니다. "선생님, 강제집행까지 가면 많은 비용이 들고 시간도 오래 걸립니다. 그 비용을 아껴 선생님이 이사하시는 데 보태 드리는 게 현명한 방법이라고 생각합니다. 이사 계획과 필요하신 비용을 먼저 말씀해주시면 맞춰보겠습니다." 이때 이사비를 먼저 제시하면 안 됩니다. 상대방이 터무니없는 금액을 부르더라도 일단 들어보고, 일반적인 포장이사비(평당 10만~15만 원 선)와 강제집행 비용을 근거로 합리적인 수준으로 조율해나가는 것이 바람직합니다.

(D+15) 명도합의서 작성

협상을 거쳐 이사비를 합의합니다. 나○○은 구두 약속이 아닌, 명도합의서를 작성합니다. 합의서에는 이사 날짜, 합의된 이사비와 더불어 '부동산의 완전한 인도(공과금 정산, 쓰레기 처리, 열쇠나 비밀번호 인계)를 확인한 뒤 이사비를 지급한다'라는 조건을 명시합니다. 임차인이 배당을 받아야 할 경우, 낙찰자의 명도확인서가 반드시 필요합니다. 이 경우 '명도확인서는 잔금 지급과 동시에 교환한다'라는 내용을 명도합의서에 추가하면 매우 효과적인 협상 카드가 됩니다.

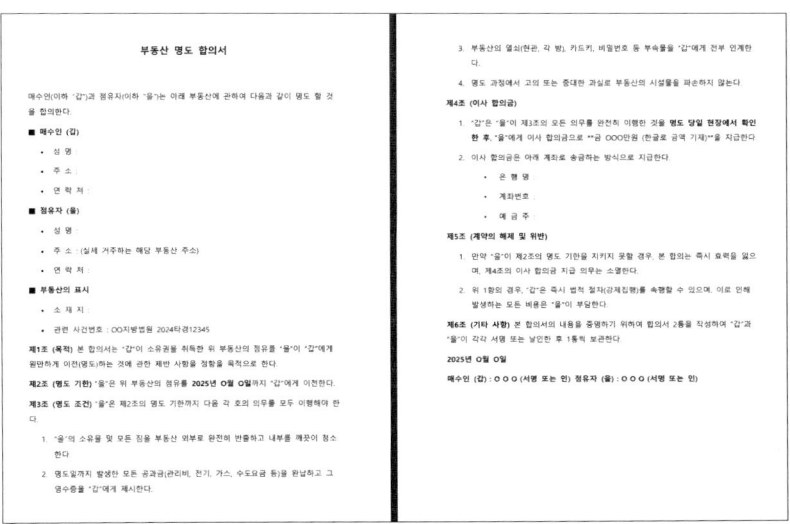

▲ 부동산 명도합의서

(D+30) 이사 당일, 확인 후 이사비 지급

약속된 이삿날, 나○○은 현장에 방문해 집이 완전히 비었는지, 파손된 곳은 없는지, 공과금 정산은 마무리됐는지 꼼꼼히 확인합니다. 모든 것이 합의서 내용대로 이행된 것을 확인한 뒤에 점유자에게 감사의 인사를 전하며 바로 이사비를 송금하고 열쇠를 넘겨받습니다. 이사비는 이사가 완벽히 끝난 후에 지급해야 합니다. "잔금이 부족해서 그러니 일부만이라도 먼저 주세요"라는 요구에 응해서는 절대 안 됩니다.

피할 수 없었던 강제집행, 법 절차대로 마무리

(D-Day) 잔금납부일, 원칙대로 인도명령 신청

강○○은 이전 경험에 비추어 점유자와의 대화가 쉽지 않을 수 있다고 판단해 잔금 납부와 동시에 인도명령을 신청합니다.

(D+5~20) 소통 불가 및 시간 끌기

강○○은 해당 주택에 여러 차례 방문하기도 하고 내용증명을 발송하기도 했지만, 점유자는 "나는 절대 나갈 수 없다!"라고 말하며 소통을 거부합니다. 그 사이 법원에서 보낸 인도명령결정문이 점유자에게 송달됩니다. 점유자가 고의로 송달을 피하는 경우, 발송송달, 공시송달 등 추가적인 절차가 필요해 시간이 더 걸릴 수 있습니다. 이럴 때일수록 조급해하지 말고 법 절차에 따라 진행합니다. 내용증명은 한 번 보내는 것으로 충분합니다. 하지만 강제집행 신청 비용을 들이기 전에 마지막으로 자진 이사를 유도해보고 싶다면 1차 내용증명 최종 기한 도래 2~3일 후에 2차 내용증명을 발송합니다. 내용증명을 3번, 4번 계속 보내는 것은 권하지 않습니다. 내용증명을 여러 번 보내면 '저 사람은 말만 하고 실제 행동(강제집행)은 할 생각이 없구나'라고 생각할 수도 있습니다.

(D+30) 강제집행 신청

더 이상의 협상은 무의미하다고 판단한 강○○은 인도명령결정문과 송달증명원을 가지고 법원 내에 있는 집행관 사무실에 찾아가 강제집행을 신청하고, 집행 비용을 예납합니다. 예납금은 집행관이 인력과 장비를 동원하는 데 필요한 실비입니다. 금액은 부동산의 면적, 짐의 양에 따라 달라집니다.

(D+45) 1차 계고, 최후 통첩

집행관과 강○○이 함께 현장에 방문합니다. 집행관은 점유자에게 "○월 ○○일까지 자진해서 이사하지 않으면 강제집행을 실행하겠습니다"라고 말한 뒤 잘 보이는 곳에 '강제집행 계고장'을 붙입니다. 강제집행 계고장 부착은 점유자에게 엄청난 심리적 압박을 줍니다. 실제로 많은 점유자가 이 단계에서 '정말로 집행이 되는구나'라고 실감하고 이사 날짜를 협의하자고 말합니다. 이 단계에서 협상이 재개되면 이미 들어간 집행 신청 비용 등을 고려해 이사비 없는 '자진 이사'를 조건으로 협상을 시도해볼 수 있습니다.

(D+60) 강제집행실행일

점유자가 계고 후에도 이사를 하지 않았습니다. 집행일 당일 아침, 집행관과 10명의 노무자, 열쇠공이 현장에 도착합니다. 강○○도 입회합니다. 열쇠공이 강제로 문을 열면 집행관의 지휘하에 노무자들이 집 안의 모든 짐을 체계적으로 포장해 반출합니다. 현장에서 점유자의 저항이 있을 수 있으나, 직접 충돌해서는 절대 안 됩니다. 모든 통제는 집행관이 합니다. 낙찰자는 묵묵히 과정을 지켜보면 됩니다. 반출된 짐은 낙찰자가 지정한 컨테이너 창고 등에 보관되며, 보관 비용은 우선 낙찰자가 부담합니다.

(D+61) 명도 완료 및 후속 조치

짐이 모두 빠지면 강○○은 즉시 도어락을 교체하고 부동산을 완전히 인도받습니다. 보관된 짐은 점유자가 보관료를 내고 찾아가야 하며, 일정 기간(통상 1~3개월) 내에 찾아가지 않으면 법원의 허가를 받아 매각(동산매각절차)해 보관료 등 비용에 충당할 수 있습니다.

강제집행은 시간과 비용, 감정 소모가 매우 큰 과정이므로, 항상 최후의 수단으로 생각해야 합니다.

040 가장 흔한 케이스, 대항력 없는 임차인 30일 안에 내보내기

경매 물건에서 가장 흔하게 만나는 점유자는 '대항력 없는 임차인'입니다. 법적으로 낙찰자에게 대항할 권리가 없기 때문에 명도 과정이 비교적 수월한 편입니다. 하지만 이들의 법적 지위를 정확히 이해하고, 인도명령을 적절히 활용하며, 배당금 수령 여부에 따라 달라지는 심리 상태를 파악해야 더 빠르고 원만하게 명도를 마무리할 수 있습니다.

이번 장에서는 대항력 없는 임차인 명도의 핵심 전략을 알아보겠습니다.

대항력 없는 임차인의 권리분석

대항력이 없다는 것은 임차인이 임대차 계약을 체결하고 전입신고를 한 날짜가 등기사항전부증명서의 '말소기준권리(주로 근저당권)'보다 늦다는 의미입니다. 대항력 없는 임차인은 낙찰자에게 집을 비워줘야 할 의무가 있습니다. 법적으로 낙찰자의 부동산 점유를 방해할 권리가 없으므로, 낙찰자의 인도 요구에 응해야 합니다.

대항력 없는 임차인은 새로운 소유자인 낙찰자에게 보증금 반환을 요구할 수 없습니다. 보증금은 경매 절차 내에서 배당을 통해 받아야 합니다.

　대항력은 없지만 대항 요건(이사 + 전입신고)을 갖추고 확정일자를 받은 임차인은 경매나 공매의 매각 대금에서 후순위 권리자나 그 밖의 채권자보다 우선하여 자신의 보증금을 변제받을 권리(우선변제권)가 있습니다. 배당을 신청할 수 있고, 순위에 따라 배당을 받을 수도 있습니다.

> **사례**
>
> 임차인이 근저당이 이미 있는 집에 이사를 들어갑니다. 말소기준권리보다 전입이 늦었으므로 대항력이 없습니다. 경매에 넘어가면 낙찰자에게 집을 비워줘야 합니다. 하지만 임차인은 이사 당일에 전입신고와 함께 계약서에 '확정일자'를 받아 두었습니다. 대항 요건과 확정일자를 모두 갖췄으므로 우선변제권이라는 카드를 획득합니다.
>
> · 0순위: 경매 집행 비용
> · 1순위: 근저당 은행, 말소기준권리
> · 2순위: 확정일자를 받은 임차인
> · 3순위: 확정일자 받은 임차인보다 날짜가 늦은 후순위 채권자

　대항 요건을 갖추고 확정일자를 받은 임차인은 근저당 은행이 자기 몫을 다 챙긴 뒤 돈이 남았다면, 후순위 채권자들보다 먼저 자신의 보증금을 받아갈 수 있습니다.

인도명령 활용 및 빠른 명도 진행 방법

대항력 없는 임차인은 인도명령 대상자이므로, 명도 절차의 기본은 인도명령을 바탕으로 한 협상입니다.

'당근과 채찍' 전략
- **채찍**(법적 절차): 잔금 납부 즉시 인도명령을 신청해 법적 절차가 진행 중임을 알립니다. 이는 '법적으로 당신은 집을 비워줘야 하며, 버틸 경우 강제집행으로 더 큰 손해를 볼 수 있다'라는 명확한 메시지를 전달합니다.
- **당근**(이사비 협상): 법적 절차를 진행함과 동시에 "강제집행까지 가지 않고 원만하게 협의하면, 아낀 집행 비용의 일부를 이사비로 지원할 수 있다"라는 제안을 통해 자발적인 이사를 유도합니다.
- **협상 시점**: 인도명령결정문이 점유자에게 송달된 시점이 가장 효과적인 협상 타이밍입니다. 법원의 명령을 직접 받은 점유자는 심리적 압박을 느끼게 되고, 이때 현실적인 이사비 제안이 쉽게 받아들여질 가능성이 높습니다.

소액임차인과 최우선변제권

소액임차인
- 소액임차인은 대항력의 유무와 상관없이 최우선변제권을 행사할 수 있습니다. 최우선변제권은 임차인의 최소한의 주거 안정을 보장하기 위

한 제도로, 보증금 중 일정액을 다른 채권자보다 먼저 배당받을 수 있습니다.

- 소액임차인에 해당하는지, 얼마나 최우선변제를 받을 수 있는지는 계약일이 아닌 1순위 근저당 설정일 당시의 법을 기준으로 판단합니다. 임차인의 계약일이나 현재 시점의 법이 아님을 유의해야 합니다.
- 최우선변제권은 가만히 있으면 주어지는 것이 아닙니다. 배당요구종기일까지 배당을 요구해야 받을 수 있습니다. 아무리 늦어도 법원이 "이 집의 경매를 시작합니다"라고 하는 경매개시결정등기 전까지는 전입신고와 이사를 마쳐야 합니다.
- 최우선변제권이 있다 해도 소액임차인들의 보증금 총액이 집값의 절반이 넘는다면, 2분의 1 범위 내에서만 최우선변제금을 받을 수 있습니다.

사례 1 서울특별시 소재 다가구주택, 낙찰가 3억 원

- 2022.1.20. K은행 근저당권 설정: 채권최고액 3억 원, 말소기준권리
- 2022.3.10. 임차인 김○○: 보증금 1억 6,000만 원
- 2023.1.20. 임차인 이○○: 보증금 1억 6,000만 원
- 2024.2.25. 임차인 박○○: 보증금 1억 5,000만 원

- 1순위 최우선변제금(소액임차인 3명): 총 요구액은 1억 6,500만 원(5,500만 × 3명), 총 한도는 1억 5,000만 원(3억 원/2)이 넘으므로 임차인 3명은 5,000만 원씩 배당받음.

사례2 서울특별시 소재 아파트, 낙찰가 5억 원

· 2023.5.20. H은행 근저당권 설정: 채권최고액 3억 원, 말소기준권리
· 2024.1.10. 임차인 최○○ : 보증금 1억 6,000만 원, 소액임차인, 확정일자 받음.
· 2025.1.10. 국세청 압류 등 후순위 권리 다수

· 0순위: 경매 집행 비용 500만 원
· 1순위: 최○○은 소액임차인으로 최우선변제금 5,500만 원을 가장 먼저 배당받음.
· 2순위: 말소기준권리인 H은행은 채권최고액 3억 원 전액을 배당받음.
· 3순위: 최○○은 확정일자부 우선변제권이 있어 남은 보증금 1억 500만 원 전액을 배당받음.

임차인 최○○은 말소기준권리(H은행 근저당)보다 늦게 전입해 대항력이 없습니다. 따라서 낙찰자에게 보증금을 요구할 수 없고 집을 비워줘야 합니다. 하지만 소액임차인이고 확정일자를 받아 두었기 때문에 배당 순서에 따라 자신의 보증금 전액을 회수할 수 있었습니다.

최우선변제권이 명도에 미치는 영향

- 임차인이 최우선변제를 통해 보증금의 일부라도 회수했다면, 명도에 순순히 응할 가능성이 높습니다. 이 경우 최소한의 이사비로 원만한 합의가 가능합니다. 배당금을 받기 위해서는 낙찰자의 명도확인서가 반드시 필요하므로, 이를 협상의 지렛대로 활용할 수 있습니다.

- 임차인이 배당금을 전혀 받지 못하는 경우에는 상실감이 크고 저항이 심할 수 있습니다. 이들의 어려운 사정을 충분히 공감해주고 위로하며, 법적으로 낙찰자에게는 책임이 없음을 명확히 설명하는 것이 중요합니다. 이 경우에도 강제집행보다는 소정의 위로금 성격의 이사비를 통해 협상하는 것이 유리합니다.

- 입찰 전에 해당 임차인이 배당을 요구했는지, 소액임차인으로서 배당을

받을 수 있는지 여부를 미리 분석하면 명도 난이도를 예측하고 전략을 세우는 데 큰 도움이 됩니다.

041 가장 어려운 숙제, 대항력 있는 임차인과의 명도 전쟁

대항력 있는 임차인이 있는 물건은 경매 초보자들이 피해야 할 대상 중 하나로 꼽힙니다. 낙찰자가 임차인의 보증금 전액을 인수해야 하는 부담이 있기 때문입니다. 하지만 그 권리관계를 정확히 분석하고 배당 절차를 이해한다면, 오히려 경쟁 없이 저렴하게 낙찰받는 '기회의 땅'이 될 수도 있습니다.

이번 장에서는 대항력 있는 임차인의 권리를 심층 분석하고, 배당 절차와 연계한 협상 전략 그리고 실제 명도 합의 사례를 통해 고수익을 창출하는 방법을 알아보겠습니다.

대항력 있는 임차인의 권리분석

'대항력이 있다'라는 것은 임차인이 말소기준권리보다 먼저 이사하고 전입신고를 했다는 의미입니다. 막강한 권력을 가진 대항력 있는 임차인은 경매 절차에서 보증금을 받고 이사 가겠다고 법원에 배당을 신청할 수 있고, 낙찰자에게 배당받지 못한 보증금 전액을 요구할 수 있습니다. 즉, 낙찰자의 총 투자금은 '낙찰가에 인수 보증금을 합한 금액'이 됩니다. 또한 계약 기간까지 계속 거주하다 계약 종료 시 새로운 소유자인 낙찰자에게 보증금을 받고 이사 가겠다고 주장할 수도 있습니다.

명도 합의 실전 사례

대항력 있는 임차인 명도의 핵심은 '배당'에 있습니다. 임차인이 배당을 요구했는지 그리고 배당을 통해 보증금 전액을 받는지 여부에 따라 명도 전략이 완전히 달라집니다.

임차인이 배당을 요구해 보증금 전액을 배당받는 경우

임차인은 보증금을 모두 회수하므로, 낙찰자에게 집을 비워줘야 합니다. 임차인은 보증금 전액을 받으므로 명도 의무가 있습니다. 낙찰자는 명도확인서를 협상 카드로 활용해 원만한 이사를 유도하고, 최소한의 이사비로 신속하게 마무리하는 것이 목표입니다.

사례 1 경기도 고양시 소재 아파트, 시세 5억 2,000만 원, 낙찰가 4억 5,000만 원

- 2022.3.10. 임차인 김○○ : 보증금 3억 원, 대항력 있음.
- 2025.1.10. A은행 근저당권 설정 : 채권최고액 3억 원, 말소기준권리

- 0순위 : 경매 집행 비용 400만 원
- 1순위 : 김○○은 대항력이 있고 배당을 요구했으므로, 자신의 보증금 3억 원 전액을 배당받음. 최우선변제를 넘어 우선변제권을 가짐.
- 2순위 : 말소기준권리인 A은행은 남은 금액 1억 4,600만 원을 배당받음.

- **(D-Day) 잔금납부일**: 낙찰자 나○○은 오전에 잔금을 납부하고 즉시 법원에 부동산 인도명령을 신청합니다. 이는 협상의 '채찍'으로 활용될 법적 절차를 개시한다는 의미입니다.
- **(D+2) 첫 통화**: 낙찰자 나○○은 임차인 김○○에게 전화를 걸어 정중하게 자신을 소개합니다.

> 낙찰자 나○○: 안녕하세요. 저는 이번에 집의 새로운 주인이 된 나○○라고 합니다. 경매 절차 때문에 놀라셨을 텐데, 이사 관련해서 잘 협의하고 싶어 연락드렸습니다.
> 임차인 김○○: 네, 연락주실 줄 알았어요. 보증금은 다 받을 수 있는 거죠?
> 낙찰자 나○○: 네, 보증금 3억 원 전액 배당받으시는 걸로 확인되었습니다. 배당을 받으시려면 제 명도확인서가 꼭 필요하니, 제가 최대한 협조하겠습니다. 편하신 시간에 찾아 뵙고, 이사 날짜를 논의했으면 합니다.

- **(D+7) 방문 및 협상**: 낙찰자 나○○은 음료수를 사 들고 임차인의 집에 방문합니다.

> 낙찰자 나○○: 선생님, 법원에서 배당금을 수령하시려면 제가 이 집을 문제없이 인도받았다는 명도확인서를 써드려야 합니다. 이사 날짜만 원만하게 정해주시면, 잔금을 치르자마자 바로 도장을 찍어 드리겠습니다.
> 임차인 김○○: 저희도 집을 알아봐야 해서요. 한 달 반 정도 시간을 주시면 좋겠습니다.
> 낙찰자 나○○: 알겠습니다. 그럼 한 달 반 뒤인 8월 22일로 생각하겠습니다. 이사 잘하시라고 성의 표시를 하고 싶습니다. 약속한 날짜에 이사를 끝내주시면 감사의 의미로 이사비 100만 원을 지원해 드리겠습니다.
> 임차인 김○○: 그렇게 해주시면 저희도 감사하죠.

- **(D+10) 명도합의서 작성**: 낙찰자 나○○은 구두 합의 내용을 명확히 하

기 위해 명도합의서를 작성합니다. (자세한 내용은 39장 '경매의 마지막 관문 명도! – 협상과 법 절차 완벽 마스터' 참고)

- **(D+45) 이사 당일**: 낙찰자 나○○은 현장에 방문해 집이 완전히 비워지고 공과금이 정산된 것을 확인한 뒤 임차인 김○○에게 감사 인사를 전하며 계좌로 100만 원을 즉시 이체해줍니다. 그리고 인감도장이 찍힌 명도확인서를 건네주며 명도를 완료합니다. (자세한 내용은 39장 '경매의 마지막 관문 명도! – 협상과 법 절차 완벽 마스터' 참고)

임차인이 배당을 요구했으나 보증금 일부만 배당받는 경우

가장 복잡한 상황입니다. 임차인은 배당받지 못한 나머지 보증금을 낙찰자로부터 받을 때까지 집을 비워주지 않을 권리가 있습니다. 그리고 낙찰자는 부족한 보증금을 지급할 의무가 있습니다. 낙찰자는 법적 의무가 있는 '부족한 보증금' 지급을 명확히 약속하며 신뢰를 줘야 합니다. 이 지급 의무 이행을 조건으로 이사 날짜를 확정하는 것이 핵심입니다. 이사비 제안은 부차적인 문제입니다.

사례 2 경기도 고양시 소재 아파트, 시세 5억 2,000만 원, 낙찰가 2억 8,000만 원

- 2022.3.10. 임차인 송○○ 3억 원, 대항력 있음.
- 2025.1.10. B은행 근저당 3억 원, 말소기준권리

- 0순위: 경매 집행 비용 400만 원
- 1순위: 임차인 송○○은 대항력이 있고, 배당을 요구했으나, 배당할 금액이 2억 7,600만 원밖에 남지 않음. 따라서 임차인 송○○은 보증금 3억 원 중 경매 비용 400만 원을 뺀 2억 7,600만 원만 배당받음.

- 2순위: 말소기준권리인 B은행은 배당받을 금액이 없음.

> 임차인 송○○은 보증금 3억 원 중 2,400만 원(3억 원 − 2억 7,600만 원)을 돌려받지 못했습니다. 대항력이 있으므로, 부족분 2,400만 원은 낙찰자 오○○가 인수해 직접 지급해야 할 의무가 생깁니다. 낙찰자 오○○의 총 투자금은 낙찰가 2억 8,000만 원에 인수 보증금 2,400만 원을 더한 3억 400만 원이 됩니다.

- **(D−Day) 잔금납부일**: 부동산 인도명령 신청은 [사례 1]과 동일하게 진행합니다.
- **(D+2) 첫 통화**: 첫 통화부터 접근 방식이 달라야 합니다.

> 낙찰자 오○○ : 안녕하세요. 이번에 집을 낙찰받은 오○○입니다. 제가 권리관계를 분석해보니, 선생님께서 보증금 중 2,400만 원을 배당받지 못하시는 것으로 확인되었습니다. 그 금액은 법적으로 제가 책임지고 돌려드려야 할 돈입니다. 걱정하지 마십시오. 이사 계획과 관련해 이야기를 나누고 싶습니다. (채무 사실을 인정하며 안심시키는 것이 중요)
> 임차인 송○○ : 네? 그럼 나머지 돈은 언제 받을 수 있는 건가요? 그 돈을 받아야 이사 갈 집의 잔금을 치르는데…….

- **(D+7) 방문 및 협상**: 만나서 구체적인 지급 계획을 이야기합니다.

> 낙찰자 오○○ : 선생님, 부족한 보증금 2,400만 원은 이사하시는 날에 제가 집 상태를 확인한 뒤 현장에서 바로 입금해 드리겠습니다.
> 임차인 송○○ : 정말 바로 주시는 거죠? 믿어도 되나요?
> 낙찰자 오○○ : 그럼요. 불안하시다면 '미지급 보증금 2,400만 원을 ○○년 ○월 ○○일(이사일)에 지급한다'라는 내용으로 합의서를 작성해 드리겠습니다. 법적 효력이 있는 문서이니 걱정하지 마세요. 이사 날짜는 언제로 생각하고 계신가요?
> 임차인 송○○ : 한 달 안에 나가겠습니다.

낙찰자 오○○: 네, 좋습니다. 그럼 한 달 뒤인 7월 25일에 이사하시는 걸로 하고, 그날 2,400만 원을 입금해 드리겠습니다. 어려운 상황에서도 협조해주셔서 감사합니다.

- **(D+10) 명도합의서 작성**: '임차인 송○○은 2025년 7월 25일에 집을 완벽하게 비우고, 낙찰자 오○○는 임차인 송○○에게 미배당 보증금 2,400만 원을 주택 인도와 동시에 지급한다'와 같이 보증금 반환 약속이 핵심 내용으로 들어간 명도확인서를 작성합니다.
- **(D+30) 이사 당일**: 낙찰자 오○○는 현장을 확인한 뒤 명도합의서 내용대로 2,400만 원을 임차인 계좌로 이체하고 명도를 완료합니다.

임차인이 배당을 요구하지 않은 경우

낙찰자는 임대인의 지위를 그대로 승계합니다. 임차인은 남은 계약 기간 동안 거주할 권리가 있으며, 낙찰자는 임대차 계약 종료 시 보증금 전액을 반환해야 합니다. 당장 명도할 필요는 없으나, 투자금 회수가 늦어질 수 있습니다. 임차인에게 '조기 이사'가 더 유리하다는 점을 어필하며 합리적인 수준의 이사비를 제안하는 설득의 과정이 필요합니다.

> **사례 3** 경기도 고양시 소재 아파트, 시세 5억 2,000만 원, 낙찰가 2억 5,000만 원
>
> · 2022.3.10. 임차인 최○○: 보증금 3억 원, 대항력 있음.
> · 2025.1.10. C은행 근저당권 설정: 채권최고액 3억 원, 말소기준권리
>
> · 0순위: 경매 집행 비용 400만 원
> · 1순위: 말소기준권리인 C은행은 남은 금액 2억 4,600만 원을 배당받음.

- **(D-Day) 잔금납부일**: 이 경우 임차인 최○○는 적법한 점유 권리가 있으므로 인도명령 신청 대상이 아닙니다.
- **(D+5) 첫인사**: 낙찰자 노○○은 임차인 최○○에게 집주인이 변경되었음을 알리고, 앞으로의 관계를 우호적으로 설정하는 데 집중합니다.

> 낙찰자 노○○: (문자 메시지나 전화로) 안녕하세요. 저는 선생님이 살고 계신 집의 새로운 주인이 된 노○○입니다. 선생님의 임대차 계약은 그대로 승계되었으니, 남은 계약 기간 동안 아무 걱정 없이 편안하게 거주하시면 됩니다. 앞으로 잘 부탁드립니다. (이사 이야기를 먼저 꺼내지 않는다.)

- **(D+15) 조기 이사 제안**: 어느 정도 시간이 흐르면 조심스럽게 협상을 시작합니다.

> 낙찰자 노○○: 선생님, 잘 지내시죠? 다름이 아니라 혹시 이사 계획이 있으신지 궁금해 연락드렸습니다. 사실 제가 그 집에 거주할 계획이 있어서요. 물론 선생님 계약 기간은 모두 보장해 드리는 게 맞습니다. 하지만 혹시라도 계약 만기 전에 이사를 해주신다면 새집을 구하시는 데 보탬이 되도록 이사비를 넉넉히 300만 원 정도 드리려고 합니다. 어디까지나 제안이니 부담 갖지 마시고 편안하게 생각해보세요.
> 임차인 최○○: 글쎄요… 아직 계획이 없긴 한데 생각해볼게요.

- **(D+30) 협상 및 합의**: 임차인 최○○가 긍정적인 신호를 보이면 구체적인 조건을 조율합니다.

> 임차인 최○○: 이사비 300만 원을 받고 두 달 안에 이사하는 건 괜찮을 것 같네요.
> 낙찰자 노○○: 그렇게 해주시면 정말 감사하죠. 그럼 명도합의서를 작성해 약속을 명확히 해두는 게 좋을 것 같습니다. '두 달 뒤인 ○월 ○○일에 이사를 완료하면 노○○가 보증금 3억 원과 이사비 300만 원을 합한 3억 300만 원을 송금한다'라는 내용을 넣겠습니다.

- **(D+60) 이사 당일**: 낙찰자 노○○는 임차인 최○○에게 보증금 3억 원과 이사비 300만 원을 계좌로 이체해주고 집을 인도받으며 명도를 완료합니다. 만약 임차인 최○○가 조기 이사를 거부한다면, 낙찰자 노○○은 계약이 끝날 때까지 기다렸다가 보증금을 반환하고 집을 인도받아야 합니다.

임차인 최○○는 배당을 요구하지 않았으므로 배당 절차에서 완전히 제외됩니다. 그는 낙찰자 노○○에게 대항력을 주장해 남은 계약 기간 동안 거주하고, 계약 종료 시 보증금 전액을 반환받을 권리를 선택한 것입니다.

낙찰자 노○○은 낙찰과 동시에 임차인 최○○의 임대인 지위를 승계합니다. 따라서 보증금 3억 원 전액을 인수해 향후 계약 종료 시 임차인 최○○에게 보증금을 반환해야 할 의무가 생깁니다.

낙찰자 노○○의 총 투자금은 '낙찰가 2억 5,000만 원 + 인수 보증금 3억 원 = 5억 5,000만 원'입니다.

042 특수물건의 끝판왕
유치권과 법정지상권 완전 정복

경매에서 '특수물건'이라 불리는 유치권, 법정지상권 관련 물건은 높은 수익률의 유혹과 함께 복잡한 법적 분쟁의 위험을 안고 있습니다. 권리관계가 복잡하고 해결 과정이 까다로워 초보자는 섣불리 접근하기 어렵지만, 그 원리와 해결의 실마리를 이해한다면 새로운 투자 기회를 발견할 수 있습니다.

이번 장에서는 유치권자와 법정지상권자의 법률 관계를 명확히 이해하고, 소송이 아닌 협상을 통한 해결 방안을 알아보겠습니다.

유치권 완전 정복(정의, 요건, 사례, 협상 사례)

해당 부동산에 대해 발생한 공사 대금 등 채권을 변제받을 때까지 그 부동산을 점유하고 인도를 거부할 수 있는 권리를 '유치권'이라 합니다.

유치권은 성립 요건을 충족했는지가 관건입니다. 지금부터 소개할 네 가지 요건이 모두 충족되어야 진짜 유치권으로 인정받을 수 있습니다. 이 중 하나라도 충족하지 못하면 유치권은 성립하지 않습니다. 허위 유치권이 많은 경매에서는 적법한 점유와 유치권 포기 특약 여부가 허위 유치권을 가려내는 중요한 단서가 됩니다. 그러나 유치권이 인정되면, 낙찰자는 해당 채무를 변제해야만 부동산을 인도받을 수 있습니다. 그럼 네 가지 요건을 하나씩 알아볼까요?

요건 1 | 채권의 관련성

받을 돈(채권)이 반드시 그 부동산 자체로부터 발생해야 합니다. 건물 신축 혹은 리모델링 공사 대금, 파손된 건물의 보수 비용, 타인의 건물을 사용·수리·관리하면서 지출한 비용은 유치권 성립이 인정되는 채권입니다. 그러나 단순히 건물주에게 빌려준 돈은 해당 부동산과 직접적인 관련성이 없어 유치권이 인정되지 않습니다. 건물 시공에 사용된 자재(철근, 콘크리트 등)에 대한 납품 대금 역시 건물 자체로부터 직접 발생한 것이 아니기 때문에 납품업자의 유치권 주장은 성립하지 않습니다. 임차인이 건물주로부터 돌려받을 보증금(보증금반환청구권) 역시 해당 건물의 직접적 관리·수리에서 비롯된 채권이 아니므로 유치권 성립 요건이 아닙니다.

요건 2 | 변제기 도래

돈을 받기로 한 약속 날짜가 지나야 합니다. 6월 30일까지 공사 대금을 지급하기로 약속했다면 7월 1일부터 유치권 성립 요건이 됩니다. 12월 21일까지 공사 대금을 지급하기로 했는데 11월에 유치권을 주장하면 인정되지 않습니다.

요건 3 | 점유

반드시 해당 부동산을 합법적으로 점유(관리, 사용)하고 있어야 합니다. 공사업자가 건물 전체의 열쇠를 갖고 출입을 통제하며 '유치권 행사 중'이라고 적힌 현수막을 걸어둔 경우 유치권 성립 요건이 됩니다. 그러나 강제로 건물을 점거하거나, 간헐적으로 가끔씩 방문하는 경우에는 유치권이 인정되지 않습니다.

요건 4 | 유치권 포기 특약

사전에 '유치권을 행사하지 않겠다'라는 약속(특약)을 하지 않았어야 합니다.

유치권이 발생할 수 있는 사례

사례 1 신축 다가구주택 공사 대금(가장 흔한 사례)

- 건축주 공○○이 B건설에 다가구주택 신축을 맡겼습니다. 공정률 90% 상태에서 공○○의 자금 사정이 악화되어 B건설에 잔금 5억 원을 지급하지 못했습니다. 결국 이 다가구주택은 경매에 넘어갔습니다.
- B건설은 공사 대금 5억 원을 받기 위해 현장에 컨테이너를 놓고 직원을 상주시키며 출입을 통제했습니다. 그리고 '공사 대금 채권 5억 원에 대한 유치권 행사 중'이라고 적힌 대형 현수막을 내걸었습니다. 이 경우, B건설의 유치권은 진짜일 가능성이 매우 높습니다.

사례 2 상가 인테리어 공사비

- 건물주 송○○이 자신의 상가를 리모델링하기 위해 D업체와 1억 원 규모의 공사 계약을 맺었습니다. 공사 후 송○○은 파산해 D업체에 인테리어 잔금 3,000만 원을 주지 못했습니다.
- D업체는 상가를 점유하고 출입문에 '리모델링 공사비 3,000만 원 유치권 행사 중'이라고 써 붙였습니다. 이 채권은 '부동산의 가치를 증가시킨 비용'으로 인정되어 유치권 성립이 가능합니다. 낙찰자는 상가를 사용하기 위해 리모델링 비용 3,000만 원을 해결해야 합니다.

사례 3 건물의 필요비와 유익비

- 장마철에 오래된 다세대주택의 외벽 일부가 무너질 위험에 처하자, 임차인 양○○은 집주인에게 여러 차례 보수를 요청했으나 답변이 없었습니다. 양○○은 자신의 돈 1,000만 원을 들여 긴급 보강 공사를 진행했습니다. 이후 집주인이 채무를 갚지 못해 다세대주택이 경매에 나왔습니다.
- 임차인 양○○은 자신이 지출한 '건물의 가치 보존에 반드시 필요했던 비용(필요비)' 1,000만 원을 주장하며 유치권을 행사할 수 있습니다.

유치권자와의 협상: 채무 변제

소송은 양측 모두에게 시간과 비용의 손실을 가져옵니다. 따라서 협상은 특수물건 해결의 가장 현실적인 방법입니다.

- **진위 파악**: 먼저 유치권 신고자에게 공사계약서, 세금계산서 등 객관적인 증빙 자료를 요구해 진짜 유치권인지 꼼꼼히 따져봐야 합니다.
- **채무액 협상**: 진성 유치권이라 판단되면, 채권액 전액이 아닌 합리적인 수준에서 변제 금액을 협상합니다. "소송으로 가면 시간도 오래 걸리고 입증 책임도 쉽지 않으니, 원금 수준에서 ○○만 원으로 합의하고 명도

합시다"와 같이 접근할 수 있습니다. 허위 유치권이라고 판단되면 단호하게 명도소송을 준비해야 합니다.

유치권자와의 협상 사례(상가 건물)

감정가 10억 원, 공사 중단된 3층 상가 건물, S건설이 공사 대금 3억 원 유치권 신고, 2회 유찰되어 최저가 6억 4,000만 원, 장○○은 진짜 유치권이지만 일부 부풀려졌다고 판단, 6억 5,000만 원에 낙찰받음.

- **(D+3) 첫인사 및 자료 요청**: 낙찰자 장○○은 S건설 현장소장을 찾아가 "소장님, 이번에 건물을 낙찰받은 장○○입니다. 원만하게 해결하고 싶으니, 신고하신 3억 원에 대한 공사계약서, 세금계산서, 공정별 내역서를 검토할 수 있도록 협조 부탁드립니다"라고 말하며 자신을 소개하고, 유치권의 근거 자료를 정중히 요청합니다.
- **(D+10) 서류 분석 및 협상 카드 준비**: 낙찰자 장○○은 서류를 분석하며 허점을 찾습니다. '세금계산서는 2억 2,000만 원만 발행되었다. 실제 공정은 80% 수준에서 멈춰 있어 공사하지 않은 부분을 감안하면 실제 채권액은 2억 원 내외로 추정된다. S건설도 소송으로 갈 경우 입증의 어려움과 시간 소요를 부담스럽게 생각하고 있을 것이다.'
- **(D+15) 본격적인 협상**: 낙찰자 장○○은 S건설 대표를 만나 "대표님, 자료 잘 검토했습니다. 소송까지 가면 서로 시간과 비용만 낭비하게 될 테니 적정선에서 합의하는 게 어떨까요? 제가 분석해보니 실제로 투입된 비용은 2억 원 정도로 보입니다. 제가 건물을 정상화하는 데도 돈이 많이 들어갑니다. 깔끔하게 1억 8,000만 원에 합의하시고, 일주일 내로 명도해주시면 바로 돈을 지급하겠습니다"라고 말하며 협상을 시작합니다.

이에 S건설 대표는 "1억 8,000만 원은 너무 적습니다. 최소한 세금계산서를 끊은 2억 2,000만 원은 주셔야 합니다"라고 말합니다. 이에 낙찰자 장ㅇㅇ은 "그럼 서로 양보해 2억 원에 최종 합의하시죠. 이 금액으로 합의서를 작성하고, 잔금을 치르면 바로 명도해주십쇼. 더 이상은 어렵습니다"라고 말하며 조정한 협상 가격을 제안합니다.

- **(D+20) 합의서 작성 및 명도 완료**: 낙찰자 장ㅇㅇ과 S건설 대표는 2억 원에 합의합니다. 'S건설은 2억 원을 지급받음과 동시에 건물의 점유를 풀고, 모든 자재를 반출하며, 장ㅇㅇ의 명도에 적극 협조한다'라는 내용의 합의서를 작성하고, 낙찰자 장ㅇㅇ은 변제금을 지급하며 명도를 성공적으로 마무리합니다.

법정지상권 완전 정복(정의, 요건, 사례, 협상 사례)

토지와 그 위의 건물이 동일인 소유였다가 경매 등으로 토지나 건물 중 하나만 소유자가 달라졌을 때, 건물 소유자가 토지를 계속 사용할 수 있도록 법률로 인정해주는 권리를 '법정지상권'이라 합니다.

법정지상권 성립 요건

은행이 토지나 건물에 담보대출을 해줄 때 토지와 건물이 모두 존재하고, 토지와 건물의 소유자가 동일인이어야 합니다. 이후 경매 등으로 토지와 건물의 주인이 달라지면, 건물 주인에게 법정지상권이 생깁니다. 가장 중요한 것은 저당권 설정 당시입니다. 그 이후에 건물을 지었거나, 애초에 토지와 건물 소유자가 달랐다면 법정지상권은 인정되지 않습니다.

토지 낙찰자는 법정지상권이 성립된 건물을 철거할 수 없으며, 건물 소유자에게 토지 사용료인 지료를 청구할 수 있습니다. 반대로 건물만 낙찰받은 사람은 토지 소유자에게 지료를 납부해야 합니다. 주로 토지만 낙찰받는 경우에 문제가 생깁니다. 자신의 토지 위에 다른 사람의 건물이 있는 상황이 되는 것입니다.

법정지상권이 발생할 수 있는 사례

사례 1 **토지만 경매에 나온 경우(가장 흔한 사례)**

- 강○○는 토지와 그 위에 지어진 단독주택을 모두 소유하고 있었습니다. 강○○는 돈이 필요해 B은행에 토지만 담보로 맡기고 대출을 받았습니다. 이후 강○○가 대출금을 갚지 못해 토지만 경매에 나왔고, 공○○이 이 토지를 낙찰받았습니다.
- 토지 주인은 공○○, 건물 주인은 강○○가 됩니다. 저당권 설정 당시 토지와 건물이 모두 있었고 소유자도 같았으므로, 강○○는 법정지상권을 취득합니다. 새로운 토지 주인 공○○는 강○○에게 건물을 철거하라고 할 수 없고, 대신 강○○에게 지료를 청구해야 합니다.

사례 2 **건물만 경매에 나온 경우**

- 고○○는 건물만 C은행에 담보로 맡기고 대출을 받았습니다. 이후 대출금을 갚지 못해 건물만 경매에 나왔고, 박○○가 이 건물을 낙찰받았습니다.
- 토지 주인은 고○○, 건물 주인은 박○○가 됩니다. 박○○는 법정지상권을 취득해 고○○의 토지를 계속 사용할 수 있고, 대신 고○○에게 지료를 납부해야 합니다.

사례 3 **법정지상권이 성립하지 않는 경우**

- 양○○는 아무것도 없는 나대지(빈 땅)를 E은행에 담보로 맡기고 대출을 받았습니다. 이후 양○○는 그 토지 위에 건물을 지었습니다. 양○○가 대출금을 갚지 못해 토지가 경매에 나왔고, 김○○가 이 토지를 낙찰받았습니다.
- 저당권 설정 당시에는 건물이 없었으므로 법정지상권 성립 요건을 충족하지 못합니다. 따라서 토지 소유자가 된 김○○는 건물주 양○○에게 건물을 철거하라고 요구할 수 있습니다. 이것이 바로 '법정지상권 성립 여지 없음' 물건입니다. 이러한 물건을 저렴하게 낙찰받아 건물주와 협상하거나 철거소송을 하면 큰 수익을 낼 수 있습니다.

법정지상권자와의 협상: 지료

소송은 양측 모두에게 시간과 비용의 손실을 가져옵니다. 따라서 협상은 특수물건 해결의 가장 현실적인 방법입니다.

- **진위 파악**: 낙찰받은 토지 위에 있는 건물이 법정지상권을 가지고 있는지 꼼꼼히 따져봐야 합니다.
- **지료 협상**: 감정평가나 소송을 통해 결정될 예상 지료(통상 토지 감정가의 4~5%)를 바탕으로 건물주와 협의해 지료를 정합니다.
- **건물 매수 또는 토지 매도 제안**: 가장 좋은 해결책은 건물주에게 자신의 토지를 시세보다 저렴하게 매도하거나, 자신이 건물주의 건물을 저렴하

게 매수해 토지와 건물의 소유자를 일치시키는 것입니다.

- **'지료 2년 연체' 카드**: 건물주가 지료를 연체한 총액이 2년분에 달할 경우, 토지 소유자는 지상권소멸청구소송을 통해 법정지상권을 소멸시키고 건물 철거를 요구할 수 있습니다. 이는 건물주를 압박하는 강력한 협상 카드입니다.

법정지상권자와의 협상 사례(토지만 낙찰)

경기도 외곽 토지 100평(감정가 2억 원), 그 위에 낡은 주택 1채 존재, 주택 소유자 방○○, 법정지상권 성립, 1회 유찰되어 최저가 1억 6,000만 원, 남○○가 1억 7,000만 원에 토지를 낙찰받음. 최종 목표는 토지와 건물의 소유권을 일치시키는 것임.

- **(D+5) 첫인사 및 상황 설명**: 낙찰자 남○○은 주택 소유자 방○○을 찾아가 "안녕하세요, 어르신. 이번에 이 땅의 새 주인이 된 남○○입니다. 어르신께서 이 집에 계속 사실 권리(법정지상권)가 있다는 것을 잘 알고 있습니다. 걱정하지 마세요"라고 정중히 인사하며 자신이 새로운 토지 주인이 되었음을 알립니다.

- **(D+30) 지료 협상(협상의 시작)**: 낙찰자 남○○은 주택 소유자 방○○에게 "어르신, 법에 따라 제가 땅 사용료인 지료를 받을 수 있습니다. 법원으로 가면 토지 감정가의 4~5% 정도인 연 800만~1,000만 원 정도가 나옵니다. 하지만 원만하게 연 900만 원(월 75만 원)으로 정하고 계약서를 쓰는 게 어떨까요?"라고 말하며 합리적인 수준의 지료를 제안합니다.

- **(D+90) 출구전략 제시**: 낙찰자 남○○은 주택 소유자 방○○에게 석 달

치 지료를 받은 뒤 "어르신, 매달 지료를 내는 게 부담스러우시죠. 저도 토지를 제대로 활용하지 못해 불편한 상황입니다. 어르신께서 제 토지를 시세보다 저렴한 2억 원에 사시는 건 어떨까요? 그러면 토지와 집이 모두 어르신 것이 됩니다. 그게 부담스러우시면, 반대로 제가 어르신의 주택을 3,000만 원에 사겠습니다"라고 말하며 근본적인 해결책을 제시합니다.

- **(D+120) 최종 합의**: 주택 소유자 방○○은 고민 끝에 자녀들과 상의해 집을 매도하고 이사 가는 것을 선택합니다. 낙찰자 남○○은 낡은 주택을 3,000만 원에 매수해 토지와 건물의 소유자를 일치시키는 데 성공합니다. 이제 낙찰자 남○○은 건물을 허물고 새 건물을 짓거나, 토지 전체를 온전히 개발해 매도할 수 있게 되었습니다.

소송 등 법적 절차 진행 시 유의 사항

협상이 결렬되면 법적 절차를 밟아야 합니다. 그러나 유치권자와 법정지상권자는 적법한 점유 권리가 있을 수 있으므로 인도명령 신청이 기각될 가능성이 높습니다.

유치권 부존재 확인 소송

- **절차**: 소장 접수(유치권이 가짜인 이유와 증거 제출) → 피고(유치권자)의 답변서 제출 → 쌍방의 준비서면 공방(서로의 주장과 증거를 서면으로 반박) → 변론기일(법정 출석) → 판결. 보통 6개월에서 1년 이상 소요됩니다.
- **승소 확률**: 낙찰자가 철저히 준비했다면 승소 확률은 상당히 높습니다.

경매에 나오는 유치권 중 상당수가 허위·과장 유치권입니다. 유치권자가 '점유의 시작과 계속'을 명확히 입증하지 못하거나(가장 중요), 공사계약서나 세금계산서가 부실하면 낙찰자에게 유리합니다.

- **실효성**: 매우 강력합니다. 승소 판결문을 받으면 유치권은 법적으로 '원래부터 없었던 것'이 됩니다. 이 판결문을 집행권원으로 하여 법원에 강제집행(인도)을 신청할 수 있습니다. 유치권자가 버텨도 결국 집행관을 통해 합법적으로 내보낼 수 있습니다. 협상이 결렬됐을 때의 최종 해결책입니다.

지료청구소송

- **절차**: 소장 접수 → 법원을 통해 지료 감정 신청(법원이 지정한 감정평가사가 토지 가격을 평가해 적정 연간 지료 산정) → 판결. 비교적 간단한 소송입니다.
- **승소 확률**: 법정지상권이 성립한다면, 지료를 청구한 토지 소유자의 승소 확률은 거의 100%입니다. 다툼의 여지는 '지료의 액수'일 뿐, 지료를 지급해야 한다는 사실 자체는 변하지 않습니다.
- **실효성**: 이 소송의 진짜 목적은 돈을 받는 것보다 건물철거소송을 위한 명분과 증거를 쌓는 것에 있습니다. 판결을 통해 지료 액수가 확정되면, 그때부터 '2년 연체'의 카운트다운이 시작됩니다. 지료를 연체한 총액이 2년분에 달할 경우 법정지상권 소멸을 주장할 수 있습니다.

건물철거소송

- **절차**: 내용증명 발송(지료 연체 사실 통보 및 지상권 소멸 예고) → 소장 접수(법정지상권이 없거나, 지료를 연체한 총액이 2년분에 달하여 법정지상권이 소멸했음을 주장) → 입증 및 판결
- **승소 확률**: '법정지상권 성립 여지없음'이 명확하거나, '총액이 2년분에 달하는 지료 연체'라는 사실이 객관적으로 입증되면 승소 확률이 매우 높습니다.
- **실효성**: 토지 소유자의 가장 강력한 무기입니다. 실제로 건물을 철거하는 경우는 드뭅니다. 철거소송을 제기하면 건물주가 극심한 압박을 느껴 건물을 매도하거나, 토지를 시세대로 매입하는 등 협상에 응하는 경우가 많습니다. 소송 자체가 협상을 위한 강력한 '채찍'이 되는 것입니다.

유치권과 법정지상권 같은 특수물건은 일반적인 명도와 차원이 다릅니다. 철저한 사전 분석과 법률 전문가(변호사)의 자문이 반드시 필요합니다. 초보자는 충분한 학습과 모의 투자를 거친 뒤에 소액으로 해결 가능한 물건부터 도전하는 것이 현명합니다.

043 투자의 완성은 출구전략!
드디어 넘겨받은 내 집, 어떻게 할까?

출구전략, 수익의 완성을 결정하다

부동산 경매 투자에서 '낙찰'의 기쁨을 누리셨다면, 이제 수익 실현이라는 다음 단계로 나아갈 때입니다. 진정한 투자의 성공은 낙찰 이후의 '출구전략'을 얼마나 정교하게 설계하고 실행하느냐에 달려 있다고 해도 과언이 아닙니다.

낙찰받은 소중한 자산을 통해 안정적인 현금 흐름을 만들 것인지 혹은 매도를 통해 자본 이득을 극대화할 것인지 등의 전략을 명확하게 잡아야 합니다. 이 전략은 시장의 방향성, 투자자 본인의 가용 자금, 다주택 여부에 따른 복잡한 세금 구조 그리고 궁극적인 재무 목표에 따라 유기적으로 고민해야 합니다.

치밀한 출구전략 없이는 물건을 좋은 가격에 매입했더라도 수익을 확보하기 어려울 수 있습니다.

1. 임대 전략: 안정적 현금 흐름의 구축

낙찰받은 소중한 자산을 통해 꾸준한 현금 흐름을 만들고 싶다면, 임대 전략이 좋은 선택이 될 수 있습니다. 이 전략은 특히 장기적인 관점을 가진 투자자들에게 잘 맞습니다. 다만, 이 전략이 성공하기 위해서는 정확한 시장 분석과 리스크 관리가 무엇보다 중요합니다.

1 | 시장 조사의 선행: 데이터와 현장의 교차 검증

성공적인 임대 전략은 정확한 임대료 산정에서 시작되며, 이는 낙찰 이전부터 꼭 필요한 과정입니다. 먼저 국토교통부 실거래가 공개 시스템 등으로 유사 물건의 정량적 데이터를 확보한 뒤, 최소 3곳 이상의 지역 공인중개사무소를 통해 이 데이터의 '이면'을 파악하는 정성적 교차 검증을 해보는 것이 좋습니다.

핵심적으로 검증할 사항은 두 가지입니다. 첫째, 실거래가의 배경입니다. 온라인상의 가격이 '올수리' 기준인지, '기본' 상태의 급매인지 파악해 나의 리모델링 예산에 맞는 현실적인 임대료 범위를 설정하는 것이 중요합니다. 둘째, 공실 리스크입니다. 총 세대수 대비 적체된 매물 현황과 지역 중개사가 체감하는 '평균 공실 기간'을 파악해보세요. 임대료가 높아도 공실이 빈번하면 실질 수익률은 급락하기 때문입니다. 이 검증을 통해 호가가 아닌 실제 계약 가능한 보수적인 임대료를 확정하는 것이 현명합니다.

2 | 리모델링 범위 설정: 회수 가능한 비용의 투입

경매 물건은 대부분 수리가 필요합니다. 이때 많은 사람이 '과도한 투자'라는 실수를 하곤 합니다. 고급 자재를 사용해도 임대료에 비례하여 회수되지 않는 경우가 많다는 점을 기억하세요. 낙찰가의 5~10% 범위 내에서 통제하는 것이 바람직합니다.

3 | 우량 임차인 선정 및 리스크 통제 계약

안정적인 임대 운영을 좌우하는 핵심 변수는 바로 '우량 임차인'입니다. 직접 대면 상담을 통해 임차인의 직업, 이사 사유, 보증금 납입 계획 등을 파악하여 신뢰도를 간접적으로 검증하는 지혜가 필요합니다.

전세 계약 시 임차인에게 '전세보증금 반환보증보험(HUG 등)' 가입을 권유하는 것을 적극 추천합니다. 이는 임차인을 보호하는 것은 물론이고 보증기관을 통해 임대인(및 주택)의 자격을 1차 검증받는 효과도 있습니다.

또한 계약서의 '특약 사항'을 꼼꼼히 챙겨 잠재적 분쟁을 예방할 수 있습니다. 관리비 연체 시 보증금 우선 공제, 임대인 동의 없는 무단 전대 및 용도 변경 금지 등은 필수적으로 기재하는 것이 좋습니다.

4 | 임대 소득과 세금 구조

임대 소득에 대한 세무 검토는 필수적인 과정입니다. 연간 임대 수익 2,000만 원 초과 시 종합소득세 합산과세, 이하 시 분리과세(14%) 선택이 가능합니다.

주택임대사업자등록은 종합부동산세 합산배제, 양도소득세 장기보유특별공제(최대 70%) 등의 혜택이 있지만, 1가구 1주택자는 임대사업자등록 시 양도소득세 비과세 요건이 변경될 수 있으므로, 반드시 세무 전문가와 상담을 통해 최종 결정하는 것이 안전합니다.

2. 매도 전략: 시세 차익의 극대화

낙찰 부동산을 매도하여 시세 차익을 실현하는 전략은 자본 회전율을 높여야 하는 투자자분에게 잘 맞는 전략입니다.

1 | 매도 타이밍 분석: 거시와 미시의 조화

매도 전략의 출발점은 시장의 흐름을 읽는 것입니다. 금리, 정부 정책, 공급 물량 등의 요인이 상승 추세를 뒷받침할 때가 최적기라고 볼 수 있습니다. 특히 인근의 대규모 개발 호재(교통망 확충 등) 발표 시점은 강력한 매도 시그널이 될 수 있습니다.

계절적 요인도 중요하게 고려해야 합니다. 보통 이사 성수기인 봄(3~5월)과 가을(9~11월)이 거래가 활발하며, 비수기인 여름과 겨울을 피하는 것이 가격 협상에서 유리할 수 있습니다.

2 | 가치 제고 전략: 팔릴 수밖에 없는 집 만들기

매도용 리모델링은 임대용과 목적이 다릅니다. '기능' 중심이 아닌, 매수자의 '시각적 임팩트'와 '첫인상'에 집중하는 '홈 스테이징(Home Staging)' 개념을 떠올려보는 것이 좋습니다.

아파트의 경우, 낡은 체리색 몰딩을 밝은 톤으로 교체하고, 모던한 LED 조명을 설치하고, 발코니를 확장하면 즉각적인 가격 반응을 이끌어낼 수 있습니다. 다세대/단독주택은 내부 못지않게 외관 페인팅, 대문 교체, 주차 공간 정비가 매매가에 직접적인 영향을 미칩니다. 투입 비용의 1.5~2배 수준의 매매가 상승을 목표로, 최소 비용으로 최대 효과를 내는 전략적인 접근이 필요합니다.

3 | 매도 시점의 객관적 판단

매도 결정은 감정이 아닌 객관적인 지표에 근거하는 것이 좋습니다. 총 투입 비용(낙찰가 + 세금 + 수리비 + 이자) 대비 목표 수익률(예: 15~20%) 도달 시점, 인근 유사 물건의 매매 체결 속도가 현저히 빨라지는 시점 등이 매도를 검토해볼 시기입니다.

다만, 조급한 매도는 '급매물'로 인식되어 가격 협상에서 불리할 수도 있습니다. 적정 호가에 매물을 등록하고, 최소 3~6개월의 매도 기간을 상정하는 여유 있는 접근이 실수익을 극대화하는 지름길입니다.

4 | 양도소득세 최적화: 실수익 확정의 마지막 관문

시세 차익을 실수익으로 확정하는 마지막 관문은 바로 '양도소득세'입니다. 주택 양도소득세는 보유 기간에 따라 세율이 극단적으로 달라집니다. 1년 미만 70%, 2년 미만 60%의 중과세율은 반드시 피해야 할 함정입니다. 따라서 단기 매도를 계획하더라도 최소 2년 이상 보유하여 기본세율(6~45%)을 적용받는 것이 절대적으로 유리하다는 점을 꼭 기억하세요.

또한 양도 차익 계산 시 과세표준을 낮추는 것이 핵심입니다. 취득가액에는 낙찰 금액 외에 취득세, 법무사 비용 등 부대비용, 새시 교체, 발코니 확장, 보일러 교체 등 '자본적 지출'로 인정되는 모든 수리비를 '필요경비'로 빠짐없이 포함해야 합니다 (단, 도배, 장판 등 '수익적 지출'은 불인정). 이를 위해 모든 지출에 대한 세금계산서, 현금영수증, 카드 전표 등 법적 증빙을 철저히 확보해둬야 합니다.

3. 전략 선택의 기준

시장이 명확한 상승기에는 매도 전략이, 시장이 횡보하거나 하락 조정기에는 임대를 통한 현금 흐름 확보가 안정적인 전략이 될 수 있습니다. 또한 보유 자금이 충분하여 장기 보유가 가능하다면 임대를, 자금 회전율을 높여 다음 투자를 모색해야 한다면 매도를 선택하는 것이 합리적입니다.

결국 출구전략은 낙찰 후가 아닌 경매 입찰 전 단계에서부터 미리 계획하고 결정해야 성공적인 투자를 완성할 수 있습니다.

M·E·M·O

일곱째 마당

Common Sense Dictionary
of Real Estate Auctions & Public Sales

아는 만큼 아낀다!

경매·공매

절세 전략

투자 세계에는 '버는 것보다 지키는 것이 더 중요하다'라는 격언이 있습니다. 이는 세금을 두고 하는 말입니다. 일곱째마당에서는 당신의 수익을 지키는 가장 강력한 방패, '절세'의 모든 것을 다룹니다. 부동산을 취득할 때 내는 취득세부터 매년 부담하는 보유세 그리고 최종적으로 수익을 실현할 때 마주하는 양도소득세와 임대소득세까지, 합법적으로 세금을 줄여 세후 수익률을 극대화하는 현명한 투자자의 마지막 비밀을 공개합니다.

044 수익률을 지키는 첫 관문
취득세 절세의 모든 것

낙찰이 확정되면 모든 것이 끝난 것 같지만, 낙찰자가 마주하는 첫 번째 관문이자 최종 수익률을 결정하는 거대한 변수인 '취득세'가 기다리고 있습니다. 취득세는 단순히 낙찰가에 몇 퍼센트를 곱하는 단순 계산이 아닙니다. 내가 몇 번째 주택을 취득하는지, 해당 지역이 조정대상지역인지에 따라 세금 폭탄이 될 수도 있고, 예상치 못한 절세의 기회가 될 수도 있습니다.

이번 장에서는 주택 수를 관리하는 방법부터 숨어 있는 감면 혜택, 실패 사례를 통해 배우는 값비싼 교훈까지, 수익률을 지켜줄 취득세 절세 전략을 알아보겠습니다.

경매·공매 취득 시 취득세율

경매·공매로 부동산을 취득할 때도 일반 매매와 동일한 취득세가 부과됩니다. 주택의 취득세율은 주택의 취득가액과 취득자의 보유 주택 수(세대 기준) 그리고 조정대상지역 여부에 따라 크게 달라집니다. 특히 다주택자의 경우 중과세율이 적용되어 세금 부담이 크게 늘어날 수 있습니다.

취득세율

구분	1주택	2주택	3주택	4주택 이상
조정대상지역	1~3%	8%(일시적 2주택 제외)	12%	12%
그 외 지역	1~3%	1~3%	8%	12%

납부 방법 및 납부 기간

경매·공매로 부동산을 취득한 뒤 취득세 납부 기한을 준수하는 것은 매우 중요합니다. 기한을 넘기면 가산세가 부과되어 추가 비용이 발생합니다.

납부 방법

취득세는 다음의 방법으로 신고·납부할 수 있습니다.

- **관할 시·군·구청 세무과 방문 신고**: 취득 물건 소재지의 시·군·구청 세무과에 방문해 취득세 신고서를 작성하고 납부고지서를 발급받아 금융기관에 납부하는 가장 전통적인 방법입니다.
- **대행업체를 통한 신고**: 법무사 사무실이나 잔금대출을 받는 금융기관 등에서 취득세 신고 및 납부 대행 서비스를 제공하는 경우가 많습니다. 복잡한 절차를 대행해주므로 편리하지만 대행 수수료가 발생합니다.
- **인터넷 전자 신고 및 납부**: 위택스(www.wetax.go.kr), 서울시의 경우 이택스(etax.seoul.go.kr)를 통해 온라인으로 신고·납부할 수 있습니다. 공인인증서만 있으면 시간과 장소에 관계없이 편리하게 처리할 수 있어 가장 권장되는 방법입니다.

▲ 위택스 홈페이지

납부 기간

- 취득세는 취득일(잔금납부일 또는 등기일 중 빠른 날)로부터 60일 이내에 신고·납부해야 합니다. 예를 들어 2025년 7월 1일에 경매 잔금을 납부했다면, 2025년 8월 30일까지 취득세를 신고·납부해야 합니다. 만약 60일 이내에 신고·납부하지 않을 경우 신고불성실 가산세와 납부불성실 가산세가 부과되므로 납부 기한을 철저히 지켜야 합니다.
- 공매는 계약일 기준으로 계산되는 경우도 있으므로 반드시 온비드 공고문을 통해 정확한 취득일 기준을 확인해야 합니다.

취득세 절세 전략

경매·공매 투자자는 낙찰가 산정 시 단순히 낙찰가만 고려할 것이 아니라, 취득세 부담까지 포함한 총비용을 계산해야 합니다. 다음은 취득세 절세 효과를 극대화할 수 있는 주요 전략들입니다.

주택 수 검토 및 관리

다주택자 중과세율은 취득세 부담을 폭증시키는 주범입니다. 따라서 낙찰 전에 본인과 세대원의 주택 수를 정확히 파악하고, 필요하다면 주택 수 관리를 통해 절세 기회를 찾아야 합니다.

- **1세대 1주택 혜택 적극 활용**: 경매·공매로 낙찰받는 주택이 1주택이 되도록 기존주택을 미리 처분하는 것이 가장 확실한 절세 방법입니다. 특히 조정대상지역에서 2주택 이상을 취득할 경우 8% 이상의 높은 중과세율이 적용되므로, 잔금일 기준으로 1주택을 유지해야 합니다.
- **세대분리 기준, 전입일자 확인**: 가족 간 세대분리를 통해 주택 수를 줄이는 방법도 고려할 수 있으나, 형식적인 세대분리는 세무 당국에서 인정하지 않을 수 있으므로 실제 거주지 분리 등 요건을 충족해야 합니다.
- **비조정대상지역 주택**: 비조정대상지역에서는 3주택(8%)부터 중과세가 적용됩니다. 1주택 세대라면 취득세 중과세 적용을 회피할 수 있습니다.
- **중과세는 세대 기준으로 판단**: 공시가격 1억 원 이하 주택(단, 재개발·재건축 사업구역 내 주택은 제외하지 않음. 2025년 1월 2일 이후 취득분부터는 지방 저가주택의 취득세 중과 제외 기준 2억 원 이하), 시가표준액 1억 원 이하 오피스텔(2020년 8월 12일 이후 취득분), 2024년 1월 10일부터 2027년 12월 31일까지 취득한 전용면적 60㎡ 이하, 3억 원 이하(수도권 6억 원 이하) 소형 신축주택(다가구주택,

연립주택, 다세대주택, 도시형생활주택, 소형 오피스텔)은 중과세율 적용에서 제외될 수 있습니다.
- **오피스텔은 용도 구분이 매우 중요**: 오피스텔은 경매·공매 입찰 전에 용도 확인이 필요합니다. 전입신고 여부, 재산세 부과 등을 통해 주거용 여부가 판단됩니다. 실질이 주거용이라면 주택 수에 포함되어 다주택자 중과세가 적용될 수 있습니다.

감면 및 경감 제도 적극 활용

국가 또는 지방자치단체에서는 특정 목적을 달성하거나 사회적 약자를 지원하기 위해 다양한 취득세 감면·경감 제도를 운영하고 있습니다.
- **생애최초 주택 구입자 감면**: 생애최초로 주택을 구입하는 경우, 취득세 감면 혜택을 받을 수 있습니다.
- **신혼부부, 다자녀 가구, 장애인 등 감면 요건 확인**: 저출산 대책이나 사회적 배려 차원에서 신혼부부, 다자녀 가구, 장애인 등에 대한 취득세 감면 혜택이 있을 수 있습니다.
- **지방자치단체 조례별 감면 제도**: 각 지방자치단체는 조례를 통해 자체적인 취득세 감면 제도를 운영하기도 합니다. 예를 들어 특정 산업단지 내 기업 유치, 지역 특화 사업 지원 등 다양한 목적으로 감면 혜택을 받을 수 있습니다. 자세한 조건은 주택이 있는 시·군·구청 세무과에 문의하는 것이 좋습니다.
- **감정가 대비 낮은 낙찰가 활용(경매·공매 특유 전략)**: 경매·공매의 매력은 시세나 감정가보다 낮은 가격으로 부동산을 취득할 수 있다는 점입니다. 취득세는 실거래가(낙찰가)를 과세표준으로 부과되므로, 시세보다 낮은

가격에 낙찰받는 것 자체가 취득세 절세로 이어집니다. 예를 들면 시세 10억 원짜리 아파트를 경매로 7억 원에 낙찰받았다면, 취득세는 7억 원을 기준으로 부과됩니다. 이는 시세 10억 원으로 매매했을 때보다 세금 부담이 자연스럽게 줄어드는 효과를 가져옵니다.

경매·공매 실전 사례로 보는 취득세 전략

앞서 설명한 취득세 절세 전략들이 실제 경매·공매 투자에서 어떻게 적용되는지 구체적인 사례를 통해 살펴보겠습니다.

사례 1 경매 아파트 낙찰 후 '일시적 2주택' 중과 폭탄

> 서울 조정대상지역에 A아파트 한 채를 보유하고 있던 최○○은 경매를 통해 조정대상지역 내 B아파트를 6억 원에 낙찰받았습니다. 최○○은 'A아파트를 B아파트 잔금 납부 후 한 달 이내에 매도하면 1주택이 되니 일시적 2주택 혜택을 받아 취득세 중과를 피할 수 있겠지?'라고 생각했습니다. 그러나 B아파트 잔금일(취득일) 기준으로 2주택을 보유한 상태였으므로, 8%의 중과세율이 적용되어 6억 원의 낙찰가에 대한 취득세 4,800만 원을 납부해야 했습니다.
> → 낙찰받은 주택의 잔금일 당시 본인이 2주택자였다면, 설령 기존주택을 며칠 후에 매도할 계획을 세웠다 해도 중과세율이 적용됩니다. 세법은 '잔금일 현재 실제 보유한 주택 수'만을 기준으로 판단합니다. 미래의 매도 계획은 인정되지 않습니다. 따라서 기존주택을 매도할 예정이라면, 반드시 경매·공매 물건의 잔금일 전까지 기존주택의 소유권이전등기를 마치는 것이 좋습니다. 물론, 일시적 2주택 조건에 의해 신규주택을 취득한 날로부터 3년 이내에 기존주택(신규주택 취득 전 1년 이상 보유)을 양도하면 취득세 중과분을 환급받을 수 있습니다. 그러나 중과세율로 먼저 세금을 납부한 뒤 환급을 받기까지 자금이 묶입니다. 그리고 기존주택이 시세 하락으로 처분 지연될 경우 3년 기한을 초과해 취득세를 환급받지 못하거나, 아예 기존주택을 3년 안에 처분하지 못할 수도 있습니다.

사례 2 경매로 낙찰받은 오피스텔 3년 후 매도

> 자영업을 준비하던 이○○은 경매로 서울에 있는 전용면적 60m² 이하 소형 오피스텔을 5억 원에 낙찰받았습니다. 해당 오피스텔은 업무용으로 신고되어 있었고, 이○○ 역시 사업자등록 후 실제 업무용으로 사용할 계획이었으므로 주택 수에 포함되지 않았습니다. 오피스텔은 주택처럼 취득세 중과가 없어 4.6%의 취득세율을 적용받았습니다. 이○○은 오피스텔을 3년간 보유하다 7억 원에 매도했습니다. 이○○은 취득세로 '5억 원 × 4.6% = 2,300만 원'을 납부했습니다. 그리고 3년 이상 보유해 양도소득세 계산 시 장기보유특별공제를 적용받아 세 부담을 크게 줄일 수 있었습니다.
> → 소형 오피스텔은 취득세 중과가 없어 대체로 유리하며, 장기보유특별공제 등 양도소득세 절세 전략도 활용 가능합니다.

경매·공매 투자자는 낙찰가 산정 시 반드시 취득세 부담까지 포함해 총비용을 계산해야 합니다. 특히 낙찰 후 취득세 납부 기한(잔금일로부터 60일)을 놓쳐 가산세를 내야 하는 경우가 의외로 많으므로, 낙찰 직후 취득세 신고·납부 일정을 꼼꼼히 관리해야 합니다. 세금은 아는 만큼 아낄 수 있습니다. 경매·공매 투자에서 높은 수익률은 세후 수익률에서 결정된다는 점을 항상 명심해야 합니다.

045 매년 날아오는 세금 폭탄 피하기
보유세 절세 전략

낙찰과 명도라는 숨 가쁜 단계를 지나 마침내 부동산을 얻었습니다. 하지만 진정한 투자 고수는 "이제부터가 시작이다"라고 말합니다. 매년 어김없이 날아오는 '세금고지서'라는 새로운 과제를 해결해야 하기 때문이죠.

이번 장에서 살펴볼 보유세는 '재산세'와 '종합부동산세'입니다. 이 세금들을 어떻게 관리하느냐에 따라 연간 투자 수익률이 크게 달라질 수 있습니다. 재산세의 과세표준을 낮추는 방법부터 주택자의 발목을 잡는 종합부동산세를 피하는 방법까지, 보유세 절세 전략을 자세히 알아보겠습니다.

재산세: 매년 날아오는 익숙하지만 무거운 고지서

재산세는 지방세로, 6월 1일 기준 부동산 소유자에게 부과되며, 경매로 낙찰받은 경우 잔금납부일을 기준으로 소유권이 이전됩니다. 그러므로 잔금납부일이 6월 1일 이전이라면 낙찰자가 그해 재산세를 납부해야 합니다. 소유권이전등기 완료 여부는 재산세 납세 의무에 영향을 미치지 않습니다.

> 재산세 = 과세표준(공시가격 × 공정시장가액비율) × 세율

- **공시가격**: 정부가 매년 1월 1일을 기준으로 조사·산정해 공시하는 부동산 가격입니다. 아파트, 단독주택 등 주택은 '공시가격', 토지는 '개별공시지가', 건물은 '시가표준액'으로 공시됩니다.
- **공정시장가액비율**: 공시가격에 이 비율을 곱해 과세표준(실제 세금을 부과하는 기준)을 정합니다. 주택은 60%가 적용됩니다. 단, 1세대 1주택에 대해서는 공시가격 3억 원 이하는 43%, 공시가격 3억 원 초과 6억 원 이하는 44%, 공시가격 6억 원 초과는 45%입니다. 토지 및 건축물(상가, 오피스텔 등 비주택)은 70%가 적용됩니다.
- **재산세율**: 과세표준 구간별로 누진세율이 적용되며, 주택, 토지, 건축물 등 종류에 따라 세율이 다릅니다.

주택 재산세율

과세표준	표준세율(공시가격 9억 원 초과, 다주택자)	특례세율(공시가격 9억 원 이하 1주택자)
6,000만 원 이하(공시가격 1억 원)	0.1%	0.05%
6,000만 원 초과~1억 5,000만 원 이하 (공시가격 1억~ 2억 5,000만 원)	6만 원 + 6,000만 원 초과분의 0.15%	3만 원 + 6,000만 원 초과분의 0.1%
1억 5,000만 원 초과~3억 원 이하 (공시가격 2억 5,000만~ 5억 원)	19만 5,000원 + 1억 5,000만 원 초과분의 0.25%	12만 원 + 1억 5,000만 원 초과분의 0.2%
3억 원 초과~5억 4,000만 원 이하 (공시가격 5억~ 9억 원)	57만 원 + 3억 원 초과분의 0.4%	42만 원 + 3억 원 초과분의 0.35%
5억 4,000만 원 초과 (공시가격 9억 원)		미적용

재산세 절세 전략

경매·공매 투자자라면 재산세를 줄이기 위한 다음과 같은 전략들을 반드시 고려해야 합니다.

사례 1 부부 공동명의 활용: 과세표준을 분산하라

강○○은 경매로 시세 3억 5,000만 원 상당의 빌라를 낙찰받았습니다. 처음에는 본인 단독 명의 소유를 생각했지만, 배우자의 소득이 거의 없는 점을 고려해 부부 공동명의(각 50% 지분)로 소유권 이전을 진행했습니다. 그 결과 과세표준이 부부 각각에게 50%씩 분산되어 누진세율이 적용되는 재산세의 총액이 단독명의보다 현저히 줄어들었습니다.
→ 부부 공동명의는 단순히 지분을 나누는 것을 넘어 과세표준을 분산함으로써 누진세율 적용 구간을 낮춰 전체 세액을 감소시키는 효과를 얻을 수 있습니다. 특히, 추후 발생할 종합부동산세까지 고려하면 필수적인 절세 전략입니다.

사례 2 공시가격 이의신청 적극 활용: 과도한 세금은 거부하라

김○○은 공매로 낙찰받은 낡은 다가구주택의 공시가격이 4억 원으로 책정되었다고 통보받았습니다. 그러나 실제 시세는 3억 원 내외였고, 건물 내외부의 심각한 하자와 노후도가 존재했습니다. 김○○은 임장 당시 촬영한 하자 사진, 공인중개사의 주변시세확인서, 감정평가사의 의견서 등 객관적인 자료를 근거로 관할 시·군·구청(읍·면·동) 민원실을 통해 공시가격 이의신청을 제기했습니다. 그 결과 공시가격이 3억 2,000만 원으로 조정되었고, 그에 따라 재산세가 20% 이상 절감되었습니다.
→ 공시가격은 국가가 정한 기준 가격일 뿐, 실제 시가와 항상 일치하지 않습니다. 특히 경매·공매로 취득한 물건 중 시세 대비 공시가격이 과도하게 높다고 판단될 경우, 적극적으로 이의신청을 제기해야 합니다. 하자 내역, 주변 실거래가, 감정평가서 등 객관적인 증빙 자료를 잘 준비하는 것이 성공의 핵심입니다.

사례 3 재산세 감면 신청:「지방세특례제한법」을 활용하라

> 박○○은 경매로 인구감소지역(예: 강원특별자치도 소재)에 위치한 단독주택(공시가격 2억 5,000만 원)을 낙찰받았습니다. 낙찰 후 박○○은 해당 지역이 인구감소지역으로 주택 취득·보유 시 재산세 감면 혜택을 제공한다는 사실을 알게 되었습니다. 박○○은 주민등록 전입신고와 함께 관할 군청 세무과에 재산세감면신청서, 주민등록등본, 가족관계증명서, 부동산 등기사항전부증명서 등을 제출해 감면을 신청했습니다. 그 결과 재산세를 50% 감면(최대 5년간 적용)받아 연간 재산세 부담이 약 100만 원에서 50만 원으로 줄어들었습니다.
> → 경매·공매로 취득한 부동산이 인구감소지역, 특정 용도(예: 귀농·귀촌, 지역 활성화) 등에 해당할 경우, 재산세 감면을 신청할 수 있습니다. 감면 요건(예: 전입, 상시 거주, 주택가액 등)을 충족하고, 관할 시·군·구청 세무과에 신청서를 제출하면 됩니다. 자신이 낙찰받은 주택이 재산세 감면 대상인지 알고 싶다면 관할 시·군·구청 세무과에 문의하면 됩니다.

특별히 주의해야 할 경매·공매 투자 특유의 재산세 함정

- **보유 시점 착오**: 재산세 과세기준일은 6월 1일이지만, 잔금납부일이 등기일보다 빠르면 잔금납부일에 소유권이 넘어온 것으로 보아 해당 연도 재산세 납세 의무가 발생합니다. 등기가 6월 1일 이후로 지연되었다고 재산세 납부 의무가 없는 것으로 혼동해서는 안 됩니다.
- **용도 변경 및 건축물대장 현황**: 건물의 실제 사용 용도와 건축물대장상 용도가 다를 경우 재산세 부과에 문제가 생길 수 있습니다. 특히 주거용과 비주거용의 재산세율이 다르므로, 경매·공매 물건 취득 시 현황과 공부가 일치하는지 반드시 확인해야 합니다.

주거용과 비주거용 재산세 차이

구분	주거용(주택)	비주거용(상가, 공장)
세율	누진세율: 0.1~0.4% (공시가격 기준)	단일세율: 0.25% (특별 건축물은 0.5% 이상)
예: 공시가격 2억 원	0.15% × 2억 원 = 30만 원	0.25% × 2억 원 = 50만 원
지방교육세	재산세액 × 20% (예: 30만 원 × 20% = 6만 원)	재산세액 × 20% (예: 50만 원 × 20% = 10만 원)
총 세액	36만 원(30만 원 + 6만 원)	60만 원(50만 원 + 10만 원)
감면 가능성	1세대 1주택자, 인구감소지역 등 감면 가능	사회복지시설, 지역 활성화 사업 등 감면 가능

종합부동산세: 일정 금액을 넘어서면 폭탄이 터진다

종합부동산세는 국세로, 매년 6월 1일 현재 재산세 납부의무자에게 부과됩니다. 주택 수와 공시가격 합계액에 따라 과세 여부와 세율이 달라지므로, 다주택 경매·공매 투자자라면 더욱 면밀하게 관리해야 합니다.

> 종합부동산세 = 과세표준[(주택 공시가격 합계 − 공제금액) × 공정시장가액비율] × 세율

- **과세표준**: 공시가격 합계액에서 기본공제액(1주택자 12억 원, 다주택자 9억 원)을 차감한 뒤 다시 공정시장가액비율(60%)을 곱해 계산됩니다.
- **종합부동산세 세율**: 과세표준 구간별로 누진세율이 적용되며, 1주택자와 다주택자(법인 포함)의 세율이 다릅니다.

주택 종합부동산세율

과세표준	2주택 이하		3주택 이상	
	세율	누진공제	세율	누진공제
3억 원 이하	0.5%	–	0.5%	–
6억 원 이하	0.7%	60만 원	0.7%	60만 원
12억 원 이하	1.0%	240만 원	1.0%	240만 원
25억 원 이하	1.3%	600만 원	2.0%	1,440만 원
50억 원 이하	1.5%	1,100만 원	3.0%	3,940만 원
94억 원 이하	2.0%	3,600만 원	4.0%	8,940만 원
94억 원 초과	2.7%	1억 180만 원	5.0%	1억 8,340만 원
법인	2.7%	–	5%	–

- **고령자공제와 장기보유특별공제**: 1세대 1주택자는 연령과 보유 기간에 따른 공제를 받습니다. 1세대 1주택을 보유한 고령자는 고령자공제와 장기보유특별공제의 합산 공제율이 80%나 되므로 실수요 1주택자라면 종합부동산세 부담이 적습니다.

연령별·보유 기간별 세액공제율

종합 한도 상한	연령별 공제			보유 기간별 공제		
	60세 이상	65세 이상	70세 이상	5년 이상	10년 이상	15년 이상
80%	20%	30%	40%	20%	40%	50%

종합부동산세 절세 전략

종합부동산세는 공시가격 변동, 주택 수 변화, 법 개정 등에 매우 민감하게 반응하므로, 지속적인 관심과 전략 수립이 필요합니다.

사례 1 임대주택등록을 통한 합산배제 활용: 종합부동산세 대상에서 벗어나라

고○○은 공매로 빌라 4채를 낙찰받아 임대사업을 시작했습니다. 하지만 부동산 등기만 마친 뒤 종합부동산세 합산배제 혜택을 받을 수 있는 '민간임대주택등록'은 미루고 있었습니다. 그 결과 이듬해 종합부동산세 신고 시 합산배제가 적용되지 않아 수천만 원의 종합부동산세가 부과됐습니다. 나중에 뒤늦게 등록했지만, 해당 과세 연도에는 소급 적용이 불가능했습니다.

→ 일정 요건을 갖춘 민간임대주택은 종합부동산세 과세 대상에서 제외(합산배제)됩니다. 특히 경매·공매 낙찰자는 잔금납부일 기준으로 소유권이 넘어오기 때문에, 낙찰 뒤 빠른 시일 내에 임대사업자등록을 하고 임대 개시 신고를 하여 합산배제 요건을 충족시키는 것이 매우 중요합니다. 임대사업자 제도가 변경되어 신규 등록 시 과거만큼의 혜택은 없으나, 기존 등록 물건이나 특정 유형의 임대주택은 여전히 합산배제가 가능하므로 입찰 전에 반드시 세무사와 상담해야 합니다.

참고로 9억 원 이하(비수도권 6억 원 이하)인 주택 30호 이상을 10년 이상 임대사업자등록(장기일반)을 하거나, 6억 원 이하(비수도권 3억 원 이하)인 주택 30호 미만을 10년 이상 임대사업자등록(장기일반)을 하거나, 4억 원 이하(비수도권 2억 원 이하)인 주택을 6년 이상 임대사업자등록(단기)을 하면 종합부동산세 신고 시 합산배제 적용을 받을 수 있습니다. 합산배제 임대주택은 1세대 1주택 판단 시 세대원의 소유 주택 수에서 제외합니다. 단, 이런 경우 합산배제 주택을 제외한 주택에 대해 1세대 1주택 적용을 받으려면 납세의무자 본인이 해당 주택에 전입신고하고 실제로 거주해야 합니다.

사례 2 지분 분산 전략: 부부 공동명의의 또 다른 힘

강○○은 경매 물건을 여러 채 낙찰받아 공시가격 합계액이 20억 원이 넘었습니다. 그래서 종합부동산세가 상당했습니다. 이에 강○○은 세무사와 상담한 뒤 일부 주택을 부부 공동명의로 바꾸었습니다. 그 결과 개인별 종합부동산세 과세 기준(다주택자 9억 원)을 최대한 활용해 종합부동산세를 크게 줄일 수 있었습니다.

→ 부부 공동명의는 재산세만이 아니라 종합부동산세에서도 강력한 절세 효과를 발휘합니다. 각각 9억 원(다주택자 기준)의 기본공제를 받을 수 있어 단독명의로 할 때보다 합산배제되는 금액이 커집니다. 참고로 무주택 세대가 12억 원 이하의 1주택을 부부 공동명의로 낙찰받은 경우 납세의무자가 신청(9월 16일~9월 30일)하면 해당 주택을 그중 1인이 전부 소유한 것으로 보고, 1세대 1주택 기본공제 12억 원 및 세액공제를 받을 수 있습니다.

사례 3 일시적 2주택 인정 요건 활용: 유연한 주택 수 관리

차○○은 기존 1주택을 보유한 상태에서 새 아파트를 경매로 낙찰받았습니다. 다음 연도 종합부동산세 부과 시 2주택자로 간주되어 종합부동산세 부담이 가중되지는 않을까 우려했지만, 기존주택을 3년 이내에 처분할 계획을 가지고 있어 '일시적 2주택자' 특례를 적용받았습니다. 그 결과 종전주택은 종합부동산세 주택 수 산정에서 제외되어 종합부동산세 부담을 덜 수 있었습니다.

→ 일시적 2주택 특례는 기존주택을 보유한 상태에서 새로운 주택을 취득한 경우 적용될 수 있습니다. 중요한 것은 종전주택을 3년 이내에 처분할 계획이 있어야 하며, 실제로 해당 기간 내에 처분이 이루어져야 합니다. 경매·공매로 새로운 주택을 취득할 계획이라면, 기존주택의 매도 시점을 면밀히 검토하고 관련 증빙을 미리 확보해야 합니다.

그 밖의 절세 전략

- **소형 신축주택**: 2024년 1월 10일부터 2027년 12월 31일까지 취득한 전용면적 60㎡ 이하, 3억 원 이하(수도권 6억 원 이하) 소형 신축주택(다가구주택, 연립주택, 다세대주택, 도시형생활주택, 소형 오피스텔)은 중과세율 적용에서 제외될 수 있습니다.

- **공시가격 이의신청**: 재산세와 마찬가지로 공시가격이 부당하게 높게 책정되었다고 판단될 경우, 객관적인 자료를 근거로 관할 시·군·구청(읍·면·동) 민원실을 통해 공시가격 이의신청을 제기할 수 있습니다. 그 결과 공시가격이 조정되면 종합부동산세 과세표준도 함께 줄어들 수 있습니다.

- **낙찰일·잔금일 조정 전략**: 6월 1일 이전에 잔금을 납부하면 해당 연도 재산세와 종합부동산세 납부 의무가 발생하지만, 6월 1일 이후로 잔금일을 미루면 그해 재산세와 종합부동산세를 회피할 수 있습니다.

046 진정한 수익은 세후 수익
양도소득세 절세 전략

'그래서 내 손에 실제로 얼마가 남는가?'

이는 모든 투자자가 궁금해하는 내용입니다. 아무리 저렴하게 낙찰받고 성공적으로 명도를 마쳤다 해도, 마지막에 세금으로 수익의 상당 부분을 내어준다면 그 투자는 절반의 성공에 그칠 것입니다.

이번 장에서는 월세와 전세보증금에 부과되는 '임대소득세' 관리 방법과 부동산 투자 세금의 끝판 왕인 '양도소득세'를 합법적으로 줄일 수 있는 다양한 실전 비법 등 최종 수익을 지키는 방법을 알아보겠습니다. 진정한 성공은 세후 수익률로 증명됩니다.

임대소득세: 월세 수익, 전세보증금도 세금 대상

주택임대소득이 있는 자는 이듬해 5월 1일부터 5월 31일까지 직전년도 소득에 대해 종합소득세를 신고·납부해야 합니다. 부동산 임대소득은 월세 수익만이 아니라, 전세보증금에 대한 간주임대료도 소득으로 포함될 수 있습니다.

- **분리과세**: 주택 임대 수입 금액이 연 2,000만 원 이하인 경우 선택할 수 있으며, 다른 종합소득과 합산하지 않고 14%의 단일세율이 적용됩니다. 주로 소액 임대소득자에게 유리합니다.
- **종합과세**: 연 2,000만 원을 초과하는 주택 임대 수입 또는 상가·토지 임대 수입은 다른 종합소득(근로소득, 사업소득 등)과 합산하여 누진세율이 적용됩니다.
- **간주임대료**: 3주택 이상을 소유하고 보증금 합계가 3억 원을 초과하는 경우, 초과분에 대해 발생하는 것으로 간주하여 임대소득으로 과세합니다. 단, 주거 전용면적 40㎡ 이하이면서 공시가격 2억 원 이하인 소형주택은 3주택 이상이라도 간주임대료를 계산하지 않습니다.

주택임대소득 과세 요건

과세 요건(보유 주택 수 부부 합산 기준)		
주택 수	월세	보증금 등
1주택	비과세	간주임대료 과세 제외
2주택	과세	
3주택 이상		간주임대료 과세

*1세대 1주택이라도 공시가격 12억 원을 초과하는 주택은 임대소득세 과세 대상입니다.

임대소득세 절세 전략

사례 1 필요경비를 꼼꼼히 챙겨 임대소득세를 줄인 이 씨

- 이○○은 경매로 낙찰받은 낡은 오피스텔을 대대적으로 리모델링한 뒤 임대했습니다. 그 결과 첫해 임대소득세 신고 시 부담이 클 것으로 예상했지만, 세무사 상담을 받고 리모델링 공사비, 수선비, 중개수수료, 관리비, 재산세, 종합부동산세, 대출이자, 감가상각비 등 모든 지출을 필요경비로 인정받아 예상보다 훨씬 적은 세금을 납부했습니다.
- 경매·공매 물건은 일반 매매보다 수선비 지출이 많은 경우가 흔합니다. 세금계산서, 현금영수증, 계좌 이체 내역 등 모든 지출에 대한 증빙 서류를 꼼꼼하게 확보하고, 이를 필요경비로 인정받는 것이 임대소득세 절세의 핵심입니다. 특히, 감가상각비는 실제 현금 지출이 없더라도 비용으로 인정되므로 반드시 반영해야 합니다. 주택임대 총 수입 금액이 2,000만 원 이하로 분리과세를 선택하는 경우, 수입 금액의 50%를 필요경비로 공제받을 수 있습니다. 단, 등록임대주택은 60%의 필요경비율을 적용합니다.

사례 2 간주임대료 함정을 뒤늦게 알게 된 박 씨

- 다주택자인 박○○은 전세보증금만 받는 경우 소득세가 부과되지 않는다고 잘못 생각했습니다. 그 결과 자신이 보유한 주택 4채의 전세보증금 합계가 7억 원을 넘는다는 사실을 인지하지 못했고, 다음 해 종합소득세 신고 시 간주임대료가 소득에 포함되어 추가 세금을 납부해야 했습니다.
- 주택 수가 많거나 전세보증금 규모가 큰 경우, 간주임대료 과세 대상이 될 수 있음을 항상 염두에 두어야 합니다. 특히 3주택 이상 보유자의 보증금 합계액이 3억 원을 초과할 때 적용되니, 전세 계약 전에 미리 예상 세액을 파악하는 것이 중요합니다.

그 밖의 절세 전략

- **임대소득 분리과세와 종합과세의 전략적 선택**: 주택 임대 수입 금액이 연 2,000만 원 이하인데, 다른 종합소득이 많아 높은 세율이 적용될 가

능성이 있다면 분리과세를 선택하는 것이 유리합니다. 반대로, 다른 소득이 없거나 소득세율이 낮다면 종합과세를 선택해 필요경비 공제 혜택을 더 많이 받는 것이 유리할 수 있습니다. 자신의 소득 구조를 파악해 최적의 신고 방식을 선택해야 합니다.

- **가족 간 명의 분산을 통한 소득 분산**: 배우자나 자녀와 공동명의로 부동산을 소유하거나, 일부 지분을 증여해 임대소득을 분산시키는 것도 절세 방안이 될 수 있습니다. 이는 종합소득세의 누진세율 부담을 낮추는 효과가 있습니다. 단, 지분 증여 시에는 증여세가 발생하므로 전체 세액을 비교해 판단해야 합니다.
- **사업자등록 의무 확인 및 활용**: 주택 임대 수입 금액이 연 2,000만 원을 초과하거나 비주거용 부동산을 임대하는 경우 사업자등록은 필수입니다. 전용면적 85㎡(수도권을 제외한 읍·면 지역 100㎡) 이하, 공시가격 6억 원 이하(임대개시일 당시), 임대보증금 임대료 증가율 5% 이하 주택 1호를 세무서 및 시·군·구청 양쪽 모두에 임대사업자등록을 하고 6년 이상 임대하면 30%의 세액 감면을 받을 수 있습니다. 임대주택 2호 이상부터는 20%의 세액 감면을 받을 수 있습니다.

양도소득세: 매각 시 발생하는 가장 큰 세금

경매·공매 투자 출구 전략의 핵심은 바로 양도소득세 관리입니다. 양도소득세는 부동산을 매도하여 얻은 소득에 대해 부과되는 세금으로, 양도가액에서 취득가액과 필요경비를 제외한 양도차익에 대해 과세됩니다.

양도소득세는 양도일이 속하는 달의 말일부터 2개월 이내에 납세지 관할 세무서장에게 예정신고를 해야 합니다. 예정신고는 양도차익이 없거나 손해를 본 경우에도 해야 합니다. 해당 과세 기간에 양도소득이 있는 사람은 그 과세 기간의 다음 연도 5월 1일부터 5월 31일까지 납세지 관할 세무서장에게 확정신고를 해야 합니다.

- **과세 시점**: 양도소득세 과세 시점은 잔금일이며, 그 전에 등기를 했거나 잔금일이 분명하지 않을 때는 등기접수일이 과세 시점이 됩니다.
- **취득가액 산정**: 경매·공매는 일반 매매와 달리 낙찰가액이 곧 실질 취득가액으로 인정되므로, 취득가액을 명확히 입증할 수 있다는 장점이 있습니다. 이는 향후 양도소득세 계산 시 분쟁의 소지를 줄일 수 있습니다.
- **양도소득세율**: 양도 물건의 종류(주택, 상가, 토지 등), 보유 기간, 다주택자 여부, 조정대상지역 여부 등에 따라 세율이 달라지며, 누진세율이 적용됩니다.

부동산 종류 및 보유 기간에 따른 양도소득세율

구분	1년 미만	1년~2년	2년 이상
주택·조합원입주권	70%	60%	6~45%
분양권	70%	60%	60%
토지·건물	50%	40%	6~45%

양도소득세율

과세표준	세율	누진공제
1,400만 원 이하	6%	–
5,000만 원 이하	15%	126만 원
8,800만 원 이하	24%	576만 원
1억 5,000만 원 이하	35%	1,544만 원
3억 원 이하	38%	1,994만 원
5억 원 이하	40%	2,594만 원
10억 원 이하	42%	3,594만 원
10억 원 초과	45%	6,594만 원

양도소득세 절세 전략

사례 1 다주택자라면 임대주택등록 활용: 유효한 절세 카드

서울에 아파트 한 채를 가지고 있는 공○○은 단기등록임대주택 제도가 부활했다는 소식을 접했습니다. 이에 다세대주택 한 채를 낙찰받아 6년간 단기등록임대주택으로 등록하기로 결정했습니다. 등록임대주택이 되면 양도소득세 중과세율이 아닌 일반세율을 적용받게 됩니다. 그리고 종합부동산세도 과세 대상에서 제외됩니다. 이는 수천만 원에 달하는 세금을 절감할 수 있는 매우 큰 혜택입니다.

→ 2025년 6월 4일부터 연립주택, 다세대주택, 오피스텔 등 비(非)아파트 주택을 대상으로 6년 단기등록임대주택 제도가 부활했습니다. 이 제도는 아파트는 제외되며, 4억 원(비수도권 2억 원) 이하 비아파트만 가능합니다. 비아파트를 6년간 임대주택사업 등록을 하면 종합부동산세 합산배제, 양도소득세·법인세 중과배제 등 세제 혜택을 받을 수 있습니다.

사례 2 공동명의: 세 부담을 분산하는 지혜

황○○ 부부는 경매로 낙찰받은 아파트를 5 대 5 공동명의로 보유했습니다. 그리고 몇 년 후에 해당 아파트를 매도하면서 부부가 균등하게 양도차익을 나누어 신고했습니다. 그 결과 각자에게 더 낮은 양도소득세율을 적용받아 전체 세액을 크게 낮출 수 있었습니다. 만약 한 사람 명의였다면 더 높은 누진세율을 적용받았을 것입니다.

→ 부동산을 부부 공동명의로 취득하면 양도차익이 각자에게 분산되어 적용되는 세율 구간이 낮아집니다. 이는 양도소득세만이 아니라 보유세(종합부동산세, 재산세) 부담을 줄이는 데도 유리합니다. 공동명의 취득은 잔금 납부 시까지 결정해야 하며, 실질적인 자금 출처에 따른 증여세 리스크를 반드시 검토해야 합니다.

사례 3 매각 시기 분산: 양도소득세 합산 회피

봉○○은 두 채의 투자용 주택을 보유하고 있었습니다. 봉○○은 한 해에 두 채를 모두 매각할 경우 양도소득이 합산되어 높은 세율이 적용될 것을 우려해 한 채는 12월에, 다른 한 채는 다음 해 1월에 각각 매각했습니다. 그 결과 양도소득 과세표준 구간 상승을 피하고 전체 세금 부담을 효과적으로 줄일 수 있었습니다.

→ 같은 연도에 여러 건의 부동산을 양도해 양도소득이 크게 증가하면 과세표준이 높아져 예상치 못한 세금 폭탄을 맞을 수 있습니다. 연도를 달리해 양도하면 각각의 양도소득에 대해 독립적으로 세금을 계산하므로 더 낮은 세율을 적용받을 수 있습니다.

사례 4 양도소득세 비과세 요건: 가장 강력한 절세 무기

강○○은 조정대상지역에 1주택만 보유하고 있어 당연히 양도소득세 비과세를 생각했습니다. 그러나 해당 주택에서 2년 거주 요건을 채우지 못했고, 결국 비과세를 받지 못해 수천만 원의 양도소득세를 납부했습니다. 이는 비과세 요건을 철저히 확인하지 않아 발생한 안타까운 사례입니다.

→ 양도 시점에서 1세대 1주택을 2년 이상 보유(조정대상지역 취득 주택은 2년 이상 거주 요건 추가)하고 양도가액이 12억 원 이하라면 양도소득세가 비과세됩니다. 이 요건을 충족하지 못하면 양도소득세 폭탄을 맞을 수도 있습니다. 그러므로 전입신고, 공과금 납부 내역, 우편물 수령, 자녀 학교 등록 등 실질 거주 사실을 증명할 수 있는 자료를 철저히 관리해 추후 발생할 수 있는 세무 조사에 대비해야 합니다.

사례 5 취득가액의 정확한 산정: 세금을 줄이는 기본 중의 기본

한○○은 공매로 낙찰받은 아파트의 양도소득세를 신고할 때 최초 감정가(공매 고시가)를 취득가액으로 신고했습니다. 실제로는 낙찰가액이 취득가액으로 인정되는데, 감정가를 취득가로 착각해 세금을 과다하게 납부했다가 뒤늦게 경정청구로 정정했습니다. 이는 경매·공매의 특수성을 이해하지 못해 발생한 사례입니다.

→ 경매·공매 낙찰 물건의 취득가액은 실제 낙찰 가액입니다. 감정가나 주변 시세와 혼동해 잘못 신고하는 일이 없도록 주의해야 합니다. 세금 신고 내용에 오류나 누락이 있어 과다하게 세금을 납부한 경우, 법정 신고 기한이 지난 후 5년 이내에 관할 세무서장에게 경정청구를 하여 잘못된 내용을 바로잡고 세금을 환급받을 수 있습니다. 경매·공매 취득가액 착오 신고, 필요경비 누락, 장기보유특별공제 계산 실수 등은 실제로 자주 발생하므로, 신고 후에도 다시 한번 검토할 필요가 있습니다.

사례 6 필요경비의 철저한 확보: 세금을 줄이는 매우 중요한 요소

현○○은 중개수수료, 취득세, 인테리어 비용 등 증빙을 철저히 준비해 필요경비를 극대화했습니다. 하지만 중개수수료 영수증을 분실해 필요경비로 인정받지 못하고 양도소득세를 더 납부한 뒤 경정청구를 통해 뒤늦게 환급을 받았습니다. 이는 모든 비용에 대한 적격 증빙 확보가 얼마나 중요한지를 보여줍니다.

→ 취득세, 등록세, 리모델링 공사 계약서, 세금계산서, 금융 거래 내역 등 모든 비용의 증빙을 철저히 보관하거나, 입주 전후 공사 진행 사진을 가지고 있으면 필요경비 증빙에 도움이 될 수 있습니다. 경매·공매의 경우 명도 비용, 인도명령 신청 비용, 강제집행 비용 등 일반 매매에서는 발생하지 않는 특수한 비용들도 필요경비로 인정받을 수 있습니다.

사례 7 이혼 위자료 양도소득세 과세: 특수 상황 대응

서○○은 이혼 시 배우자에게 위자료 명목으로 아파트를 양도했습니다. 그 결과 재산분할이 아닌 위자료 명목이었기 때문에 양도로 간주되어 양도소득세를 납부해야 했습니다. 만약 재산분할로 처리했다면 과세되지 않았을 것입니다.

> → 이혼 시 부동산의 소유권 이전은 두 가지 형태, 즉 재산분할과 위자료로 이루어질 수 있습니다. 이 중 재산분할은 양도소득세가 과세되지 않지만, 위자료 명목의 소유권 이전은 양도로 간주되어 양도소득세가 과세됩니다. 이혼 시 협의서나 조정조서에 부동산의 소유권 이전이 재산분할 명목인지, 위자료 명목인지 명확하게 기재해야 하며, 실질이 재산분할이 아닌 '명목 등기(예: 형식은 '재산분할'로 등기했지만 실제로는 대가를 받고 파는 '매매')에 해당될 경우에는 양도로 간주되어 과세될 수 있음을 유의해야 합니다.

그 밖의 절세 전략

- **한 해라도 유리한 시기를 잡아라**: 양도소득세는 과세 연도에 따라 세율이나 공제율이 달라질 수 있습니다. 예를 들어 다주택자 중과세율이 한시적으로 완화되는 기간이나 보유 기간에 따라 공제율이 크게 달라지는 시점을 고려해 잔금일을 조정하는 것도 하나의 절세 전략이 될 수 있습니다.
- **복잡한 양도소득세 계산은 전문가의 도움을 받아라**: 임대 단계부터 모든 지출에 대한 적격 증빙 자료를 철저히 보관하는 습관을 들여야 합니다. 이는 임대소득세와 양도소득세 필요경비 인정에 필수적입니다. 양도 시점에는 비과세 요건 충족 여부, 장기보유특별공제, 양도소득세율 등을 미리 검토해 최적의 매도 시점을 결정해야 합니다. 그러나 복잡한 양도소득세 계산은 개인의 판단만으로는 한계가 있으므로 반드시 세무 전문가와 상담해 혹시 모를 실수를 방지하고, 최대한의 절세 혜택을 누려야 합니다.

047 부를 지키고 물려주는 지혜
상속·증여세 절세 전략

성공적인 투자를 통해 부를 쌓았다면, 그다음에는 무엇을 해야 할까요? 진정한 자산 관리의 완성은 어떻게 자신이 쌓아 올린 가치를 지켜 사랑하는 이들에게 온전히 전하는가에 달려 있습니다. 그 길목을 지키는 마지막 문지기가 바로 '상속세'와 '증여세'입니다. 수십 년간의 노력이 무거운 세금으로 인해 반감될 수도 있습니다.

이번 장에서는 부의 이전을 단순한 '세금 납부'가 아닌, 지혜로운 '자산 승계 전략'으로 바꾸는 방법을 알아보겠습니다.

상속세

상속세는 사망자가 남긴 모든 상속재산(부동산, 주식, 예금, 보험금 등)을 대상으로 합니다. 사망 전 10년 이내에 상속인에게 증여한 재산, 사망 전 5년 이내에 상속인 외의 자에게 증여한 재산도 상속재산에 합산하여 상속세가 과세될 수 있습니다. 상속세는 상속개시일(사망일)이 속한 달의 말일로부터 6개월 이내에 사망자의 주소지 관할 세무서에 상속인이 신고·납부해야 합니다. 예를 들어 1월 15일에 사망했다면 7월 31일까지 신고·납부해야 합니다.

만약 피상속인이나 상속인 중 한 명이라도 국내에 주소를 두지 않았다면, 신고·납부 기한은 사망일이 속하는 달의 말일로부터 9개월 이내로 연장됩니다. 이는 해외 주소자의 경우 국내 정보 파악 및 서류 준비에 시간이 더 소요될 수 있음을 고려한 조치입니다.

상속세 신고는 단순히 세무서에 서류를 제출하는 것을 넘어 계산된 세금을 기한 내에 실제로 납부해야 모든 의무가 이행됩니다.

> 상속세 = [(과세표준 × 세율) + 세대생략 할증세액] − 세액공제

- **과세표준**: 상속세 산출의 기초가 되는 가액으로, 상속세 과세표준이 50만 원 미만일 때는 상속세를 부과하지 않습니다(「상속세 및 증여세법」 제25조 2항).

상속·증여세 세율

과세표준	세율	누진공제
1억 원 이하	10%	−
1억 원 초과~5억 원 이하	20%	1,000만 원
5억 원 초과~10억 원 이하	30%	6,000만 원
10억 원 초과~30억 원 이하	40%	1억 6,000만 원
30억 원 초과	50%	4억 6,000만 원

- **기초공제**(「상속세 및 증여세법」 제18조): 상속세 계산의 가장 기본적인 공제 항목으로, 피상속인의 사망으로 상속이 개시되는 경우 누구나 적용받을 수 있는 공제입니다. 기초공제는 거주자 또는 비거주자의 사망으로 상

속이 개시되는 모든 경우에 적용됩니다. 공제액은 2억 원이며, 이는 상속세 과세가액에서 무조건적으로 공제됩니다. 상속재산이 2억 원 이하인 경우 상속세는 발생하지 않는다는 의미이기도 합니다.

피상속인이 사망 당시 대한민국에 주소를 두지 않은 비거주자였다면, 상속세 계산 시에는 오직 기초공제 2억 원만 적용됩니다. 즉, 배우자상속공제나 인적공제, 일괄공제 등 다른 공제 항목들은 원칙적으로 적용받을 수 없습니다. 이는 국내에 거주하며 생활하는 국민에게 더 많은 공제 혜택을 부여하는 세법의 취지입니다.

- **배우자상속공제**(「상속세 및 증여세법」 제19조): 상속세공제 중 가장 큰 금액을 차지하며, 상속세 부담을 줄이는 데 결정적인 역할을 하는 항목입니다. 피상속인이 사망 당시 거주자였고, 그 배우자가 실제로 상속받은 재산이 있는 경우에 적용됩니다. 공제액은 크게 두 가지 방식으로 계산되며, 이 중 더 큰 금액으로 공제받을 수 있습니다.

최소 공제액은 배우자가 실제로 상속받은 재산이 없거나 5억 원 미만이라도 최소 5억 원은 무조건 공제됩니다. 최대 공제액은 배우자의 법정 상속 지분(민법에 따른 상속분)과 실제 상속받은 금액 중 적은 금액을 공제합니다. 단, 아무리 많은 재산을 상속받더라도 최대 30억 원을 한도로 합니다.

배우자상속공제를 받기 위해서는 상속개시일(사망일)이 속하는 달의 말일로부터 6개월 이내에 상속재산 분할을 완료하고, 이를 상속세 신고 시 신고해야 합니다. 만약 이 기한까지 배우자가 실제 상속받는 재산을 확정하지 못하고 신고하지 않으면, 최소 공제액 5억 원만 적용받고 그 이상의 공제는 받을 수 없게 됩니다. 이는 상속인들 간의 원만한 협의와 빠른 신고를 유도하기 위한 규정입니다.

- **인적공제**(「상속세 및 증여세법」 제20조): 피상속인의 사망으로 인해 발생하는 상속세는 남겨진 상속인들의 상황을 고려해 추가적인 공제 혜택을 제공합니다. 인적공제는 피상속인이 거주자였을 때 그리고 상속인이 민법상 상속순위에 따라 상속을 받는 경우에 적용됩니다.

    피상속인의 자녀(태아 포함)는 1인당 5,000만 원이 공제됩니다(자녀공제). 이는 직계비속에게만 해당됩니다. 상속개시일 현재 만 20세 미만인 미성년 상속인에게는 1인당 5,000만 원이 공제됩니다(미성년자공제). 이는 자녀공제와는 별개로 추가 적용될 수 있습니다. [미성년자공제액 = 5,000만 원 × (20세 - 상속개시일 현재 연령)] 상속개시일 현재 만 65세 이상인 상속인에게는 1인당 5,000만 원이 공제됩니다(고령자공제). 상속개시일 현재 장애인에 해당하는 상속인에게는 1인당 5,000만 원이 공제됩니다(장애인공제). 이는 장애인 등록이 필수입니다. [장애인공제액 = 5,000만 원 × (기대여명 연수)] 인적공제는 항목별 요건을 충족할 때마다 합산하여 적용받을 수 있지만, 공제금액이 상속세 과세가액을 초과할 수는 없습니다.

- **일괄공제**(「상속세 및 증여세법」 제21조): 상속세 계산 시 기초공제와 인적공제를 개별적으로 계산하는 것이 복잡하거나, 그 합계액이 5억 원에 미치지 못하는 경우를 대비하여 세법에서 일괄적으로 5억 원을 공제해주는 제도입니다. 이는 납세자의 편의를 위한 공제라고 볼 수 있습니다. 피상속인이 거주자였고, 선순위 상속인(배우자, 자녀 등 민법상 상속 순위에 해당하는 자)이 상속을 받는 경우에 적용됩니다. 공제액은 5억 원입니다. 이 일괄공제는 기초공제(2억 원)와 인적공제(자녀공제, 미성년자공제, 고령자공제, 장애인공제 등의 합계액)를 합산한 금액과 비교하여 더 큰 금액을 선택해 적용할 수

있습니다. 즉, 기초공제 + 인적공제액이 5억 원 미만이라면 5억 원의 일괄공제를 선택하는 것이 납세자에게 유리합니다.

기타 공제 계산

인적공제(10억 원) + 기초공제(2억 원) = 12억 원인데, 과세가액 10억 원을 초과하므로 기타 공제액을 10억 원으로 제한합니다.

- **동거주택상속공제**(「상속세 및 증여세법」 제23조의2): 피상속인과 오랫동안 함께 살며 부모님을 봉양했던 자녀가 주택을 상속받는 경우, 그 노력에 대한 세법상의 혜택으로 상속주택가액을 100% 공제해주는 제도입니다. 이는 고령화 사회에서 부모님 부양의 중요성을 고려한 세제 지원입니다.
피상속인(사망자)과 상속개시일(사망일)로부터 소급해 10년 이상 계속하여 하나의 주택에서 동거한 상속인(직계비속)이 그 주택을 상속받는 경우에 적용됩니다. 공제액은 상속주택가액의 100%이며, 한도는 6억 원입니다. 이 공제는 배우자상속공제나 일괄공제 등 다른 공제와 중복해 적용받을 수 있습니다.
동거주택상속공제의 필수 요건은 다음과 같습니다. 상속개시일로부터 소급하여 10년 이상 피상속인과 상속인이 주민등록상 같은 주소지에 거주하며 실질적으로 동거해야 합니다. 일시적인 별거 기간은 예외적으로 인정될 수 있으나, 대부분은 엄격하게 적용됩니다. 특히 '동거'의 의미는 단순히 주민등록상 주소를 같이하는 것을 넘어 실질적인 생활을 함께했는지를 따지므로, 이를 입증할 수 있는 자료(공과금 납부내역, 통신 기록 등)를 철저히 보관해야 합니다. 상속개시일 현재 피상속인의 상속재산

중 해당 주택이 1세대 1주택이어야 합니다. 즉, 피상속인이 다른 주택을 소유하고 있었다면 적용받기 어렵습니다. 해당 주택을 상속받는 상속인은 상속개시일 현재 무주택자이거나, 피상속인과 해당 주택을 공동으로 소유하고 있었던 자녀여야 합니다. 상속개시일 현재 상속인이 해당 주택에 계속 거주하고 있어야 합니다. 상속 주택에 담보된 채무(예: 주택담보대출)는 동거주택상속공제액에서 차감되지 않고 별도로 채무 공제를 적용받습니다. 즉, 공제액은 순수한 주택가액을 기준으로 합니다.

- **상속공제 적용 한도**(「상속세 및 증여세법」 제24조): 다양한 상속공제(기초공제, 배우자상속공제, 인적공제, 일괄공제, 동거주택상속공제 등)는 모두 합산하여 적용받을 수 있습니다. 하지만 이러한 공제액의 총합에는 일정한 한도가 있습니다. 이 한도를 초과하는 공제액은 적용받을 수 없습니다. 특히 사망 전에 사전 증여가 있었거나, 상속인이 아닌 자에게 유증한 재산이 있거나, 선순위 상속인이 상속을 포기해 후순위가 상속받는 경우에는 이 한도가 크게 줄어들어 예상보다 적은 공제만 적용받을 수 있습니다.

상속세 계산 사례

구분	[사례 1] 배우자, 자녀 2, 장애	[사례 2] 배우자, 자녀 1	[사례 3] 배우자, 자녀 1
총 상속재산	10억 원	8억 원	15억 원
상속인 구성	배우자(60세), 자녀(18세), 자녀(15세, 장애)	배우자(55세), 자녀(22세)	배우자(70세), 자녀(17세)
법정 상속지분	1.5:2	1.5:1	1.5:1

배우자 법정 상속지분(A)	4억 2,900만 원 = 10억 원 × (1.5/3.5)	4억 8,000만 원 = 8억 원 × (1.5/2.5)	9억 원 = 15억 원 × (1.5/2.5)
배우자 실제 상속액(B)	6억 원	5억 원	10억 원
최대 공제액 (A, B 중 적은 금액)	4억 2,900만 원	4억 8,000만 원	9억 원
공제 한도액 최종 (최대 30억 원)	4억 2,900만 원	4억 8,000만 원	9억 원
최소 공제액	5억 원	5억 원	5억 원
최소 공제액과 비교	5억 원 > 4억 2,900만 원	5억 원 > 4억 8,000만 원	5억 원 < 9억 원
1. 최종 배우자공제액	5억 원	5억 원	9억 원
인적공제	10억 원[1]	5,000만 원[1]	2억 5천만 원[1]
기초공제	2억 원	2억 원	2억 원
2. 기타 공제 (인적공제 + 기초공제)	12억 원[2] (10억 원으로 제한)	2억 5,000만 원	4억 5,000만 원
3. 일괄공제	5억 원	5억 원	5억 원
4. 비교 (2, 3 중 큰 금액)	10억 원	5억 원	5억 원
5. 공제액 합계(1 + 4)	15억 원 (5억 원 + 10억 원)	10억 원 (5억 원 + 5억 원)	14억 원 (9억 원 + 5억 원)
6. 최종 공제액 (과세가액 한도 적용)	10억 원 (과세가액 10억 원)	8억 원 (과세가액 8억 원)	14억 원 (과세가액 15억 원)
과세표준 (과세가액 − 최종 공제액)	0원 (10억 원 − 10억 원)	0원 (8억 원 − 8억 원)	1억 원 = 14억 원 (15억 원 − 14억 원)

[사례 1] 배우자, 자녀 2, 장애

- **자녀공제**: 자녀가 2명이므로 자녀공제액은 '5,000만 원 + 5,000만 원 = 1억 원'입니다.

- **미성년자공제**: 18세 자녀는 '5,000만 원 × (20-18) = 1억 원', 15세 자

녀는 '5,000만 원 × (20 - 15) = 2억 5,000만 원'으로 미성년자공제액은 '1억 원 + 2억 5,000만 원 = 3억 5,000만 원'입니다.

- **장애인공제**: 장애인 자녀의 기대여명을 50년으로 가정하면 '5,000만 원 × 50=25억 원'입니다.
- **고령자공제**: 배우자(60세)는 65세 미만이므로 고령자공제가 적용되지 않습니다.
- **총 인적공제액**: 1억 원(자녀) + 3억 5,000만 원(미성년자) + 25억 원(장애인) = 29억 5,000만 원
- 인적공제는 과세가액(세금이 부과되는 재산의 평가액) 10억 원을 초과할 수 없으므로, 10억 원으로 제한합니다.

[사례 2] 배우자, 자녀 1

- **자녀공제**: 자녀가 1명이므로 자녀공제액은 5,000만 원입니다.
- **미성년자공제**: 22세 자녀는 미성년자가 아니므로 미성년자공제가 적용되지 않습니다.
- **장애인공제**: 장애인이 없으므로 장애인공제가 적용되지 않습니다.
- **고령자공제**: 배우자(55세)는 65세 미만이므로 고령자공제가 적용되지 않습니다.
- **총 인적공제액**: 5,000만 원

[사례 3] 배우자, 자녀 1

- **자녀공제**: 자녀가 1명이므로 자녀공제액은 5,000만 원입니다.
- **미성년자공제**: 17세 자녀는 5,000만 원 × (20-17) = 1억 5,000만 원입

니다.
- **장애인공제**: 장애인이 없으므로 장애인공제가 적용되지 않습니다.
- **고령자공제**: 배우자(70세)는 65세 이상이므로 고령자공제액은 5,000만 원입니다.
- **총 인적공제액**: 2억 5,000만 원

상속세 절세 전략

사례 1 상속세공제 항목 적극 활용: 세금 부담 줄이기

박○○의 남편이 사망하면서 남긴 재산은 경매로 취득한 아파트와 예금 등 총 15억 원이었습니다. 박○○은 남편의 단독 상속인이자 배우자로서 모든 재산을 상속받았습니다. 그 결과 배우자상속공제를 통해 15억 원 전액이 공제되어 상속세를 한 푼도 내지 않았습니다.
→ 상속세 계산 시 공제되는 채무(예: 금융기관 대출, 임대보증금 등)가 빠짐없이 공제되도록 관련 증빙(대출약정서, 임대차계약서 등)을 철저히 준비해야 합니다. 장례 비용이 500만 원을 초과할 때는 관련 증빙 서류(영수증, 세금계산서 등)를 잘 챙겨두어 최대 1,500만 원까지 공제받도록 해야 합니다. 전세보증금은 채무로 공제되므로 건물을 상속할 때는 월세보다 전세가 많은 것이 상속재산 평가 시 유리할 수 있습니다.

사례 2 상속재산 협의분할: 시점 관리의 중요성

고○○의 상속인들은 고○○이 경매로 취득한 상가 건물을 일단 법정 상속 지분대로 등기했습니다. 하지만 이후 협의를 통해 한 자녀에게 몰아주기로 하고 재분할 등기를 했습니다. 그 결과 법정 지분대로 상속등기를 마친 후 재분할했기 때문에 재분할로 인해 지분이 늘어난 자녀에게는 증여세가 과세되었습니다.

→ 상속재산은 상속인들 간의 협의를 통해 분할할 수 있습니다. 상속등기 전에 협의분할이 완료되면, 상속세 신고 시 각 상속인의 지분만큼 상속공제 등을 적용받아 유리할 수 있습니다. 하지만 상속등기를 마친 뒤에 재분할하면 다시 증여세 문제가 발생할 수 있습니다. 그러므로 상속재산 협의분할은 반드시 상속등기 전에 완료하는 것이 유리합니다.

사례 3 세대 간 자산 이전 전략: 상속세 할증 과세 주의

강○○의 할아버지는 자신이 공매로 취득한 수익형 부동산을 아들을 건너뛰고 바로 손자에게 상속했습니다. 그로 인해 상속세가 30% 할증되어 예상보다 많은 세금을 납부하게 되었습니다. 만약 아들에게 먼저 상속하고, 아들이 손자에게 증여하는 방법을 택했다면 전체 세금을 줄일 수 있었습니다.
→ 피상속인의 자녀를 건너뛰어 손자녀에게 상속(또는 증여)하는 경우에는 상속세(또는 증여세) 30%(20억 원 초과 시 40%)가 추가로 과세됩니다. 이는 세대 간 공평 과세를 위한 조치이므로 유의해야 합니다.

증여세

증여세는 생전에 타인으로부터 무상으로 재산을 증여받았을 때 그 재산에 대해 부과되는 세금입니다. 부동산, 주식, 현금, 유가증권 등 재산적 가치가 있는 모든 것이 증여 대상이 됩니다. 증여세는 증여일이 속하는 달의 말일로부터 3개월 이내에 수증인이 신고·납부해야 합니다. 예를 들어 3월 10일에 증여를 했다면 6월 30일까지 신고·납부해야 합니다. 상속세와 마찬가지로 증여세도 신고와 납부가 동시에 이루어져야 합니다.

증여세 = [(과세표준 × 세율) + 세대생략 할증세액] − 세액공제

- **과세표준**: 증여세 산출의 기초가 되는 가액으로, 증여세 과세표준이 50만 원 미만일 때는 증여세를 부과하지 않습니다(「상속세 및 증여세법」 제55조 2항).

- **배우자공제**(「상속세 및 증여세법」 제53조): 부부간에는 일상적인 재산의 공유 및 생활 지원이 빈번하게 이루어지므로, 세법에서는 배우자 간 증여에 대해 가장 높은 공제 한도를 부여합니다. 즉, 배우자로부터 6억 원까지의 재산을 증여받는 경우에는 증여세가 한 푼도 발생하지 않습니다. 이 공제는 배우자의 생존 시에만 적용되며, 사망으로 인한 재산 이전(상속)은 「상속세법」의 규율을 받습니다.

- **직계존속공제**(「상속세 및 증여세법」 제53조): 부모가 자녀에게, 조부모가 손자녀에게 재산을 증여하는 경우에 적용됩니다. 이는 부모가 자녀의 독립이나 교육, 결혼 등을 지원하는 것을 세법상 인정해주는 것입니다. '직계존속'은 부모, 조부모 등을 의미하며, '직계비속'은 자녀, 손자녀 등을 의미합니다. 수증자가 증여일 현재 민법상 성년(만 19세 이상)인 경우 5,000만 원, 미성년(만 19세 미만)인 경우 2,000만 원이 공제됩니다.

- **직계비속공제**(「상속세 및 증여세법」 제53조): 자녀가 부모에게, 손자녀가 조부모에게 재산을 증여하는 경우에 적용됩니다. 이는 자녀가 부모님을 부양하거나 감사의 마음으로 재산을 드리는 경우를 세법상 인정해주는 것입니다. 5,000만 원이 공제됩니다.

- **친족공제**(「상속세 및 증여세법」 제53조): 6촌 이내 혈족(혈연관계, 부모, 자녀, 형제자매), 4촌 이내 인척(혼인관계, 장인, 장모, 형수, 제수) 등 기타 친족으로부터 재산을 증여받는 경우에 적용됩니다. 배우자나 직계존비속 관계가 아닌 친족 간의 증여는 공제 한도가 비교적 적습니다. 1,000만 원이 공제됩

니다.

- **혼인·출산공제**(「상속세 및 증여세법」 제53조의 2): 혼인 또는 출산 사유로 증여받는 재산에 대해 기존의 증여재산공제 외에 추가로 1억 5,000만 원을 더 공제해줍니다[(기존 직계존속 공제 5,000만 원 + 혼인(출산) 공제 1억 원)]. 출산공제는 자녀의 출생일로부터 2년 이내에 증여받는 재산에 대해 적용됩니다. 혼인 공제는 혼인신고일 기준으로 앞뒤 2년 안에 증여받아야 합니다. 혼인·출산공제는 수증자가 증여자의 직계비속인 경우에만 적용됩니다. 그리고 혼인과 출산 모두에 해당하더라도 중복 공제가 되지 않습니다. 혼인이나 출산 사유로 증여받았음을 증명할 수 있는 자료(혼인관계증명서, 가족관계증명서, 출생증명서 등)를 반드시 준비해야 합니다.

증여세 계산 사례

구분	자녀에게 증여	배우자에게 증여	손자에게 증여
증여자	김○○	이○○	최○○
수증자	딸(25세, 혼인 예정)	배우자	손자(15세, 미성년)
증여재산	강남구 아파트	아파트	상가 건물
취득가액 (경매·공매)	5억 원	–	3억 원
① 증여재산가액 (시가)	7억 원	8억 원	4억 원
② 공제액	1억 5,000만 원 (자녀 5,000만 원 + 혼인 1억원)	6억 원(배우자)	2,000만 원 (미성년 자녀)
③ 과세표준 (①-②)	5억 5,000만 원	2억 원	3억 8,000만 원

④ 산출세액 (③ × 세율) − 누진공제	1억 500만 원[(5억 5,000만 원 × 30%) − 6,000만 원]	3,000만 원[(2억 원 × 20%) − 1,000만 원]	6,600만 원[(3억 8,000만 원 × 20%) − 1,000만 원]
⑤ 세대생략 할증 (④의 30%)	–	–	1,980만 원 (6,600만 원 × 30%)
최종 납부할 증여세 (④ + ⑤)	1억 500만 원	3,000만 원	8,580만 원

증여세 절세 전략

사례 1 증여공제: 증여자와 수증자 관계에 따른 공제

남편 김○○은 경매로 취득한 아파트를 매각하고 받은 자금 8억 원 중 5억 원을 아내에게 증여해 아내 명의로 새로운 아파트를 취득할 계획이었습니다. 그 결과 아내가 증여세를 신고하면서 배우자 공제 6억 원을 적용받아 5억 원에 대한 증여세는 발생하지 않았습니다. 이들 부부는 이 공제를 통해 자산 관리의 유연성을 확보할 수 있었습니다.
→ 증여공제는 동일인으로부터 증여일 전 10년 이내에 증여받은 재산을 모두 합산해 증여세 과세가액을 계산하고 공제 한도를 적용합니다. 증여재산공제를 받기 위해서는 반드시 증여세를 신고해야 합니다. 신고를 하지 않거나 누락하면 추후에 가산세가 부과될 수 있습니다.

사례 2 부담부증여: 증여세 절세의 핵심 전략

서○○은 경매로 낙찰받은 상가주택을 기존 임대보증금 부채 4억 원을 인수하는 조건으로 자녀에게 증여했습니다. 그 결과 4억 원은 증여세 과세 대상에서 제외되었습니다. 그리고 서○○에게는 양도소득세가 과세되었는데, 해당 부채 부분은 양도소득세 계산 시 장기보유특별공제 등을 적용해 전체 세금 부담을 낮출 수 있었습니다. 이는 임대보증금이나 대출이 많은 상가 또는 대형주택에 유용하게 적용될 수 있는 방법입니다.

→ 부담부증여란, 부동산을 증여하면서 해당 부동산에 담보된 채무(임대보증금, 대출 등)를 수증자가 인수하는 조건으로 증여하는 방식입니다. 이 경우, 채무 부분은 증여가액에서 제외되어 증여세가 줄어들고, 대신 증여자에게 해당 채무 부분만큼 양도소득세가 과세됩니다. 증여를 했으면 증여계약서 작성, 계좌 이체 등 증거를 남겨 추후 세무 조사 시 자금 출처를 명확히 소명할 수 있도록 대비해야 합니다. 증여재산공제 한도 내에서 미리 증여하는 것은 상속세 절세에 매우 효과적이지만, 증여받은 재산을 5년 이내에 다시 증여할 경우 합산과세될 수 있음을 주의해야 합니다.

사례 3 공시지가 고시 전 증여: 세금의 기준선 명확히 알기

공○○은 경매로 취득한 토지를 자녀에게 증여할 계획이었습니다. 공○○은 전문가 상담을 통해 해당 토지의 공시지가나 기준시가가 새로 고시되기 전에 증여하는 것이 유리할 수 있다는 사실을 알게 되었습니다. (일반적으로 새로운 고시가격은 상승하는 경향이 있습니다.) 이를 통해 자녀에게 부과될 증여세를 절감할 수 있었습니다.
→ 상속·증여 재산은 평가기준일(상속개시일, 증여일) 현재의 시가로 평가합니다. 증여 시점의 시가 파악이 어려운 경우, 공시지가나 기준시가 고시 스케줄을 체크해 증여 또는 상속 시기를 전략적으로 결정해야 합니다.

사례 4 증여세 납부는 수증자 본인 자금으로: 자금 출처의 중요성

양○○은 자신이 경매로 취득한 아파트를 자녀에게 증여했습니다. 그리고 수증자인 자녀가 납부해야 할 증여세를 본인이 직접 납부했습니다. 그 결과 자녀는 양○○에게 증여세에 해당하는 금액을 추가로 증여받은 것으로 간주되어 또다시 증여세가 과세되었습니다. 이는 자녀의 증여세는 자녀 본인의 자금으로 납부해야 한다는 원칙을 간과한 사례입니다.
→ 자녀 등 수증자의 증여세는 수증자 본인의 자금으로 납부하는 것이 원칙입니다. 부모가 대신 납부하면 추가 증여세가 과세될 수 있음을 명심해야 합니다. 자금 출처 조사 시에는 취득 자금, 상환 자금의 원천을 명확히 소명해야 합니다. 소득 증빙, 금융 거래 내역, 채무 내역, 기타 재산 처분 대금 등 객관적인 자료를 제출해야 합니다. 본인의 소득 수준을 넘어서는 고액의 거래는 조사 대상이 될 가능성이 높습니다.

사례 5 3개월 이내 증여 재산 반환으로 증여세 면제: 증여세 반환

김○○은 경매로 취득한 토지를 자녀에게 증여했는데, 개인적인 사정으로 증여를 철회하기로 결심했습니다. 다행히 증여일이 속하는 달의 말일로부터 3개월 이내에 자녀에게 해당 토지를 돌려받았고, 그로 인해 증여세가 부과되지 않았습니다.

→ 증여한 재산을 돌려받으려면 증여세 신고 기한(증여일이 속하는 달의 말일로부터 3개월 이내) 내에 반환해야 증여세가 과세되지 않습니다. 이 기간을 넘기면 최초 증여에 대한 증여세와 반환에 대한 증여세가 각각 과세될 수 있습니다.

백선생의 비밀과외

전문가 활용 가이드

좋은 전문가를 고르는 법

법무사: 등기 절차의 동반자

낙찰 후 소유권이전등기 및 기존 권리(근저당, 가압류 등) 말소는 법무사의 주 업무입니다. 복잡한 권리관계일수록 법무사의 도움은 실수를 방지합니다. 잔금대출을 실행하는 은행을 통해 연계 법무사를 소개받는 것이 가장 편리하며, 이 경우 대출과 등기 서류가 한 번에 처리됩니다.

상담 시에는 매각물건명세서, 등기사항전부증명서 등 경매 서류 일체를 준비하는 것이 좋습니다. 다만, 은행 연계 법무사는 편리한 만큼 비용이 비쌀 수 있으니, 사전에 견적서(등록세, 교육세, 수수료 내역)를 요청해 개인적으로 알아본 곳과 비교하는 것이 현명합니다. 또한 이들은 은행의 근저당권 설정을 최우선으로 하므로 개인적인 법률 자문보다는 등기 실무에 집중한다는 점을 알아둘 필요가 있습니다.

변호사: 법적 분쟁의 해결사

유치권, 법정지상권 등 소송 가능성이 있는 특수물건이거나 명도소송으로 번질 경우 변호사의 조력이 필수입니다. 이때 대한변호사협회(www.koreanbar.or.kr)나 법률 플랫폼을 통해 '부동산 전문' 변호사의 승소 사례나 후기를 확인하고 적합한 변호사를 선임하는 것이 좋습니다.

상담 시에는 경매 서류, 현장 사진, 점유자와의 소통 기록(문자 메시지, 통화) 등 모든 자료를 시간 순서대로 정리해 가야 정확한 진단을 받을 수 있습니다. 변호사는 소송 실익을 검토하고, 내용증명 발송부터 강제집행까지 법적 분쟁 전 과정을 대리합니다. 수임료 체계와 소송 기간을 명확히 확인하고, 무엇보다 명확하게 소통하는 변호사를 선택하는 것이 중요합니다.

세무사: 절세 전략의 설계자

부동산 투자는 '취득 → 보유 → 양도'의 전 과정이 세금과의 전쟁입니다. 특히 다주택자나 단기 매매 시 입찰 전에 절세 전략을 수립하는 것이 중요합니다. 부동산 전문 세무사는 투자자 커뮤니티를 통해 소개받는 것이 가장 확실하며, 차선책으로는 블로그나 유튜브에서 전문성을 꾸준히 보여주는 세무사를 선택하는 것이 좋습니다.

상담 시에는 본인 및 세대원의 전체 부동산 보유 현황과 향후 투자 계획(단기/장기)을 상세히 공유해야 합니다. 단순히 "세금이 얼마인가?"가 아니라, "이 물건을 어떤 명의(개인, 공동, 법인, 매매사업자)로 취득하는 것이 장기적으로 유리한가?"처럼 전략적인 질문을 던져야 합니다. 좋은 세무사는 양도소득세뿐 아니라 보유세(종합부동산세 등)까지 고려한 종합 절세 포트폴리오를 설계해줍니다.

이외에도 토지 신축이나 대수선은 '건축사', 유치권 금액 협상이나 지료 산정 등 가치 평가 근거가 필요할 때는 '감정평가사'의 자문이 필요할 수 있습니다.

반드시 피해야 할 전문가

좋은 전문가를 만나야 하는 것만큼 나쁜 전문가를 피하는 것도 중요합니다.

모호하게 말하는 전문가

어려운 법률 용어나 세법 용어만 늘어놓으며 '이럴 수도 있고 저럴 수도 있다'라는 식의 모호한 답변만 반복하는 사람은 피해야 합니다. 초보자의 눈높이에 맞춰 쉽고 명확하게 설명해주지 못한다면 실력이 없거나 소통 의지가 부족한 것입니다.

"무조건 된다"라고 말하는 전문가

투자 위험성에 대한 고지 없이 "소송하면 무조건 이깁니다", "세금은 문제없습니다"처럼 장담하는 사람은 위험합니다. 모든 투자에는 리스크가 따릅니다. 최악의 상황까지 고려해 균형 잡힌 조언을 해주는 전문가가 진짜입니다.

연락이 잘 되지 않는 전문가

상담 시에는 친절했으나 계약 후 전화를 받지 않거나 회신이 늦다면 낭패를 볼 수 있습니다. 긴급한 법적 조치나 세금 신고 기한이 임박했을 때 소통이 원활한 전문가를 만나야 합니다.

[이런 전문가는 특히 피하라!]

- 은행 연계라는 이유로 비교 설명 없이 비싼 수수료를 당연시하는 법무사
- 간단한 협의로 해결될 문제를 부풀려 소송을 부추기거나, 부동산에 대한 전문성 없이 일반 민사소송처럼 접근하는 변호사
- 개인별 상황에 대한 고려 없이 법인 설립 추천 등 획일적 방안을 제시하거나, 최신 개정 세법을 숙지하지 못한 세무사

특별부록

Common Sense Dictionary of Real Estate Auctions & Public Sales

부동산 정책 변화에 따른 필승 전략

부록 1

이재명 정부 부동산 정책

정책발표일	정책명	정책 내용
2025.6.27	가계부채 관리 방안	· 수도권 중심의 강화된 가계부채 관리 방안 논의 및 확정 · 전 금융권 가계대출(정책대출 제외) 총량 목표를 금년 하반기부터 당초 계획 대비 50% 수준으로 감축 · 정책대출은 연간 공급 계획 대비 25% 감축 · 수도권 및 규제지역 내 2주택 이상 보유자 또는 1주택자가 기존주택 처분 없이 추가 주택 구입 시 주택담보대출 금지(LTV=0%) · 수도권 및 규제지역 내 생활안정자금 목적 주택담보대출 한도를 최대 1억 원으로 제한, 2채 이상 보유 차주는 취급 금지 · 수도권 및 규제지역 내 주택담보대출 만기를 30년 이내로 제한 · 수도권 및 규제지역 내 소유권 이전 조건부 전세대출 금지 · 신용대출 한도를 차주별 연소득 이내로 제한 · 수도권 및 규제지역 내 주택 구입 목적 주택담보대출 최대한도를 6억 원으로 제한 · 수도권 및 규제지역 내 생애최초 주택 구입 목적 주택담보대출 LTV를 80%에서 70%로 강화, 6개월 이내 전입 의무 부과 · 수도권 및 규제지역 내 주택 구입 시 주택담보대출을 이용할 경우 6개월 이내 전입 의무 부과 · 수도권 및 규제지역 내 전세대출 보증 비율을 90%에서 80%로 강화

날짜	구분	내용
2025.9.7	주택 공급 확대 방안	· 주택 시장 안정 및 국민 주거 안정 도모를 위한 선호 입지 내 집 마련 기회 확대 · 수도권 주택 착공 목표를 연 25만 호로 설정 · 공공택지를 LH 직접 시행으로 전면 전환하여 2030년까지 수도권에 총 7.5만 호+α 추가 착공 추진 · LH 직접 시행 전환 및 토지 이용 효율화로 6만 호 확보 · 공공택지 재구조화 제도 도입으로 2030년까지 수도권 1.5만 호+α 추가 착공 추진 · 공공택지 사업 속도 제고로 전체 사업기간 2년+α 단축, 2030년까지 수도권 4.6만 호 조기 착공 지원 · 노후 공공임대주택(준공 30년 이상) 재건축으로 2030년까지 수도권 2.3만 호 착공 · 노후 공공청사, 국유지 재정비로 2030년까지 수도권 2.8만 호 착공 · 공공 도심복합사업 시즌 2를 통해 2030년까지 수도권 5만 호 착공 · 1기 신도시 등 정비사업에 주민 제안 방식(입안제안) 전면 도입 · 규제지역 내 가계대출 주택담보대출 LTV 상한을 50%에서 40%로 강화 · 수도권 및 규제지역 내 주택매매·임대사업자 대출 제한(LTV=0) · 1주택자 전세대출 한도를 수도권·규제지역에서 2억 원으로 일원화
2025.10.15	주택 시장 안정화 대책	· 주택 시장 안정을 정부 정책의 우선순위에 두고 자본의 생산적 부문 투자 전환 추진 · 서울시 전 지역(25개 자치구)과 경기도 12개 지역을 조정대상지역 및 투기과열지구로 추가 지정(10월 16일 효력 발생) · 서울시 전역 및 경기도 12개 지역 소재 아파트를 토지거래허가구역으로 추가 지정(10월 20일 효력 발생, 지정 기간: 2025년 10월 20일~2026년 12월 31일) · 수도권 및 규제지역 내 주택 구입 목적 주택담보대출 한도를 주택 가격 수준에 따라 차등 적용(15억 원 이하: 6억 원, 15억~25억 원: 4억 원, 25억 원 초과: 2억 원)(10월 16일 시행) · 수도권 및 규제지역 내 주택담보대출 스트레스 금리를 1.5%에서 3.0%로 상향 조정(10월 16일 시행) · 1주택자가 수도권·규제지역에서 전세대출 시 전세대출 이자상환분을 DSR에 반영(10월 29일 시행) · 은행권 주택담보대출 위험가중치 하한 상향 조치(20%로)를 2026년 4월에서 2026년 1월 1일로 당겨 조기 시행 · 부동산 시장 거래 질서 확립을 위한 범부처 공조 체계 구축 및 국무총리 소속 부동산 불법 행위 감독기구 설치 추진(2026년 목표)

이재명 정부의 부동산 정책은 시장 안정화를 위한 '신속하고 포괄적인 조치'로 평가할 수 있습니다.

LTV 0% 적용, 대출 총량 50% 감축, 스트레스 금리 상향 등 다양한 금융 정책을 활용해 가계부채 관리에 집중하고 있습니다. 이는 다주택자와 임대사업자의 자금 조달을 제한함으로써 투기 수요를 억제하려는 의도로 보입니다.

동시에 서울 전역을 토지거래허가구역으로 지정하는 등 거래 관련 요건을 엄격히 하여 시장을 조기에 안정시키려는 '단기 수요 관리'에 가깝습니다.

단기적으로는 이처럼 수요 측면을 적극적으로 관리하는 한편, 장기적으로는 LH 직접 시행을 통한 대규모 공공 공급으로 시장 안정을 도모하는 '투 트랙(Two Track) 전략'으로 볼 수 있습니다.

이는 시장 자율 조절 기능보다는 정부의 적극적인 역할을 강조하는 정책 철학을 보여줍니다. 정책의 범위가 넓고 강도가 있는 만큼, 시장 안정 효과와 더불어 거래 위축 등의 영향도 클 것으로 예상됩니다. 불법 행위 감독 기구 설치 추진은 이러한 정책 실행 의지를 뒷받침합니다.

부록 2

부동산 정책 8년, 경매 시장이 말해주는 것들

지난 2017년부터 2025년까지 한국 부동산 시장은 3번의 정부를 거치며 거대한 정책 실험을 겪었습니다. 이 시기 부동산 시장의 건강 상태를 민감하게 보여준 지표가 바로 경매 시장이었습니다.

과거에는 경매 시장을 그저 부수적인 지표로 여겼지만, 이 8년간의 데이터는 정부 정책이 시장에 어떤 영향을 미쳤는지, 시장이 어떻게 반응했는지를 뚜렷하게 보여주었습니다. 이 자료를 통해 우리는 문재인, 윤석열, 이재명 정부에 이르는 세 가지 다른 정책이 경매 시장을 어떻게 변화시켰는지 그리고 앞으로의 시장 안정을 위해 무엇을 배워야 하는지 알 수 있습니다.

1. 문재인 정부(2017~2022년): 지속적 규제 강화와 경매 시장의 안정성

문재인 정부의 부동산 정책은 '지속적인 규제 강화'에 초점을 맞췄습니다. 투기 억제를 목표로 LTV(담보인정비율)와 DTI(총부채상환비율) 강화, 조정대상지역 확대, 투기과열지구 지정, 다주택자 세금 중과, 2020년 '임대차 3법' 도입 등 다수의 규제 정책을 연달아 발표했습니다. 동시에 3기 신도시 등 공공주택 공급도 추진했습니다.

- **경매 시장 반응**: 전국 경매 접수 건수는 연평균 약 90,554건 수준을 유

지했습니다. 2019년(104,417건)에 강화된 대출과 세금 부담으로 고전하던 투자자들의 매물이 일시적으로 급증한 것을 제외하면, 시장은 규제 속에서도 감당 가능한 수준의 물량을 보였습니다.

- **핵심 지표**: 주목할 점은 경매 성공률(낙찰률)이 약 35% 수준을 꾸준히 유지했다는 것입니다. 이는 시장에 매물이 나와도 소화할 수 있는 유동성(수요)이 살아 있었다는 의미입니다. 또한 법원의 경매 처리 효율성도 98.2%에 달해 시스템이 원활하게 작동했습니다.
- 이 시기의 경매 시장 통계는 이후 정부들과 비교할 수 있는 '기준점'이 되었습니다. 전반적인 시장 안정과는 별개로, 연 9만 건의 경매 물량과 35%의 성공률은 법원 시스템이 경매 물량을 효율적으로 처리하고 있었음을 보여주는 '비교 기준선'으로 볼 수 있습니다.

2. 윤석열 정부(2022~2025년): 급격한 규제 완화와 시장 과부하

윤석열 정부는 시장 자유화를 통해 주택 문제를 해결하려 했습니다. 이는 문재인 정부와 정반대의 접근법이었습니다.

- **주요 정책**: DSR(총부채원리금상환비율) 규제를 완화하고, '특례보금자리론'이나 '신생아특례대출' 같은 정책 금융 상품을 대거 확대하며 시장에 신용(대출)을 공급했습니다.
- **경매 시장 반응**: 결과는 극적이었습니다. 2022년 약 7만 7,000건이던 경매 접수 건수가 2024년 11만 9,000건으로 단 2년 만에 54%나 폭증했습니다. 이는 글로벌 금융위기 때보다 더 심각한 수준이었습니다. 쉬운 대출로 부동산을 구매했던 사람들이 상승한 금리를 감당하지 못하고 매물을 쏟아냈기 때문입니다.

- **핵심 지표**: 더 심각한 문제는 경매 성공률이 25%로 붕괴했다는 점입니다. 이는 경매에 물건이 쏟아져 나오는데 아무도 사지 않는, 즉 심각한 유동성 위기를 의미합니다. 법원도 마비 상태에 빠졌습니다. 미처리 경매 건수가 76%나 급증했고, 처리 효율성은 84.4%로 급락했습니다.
- **지역별 상황**: 이 문제는 특히 수도권에 집중되었습니다. 2023년 서울남부지방법원(13,470건)과 인천지방법원(13,876건)은 역대 최고 경매 건수를 기록하며, 규제 완화의 부작용이 수도권 고가 시장에 집중되었음을 보여주었습니다.

3. 이재명 정부(2025~): 긴급 규제와 행정 기능 마비

이재명 정부는 역사상 최고 수준의 경매 물량과 최악의 성공률이라는 위기 상황에서 출범했습니다.

- **주요 정책**: 시장 악화를 막기 위해 '충격 요법'을 사용했습니다. 2025년 6월 총 대출량을 50% 감축하고, LTV를 0% 수준까지 강화하는 전례 없는 신용 긴축을 단행했습니다. 동시에 LH를 통한 공공주택 25만 호 건설을 추진하고, 수도권 대부분을 토지거래허가구역으로 묶어 시장 거래를 사실상 중단시켰습니다.
- **경매 시장 반응**: 투기 수요가 급격히 얼어붙으며 2025년 경매 접수 건수는 전년 대비 34% 급감한 7만 8,000건 수준이 되었습니다. 일단 급한 불은 끈 셈입니다.
- **핵심 지표**: 하지만 시장은 다른 의미에서 마비되었습니다. 경매 접수는 줄었지만, 2025년 미처리 건수는 11만 7,000건으로 사상 최고치를 경신했습니다. 윤석열 정부 시기에 쌓인 물량에 더해, 새로운 규제 정책의 복잡

성까지 겹치며 법원의 행정 시스템이 완전히 붕괴된 것입니다. 처리 효율성은 83.5%까지 떨어졌습니다. 급격한 규제 강화가 투기 열풍은 잠재웠지만, 법원 시스템의 마비라는 또 다른 시장 기능 장애를 일으킨 것입니다.

4. 향후 부동산 시장을 위한 세 가지 교훈

지난 10년간의 경험은 세 가지 중요한 교훈을 줍니다.

- **'충격'이 아닌 '점진적' 정책이 필요하다**: 시장은 급격한 규제 완화와 급격한 규제 강화 모두에 심각한 부작용을 보였습니다. 반면 문재인 정부 시기 경매 시장의 처리 효율성은 높게 유지되었습니다. 부동산 정책은 시장이 적응할 시간을 주는 '지속적인 관리'가 필요합니다.

- **'경매 시장'을 통한 조기 경보 시스템을 구축해야 한다**: 우리는 이제 건강한 시장의 수치를 압니다. 정책 입안자들은 경매 시장 데이터를 활용해 '신호등' 시스템을 만들어야 합니다.

    ▶ 녹색 (안정): 연 경매 건수 8만~9만 건, 성공률 30~35%, 처리 효율 95% 이상
    ▶ 황색 (주의): 연 10만 건 초과 또는 성공률 25% 미만
    ▶ 적색 (위기): 연 12만 건 초과 또는 성공률 20% 미만

- **'지역별 맞춤' 정책이 필요하다**: 수도권, 특히 서울은 정책 변화에 극도로 민감하게 반응했지만, 지방 시장은 달랐습니다. 부동산 정책은 지역별 '체질'이 다르므로 시장 특성에 맞는 차별화된 접근이 필요합니다. 수도권은 작은 변화도 큰 파장을 일으키기 때문에 규제를 할 때는 조금씩 천천히, 완화를 할 때는 더욱 신중하게 접근해야 합니다. 반면 지방 시장은 기업 유치를 통한 일자리 창출, 대학, 공공기관 이전, 청년 정착 지원 프로그램, 기존 미분양 해소 지원에 집중하는 것이 효과적입니다.

부록 3

이재명 정부의 강력한 규제, 경매 투자자에게 '기회의 문'이 되는 이유

이재명 정부는 부동산 시장 위기 대응을 위해 강력한 긴급 규제 정책을 시행했습니다. 정책의 핵심은 가계대출을 강력하게 조이고 투기 수요를 원천적으로 차단하는 데 맞춰져 있습니다.

예를 들어, 규제지역에서 집을 살 때 대출 한도를 6억 원으로 묶어버리거나, 다주택자나 임대사업자에게는 아예 LTV(담보인정비율)를 0%로 적용, 즉 대출을 한 푼도 해주지 않는 식입니다.

이러한 정책은 일반 매매 시장을 얼어붙게 했습니다. 대출이라는 '레버리지'를 활용해 집을 사려던 대부분의 실수요자와 투자자들의 자금줄이 막혔기 때문입니다. 하지만 역설적이게도, 현금 동원력을 갖춘 경매 투자자에게는 기회가 될 수도 있습니다.

경쟁자들이 사라진 시장에서 오히려 우량 물건을 선점할 수 있는 네 가지 핵심 전략을 알기 쉽게 설명해드리겠습니다.

1. 'LTV 0%' 규제를 역이용해 경쟁 없이 선점하라

정부의 강력한 규제는 다주택자나 주택임대사업자처럼 전통적으로 경매 시장의 '큰손'이었던 이들의 손발을 묶어버렸습니다. LTV 0%라면, 이들이 경매에 참여해 낙찰받더라도 대출을 전혀 일으킬 수 없습니다.

▶ 이것이 왜 기회일까요?

경매 시장의 강력한 경쟁자들은 자금 조달 문제로 입찰 자체를 포기합니다. 그러면 투자 목적으로 나온 아파트, 오피스텔, 소형 빌라 등은 자연스럽게 유찰을 거듭하게 됩니다.

이때 충분한 현금을 보유한 투자자는 아무런 경쟁 없이, 감정가 대비 2~3회 유찰되어 가격이 충분히 떨어진 우량 물건을 아주 낮은 가격에 낙찰받을 수 있습니다. 즉, 정부 규제가 강력한 경쟁자들을 시장에서 '합법적으로' 퇴장시켜주는 셈입니다.

2. '대출 한도 최대 2억 원'에 막힌 중고가 주택을 공략하라

정부 규제는 다주택자뿐 아니라 1주택을 보유한 실수요자의 대출 문턱까지 높였습니다. 주택 구입 목적의 대출 한도를 최대 2억 원으로 제한(15억 원 이하 6억 원, 15억~25억 원 4억 원, 25억 원 초과 2억 원)하고, 스트레스 금리까지 3%로 대폭 상향하여 실수요자들의 자금 여력이 크게 줄어들었습니다.

▶ 이것이 왜 기회일까요?

예를 들어 서울 핵심지에 16억 원짜리 아파트가 경매로 나왔다고 가정해봅시다. 과거에는 실수요자들이 대출을 받아 입찰에 참여했지만, 이제는 대출 한도가 4억 원으로 묶였기에 현금 12억 원 이상을 즉시 동원해야 합니다. 스트레스 금리까지 감안하면 실제 대출 가능 금액은 더 줄어듭니다.

결국 이 중고가 주택에 입찰할 수 있는 실수요자 경쟁률이 급격히 떨어집니다. 현금 동원력이 있는 투자자는 바로 이 틈새를 노려 경쟁이 줄어든 중고가 우량 주택을 합리적인 가격에 확보할 수 있습니다.

3. 법의 '특례'를 활용해 재개발 조합원 지위를 확보하라

'부동산 투자의 꽃'이라 불리는 재개발·재건축은 일반 매매 시장에서 접근하기가 매우 어렵습니다. 특히 조합설립인가 후에는 조합원 지위를 사고파는 것(양도)이 법으로 금지되는 경우가 많습니다.

▶ 이것이 왜 기회일까요?

「도시 및 주거환경정비법」(도정법)에는 매우 특별한 예외 조항이 있습니다. 만약 조합원이 은행 빚(금융기관 채무)을 갚지 못해 해당 물건이 경매로 넘어간다면 이 물건을 낙찰받은 새로운 주인은 예외적으로 조합원 지위를 그대로 물려받을 수 있습니다.

이는 일반 매매 시장에서는 절대 불가능한 일입니다. 정부의 강력한 투기 억제책과 조합원 지위 양도 금지 규제를 합법적으로 우회하는 것입니다. 경매 투자자는 이 '경매 특례' 조항을 활용해 일반인은 접근조차 하지 못하는 황금알(사업성 높은 재개발 권리)을 확보할 수 있습니다.

4. '토지거래허가구역'의 실거주 의무를 피하라

이재명 정부는 시장 안정을 위해 조정대상지역을 포괄적으로 확대하고 토지거래허가구역을 지정했습니다. '토지거래허가구역'으로 지정된 지역의 아파트를 사기 위해서는 구청의 허가를 받아야 하고, 반드시 2년 이상 직접 들어가 살아야 하는 '실거주 의무'가 있습니다. 이는 전세를 놓아 투자하려는 갭투자자들의 접근을 완벽하게 차단합니다.

▶ 이것이 왜 기회일까요?

법원 경매는 개인이 사고파는 '거래'가 아니라, 법원이 강제로 소유권을 이전시키는 '처분' 절차입니다. 따라서 일반 매매와 달리 토지거래허가 대상에서 제외되거나, 실거주 의무가 적용되지 않을 가능성이 매우 높습니다. (물론 이는 최종적인 법적 확인이 필요합니다.)

만약 이것이 가능하다면, 투자자는 실거주 의무 때문에 일반 매수자들이 접근하지 못하는 핵심 입지의 우량 아파트를 경매로 낙찰받은 뒤, 자유롭게 전세를 놓거나 투자 목적으로 활용할 수 있습니다. 규제가 심해질수록 일반 시장과 경매 시장의 가격 차이는 더욱 벌어지게 됩니다.

결론: 규제의 벽을 '기회의 사다리'로 활용하라

이재명 정부의 강력한 부동산 규제는 대출에 의존하는 투자자들의 앞을 가로막는 '두꺼운 현금 철벽'과 같습니다.

대부분의 경쟁자는 이 철벽 앞에서 좌절하고 시장을 떠나게 됩니다. 하지만 충분한 현금과 법률 지식을 갖춘 경매 투자자에게 이 철벽은 오히려 경쟁자 없는 '블루오션'을 만들어주는 보호막이 됩니다.

특히, 재개발 경매 특례(도정법)를 활용하는 투자는 일반 매매 시장에서는 상상할 수 없는 '규제의 시간을 뛰어넘는' 특권을 누리는 것과 같습니다. 이는 마치 사방이 막힌 길에서 '숨겨진 비밀 통로'를 찾아내는 것과 같은 강력한 투자 전략이 될 것입니다.

M·E·M·O

M·E·M·O